大学体育

易　锋　司庆洛　主编

苏州大学出版社

图书在版编目（CIP）数据
大学体育 / 易锋，司庆洛主编. -- 苏州 ：苏州大学出版社，2024. 8（2025. 7 重印）. -- ISBN 978-7-5672-4926-4
Ⅰ. G807. 4
中国国家版本馆 CIP 数据核字第 2024MQ1091 号

大 学 体 育
易　锋　司庆洛　主编
责任编辑　周建兰

苏州大学出版社出版发行
（地址：苏州市十梓街 1 号　邮编：215006）
苏州市越洋印刷有限公司印装
（地址：苏州市吴中区天鹅荡路 2 号　邮编：215104）

开本 787 mm×1 092 mm　1/16　印张 22. 25　字数 556 千
2024 年 8 月第 1 版　2025 年 7 月第 2 次印刷
ISBN 978-7-5672-4926-4　定价：49. 80 元

图书若有印装错误，本社负责调换
苏州大学出版社营销部　电话：0512-67481020
苏州大学出版社网址　http://www. sudapress. com
苏州大学出版社邮箱　sdcbs@ suda. edu. cn

《大学体育》编委会

前 言
Preface

习近平总书记在十九大报告中提出了实施健康中国战略，强调指出，人民健康是民族昌盛和国家富强的重要标志。中共中央、国务院印发了《“健康中国 2030”规划纲要》，将健康教育纳入国民教育体系，把健康教育作为所有教育阶段素质教育的重要内容。党中央、国务院高度重视学校体育工作，《国家中长期教育改革和发展规划纲要（2010—2020年）》指出，加强体育，牢固树立健康第一的思想，确保学生体育课程和课余活动时间，提高体育教学质量，同时还提出大力开展“阳光体育”运动，保证学生每天锻炼一小时，不断提高学生体质健康水平。高等学校体育教育是高等教育中的重要内容之一，大学体育课程是高等学校课程体系的重要组成部分，是高校体育工作的中心工作。因此，组织编写高质量的《大学体育》教材是非常必要的。

本教材是在《全国普通高等学校体育课程教学指导纲要》精神的指导下，紧紧围绕新时期高校体育工作的指导思想进行编写的，力求教材的内容能符合当前高校开设体育课程的需要，在强调教材内容科学性的同时，更加注重实用性。

本教材在编写中突出了以下特点：

一、确立教学目标

健康体魄是大学生未来服务于社会的基本前提，是中华民族旺盛生命力的体现，本教材的编写目标是使学生树立终身体育和健康第一的思想，了解和掌握体育与健康的知识和技能，养成体育锻炼的习惯，学会以体育的精神去适应社会和生活，提高生活的质量。

二、坚持“以人为本、注重能力、分型培养”的教学指导思想

本教材从学生的实际出发，以促进学生的身体健康为出发点，围绕“健康第一”这个根本来设置体育课程内容，在传授知识的同时注重体育能力的培养，使学生能按照自己的兴趣、爱好、特长、需要选择体育运动项目，并按照学生选择的不同项目和不同需求分类型进行培养。

三、重视学生综合素质的培养

本教材坚持现代教育“以人为本”的理念，突出素质教育和基本能力的培养，贯彻党的教育方针，以提高学生素质为根本宗旨，以培养学生创新精神和实践能力为重点，致力于造就有理想、有道德、有文化、有纪律的德、智、体、美、劳全面发展的社会主义建设者和接班人。

四、努力成为学生的良师益友

从人的一生自然生长规律的实际出发，本教材强化了体育锻炼与身体素质练习、养生保健等内容，学生可根据自己的兴趣、爱好和身体状况选择适合自己的身体锻炼方法，达到学以致用、终身受益的目的。

本教材共二十二章，第一章至第五章主要从理论上介绍高等学校体育的目的、任务、作用及发展概况，阐述体育与健康的关系、体育健身的原理与方法，介绍体质健康测试与评价方法，以及运动创伤的处理方法，第六章至第二十二章系统地介绍体育运动项目的基本技术和战术以及部分娱乐体育、休闲体育的内容。全书力求突出以培养学生体育能力为出发点，集知识性、应用性、科普性和趣味性为一体，把近年来最新的体育知识与大学生的体育活动实践结合起来，以适应教学的需要。

本教材在编写过程中，得到了全体编委会成员的大力支持和其他高校有关专家的热情指导，在此表示衷心的感谢。由于编写时间仓促，编者水平有限，本书内容难免有不妥之处，敬请广大读者批评指正。

编　者

2024 年 7 月

目录 Contents

第一章　大学体育概述

第一节　体育的含义

一、体育的概念

体育的概念多年来一直备受世界各国学者关注。中国自改革开放以来，曾较大规模地对体育的概念进行了三次研讨：第一阶段，20 世纪 70 年代后期至 20 世纪 80 年代初，确立了体育是教育的组成部分；第二阶段，20 世纪 80 年代中后期，确立了体育是文化的组成部分；第三阶段，20 世纪 90 年代初期至今，确立了人的发展与社会发展在体育中具有高度的统一性。美国、俄罗斯、法国、德国、日本等国对体育的概念研究也相当深入，诸多专家、学者在论文和著作当中首先明确的就是体育的概念问题。

体育的定义多种多样，在中国主要有这样几种。

《现代汉语词典》认为，体育是以发展体力、增强体质为主要任务的教育，通过参加各项运动来实现；或指体育运动。

《辞海》认为，狭义的体育指身体教育，即以强身、医疗保健、娱乐休息为目的的身体活动；广义的体育指体育运动，包括竞技体育、学校体育、社会体育三个方面。

世界上对体育的认识主要有以下几个观点。

美国《韦氏大词典》对体育的定义是，体育是整个教育的一个方面，它采用运动活动和有关经验从心理上、体力上、道德上、精神上和社会上来使个人充分发展，使其成为国家和世界上的一个有用的公民。

联合国教科文组织颁布的《体育运动国际宪章》认为，体育是一种人权，体育是提高生活质量的手段。体育是教育文化的基本方面。当今世界普遍认为，"Sport"是体育运动的总称,"Physical Education"是指身体的教育，"Athletic"属于竞技运动的范畴。

总之，体育是一种特殊的社会现象，体育是一种旨在增强体质，使身心得到和谐发展的身体活动。它作为有意识的社会活动和教育过程，包含了体育教育和体育运动两层含义。为了突出个性特征，并便于发挥各种身体运动的特殊作用，人们通常又按不同实施对象、性质及社会施与的影响，把学校体育、竞技体育和社会体育作为"体育"总名称下的三个组成部分。

（一）学校体育

学校体育也称体育教育，它是学校教育的重要组成部分，也是国民体育的基础。为了实现教育、教学及发展身体的总目标，不同层次的学校体育按不同教育阶段，通过体育与健康教学、课余体育训练及课外体育活动三种基本组织形式，来完成增强体质的任务。

（二）竞技体育

竞技体育也称竞技运动，它是在全面提高身体素质的基础上，最大限度地挖掘体力、智力与运动才能，以取得优异成绩及追求“更快、更高、更强”为目标而进行的科学训练和各种竞赛活动。由于竞技体育的表演技艺高超，竞争性强，极易吸引观众，因此，它在活跃社会文化生活、振奋民族精神、提高国际威望及促进各国人民之间的友谊和团结等方面有着极为特殊的社会教育作用。

（三）社会体育

社会体育也称群众体育，是以健身、娱乐、休闲、医疗和康复为目标的群众性体育活动。国内外经常提到的娱乐体育、休闲体育、余暇体育、养生体育或医疗体育均可列入此范畴。由于社会体育吸引的对象主要为一般民众，所以其活动领域遍布整个社会，乃至每个家庭。随着国民经济的发展、人民生活水平的提高及余暇时间的增多，社会体育将会更广泛地得到发展。

二、体育的作用与功能

（一）体育的健身作用

体育是通过身体运动的方式进行的，它要求人体直接参与活动，这是体育最本质的特点之一。这一本质特点决定了健身是体育最基本的作用，或者说是最重要的作用。体育的健身作用主要表现在以下几个方面：促进人体生长发育；增强运动能力；促进人体基本活动能力和身体素质的发展；增强人体的适应能力；防病治病，延年益寿。

体育是以运动为基本手段的，而运动是以锻炼为目的的体力和智力相结合的身体活动。体育是由运动和运动作用于社会这两个过程构成的。没有运动，自然就没有体育，但运动只有作用于社会才能转化为体育。

大学生在校学习期间，通过体育与健康教育，能比较系统地学习和掌握体育的基本知识、基本技术和基本技能，了解体育与健康常识，掌握科学锻炼身体的基本方法，树立终身体育的思想，增强体育审美能力，提高体育文化素养，养成良好的锻炼身体的习惯和卫生习惯，提高生活质量。

（二）体育的教育作用

从原始社会发展到现代社会，体育的教育功能更加广泛。体育是现代教育的重要组成部分，是学校培养全面发展人才的重要内容与手段，已被广泛地纳入各国学校教育体系之中。体育竞赛具有群众性、国际性、技艺性、礼仪性等特点，能激发人们的爱国热情，振奋民族精神。体育的国际性，不仅扩大了它的活动范围，而且有加强教育的作用。例如，运动员佩戴代表国家的鲜明标志、奏响胜者祖国的国歌、升起胜者祖国的国旗等强化了人们热爱祖国的意识。同时，运动员的顽强拼搏精神也能教育与培养人们艰苦奋斗的作风。由此可见，体育运动是一种很有意义的教育手段，对整个社会的教育作用是非常广泛和深刻的。

（三）体育的娱乐功能

体育的娱乐功能是由它的娱乐特点所决定的。体育运动从产生之日起，就是人们娱乐的重要内容。随着节假日、双休日余暇时间的增多，如何善度闲暇之日，成为人们共同关心的问题。体育已成为人们的精神食粮，丰富多彩、健康文明的体育活动不仅能使人们在繁忙的工作和劳动之余获得积极性休息，而且能陶冶情操，愉悦身心，培养高尚的品格。

现代都市生活使人与大自然远离，参加户外体育活动，可以调节生活，使人享受返回大自然的乐趣。随着工作的紧张和生活节奏的加快，体育锻炼有利于密切人际交往，让人享受到集体聚会的乐趣。通过参与体育竞赛或从事一些惊险性体育项目，人们可以在向体力与自然挑战的过程中，体验创造人生价值的乐趣。经常欣赏体育比赛和表演，可以在运动员的高超技艺中得到美和艺术的享受。目前，我国为了丰富人民的业余文化生活和建立良好的社会风气，开始实施全民健身计划，寻求适合我国国情的最健康、最理想的体育娱乐方式，以便让人民在和谐的氛围中获得精神快感，让人民在工作和劳动中产生的精神紧张、脑力疲劳和紊乱的情绪得到调节，最终达到“净化”感情和让人民充分享受生活的目的。

（四）体育的军事功能

体育的军事功能主要产生于战争和训练士兵的需要。从史前时代部落间为争夺土地、为血亲复仇产生的暴力冲突，到原始社会末期以掠夺财产为目标的战争，再到封建社会统治者为争夺领地引起的频繁战争，体育和军事的结合变得愈来愈紧密。随着资本主义的发展，西方经“文艺复兴”和宗教改革运动，开始极力主张把跑、跳、投掷、摔跤等活动引入学校，要求学生掌握未来军事生活所必需的一些基本技能。随着尖端武器的发展、部队机动性的增强及新战略战术的运用，现代社会更需要士兵在短期内掌握复杂的军事技能，并最大限度地动员人的精神和身体能力。因此，在全面进行体力训练的同时，掌握部分体现军事实效的体育项目，如游泳、爬山、攀岩、滑雪、划船、摔跤、格斗、擒拿、拳击及队列操练等，已成为军事训练所必需的内容，这使专门为军事服务的军事体育应运而生。

（五）体育的经济功能

体育的经济功能是近期被认识和开发的社会功能，由体育与经济的互相作用所决定。经济学家认为，劳动生产力的提高是社会经济发展的重要标志，而生产力中人的素质又是最主要的衡量标准。在人的诸多素质中，身体素质显得至关重要，世界各国都格外重视体育对提高劳动者体质的作用，以期通过体育运动减少疾病发病率，达到提高社会生产力的目的。这表明，体育的经济功能最初是由体育本身的发展，并间接通过提高国民身体素质，来提高劳动生产率的。

在现代社会中，体育运动促进经济发展主要表现在以下几个方面。

1. 在大型比赛中获取经济效益

在大型比赛中获取经济效益有以下几种方式：第一，出售体育比赛的电视转播权。全世界的体育竞赛实况转播，目前已成为最吸引人也是收费最高的电视节目。第二，发行纪念币。纪念币具有珍贵的收藏意义，必要时又有流通价值，因此备受收藏者和体育爱好者的欢迎。第三，发售体育彩票。体育彩票是吸引人们对体育比赛的注意力，是利用侥幸中彩的机遇调节人们的心理和提高上座率的一个重要手段，现已成为大型国际比赛惯用的增收措施。第四，门票收入。第五，收取广告费。在比赛场地设立广告牌，在比赛中各种物品上印制广告等，都是招揽生意、推销商品的极好机会。

2. 在社会体育活动中发展体育经济

在社会体育活动中发展体育经济有以下几种方式：第一，提高体育设施利用率，如平时开放体育设施，安排体育活动，等等，并收取一定的费用。第二，经常举办热门比赛，以提高上座率，增加收入。第三，举办娱乐体育，如开办体育娱乐俱乐部或成立体育活动中心，以丰富群众现代生活，增加经济收入。此外，发展体育旅游，谋求赞助，发售体育邮票，开设体育咨询站，等等，也都是谋求体育经济效益、发挥体育经济功能的重要内容。

另外，体育运动的发展刺激了体育器械、设备、服装等行业的发展，为社会创造了经济价值。

3. 通过体育健身提高劳动者的体质

体育能有效地提高劳动者的身体素质，乃至整体素质，使他们能在体力、智力等方面适应工作环境的需要，提高劳动效率；减少疾病给工作带来的损失，提高出勤率；减少医疗费用开支。

（六）体育的政治功能

体育受政治的制约，又为国家的政治服务，具体表现在以下几个方面。

1. 体育能为国争光，振奋民族精神

国际体育竞赛是和平时期国与国竞争的舞台，也是显示一个国家政治、经济、文化水平的窗口。因此，比赛的胜负直接关系到国家的荣誉。世界各国无不重视体育运动的政治意义。近年来，我国竞技体育发展很快，捷报频传。在 1984 年的洛杉矶奥运会上，我国运动员实现了中国在奥运会上金牌“零”的突破，备受世人关注。在 2008 年的北京奥运会上更是夺得了创纪录的 48 枚金牌，位居世界第一，让世界震惊，使国人感到自豪和振奋。在 2022 年的北京冬季奥运会上中国位列金牌榜第三位。在 2024 年的巴黎奥运会上中国代表团获得 40 枚金牌，金牌数再次登顶。

2. 体育能为外交服务

体育是超越世界上任何文字语言、能消除社会交流障碍的国际性语言，可以增进各国人民之间的了解和友谊，加强交流与合作，是一种文化交流的工具。在 2001 年 7 月 13 日我国申办 2008 年北京奥运会获得成功后，各国元首、友人纷纷向我国表示祝贺。到了 2008 年北京奥运会举办的时候，世界上 70 多个国家的元首和领导人出席了开幕式，这些都充分说明我国体育外交事业取得了重大胜利。

3. 体育是促进国内政治团结的重要手段

体育运动的群众性能使人们在体育运动中加强人际交往，满足人们交往的需要。例如，竞赛活动、群众性登山活动、野营活动、余暇体育活动等可以增强人们之间的交往，培养一致的社会情感，使人与人之间充满团结和睦的气氛。体育有一种内聚力，可以加强一个团体的向心力，促进团结。一个国家的体育竞赛可以促进国内的政治稳定、民族团结和爱国热情。

三、体育在我国的形成和发展趋势

（一）体育在我国的形成

我国是历史悠久的文明古国，早在史前时代，特别是原始社会末期，根据社会生产和生活的需要，中华民族就创造了许多人类早期的体育运动，而这些处于萌芽状态的体育，经过奴隶社会的不断演进，为我国古代体育的形成奠定了基础。

春秋战国时期，由诸侯争霸掀起的崇尚习武、由文化进步引发的健身思想、由经济繁荣衍生的民间体育，为我国古代体育的发展创造了良好的条件。至秦汉三国，随着统一的多民族国家的建立和物质生活水平的提高，人们开始有了娱乐休闲、节庆祭典的需要和竞争的强烈愿望，体育的内容变得多样，实践形式也逐步演变为身体运动，名目繁多的民族体育初步定型。

在民间体育大发展的宋元时期，由于受封建城市经济和市民文化的影响，社会娱乐体育和养生体育开始振兴，这为我国古代体育增添了新内容。直至进入封建社会末期，上承数千年的中国古代体育发展到明清两代，终于通过自身的衍生和发展，在不断补充和渗透中形成了自己的传统和风格。我国古代养生学，在长期的发展过程中，经明清时期养生学家、医学家的努力创新，开始向武术套路化及理论系统化方向发展。而具有悠久历史且深受群众欢迎的娱乐性体育，经千锤百炼，技艺有了明显提高，并在民间得到普遍开展。至此，偏重保健及强身意识的中国古代体育得到充分发展，终于初步形成了自己的完整体系。

1840 年，鸦片战争之后，随着帝国主义势力入侵中国，西方体育已在东方初露端倪。19 世纪 60 年代至 90 年代，洋务派提出了“中学为体、西学为用”的教育方针，在兴办水师学堂和武备学堂的同时传授“西艺”，并开设“体操科”或“体操课”。大批的传教士到中国各地建立教会并兴办学校。由于教会学校一般都设有体育组织和具有较好的体育设施，因此，田径、球类等近代体育项目得以很快开展，之后又陆续传播到官办新式学堂。

1949 年，中华人民共和国成立，体育的性质与地位发生了根本性变化。“提倡国民体育”被明文规定在《中国人民政治协商会议共同纲领》中。各级各类学校体育课试行大纲陆续颁布，使以开展“劳卫制”为中心的学校体育工作逐步走上了正轨。随着学校、厂矿、机关积极推行各种广播操、工间操，群众性体育活动的开展有了新的起色。为了培养体育专门人才，加速建设体育骨干队伍，1952 年，中国第一所体育高等学校——华东体育学院在上海成立，次年中央体育学院在北京成立，一些体育专科学校及师范院校体育系、科也相继恢复与建立。而出于加强体育宣传工作的需要，1950 年 7 月，国家有关部门创办了第一个全国性体育杂志《新体育》；1954 年 1 月，人民体育出版社在北京成立。

1978 年，全国体育工作会议在北京召开，中国体育在 20 世纪 70 年代末至 80 年代初出现了崭新的局面。

随着科学技术的不断进步和发展，人们对体育活动能助长发育、增强体质、防治疾病、延年益寿等效能的认识不断深化，体育的内涵得到了进一步的充实和发展。

科学技术水平的提高促进了体育的发展。例如，生命科学、教育科学和有关社会科学的发展，增强了人们对体育价值的认识；现代科学技术向体育渗透，促进了体育的科学化和现代化，从而促进了体育运动技术水平的大大提高。例如，海绵粒乒乓球拍的出现，加快了乒乓球运动的进攻速度，促进了乒乓球技术的发展；泡沫海绵垫的出现，为背越式跳高技术的发展提供了条件；玻璃钢杆的出现，提高了撑竿跳高的成绩；等等。

（二）体育的发展趋势

进入 21 世纪，随着时代的进步和我国科学技术的迅速发展，各类新兴学科已渗透到体育领域之中，再加上人们休闲时间的增多，这些都在直接刺激着体育向更高的层次和社会化方向发展。体育的国际化、科学化、娱乐化趋势更为突出，体育已经进入了更高、更快、更强的一个崭新的发展阶段。现代体育已初步形成完整的体系，并渗透到人类社会和生活的各个领域，发挥着积极的作用。其特点和趋势大体可归纳为以下三个方面。

1. 体育日益成为人们生活的需要

现代社会的生产和生活方式，使体育日益成为人们迫切的需要。社会高度自动化、电子化、信息化后，人们的体力活动日益减少，以致出现了现代社会的“文明病”，如心血管系统疾病、肥胖症等，而防治疾病最积极有效的办法就是参加体育锻炼。随着人们的物质生活越来越丰富，人们必然需要更多、更高的精神文化生活，其中包括体育活动。体育成为提高人们生活质量，满足机体需要和精神享受的一个重要手段，成为人们文明、科学、健康的生活不可缺少的组成部分，甚至可能上升为人们业余生活的第一需要。据统计，在一些发达国家，经常参加体育活动的体育人口已达到总人口的60%～70%。

2. 竞技运动向高水平、职业化方向发展

国际体育竞赛吸引着成千上万的群众，并产生着多方面的影响，受到各国的普遍重视。经过现代化的科学训练之后，专业运动员的运动技术水平已达到相当高度，竞技运动成为只有少数具有很高天赋条件的人才能参加的事业，并向着专业化、职业化的方向发展。竞技运动作为社会活动，将逐步脱离体育的健身功能，而向精神功能转化，即成为人们精神激励和观赏、娱乐的方式之一。因此，运动技术的发展将更加取决于它的观赏价值，那些富于艺术性的、健美的、变化多端的技术和项目将更受人们的欢迎，将会得到更好的发展。

3. 体育科学研究迅速发展

现代科学技术被广泛地应用于体育运动的实践是现代体育发展的重要特点。体育科学已成为一门综合性的学科。由于运动训练是个多因素、多变量、多层次的系统工程，运动能力的增强牵涉运动员的体形、体质、素质、机能、心理、技术、智力及许多社会因素，要最大限度地挖掘人体的潜能，必须依靠哲学、社会学、教育学、心理学、医学、管理学、预测学、情报学、生理学、遗传学、生物学、生理化学、控制论等多门学科的综合研究，并广泛运用电子计算机、光电技术、遥控遥测等最新科技成果。竞技运动是科学技术的展示，运动场上的竞争实质上是科学技术的较量。

（三）我国体育事业取得的成绩

中华人民共和国成立后，党和政府十分重视对体育工作的领导，非常关心人民群众的健康，采取了一系列有力措施推动体育事业的发展。经过70多年来的不懈努力，我国体育事业得到了蓬勃的发展，取得了举世瞩目的成绩。

1. 体育的性质发生了根本的转变

中华人民共和国成立后，我国的体育已成为党和政府领导下的为人民服务的一项社会主义建设事业。它是增强人民体质、丰富群众文化生活的有力手段，在建设社会主义物质文明和精神文明中发挥着越来越重要的作用。学校体育被列为体育工作的重点，与德育、智育一样，均是教育的重要组成部分。

2. 逐步建立、健全了各级体育组织和制度

1952年6月，中华全国体育总会成立。同年，中央人民政府体育运动委员会成立（1954年改为国家体育运动委员会，1988年改为国家体育总局）。接着，全国县级以上各级政府和教育部、中国人民解放军、全国总工会及铁道、冶金、煤矿等20多个系统也分别建立了有关的体育组织，形成了目前我国体育组织的三大系统，即国家行政系统、军队系统和社会组织系统，为体育事业的开展奠定了扎实的组织基础。与此同时，国家逐步制

定了一系列基本的体育制度和法规，如《国家体育锻炼标准》《体育运动竞赛制度》《运动员等级制度》《裁判员技术等级制度》《学校体育工作条例》《国家学生体质健康标准》等。这些制度为体育事业的制度化、规范化提供了保证。

3. 群众性体育活动得到了广泛开展

随着社会生产、生活的发展及其结构的变化，人们正在改变着传统的体育观念和内容，体育已发展成全民的事业，群众体育活动在我国各民族中得到了广泛开展。据统计，全国经常参加体育锻炼的人数占总人口的40%左右。尤其是1995年国家颁布、实施《全民健身计划纲要》以来，群众体育活动空前活跃，体育进入了千家万户，成为人们生活中不可缺少的内容。这种现象不仅展示了社会面貌和家庭习俗的深刻变化，也反映出我国体育事业的巨大成就。

4. 竞技体育健儿登上世界体坛

在2008年的北京奥运会上，我国运动员夺得了创纪录的48枚金牌，获得了金牌总数第一名，取得了历史性的突破。我国有1/3以上的体育项目达到和接近世界水平。竞技体育领域的大量成就证明我国正在向世界体育强国迈进。中国许多世界级的体育明星在世界赛场上向全世界展示了中国健儿卓越的体育才能。

5. 体育人才和运动场地得到全面发展

在人才培养方面，全国有十几所体育大学（学院）、一百多所院校的体育学院（系）、两百多所体育学校、两千多所少儿业余体校，已建立和形成初、中、高级训练网络体系。

近些年来大型赛事的举办，极大地推进了我国体育运动场馆设施的建设，大批具有世界先进水平的现代化体育设施成为城市的标志性建筑，如综合体育场馆、水上乐园、高尔夫球场、赛车场、跑马场、滑雪场、保龄球馆、网球馆、游泳馆、健身健美城、射击场、棋院等。这些运动场馆在规模和设施方面，符合现代化的要求，并能满足各种竞技比赛和人民群众体育活动的需要。

6. 新时代体育事业全面发展

自党的十八大以来，在以习近平同志为核心的党中央领导下，体育事业已经发展到前所未有的高度。主要表现在十个方面：体育强国战略的提出，谱写了体育梦的新篇章；体育改革创新不断深化，“放管服”打破了体育部门办体育的传统格局；全民健身蓬勃发展，推动了全民健身和全民健康深度融合；竞技体育砥砺奋进，近些年我国运动员获得上千次世界冠军，创超世界纪录100多次，无数体育健儿用成绩谱写了时代最强音；青少年体育生机勃勃，有超过2 000多所体校、10 000多所体育传统项目学校和数十万家社会体育俱乐部，共同构成青少年体育三大阵地；体育产业快速发展，近些年体育产业增加值涨幅均远高于同期GDP增速；体育文化繁荣发展，民族传统体育的传承凝聚了中华民族共同体意识；体育对外交往日趋活跃，助推了“一带一路”建设，提升了我国在国际上的话语权；体育法治水平不断提高，全面系统修订《中华人民共和国体育法》；反兴奋剂斗争持续推进，形成了《反兴奋剂条例》《反兴奋剂管理办法》《国家体育总局兴奋剂违规责任追究办法》及刑事法律法规在内的一套比较完善的反兴奋剂制度规范体系。

第二节 我国学校体育的发展概况

学校体育是体育的重要组成部分，也是学校教育的一个重要方面。学校体育是为适应社会的需要而产生的，它也随着社会的发展而发展。

在我国原始社会后期，为了向后代传授生产技能和劳动经验，尚处于萌芽状态下的体育就早已是原始教育中的重要内容。在奴隶社会里，人类的教育事业发生了一次突破性的变化，这就是有组织的专门教育机构——学校的出现，使人类的教育活动从原始的生产劳动和日常生活的无序状态中分离出来，成为一种有序的、单独的社会性事业。《孟子·滕文公上》云："设为庠、序、学、校以教之。庠者养也，校者教也，序者射也。"后人通释"庠"为乡学或学校，认为庠、序之教即指在学校中学习养生和射箭，这可算是我国古代最早的学校体育。再从西周奴隶社会的"六艺"（礼、乐、射、御、书、数）教育来看，射箭和驾车是军事体育训练中的主要内容，在社会活动中占有重要的地位，其礼、乐中的舞蹈也有锻炼身体的作用。在古希腊的学校教育中，奴隶主的子弟从小就要接受严格的体操和军事训练，学习角力、竞走、跳高、掷标枪和游泳，其目的是把本阶级的子弟培养成军事统治者。古希腊的山崖曾刻着这样三句话："如果你想健壮，跑步吧！如果你想健美，跑步吧！如果你想聪明，跑步吧！"这是世界上最早把体育、美育、智育结合起来，并突出体育对促进人全面发展作用的文字记载。以上这些都是学校体育理论与实践的雏形和萌芽。

随着生产力的发展，人类进入封建社会。封建社会文化、科学的发展促使学校教育加速发展，并打破了"学在官府"的统一局面，使学校教育制度日趋完善起来。但是，我国封建教育制度一直采取"独尊儒学""文武分途"的政策，致使学校教育取消了体育的内容。虽然隋代设立了科举制，唐代增设了武举制，宋代还开设了武学的内容，但时兴时废。明清两代则大力提倡静坐学习思考的学校教育方式，助长了文弱之风，使学校体育濒于消亡。

中国近代学校体育的兴起是从清朝末年废科举、办新学的维新变法浪潮中开始的。1902 年，清朝政府颁布了《钦定学堂章程》，1903 年，又颁布了《奏定学堂章程》，规定各级学堂应开设"体操科"，每周 2～3 节，内容以兵操为主，教法用军队的训练方法。直到 1923 年，北洋政府教育部公布新学制《课程纲要草案》时，才正式将"体操科"改为"体育课"，并一律取消兵式体操，以田径、球类、游戏作为学校体育的内容，使我国学校体育大大迈进了一步。1929 年，颁布《国民体育法》；1932 年，颁布《国民体育实施方案》；1940 年，颁布《各级学校体育实施方案》；等等。但由于贯彻不力和学校体育经费奇缺等，未收到应有的效果。

中华人民共和国成立以后，我国的学校体育在党和政府的关怀和重视下，经历了改造、创新、发展和不断完善的过程，发生了历史性的变化，取得了显著的成就。1951 年，政务院发布了《关于改善各级学校学生健康状况的决定》；1952 年，教育部设立了管理学校体育的机构——体育处；1953 年，毛泽东主席提出，青少年是长身体的时期，号召青少年做到"身体好、学习好、工作好"；1954 年，《准备劳动与卫国体育制度》

（简称“劳卫制”）试行；1956 年，国家颁布了中、小学体育教学大纲；1957 年，国家提出了“应该使受教育者在德育、智育、体育几方面都得到发展，成为有社会主义觉悟的有文化的劳动者”的教育方针；1961 年，国家编写了中、小学体育教材；1979 年，教育部、卫生部、国家体委联合颁布了大、中、小学体育卫生工作条例。为了研究和掌握青少年、儿童的体质状况，1979—1980 年，国家体委、教育部、卫生部联合组织对 16 个省市 7 ~ 25 岁的 20 多万名青少年、儿童进行了 23 项指标的体质测试，全面分析了我国青少年、儿童的体质状况、特点和发展规律，并研制了我国青少年、儿童生长发育、机能、身体素质的评价标准，为改进我国学校体育卫生工作提供了科学依据。1990 年，在总结经验的基础上，我国正式颁布了《学校体育工作条例》和《学校卫生工作条例》，重新修订了《国家体育锻炼标准》，随后颁布并实施了《中学生体育合格标准》和《大学生体育合格标准》等。1999 年 6 月 15 日，党中央、国务院召开的改革开放以来的第三次全国教育工作会议是一次深化教育改革，全面推进素质教育的重要会议。会议指出，健康体魄是青少年为祖国和人民服务的基本前提，是中华民族旺盛生命力的体现，学校教育要树立健康第一的指导思想，切实加强学校体育工作。2002 年，国家再一次颁布实施修订后的《全日制义务教育　普通高级中学　体育（1 ~ 6 年级）　体育与健康（7 ~ 12 年级）课程标准》和《全国普通高等学校体育课程教学指导纲要》（教体艺〔2002〕13 号），推动我国学校体育向着科学化、规范化、制度化的方向前进。2006 年 12 月，在党中央、国务院的关怀下，教育部、国家体育总局联合召开了全国学校体育工作会议，发布了《关于进一步加强学校体育工作　切实提高学生健康素质的意见》（教体艺〔2006〕5 号），并联合共青团中央发布《关于开展全国亿万学生阳光体育运动的通知》（教体艺〔2006〕6 号），提出“每天锻炼一小时，健康工作五十年，幸福生活一辈子”的口号。教育部、国家体育总局于 2007 年正式颁布实施《国家学生体质健康标准》，并在多年实践的基础上，于 2014 年公布了《国家学生体质健康标准》（修订版）。这些文件精神充分体现了国家对学校体育工作的重视和对青少年学生体质的关心，为学校教育面向现代化、面向世界、面向未来，培养有理想、有道德、有文化、有纪律，身体健康的，能够为社会主义建设做贡献的各级各类人才奠定了基础。自党的十八大以来，党中央和人民政府高度重视学校体育工作。2013 年发布的《中共中央关于全面深化改革若干重大问题的决定》中提出：“强化体育课和课外锻炼，促进青少年身心健康、体魄强健。”习近平总书记在 2014 年指出，少年强、青年强则中国强。少年强、青年强是多方面的，既包括思想品德、学习成绩、创新能力、动手能力，也包括身体健康、体魄强壮、体育精神。这一论述为学校体育的深化发展注入强大活力。在 2018 年全国教育大会上，习近平总书记进一步提出，帮助学生在体育锻炼中享受乐趣、增强体质、健全人格、锤炼意志。这一论断是对学校体育价值的高度凝练，成为新时代学校体育工作的重要目标。2020 年，中共中央办公厅、国务院办公厅印发《关于全面加强和改进新时代学校体育工作的意见》，要求“把学校体育工作摆在更加突出位置，构建德智体美劳全面培养的教育体系”。

第三节 高等学校体育的目标与任务

学校体育工作的基本任务是增进学生身心健康，增强学生体质，使学生掌握体育基本知识，培养学生体育运动能力和习惯，提高学生运动技术水平，为国家培养体育后备人才，对学生进行品德教育，增强组织纪律性，培养学生勇敢、顽强和进取的精神。

一、高等学校体育的目标与任务

（一）增进学生身心健康，增强学生体质

大学生的年龄一般为18~25岁。在此期间，男、女大学生身体形态的各项指标处于缓慢增长状态，身体机能发育也不例外。有人对18~25岁大学生的身体形态和机能发展变化情况进行了研究。从身体机能来看，1 min仰卧起坐、50 m跑、立定跳远、屈臂悬垂这四项素质呈增长趋势，其增长高峰期，男生在19～22岁，女生除立定跳远在19岁外，其余三项均在21岁。从身高、体重、胸围和肺活量几项形态机能变化情况来看，男、女生都有不同程度的增长。研究表明，大学生不管是在身体发育方面还是在机能发展方面都处于增长状态。在此期间，根据青年的生理特点，全面锻炼身体对于进一步促进身体的正常发育、生理机能和心理的发展，提高身体素质，增强基本活动能力、对自然环境的适应能力与疾病的抵抗能力，都具有重要意义。

（二）使学生掌握体育的基本知识、技术和技能

高等学校的学生是否具备锻炼身体的习惯和树立终身体育的意识，在很大程度上取决于他们是否掌握了一定的体育基本知识与技能，是否能运用所学到的科学知识进行自我调控、自我检测和自我评价。大学生若不具备一定的体育知识和技能，则往往难以坚持锻炼。所以，高校体育必须通过各种途径和手段，培养学生的体育兴趣，向他们传授体育基本知识和科学锻炼身体的方法，培养他们的运动习惯，提高他们的运动技术水平，为他们终身参与体育锻炼奠定良好的基础。

（三）培养学生的体育能力

学生通过上体育课和参加课外体育活动，可以培养一定的体育能力，如知道怎样组织体育竞赛，怎样组织一些基础项目的训练，怎样指挥和调动学生队伍，能承担一些较普及项目的裁判工作，等等，以适应今后组织群众性体育活动工作的需要。

（四）培养学生良好的道德情操

高等学校体育是对学生进行思想教育和建设社会主义精神文明的重要手段。针对学生在体育活动中表现出来的观点、信念、情感和意志等各种思想实际，有的放矢地进行教育，对于培养学生高尚的道德情操具有良好作用。学生参与体育活动的全过程，有利于培养高度的组织性和自觉的纪律性，团结友爱、互相合作的集体主义精神，坚忍不拔、勇敢顽强、刻苦耐劳、机智果断等优良品质，以及开朗、活泼的良好性格。

此外，对于少数体育基础较好，有一定专项运动才能的学生，进行专门训练，提高他们的运动技术水平，使之成为群众性体育活动的骨干，进而为国家运动队培养优秀后备人才，这也应被列为高等学校体育的任务。

二、实现高等学校体育的目标与任务的基本途径

学校体育是学校教育的重要组成部分，也是国民体育的基础。学校体育对培养全面发展的现代人才，对增强国民体质、建设精神文明都有重要意义。而要实现学校体育的目标与任务，就必须认真进行体育课教学，积极开展课外体育活动、课余体育训练和体育竞赛。

体育课教学是一个传授体育知识、技术和技能的教育过程，其主要任务是通过体育教学，传授体育知识、技术和技能及锻炼身体的方法，培养学生的体育能力和高尚的道德情操。

课外体育活动是学生在学习之余进行的体育锻炼，如早操、课间操和其他课外体育锻炼，其主要任务是增强学生体质，丰富课余文化生活，培养体育能力和运动习惯。

课余体育训练是为了提高学生的运动技术水平而专门组织的一种教育过程，其主要任务是提高运动技术水平，培养体育骨干，为体育竞赛做准备。

体育竞赛是检查、促进和推动体育教学、课外体育活动和运动训练的重要手段，对于提高运动成绩具有一定的作用。

体育健身俱乐部是大学体育教育的一种特殊形式。由于体育健身俱乐部充分考虑了大学生的个人身体状况、兴趣、爱好和特长，在体育教师的指导和帮助下，大学生可以享受更自主和积极的体育教育。体育健身俱乐部旨在培养大学生良好的体育健身意识、行为道德规范、意志品质和积极的创新精神，有效地发展大学生的个性，拓宽大学生的生存与发展空间，有效地增进大学生的身心健康，使大学生成为能适应社会发展与变化的高素质人才。

上述几个基本途径不是孤立存在的，而是互相交错、互相渗透、互相影响的。我们必须把它们有机地结合起来，充分发挥其整体效应，以共同实现高等学校体育的目标与任务。

思考题

1. 体育的概念是什么？体育主要包括哪几个部分？
2. 简述现代体育的作用与功能。
3. 简述我国高等学校体育的目标与任务。

第二章 体质与健康

第一节 体质与健康的含义

一、体质的含义

体质是指人体的质量。它是机体在遗传、变异和后天获得性的基础上所表现出来的机能和形态上相对稳定的特征。

体质包括体格、体能和适应能力几个方面。

体格是指人体的形态结构方面，包括人体生长发育的水平、身体的整体指数与比例（体型）及身体的姿态。

体能是指人体各器官系统的机能在肌肉活动中表现出来的能力。它包括身体素质（力量、速度、灵敏、柔韧、耐力等）和身体基本活动能力（走、跑、跳、投、攀登、爬越、举起重物等）。

适应能力是指人在适应外界环境中所表现的机体能力，它包括对外界环境的适应力和对疾病的抵抗力。

体质的综合评价指标包括以下几个方面。

（1）身体形态发育水平：体格、体型、姿势、营养状况及身体组成成分等。

（2）生理生化功能水平：机体的新陈代谢功能及各系统、器官的工作效能。

（3）身体素质和运动能力水平：身体在运动中表现出来的力量、速度、耐力、灵敏性、柔韧性等素质及走、跑、跳、投、攀等身体运动能力。

（4）心理发展状态：包括本体感知能力、个体意志力、判断能力。

（5）适应能力：如对外界环境条件的抗寒、抗热能力和对疾病的抵抗力。

影响体质强弱的因素是多方面的，与遗传、环境、营养、体育锻炼等有着密切的关系。遗传只对体质的状况和发展提供可能性或前提条件，体质的强弱则有赖于后天环境、营养、卫生和身体锻炼等因素。因此，有计划、有目的地进行科学的锻炼，是增强体质最积极、最有效的手段。

二、健康的含义

1989 年，世界卫生组织（WHO）就对健康做了新的定义，即健康不仅是没有疾病，而且包括躯体健康、心理健康、社会适应良好和道德健康。由此可知，健康不仅指躯体健康，还包括心理健康、社会适应良好、道德品质高尚，它们是相互依存、相互促进、有机结合的。当人体在这几个方面同时健康时，才算得上真正的健康。

现代健康的含义并不仅是传统所指的身体没有疾病而已。根据世界卫生组织的解释，健康不仅指一个人没有疾病或虚弱现象，而且指一个人生理上、心理上和社会上的完好状态。这就是健康的较为完整的科学概念。现代健康的含义是多元的、广泛的，包括生理、心理和社会适应性三个方面，其中社会适应性归根结底取决于生理和心理的素质状况。心理健康是身体健康的精神支柱，身体健康又是心理健康的物质基础。良好的情绪可以使生理功能处于最佳状态，反之则会降低或破坏某种功能而引起疾病。身体状况的改变可能带来相应的心理问题，生理上的缺陷、疾病，特别是痼疾，往往会使人产生烦闷、焦躁、忧虑、抑郁等不良情绪，导致各种不正常的心理状态。作为身心统一体的人，身体和心理是紧密依存的两个方面。

终身健康的思想是从终身体育的观点中被提取出来的。1999 年，教育部根据《中共中央国务院关于深化教育改革全面推进素质教育的决定》，首次提出学校体育要树立健康第一的指导思想。作为教育组成部分的学校体育明确了“终身健康”的思想。事实上，对人而言，人的一生是漫长的，在这漫漫人生旅途中，最重要、最宝贵的就是健康。维护健康应是贯穿人一生的主要生活内容。因此，大学生必须对终身健康思想有一个正确的认识，在大学期间为终身健康打好基础。

第二节 健康的生活方式

一、理想体质的标志

理想体质是指人在遗传的基础上，经过后天的努力，在人体形态结构、生理功能、身体素质和运动能力、心理素质、内外环境适应能力等方面，都达到相对良好的状态。

理想体质的主要标志：

（1）身体健康，主要脏器无疾病。

（2）身体形态发育良好，体格健壮，体形匀称。

（3）心血管系统、呼吸系统和运动系统具有良好的功能。

（4）有较强的运动能力和工作能力。

（5）心理发育健全，情绪乐观，意志坚强，有较强的抗干扰、抗刺激能力。

（6）对自然和社会环境有较强的适应能力。

二、影响体质的几个因素

（一）遗传

遗传是人体身心发育和发展的先天条件，对体质的强弱具有十分重要的影响。研究表明，人体的形态结构、神经类型、有氧代谢能力和最大摄氧量等都在很大程度上取决于遗传因素。身体素质和运动能力与遗传也有着密切的关系。据报道，形态受遗传因素的影响占 75%，人体的有氧代谢能力和最大摄氧能力有 75%～95%是受遗传因素的影响。在认识到遗传对人体体质发育、发展产生重要影响的同时，也应从遗传与变异的客观规律出发，进一步认识到身体锻炼的积极意义。

（二）环境

人类生存的自然环境和社会环境不仅是人类赖以生存的基本条件，而且对人体体质的发育、发展也会带来直接或间接的影响。国民经济与社会发展水平是决定人体发育水平或体质强弱的主要因素。从人体的形态、机能及身体素质和运动能力的发展水平来看，一般规律是经济发达国家比不发达国家高，城市比农村高，现代比近代、古代高。

不同自然地理环境对人体体质的发育、发展也产生不同的影响。例如，生活在高原地区的人与平原地区的人体质有明显差异，在极地生活的因纽特人与居住在热带的非洲人形态结构有明显不同，这些正是各自长期适应自然环境的结果。

（三）体育锻炼

研究表明，有目的、有计划、科学地进行体育锻炼，对人体体质的发育发展产生积极的影响。体育锻炼能改善人体神经系统的功能，增强循环系统和呼吸系统的功能，增强人体运动系统的功能，从而增强机体对环境的适应能力和抵抗疾病的能力。大量事实证明，体育锻炼是增强体质最积极、最有效的手段。

三、健康的生活方式

生活方式是指人们长期受一定文化、民族、经济、社会、风俗的影响而形成的一系列生活习惯、生活制度和生活意识。我国最早的医书《黄帝内经》就指出，智者之养生也，必顺四时而适寒暑，和喜怒而安居处，节阴阳而调刚柔。如是则僻邪不至，长生久视。生活方式是对生态环境、社会环境、体育锻炼的综合表现，最终反映在人体的体质状况和健康水平上。人体是一个极为复杂的机体。一方面，与外界环境不断进行种种物理的、化学的、信息的交换，维持体内外平衡；另一方面，机体自身也在完成一系列生命现象——新陈代谢、生长发育、防御侵袭、免疫反应、修复愈合、再生代偿等，并严格按照亲体的遗传模式进行世代繁衍。

（一）养成良好的卫生习惯

（1）皮肤卫生。皮肤是人体的一个感觉器官，皮肤里的汗腺和皮脂腺具有代谢与调节体温及保护皮肤的功能。如果皮肤的汗腺或皮脂腺分泌得过多，会使皮肤的恢复功能受阻，细菌就会乘虚而入，可能产生皮肤病。因此，皮肤要经常冲洗，保持清洁。

（2）衣着卫生。运动时须穿舒适、轻便、便于活动的服装，衣着不宜过紧或太宽，应勤换、勤洗、勤晒。

（3）用具卫生。个人用具，如餐具、毛巾、牙刷、梳子、被褥等都应专用，并注意经常消毒处理，以免感染细菌引起各种疾病。

（4）五官卫生。在平时学习、工作和生活中，大学生要注意对眼、耳、鼻、口、牙和喉等部位的爱护，防止不必要的损伤。

（5）卫生习惯。平时注意勤洗手、勤剪指甲、勤理发和勤洗澡，养成良好的卫生习惯。

（二）遵循合理的生活制度

生活制度是指一天 24 h 内睡眠、饮食、学习、工作、休息、娱乐、体育锻炼和劳动等各项活动的时间安排。合理的生活习惯因人而异，应符合个人的年龄、性别、健康状况、学习环境、工作性质等具体情况。大学生在饮食起居和学习时间方面应形成规律，每日定时起床、用餐、上课、学习、锻炼、睡眠等。只有这样，才能在几年的大学生活中，为一生健康打下基础，使生活充满阳光。

（三）讲究心理卫生

多愁必多病，多病必短寿，如果想长寿，切莫多忧愁。做好自我心理调整是健康生活方式的重要一环。培养一些有益健康的爱好，如书法、绘画等，是保持心理健康不可缺少的条件。除此以外，大学生还应与社会保持密切联系，坚持参加社会性的集体公益活动，广交朋友，多做好人好事，从中体会乐趣，这些都会使身心获得健康。

（四）积极参加体育锻炼

经常不断地参加体育锻炼，保持脑力和体力协调发展，是预防和消除疲劳、保证健康的重要因素。生命在于运动。体育锻炼在使人精神焕发、体力充沛的同时，也为人们创造快乐的生活提供了保障。

（五）营养全面平衡

营养全面、均衡的饮食是人体免疫细胞和免疫球蛋白的“建筑材料”。一般来讲，饮食不宜太过辛辣油腻，否则容易上火生热。不吸烟、不喝酒、多饮水、多吃新鲜蔬菜和水果，对增强身体的抗病能力是很有好处的。因此，科学合理的膳食是人体健康的“第一源泉”。

（六）保证睡眠，注意劳逸结合

大学生每日睡眠时间应该为 7 ~ 8 h。午饭以后，建议大学生养成午睡的习惯；晚上睡前可用温水浸泡脚，消除疲劳；睡前不要吃高脂肪食物和饮用过多的水；睡觉时房间内空气要流通，不宜过度兴奋和疲劳。大学生在学习时，大脑皮层的大部分神经细胞处于兴奋的工作状态，如果时间过长，大脑的神经细胞很容易疲劳从而影响学习效果。所以大学生应有充分的休息和娱乐时间来调节大脑皮层的兴奋性。休息可分静止性休息和积极性休息，静止性休息如睡眠和静坐闭目养神，积极性休息如课间操和娱乐活动等。

四、不良的行为及学习、生活习惯

人类的健康受各种因素的影响，如先天遗传因素、后天自然环境与社会环境因素、生活方式、营养、体育锻炼等。不良的生活方式主要有以下几种。

（一）吸烟

吸烟危害身体健康，已成为严重的社会公害。烟草可以说是一种慢性自杀剂。有研究资料指出，从香烟烟雾中分离出来的有害物质数量多达 1 200 多种，如尼古丁、烟焦油、多环芳烃、亚硝胺、一氧化碳、苯等。因长期吸烟引发的常见病有肺癌、支气管炎、肺气肿、局部缺血性心脏病及其他心血管疾病。其他如唇、舌、口腔、喉、食道和膀胱的癌变，胃及十二指肠溃疡等也与吸烟有关。因此，吸烟是多种疾病的致病和死亡因素。吸烟者的死亡率比非吸烟者高 1.7 倍。吸烟量越大，吸烟起始年龄越小，吸烟史越长，对健康的危害越大，后果越严重。例如，25 岁以后开始吸烟者患肺癌的概率为不吸烟者的 4 倍，20 ~ 24 岁开始吸烟者患肺癌的概率为不吸烟者的 10 倍，15 ~ 19岁开始吸烟者患肺癌的概率为不吸烟者的 15 倍。可见，青年期吸烟对健康的危害相当大。

（二）酗酒

酒的主要成分是乙醇。饮酒对人体健康的影响取决于乙醇浓度及个人耐受量。少量饮酒一般不会对健康造成危害。但是，乙醇大量进入人体后会使细胞原生质沉淀和脱水，对神经、循环、消化、呼吸系统均产生不良影响。酗酒不仅会危害身体健康，而且会造成对社会的危害。人由于酗酒而出现的失态、失常，如不文明的言辞和举动、失职、失窃、泄密、发生不可想象的事故等，会产生极坏的影响，甚至造成后悔莫及的严重后果。大学生酗酒，不仅会危害健康，而且会影响学业。有酗酒习惯的人常把注意力放在吃喝上，学习不求进步，没有远大理想和正确的人生观，最终将断送自己美好的前程。

（三）吸毒

吸毒对人体的危害极大。人一旦吸毒成瘾，在精神和身体上将会对毒品产生依赖，导致身体机能紊乱、失调，体质下降，骨瘦如柴，精神失常，严重者可能死亡。一旦染上毒品，再进行戒毒是相当困难的。因此，远离毒品并保持高度警惕是十分必要的。

吸毒对人体的主要危害有以下几种。

1. 吸毒对神经系统的危害

吸毒会引起一系列的神经系统病变，如惊厥、震颤、麻痹、周围神经炎、弱视、注射部位的肌肉功能障碍等。长期吸毒可引起智力减退和个性改变，吸入过量海洛因能引起呼吸抑制，造成脑缺氧，严重的可直接引起脑栓塞；滥用可卡因可引起颅内出血、抽搐、持续性或机械性重复动作、内分泌失调和步态异常等。

2. 吸毒对消化系统的危害

多种毒品对人体有抑制食欲的作用。人吸毒后以毒品为精神食粮来满足身体的需求，缺少其他食物营养，身体会逐步消瘦，造成体内各种必需的维生素和矿物质缺乏，从而导致一系列营养不良综合征的产生。

3. 吸毒对呼吸系统的危害

吸毒对呼吸系统的危害主要表现在以下三方面：一是毒品对呼吸道的破坏；二是特异毒性对人体呼吸道的危害；三是由吸毒引起营养不良导致的呼吸系统疾病。吸食可卡因、海洛因等毒品过量或中毒时可引起肺水肿，如抢救不及时往往会引起死亡。

4. 吸毒对心血管系统的危害

长期吸毒将引起心律失常和缺血性改变等，如可卡因能引起心律不齐、血管痉挛、冠状动脉硬化形成血栓等。总之，很多毒品会对人体心血管系统产生直接毒性。

大学生是有觉悟、有知识的一代青年，应懂得吸毒的危害和后果，要远离毒品，爱惜生命。否则，一旦吸毒成瘾，将毁灭自己的美好前程。

（四）不良的学习、生活习惯

1. 不良的学习习惯

大学生作为脑力劳动者，往往存在长时间静坐学习、缺乏运动、进食不规律、作息时间易变、常为复习考试熬夜等问题。这些习惯对健康将构成威胁。

（1）可引发心肌衰弱、心功能减退、血液循环减慢，造成血液在动脉中沉积，为高血压、冠状动脉血栓埋下隐患。

（2）可造成血液循环不良，使静脉回流受阻，最后导致静脉曲张而出现痔疮、肛门疼痛，或便血。妇女会因盆腔静脉回流受阻而发生盆腔炎等妇科疾病。

（3）久坐不动往往会引起颈椎僵硬，影响颈椎动脉对头部供血。人会因大脑供血不足，出现头晕和手足麻木等不适症状，甚至出现慢性眩晕、中风等。

（4）长时间的坐立会使腰、腹、背部肌肉产生疼痛感，会引发关节病和脊椎病。

（5）可导致肥胖。

2. 不良的饮食习惯

随着人民生活水平的不断提高和物质生活的丰富，人们的饮食结构也发生了很大变化。人们大量享用高糖、高蛋白、高脂肪的美味食品，致使饮食结构失衡。另外，食用精制食品也使人体代谢失去了天然食物成分的营养环境。不加节制地贪吃，摄入的热量大大超过身体所消耗的热量，营养过剩，则可能导致肥胖、糖尿病、胆石症、高血压及其他心血管疾病，还可成为某些肿瘤和多种疾病的诱因，严重影响健康甚至缩短寿命。

3. 不良的生活习惯

不良的生活习惯主要包括两大方面。一是作息不规律。许多大学生生活作息无规律，不按时起床、就寝、用餐，经常熬夜，长此以往，会危害身体健康。二是缺乏身体锻炼。每个人都必须靠运动来维持生命，凭借运动来促进人体的新陈代谢，不断调适人的体能、情绪和心理压力等，如长期疏于运动，会使身体机能退化，出现种种危机，极可能导致神经衰弱、心血管疾病、糖尿病、肥胖症等多种非传染性疾病的发生。

4. 过度疲劳

疲劳是一种在学习、工作、运动中经常出现的、普遍存在的、正常的生理和心理现象。疲劳并不可怕。适度疲劳是人体正常生理活动和生活节奏的自然现象。过度疲劳则会对人的身体健康产生一系列不良影响。例如，大学生中有一些人因学习压力过大等，时常处于过度疲劳的状态，就可能出现精神萎靡不振、注意力下降、心情烦躁、情绪不稳定等现象；还可能出现心动过速、胃肠功能紊乱、免疫力下降等情况。

五、亚健康状态

健康和疾病是对立的两极关系，这两极之间存在着各种过渡状态，不能简单地认为无病即健康。实际上，多数人不同程度地处于不完全健康又没有疾病的状态，即亚健康状态。亚健康状态是介于健康与疾病之间的一种状态，又叫“第三状态”或“灰色状态”，是指人体在内外环境不良刺激下出现心理、生理上的异常变化，但又不具备明显病理症状的状态。亚健康处于健康与疾病的交接地带，是健康与疾病相互转化的“中间点”。要预防疾病就必须改变亚健康状态。亚健康状态改变了，身心健康了，不仅可以节省医疗方面的开支，还可以提高生活的质量。

1. 造成亚健康的原因

（1）因过度疲劳引起的疲劳综合征。

（2）由于自然衰老规律，人的各器官机能逐渐衰退。

（3）现代疾病的产生，如肥胖病、空调病等。

（4）人的体力和脑力处于生物低潮期。

（5）受遗传、营养及工作和生活环境的影响。

2. 亚健康状态自我测评方法

这里介绍一种亚健康状态自我测评方法。回答下列问题，若答案为“是”，则记入括号中的分数；若答案为“不是”，不记分。如果累计总分超过 30 分，表明健康已敲响警钟；如果累计总分超过 50 分，就需要好好反思自己的生活状态；如果累计总分超过 80 分，就应去医院找医生，并调整自己的心理，或好好地休息一段时间。

（1）早上起床时，有持续的头发掉落的现象。（5 分）

（2）感到情绪有些抑郁，会对着窗外发呆。（3 分）

（3）昨天想好的某件事，今天怎么也记不起来了，且近些天来经常出现这种情况。（10 分）

（4）害怕走进教室或办公室，觉得学习或工作令人厌倦。（5 分）

（5）不想面对同学、同事和上司。（5 分）

(6) 学习、工作效率下降，上司已表达了对你的不满。(5 分)
(7) 学习、工作几小时后，就感到身体疲倦、胸闷气短。(10 分)
(8) 学习、工作情绪不高。近来经常有无名火，但又没有精力发作。(5 分)
(9) 一日三餐进餐都甚少，即使饭菜可口，也无食欲。(5 分)
(10) 盼望早早离开教室或办公室，回去躺在床上休息片刻。(5 分)
(11) 对污染、噪声非常敏感，比平常更想到幽静的地方休养身心。(5 分)
(12) 不再像过去那样热衷于朋友聚会，有勉强应酬的感觉。(2 分)
(13) 晚上经常睡不着觉，即使睡着了，也常常处在做梦的状态中。(10 分)
(14) 体重有明显的下降趋势，早上起来，发现眼眶深陷，下巴突出。(10 分)
(15) 免疫力下降，抵抗力差，很容易感染疾病。(5 分)
(16) 经常感到疲惫不堪，没有性欲。(10 分)

第三节　体质的检测与评价

一、体质检测的作用

(1) 体质检测可使学校体育部门了解学生体质的现状，掌握学生体质变化的客观规律，并为制定体育教学大纲、制订教学计划、选择适宜的教材和教学方法提供科学依据。

(2) 体质检测可使学生及时了解自己体质变化的情况，引导学生关心自己的体质状况，激发学生参加体育运动的自觉性和积极性，从而养成科学锻炼身体的良好习惯。

(3) 体质检测是考察学校体育工作效果的重要手段。学校领导和有关部门可分析和研究体质评价结果，从而不断改善学校体育、卫生工作。

二、体质检测指标与方法

(一) 身体形态指标

1. 身高

身高主要反映骨骼的发育状况，是反映人体纵向发育水平的重要指标。测量时，被测者应赤足，背靠立柱，以立正姿势站立，让脚跟、骶骨和两肩胛间三处与立柱紧贴，保持躯干自然挺直、头颈正直、两眼平视前方，使耳屏上缘与眼眶下缘呈水平。

2. 体重

体重是人体横向发育指标。它反映人体骨骼、肌肉、皮下脂肪及内脏器官重量增长的综合情况和身体的充实度。体重和身高的比例可以辅助说明营养状况和肌肉发育程度。体重受年龄、性别、生活条件、体育锻炼、疾病等因素的影响。体重也是衡量健康体力好坏的重要标志。过于肥胖和消瘦都要引起注意。

测量时，男生只穿短裤，女生穿短裤、背心，并应在测量前排空大、小便。被测者赤足轻轻踏上秤台中央，保持身体平衡，不与其他物体接触。

3. 胸围

胸围是人体宽度和厚度最有代表性的测量值。它反映胸廓的大小及胸部肌肉的发育情况。由于胸廓内有人体重要器官（心脏、肺脏），胸廓的测量对于了解内脏器官的机能状况也有较大的意义。因此，胸围是反映人体生长发育水平的一个重要指标。

测量时，男生裸上体，女生穿背心，自然站立，两脚分开同肩宽，两肩放松，两臂自然下垂，并做均匀、平静的呼吸。测量者将尺围绕胸廓一周，将背部带尺上缘置于肩胛骨下缘，胸部带尺下缘放于乳头上缘，对已发育成熟的女生，应将带尺置于乳头下方第四肋骨与胸骨连接处。从侧面看，带尺呈水平的圆形。测量时最好两人一前一后同时操作，这样较为准确。应在呼气之末开始读数，测试误差不得超过 0.5 cm。

（二）生理机能指标

1. 安静脉搏

脉搏是由于心脏节律性收缩和舒张，使大动脉内的压力变化，而引起四肢血管壁扩张和收缩的一种搏动现象，故也称心率。它主要反映心脏和动脉的机能状态。安静脉搏是相对安静状态下的脉搏频率，即单位时间内（1 min）动脉管壁搏动的次数。它可检查心脏生长发育程度和正常水平。

测量安静脉搏前应静坐休息 10 min 以上，保持情绪稳定。测量人员可用食指、中指、无名指的指端摸准被测者手腕部的桡动脉处，连续测 3 个 10 s，当其中两次脉搏相同，并与另一次相差不超过一次时，即可认为该脉搏是相对安静脉搏，否则重测。然后换算成 1 min 的脉搏。

2. 血压

血压是指血液在血管内流动时对动脉血管壁产生的侧压力，也称动脉血压。血压与心脏搏动力量、动脉血管的弹性、末梢血管的抵抗力及血液的黏性有密切关系。它和脉搏相反，随年龄增大而稳定地升高，这是因为成年人大血管和毛细血管的口径变小，血管壁弹性不如少年儿童，血液流动外围阻力较大。在每一个心动周期中，动脉血压随着心室的收缩和舒张而发生规律性的变化，从而反映出心脏血管的功能状况。

血压一般用水银血压计测量。测量血压时，测量者将止血带绑于受测者上臂，充气加压使血液暂时停止流动，然后慢慢减压，使用听诊器听血管搏动声。第一次听到搏动声时的压力为最高血压（收缩压），继续减压到完全听不到搏动声的瞬间（消音点）的压力为最低血压（舒张压）。血压记录方式为收缩压/舒张压（kPa）。

3. 肺活量

肺活量是指一个人全力吸气后所呼出的最大量气体。肺活量是一种常用的反映呼吸机能的指标，它和身高、体重、胸围呈正相关。一般情况下，体重和胸围大的人，肺活量也大。肺活量越大越好。

测量肺活量时，多使用回转肺活量计（自我测量也可使用指针式、电子式肺活量计）。使用者应取站立姿势，然后深吸气，经憋气后尽力深呼气，直到不能再呼气为止。等到回转筒停稳后，按指示器读数。每人可测量 3 次，每次间隔时间一般为 15 s，选最大值记录，精确到 10 位数。仪器的误差不得超过 200 mL。

（三）身体素质与运动能力的测定

任何动作都是不同形式的肌肉活动。人体在进行活动时，必然表现出力量的大小、速度的快慢、持续时间的长短、关节活动范围的幅度大小。这些机体工作的能力统称为身体素质，也分别称为力量素质、速度素质、耐力素质和灵敏素质。这些机体能力，通过肌肉活动表现出来，但同时也反映内脏器官的功能、肌肉工作时的供能情况及运动器官与内脏器官活动的协调性。因此，它们在客观上可以衡量人体机能发挥的情况。

运动能力是指基本活动技能，如走、跑、跳、投、攀登、爬越等。这些技能是人类生活中的基本动作，都是在实践中学会，并在体育活动中加以发挥和改进，并且组成各种复杂的运动技能。

当前，我国测定学生身体素质和运动能力，选择了以下几项具有代表性的运动项目。

1. 50 m跑（男、女）

50 m跑测试快速反应能力和速度素质水平。测试时，被测者2～3人一组，听到发令声后跑出（起跑姿势不限），不可抢跑或串道。

2. 1 000 m（男）、800 m（女）耐力跑

耐力跑测试机体的心血管系统功能。测试前，被测者应做好准备活动，跑完全程后，不应立即停下，而应继续走动，以使心率逐渐恢复至跑前水平。

3. 引体向上（男）

引体向上可测试学生上肢和肩部的肌肉力量。测试时，被测者双手正握杠悬垂，待身体平稳后，将两臂同时用力向上引体，上拉到下颌超过横杠上缘，然后还原，为一次完整的动作。身体不可摆动或有蹬腿等动作。

4. 1 min屈腿仰卧起坐（女）

1 min屈腿仰卧起坐测试人体肌肉力量和耐力水平，特别是腹肌力量和耐力水平。测试时，被测者仰卧于垫上，两腿屈膝稍分开，两腿大、小腿屈成90°左右，两手十指交叉紧抱于脑后。另一人压住其两脚踝关节处。起坐时，以双肘触及两膝成功为一次完整的动作，未触及膝不计次数。仰卧时两肩胛必须触垫。

5. 立定跳远（男、女）

立定跳远主要测试腿部力量和爆发力。被测者两腿自然开立，站在起跳线后，脚尖不得超过起跳线前沿。双脚同时起跳，起跳前不得垫步或单脚起跳。起跳的地面应平整，并与沙坑齐平，起跳线至沙坑近端不得少于30 cm。

三、综合评价法

综合评价法是全面检测、评价体质状况和锻炼效果的方法。

人体是一个统一的整体，身体锻炼对人体的作用是全面的。采用综合评价法评定锻炼效果时，可以从身体形态、机能、身体素质、精神状态、食欲、睡眠、对自然环境变化的适应能力、健康状况、克服疲劳的能力、记忆力、思维活动的灵活性等多方面进行跟踪调查，对收集的资料和数据进行多因素的定量、定性分析与评价，根据分析、评价的结果来评定体质状况和锻炼效果。需要指出的是，综合评价的某些内容，有的可以用客观的标准进行定量分析，而另外一些内容只能用定性的办法来分析，结果也只能用“好”“一般”“差”等判断结果。尽管这样，综合评价法仍不失为评定体质状况和锻炼效果的好方法。

第四节 健康的评价

一、健康的标志

世界卫生组织对衡量人体健康提出了10项标志。

（1）有充沛的精力，能从容不迫地担负日常生活和繁重的工作而不感到过分紧张。

(2) 处事乐观，态度积极，勇于承担责任，事无巨细，不挑剔。
(3) 应变能力强，能较快地适应外界环境的各种变化。
(4) 善于休息，睡眠良好。
(5) 能抵抗一般感冒和传染病。
(6) 体重适当，身体匀称，站立时头、肩、臀位置协调。
(7) 头发有光泽，头屑少。
(8) 眼睛明亮，反应敏锐，眼睑不易发炎。
(9) 牙齿清洁，无龋齿，无疼痛，牙龈无出血且颜色正常。
(10) 肌肉发达，皮肤富有弹性。

二、健康的评价指标

人的健康指标是由身体的健康、精神的健康和社会的健康三方面因素构成的。

1. 身体的健康

衡量身体的健康的指标有以下几个方面：没有疾病，无须治疗；身体的发育正常；有良好的生活节律，食欲、睡眠好；体态、脸色好，有精神；能很好地进行日常活动，消除疲劳快。

2. 精神的健康

衡量精神的健康的指标有以下几个方面：和环境和谐相处，对工作、生活乐观豁达，日常行为、思想与社会基本价值观念相一致，觉得生活充实有意义，向往美和善；能精力充沛地履行各种职能，完成各种任务，而且能从中发现并享受乐趣，感到自身的价值，使生活变得更有意义。概括起来有以下几方面：能与家庭成员、朋友、伙伴们协力合作；理解人生的意义，对生活充满希望；有正确的判断能力。

3. 社会的健康

衡量社会的健康的指标有以下几个方面：在社会中能按照行为准则工作和生活，具有良好的衣、食、住、行条件；社会适应良好，道德品质高；健康长寿。

随着时代的变迁，人们对健康的理解和认识越来越深刻。现在说哪一种是纯粹的、准确的健康标准还为时过早，这需要人们在生活实践中不断去探索和完善。每个人应根据自己的身体、学习、工作和生存环境来选择健康的生活方式。人人都应该记住：人的一生当中，最宝贵的、最为重要的就是健康。

思考题

1. 简述体质、健康的含义。
2. 不良的生活方式有哪些？举例说明其危害。
3. 理想体质的标准是什么？简述健康的评价指标。

第三章 体育与大学生心理健康

第一节 心理健康的含义与标准

一、心理健康的含义

心理健康是指一种持续高效而令人满意的心理状态，人的基本心理活动协调一致，即认知、情感、意志、行为和人格完整协调，能够顺应社会，并与社会保持同步。心理健康又称精神健康。心理健康者能积极调节自己的心理状态，顺应环境，包括自身环境、自然环境与社会环境，能有效地、富有建设性地发展和完善个人生活。

二、心理健康的标准

判断心理是否健康，并不像判断躯体是否健康那样具有比较客观的指标，而是通过各种检测予以客观评价。迄今为止，心理健康尚未有公认的客观指标可以用于考核，而且处于不同的社会制度和民族文化背景下的人们对心理健康也会有不同的要求。尽管如此，心理学家仍从自己的实践中总结出心理健康的标准。

（一）自我实现者的心理特征

人的心理怎样才算是健康，以什么作为健康的标准？美国著名心理学家马斯洛的研究揭示，理想的健康人，其个体的潜能和价值得到最有效的挖掘。马斯洛认为，自我实现者的心理特征可以概括为以下几个方面：

（1）对现实的良好知觉。心理健康者能客观地看待世界，而不是凭自己的主观方式去感知世界。

（2）接纳自然、他人和自己。心理健康者能接受别人、自己及自然的不足，他们会依照事物的自然规律去接受那些不足。

（3）自发、坦率、真实。心理健康者有足够的自信心和安全感，能够真实、坦率地表达自己的想法，除非这样一种直率的表现会伤害别人。

（4）以自身热爱的工作为中心。心理健康者热爱自己从事的工作，工作刻苦、专注，并能从工作中获得快乐。

（5）有自立和独处的需要。心理健康者不依靠别人来求得安全感和满足，喜欢安静独处，并非是因为害怕别人或逃避现实，而是为了减少干扰，更好沉思，以寻求更合理的解决问题的方案。

（6）在自然与社会环境中能保持相对独立性。心理健康者在任何环境中，都能独立自主地发挥思考的功能，并具有自制的能力。

（7）欣赏能力常新。心理健康者对于某些体验，特别是审美体验，有着奇特而经久的欣赏力。

(8) 具有难以形容的高峰体验。心理健康者即使从平凡的活动中也能感觉到强烈的喜乐，感到生活无限美好。

(9) 对社会道德予以关注。心理健康者具有同他人同甘共苦的强烈意识，能够为他人的利益着想，能把自己从满足自身狭隘需求的状态中解放出来。

(10) 人际关系融洽。心理健康者注重友谊和爱心。

(11) 具有民主的性格结构。心理健康者能够谦虚待人，尊重别人的权利和个性，善于倾听不同的意见，并能向一切能够教给自己知识的人学习。

(12) 富有创造性。心理健康者具有独创、发明和追求革新的特点。

(13) 幽默、风趣。心理健康者对人世间的一些现象能够以诙谐、风趣的方式将其恰当地表示出来。

(14) 反对盲从。心理健康者具有自立、自强的人格，他们不随意迎合他人的观点、行为。

(二) 正常人的心理健康标准

马斯洛和米特尔曼等人后来又提出了十条正常人的心理健康标准，被认为是健康心理的标准，受到人们的普遍重视和引用。它包括：

(1) 有足够的自我安全感。

(2) 能充分地了解自己，并能对自己的能力做出适当的评价。

(3) 生活理想切合实际。

(4) 不脱离周围现实环境。

(5) 能保持人格的完整和谐。

(6) 具有从经验中学习的能力。

(7) 能保持良好的人际关系。

(8) 能适度地发泄情绪和控制情绪。

(9) 在符合集体要求的前提下，能较好地发挥个性。

(10) 在不违背社会规范的前提下，能恰当地满足个人的基本要求。

(三) 我国专家关于心理健康的描述

综合国内外学术界的研究，我国专家把心理健康的标准归纳如下：

(1) 乐观愉快。保持良好的心境，能适度地表达和控制自己的情绪，对自己能得到的一切感到满意，保持愉快而稳定的情绪，使自己心情开朗。

(2) 对自己评价恰当。有自知之明，对自己的能力、性格和优点、缺点都能做出客观、恰当的评价，对自己充满信心，努力发展自身的潜能。同样也不会贬低自己，不会为自己的某些不足而自责、自疑、自卑。

(3) 保持和谐的人际关系。能认识到他人存在的重要性和作用，同时也能被他人所理解，为他人和集体所接受，能与他人相互沟通和交往。

(4) 对现实环境有良好的适应能力。能面对现实、接受现实并主动地适应现实、改造现实。无论周围环境多么恶劣、复杂多变，都能正确认识，并主动适应，而不是逃避。

(5) 有坚强的意志。在现实生活中能够较长时间保持专注和控制行动去实现某一既定目标，具有克服困难的信心和决心。

(6) 心理行为符合年龄特征。心理健康的人，其认识、情感、言行、举止都符合其所处的年龄段。如果一个人的心理行为严重偏离年龄特征，那是心理不健康的标志。

(7) 懂得改变。勇于适应一切变动，不惜改变自己身上落伍的一切（如陈旧的观念、不好的习惯等）。一个心理健康的青年，应是一个勇于创新、勇于接受别人意见的人。

第二节　大学生心理健康

大学生在生理上已趋成熟，而心理尚不成熟，还需要不断磨炼。在未来参与国内与国际事务、各行业的激烈竞争中，心理健康尤为重要，它关系到人的一生的健康发展。

一、大学生心理发展的特点

大学生的年龄一般为 18～25 岁，从心理学观点来看，大学生属于青年中期。大学生的心理具有青年中期的许多特点，如辩证思维的形成、自我同一性的完善、同伴群体的形成、价值体系的稳定等。大学生活动面宽，兴趣广泛，思维活跃，力求显示自己的精力和能力，但由于缺乏社会实践，他们的认识能力和自制能力常落后于活动能力，因而导致矛盾的发生，如独立自主与遵守组织纪律的矛盾、要求别人尊重自己和自己不够尊重别人的矛盾、富于热情与脱离实际的矛盾等。此外，大学生还具有以下几个独特的心理特点。

1. 情绪情感丰富

当代大学生对情绪情感的体验较为强烈，情绪情感反应迅速，当遇到不如意的事情时，缺乏成熟的情绪控制能力。

2. 智力发展较好，思维逐渐成熟

大学生的智力发展比较好，不存在智力低下的问题。大学生的思维独立性和批判性进一步增强，但有时过分自信和固执己见。大学生具有创造性思维，并尝试用一些新的方法去解决问题，但有时带主观片面性。

3. 自我评价存在光环效应

大学生的自我意识较强，主要表现在：要求深入了解与关心自己的事，常常进行独立思考，设想自己的未来或进行自我设计。大学生有一定的自我评价和自我教育能力，善于根据社会、学校和集体对自己的要求来评价自己的思想行为，但个体差异很大。有人只看到自己的优点而看不到自己的缺点，即所谓的自我评价光环效应。大学生与同龄人相比，往往有更多的成功经历，受到过较多的赞美，也被寄托了更多的希望，因此不难推断他们的自我评价会有偏高的现象。

4. 心理冲突增加

网络时代信息丰富、价值观多元，这些因素导致大学生主动或被动接收的信息五花八门，许多大学生在众多信息面前不能明辨是非，导致价值观混乱，心理冲突增加，容易出现认知失调等问题。

5. 考试焦虑

考试焦虑在大学生中普遍存在。由于受各种因素的影响，学生在考试前会产生担心、兴奋、情绪不佳等现象，这种现象时常危害大学生的心理健康。

二、大学生常见的心理障碍

现结合大学生中常见的表现做简要介绍，以便具有相应特征的大学生能对自己的心理问题做出恰当的判断，从而主动寻求咨询、诊治和支持，及时解除痛苦，消除不必要的忧虑，以健康的身心投入紧张的学习中去。

（一）行为和人格偏离及不良适应性反应

1. 行为偏离

行为偏离是指在没有精神失常症状的情况下，与其所处的社会情境和社会评价相违背，在行为上显著地异于常态，且妨碍对社会生活的适应。这主要包括饮食方面的怪癖行为、酗酒、吸毒、药物依赖及某些过失行为（如敌视权威、盗窃、诈骗和拉帮结伙等）。

2. 人格障碍

人格障碍是指偏离正常人格并与社会法规相悖的一种情绪和行为方式。人格障碍往往起始于童年，持续到成年。一般认为它是在不良先天素质基础上遭受环境的有害因素（主要指社会心理因素）的影响而形成的。常见的类型有以下几种：反社会型人格，即缺乏道德责任感，情绪活动呈爆发性，行为呈冲动性，对他人和社会缺乏同情心，缺乏耻辱感，目无法纪，且不能从挫折和惩罚中吸取教训；偏执型人格，即情感冷漠，孤独自处，性格乖僻，服饰仪表不顾习俗；强迫型人格，即过于自我克制，常有不安全感和不完善感，追求完美，谨小慎微，优柔寡断，墨守成规，敏感多疑，缺乏随机应变能力；表达型人格，即以自我为中心，感情用事，情绪不稳定，喜欢自我表现和幻想，常以想象代替现实。

3. 不良适应性反应

此类问题在大学生中较多，特别是心理素质发育不健全和人格发育缺陷的人。新生来到大学的新环境中可因多种因素变迁而产生不良反应，从而影响身心健康，出现厌学情绪，最后可能因学习或躯体疾病等原因而休学、退学。

（二）轻度心理异常（神经官能症）

轻度心理异常又称神经官能症，是大学生中患病率较高的一种疾病，主要表现为精神活动能力降低（如精神疲乏、注意力不集中、工作学习不能持久）、情绪失调（如烦恼、紧张）、自主神经系统机能失调（如紧张性头疼、睡眠障碍和心悸）、有疑病性强迫观念等。尽管有明显的躯体症状，但各种检查不能发现器质性病变。患神经官能症的大学生在起病前常有学习或工作负担过重或精神刺激等因素。

神经官能症可由其表现不同而分为不同类型，如神经衰弱、癔症、强迫性神经症、恐惧性神经症、抑郁性神经症、焦虑性神经症、疑病症等。

1. 神经衰弱

这是神经官能症中常见的一种，在高校学生休、退学病因统计中占30%~60%。其主要特点是易于兴奋和迅速疲劳。此外，有注意力不集中、记忆力下降、情绪不稳定、紧张、烦恼、失眠多梦、头痛、多汗、心悸等现象。

2. 癔症

此病在大学生中也很常见，以女生为多见。患者具有易受暗示、喜夸张、感情用事和以自我为中心的性格特征，多由于精神因素作用而诱发。发作症状多种多样，以情感爆发（如突发的哭笑、叫喊、吵骂）为最常见的症状，自己能明白，但不能控制。客观上找不出明显的器质性疾病，也无法用某一种器质性疾病来解释。病程较短，一般预后良好，但常反复发作，如果处理不当，以及环境气氛产生不良的暗示性影响，则会拖延发作时间，影响学习，并对周围同学构成干扰。

3. 强迫性神经症

此病特点是不由自主地出现某些想法和动作。患者意欲控制自己，但又无能为力，并为无法摆脱而焦虑不安。本病发作往往有较突出的个性基础（心胸狭窄、过分认真细致、犹豫不决等），并与不良的家庭环境影响有关。症状表现为强迫观念，如强迫性怀疑、强迫性洗手和强迫性检查等。

4. 恐惧性神经症

恐惧性神经症是以恐惧症状为主的神经症，而本人难以控制，表现为社交恐惧、广场恐惧、动物恐惧等。

5. 抑郁性神经症

抑郁性神经症是以持久性情绪低落为特征的神经症。表现为心情压抑、悲观失望、行为消极、自我评价降低，但生活和工作能力不受严重影响。通常在遭受精神刺激（如生病、考试失败和失恋等）后发病，出现难以排除的抑郁心境，感到生活没有乐趣，对前途失去希望，对自我缺乏信心。严重时可出现自杀念头和行为。

（三）心身疾病

心身疾病是指主要地或完全地由社会心理因素引起，与情绪有关，主要呈现为身体症状的躯体疾病。大学生中常见的有原发性高血压、心律失常、溃疡病、支气管哮喘、月经失调、斑秃、神经性皮炎等。

（四）严重的心理异常（精神病）

严重的心理异常是指人的整体心理机能瓦解，各种心理活动的协调被严重损害，机体与环境之间的关系严重失调。

1. 严重心理异常的表现

（1）对客观现实的反映被歪曲，可出现幻觉、妄想、思维错乱、情感失常等，因而丧失正常的理智和言行。

（2）社会功能遭受严重损害，不能处理人际关系，不能正常参与社会活动，甚至给社会生活造成危害。

（3）自制力丧失。控制不住自己的言行举止。

2. 精神分裂症

精神分裂症是精神病中最常见的一种，是大学生退学的首位病因。此病可严重影响思维能力，而且病程迁延，故后果严重。

精神分裂症的神经异常表现有以下方面。

（1）思维联想障碍，逻辑进程障碍，病人的思维贫乏，有被害妄想、嫉妒妄想、疑病妄想等表现。

（2）有因幻觉和妄想而产生的情感障碍，表现为紧张综合征、恐惧、忧郁或情感突然爆发。

（3）意志行为和自我意识障碍，对外界事物缺乏兴趣，行为孤僻退缩，脱离现实，也可出现被控制感、被洞悉感，对自己的病态缺乏自知力，导致产生影响社会治安的行为，如自杀、凶杀等。

（4）部分病人有感知觉障碍，以幻觉为常见症状，但以语言性幻听最多见，内容可能是对患者下达指令或对其行为加以评论、讥笑。患者信以为真，因而可支配患者的行为，或影响其情绪，导致自杀或凶杀。患者须在精神病院接受治疗。

3. 躁狂抑郁症

躁狂抑郁症也是大学生中一种以情感活动过分高涨或低落为基本症状的神经症，故又名情感性精神病。其特征为躁狂状态或抑郁状态反复出现，二次发作之间有明显的精神状态完全正常的间隙期。躁狂发作时出现情绪高涨、思维奔逸、动作增多的三大症状，言语明显增多，联想加快，观念飘忽，注意力不集中，自我感觉良好，自我评价高，情绪极端高涨，行为活动显著增多，精力充沛，行为轻率。抑郁发作时则与此相反，以情绪低落、思维迟缓和动作迟缓为三大症状，言语明显减少，联想困难，体能下降，自我评价低，情绪低落，具有产生自杀意念、行为活动减少、自责等特征。

本病虽多次发作，但精神活动并不衰退，故愈后较好，但有时对社会秩序影响较大，应积极加以防治。

三、影响大学生心理健康的因素

心理健康是一个极为复杂的动态过程，影响心理健康和造成心理障碍的因素也是复杂的、多种多样的。

人们对于躯体的生理障碍和疾病已能理解和接受；而对于心理障碍和疾病却不甚理解，甚至产生误解。这就使有心理障碍和疾病的人处于不被理解和缺乏关怀的境地，不利于其心理障碍和疾病的防治。为此，有必要让全社会了解影响心理健康的诸种因素。

（一）生理与遗传因素

一般来说，人的心理活动是不遗传的，主要是在后天的社会环境影响下和社会实践活动过程中形成和发展起来的。但一个人作为整体（包括身、心两方面），尤其是一个人的体形、气质、能力、性格和神经系统的活动特点的某些成分受到遗传因素的明显影响。

微生物感染所致脑炎等造成神经系统的损害，可致器质性心理障碍或精神失常。大脑的外伤和化学中毒，如脑震荡、脑挫裂伤、酒精中毒、煤气中毒等均可导致心理障碍，不过多数是暂时的。某些严重的躯体疾病，如甲状腺机能紊乱，可导致心理表现异常及智力、性格发展异常。

（二）心理与社会因素

影响心理健康的心理与社会因素是错综复杂的，其中关系密切的影响因素有家庭环境与早期教育、生活事件与环境变迁、心理冲突与不良人格特征等。

1. 家庭环境与早期教育

对个体早期发展的影响主要来自家庭，这是影响心理健康的重要因素。在单调而贫乏的环境中成长的婴儿，心理发展受到阻碍，其潜能的发挥也受到抑制。很多在成人期表现为能力不足的个体往往来自这样的早期环境。早期母婴关系及稍后期的儿童与父母关系，对个体以后的人际关系和社会适应性产生很大影响。尤其儿童早期与父母建立和保持良好的关系，会产生积极的促进作用；相反，则会产生消极的影响。父母对儿童的态度和教育方式，对个体的心理健康也产生影响。父母的慈爱、支持和鼓励，容易使婴幼儿形成信任感和安全感，从而促进子女在成年后能与他人顺利交往；否则将形成孤僻的性格，难以与人相处。对子女的过分保护和过分严厉，也将影响他们的独立性及自信心的发展，出现过分依赖或过分自责。有资料表明，恐惧症、强迫症、焦虑症和抑郁症者，其早期家庭关系与正常个体的家庭关系相比，表现出较少的情感温暖、较多的拒绝态度或者较多的过分保护。杰克布逊（1980）认为，青春期前持续的爱的缺乏与丧失，与成年期的抑郁有着密切的联系。

2. 生活事件与环境变迁

生活事件是指人们在日常生活中遇到的各种各样的社会生活的变动，如升学、考试、患病、亲人亡故等。个体要付出精力去调整和适应由这一事件所带来的生活变化，从而产生精神压力（应激）。生活事件造成的应激越强烈、越持久，对心理和生理平衡的影响就越大。环境变迁也是重要的生活事件，需要一系列的适应过程。一年级大学生面临的生活事件，大多与环境变迁及其相关的适应性应激有关。

3. 心理冲突与不良个性特征

心理冲突往往发生于难以抉择的处境。心理冲突若长期得不到解决，将会影响心理健康。每个人都有独特的个性类型特征。瑞士心理学家荣格认为，个性是自我的外延。例如，善于交际的人多富于表情，有较高的活动性、冲动性和冒险性，而缺乏理智和责任感。这些素质综合起来，构成一种类型，就是外向。其反面就是内向。外向和内向属倾向性中的一个类型。另一种类型是指情绪性，可表现为情绪不稳定性（焦虑或神经质），它的反面就是稳定性（或适应性）。人们对外界事物反应具有个性特征，并建立起对紧张性刺激的反应模式。具有病态人格者更具特征性。例如，强迫性人格对具体事件表现为谨小慎微，优柔寡断，拘谨呆板，心胸狭窄，事事容易后悔，责任心过重和苛求自己，等等。又如，癔症人格，特征是富于暗示性，情绪多变，容易激动，爱自我表现，等等。若此特征较明显，则较轻微的刺激因素即可致病。特殊的人格特征往往成为导致某种心理障碍的内在因素之一。

有一点要注意，每一种个性倾向都各有利弊。对一个人来说，认识到这一点是重要的，因为他可以发挥自己的优势，克服自己的性格中的弱点。了解自己的情绪反应，可以更好地安排自己的生活，扬长避短，趋利避害。

第三节 体育运动对大学生心理健康的影响

在现代社会，随着科学技术的发展，机械化、自动化程度的提高，体力活动在日常生活中所占的比重日渐下降，各种各样的“文明病”日趋增多，威胁着人们的健康。

面对这种趋势，“生命在于运动”的口号又重新响起，经常参加体育锻炼成为现代文明生活方式的标志之一。这些正确的主张得到越来越多的人的赞同，许多人身体力行，并取得了良好的成效。大量的事实和实验数据表明，适度的体育锻炼不但会对人体的生理机能产生有利作用，而且会对人的心理产生积极的影响。

一、体育运动对大学生认知能力发展的影响

科学研究表明，大学生所处的青年中期是认知能力发展的高峰时期。感知觉、思维、记忆等的能力就是认知能力。

（一）体育运动对感知觉的影响

感觉是人脑对客观事物个别属性的反映。它包括：接受外部刺激，反映外界事物特性的外部感觉，如视觉、听觉、嗅觉、味觉和皮肤感觉；接受机体内部刺激，反映内脏器官

状态的内部感觉，如渴、饥饿等感觉；反映身体部分的运动和位置情况的本体感觉，如运动觉、平衡觉等。知觉是人对当前事物整体的直接反应，包括事物的各种属性、各个部分及它们的关系。因此，知觉往往是各种感觉协调活动的结果。

体育运动以身体活动为基本手段，身体活动是人支配自身所进行的运动，对自身运动的感知是完成身体运动的前提。体育运动中感知觉无处不在。准确及明晰的空间、时间和运动知觉对田径、球类、体操和武术等项目是十分重要的，而这些项目又能发展和提高感知能力。

（二）体育运动对思维、记忆能力的影响

1. 体育运动能促进思维能力的发展

各项体育运动需要相应的思维能力。由于在运动操作活动中，不是思考好了再做，而是一边思考一边做，一边做一边思考，因此思维和操作密不可分。一个动作的实现，除了依靠自己过去的经验和模仿别人的动作外，更重要的是在积极思维的作用下进行反复练习。若不动脑筋，只是被动地、简单地、机械地重复模仿，就难以提高动作质量。当动作达到“自动化”程度时，这时的思维活动便从指导巧练转移到选择更有效的方法，发挥更高的效率，创造性地完成动作。这种思维—检验—思维的活动，促进了思维能力的发展和思维速度的提高。

2. 体育运动能增强记忆力

记忆是人脑对经历过的事物的反映。正确记忆各种动作，了解各动作间的结构原理，形成正确完整的动作表象，是掌握及从事任何运动所必备的能力。体育运动中各动作的形成和提高都必须在记忆表象和想象表象支持下实现。另外，体育运动通常在高速下进行，往往一个动作接着另一个动作，需要操作者在较短时间内完成一连串的动作，稍有停顿，就破坏了动作的流畅自如。因此，操作者不仅要了解和学会动作，而且要通过反复多次的练习，达到高度自动化的程度，使之完全成为自身所拥有的熟练技巧，达到动力定型形式的记忆。故通过体育教学和训练，能促进人们直观形象记忆能力的发展。

（三）体育运动对想象力、注意力的影响

1. 体育运动能丰富想象力

想象力是在知觉的基础上产生的新的形象的能力。想象在体育运动中具有十分重要的意义。丰富的想象能使人摆脱对动作的机械模仿，并进行创造性的探索。在体育运动中，任何创造活动都离不开想象，如比赛战术的制定、高难度动作的设想、体操的编排等。丰富的想象力在体育运动中是实现创造新颖动作、形成独特风格的前提。同时，体育运动也促进了想象力的发展。

2. 体育运动能培养注意力

体育运动是一种身体操作活动，它要求人们反应快速准确，动作完美。这些活动特点对人的注意力都有超常的要求。例如，奥运会冠军、我国飞碟射击运动员张山曾说过：“一上场，对我来说，世界上只有碟盘、枪和我自己的动作，其他一切全无。”这就是注意力高度集中的表现。田径、体操、武术等项目要求运动员既要注意自己动作的准确及用力程度，又要注意其他人的动作，以便调整自己的战术。径赛的起跑、球类运动中身体的起动都要求将全部注意力集中在即将进行的动作上。因此，注意力的集中与分配、注意力的广度与转移等能力，都能在体育活动中得到培养和锻炼。

（四）体育运动为认知能力的发展创造了良好的生理条件

体育运动可促进人体的正常发育，当然也可促进大脑的发育。发育健全的大脑是人们学习和思维的物质基础。

体育运动可增大吸氧量，改善血液循环系统的功能。人体在运动时，血液循环加快，每分钟比安静时多 2 ～ 3 次，这时大脑的供氧量就会增加。因此，运动能增加氧的供应，使血液畅通，改善神经细胞的营养和供能。

体育运动可以开发右脑功能，激发人的创造潜能。因为右脑与人的空间图形、直觉、想象和各种操作性的逻辑思维和非逻辑思维有关，因而体育运动是开发右脑的极好手段。在运动中假如有意识地使用左手、左脚，则更能促进右脑的开发。

二、体育运动对大学生情感、意志品质发展的影响

大学生情感和意志品质已具有较高的发展水平，但还存在着未完全成熟的一面。体育运动能促进大学生情感、意志的发展，改善他们的意志品质。

（一）体育运动对大学生情绪、情感发展的影响

情绪和情感为人的非理性素质，是人对客观事物态度的体现，是人的需要是否获得满足的一种反映，如因成功而体验到欣慰和愉快，因失败而感到悲伤。大学生的情绪、情感具有以下几方面的特点。

1. 稳定性与不稳定性并存

随着大学生对情绪的自我控制和调节能力的提高，以及认识能力的发展，情感变得比较持久及不易转换，即具有稳定性。同时，由于大学生社会适应能力比较差，神经的兴奋和抑制过程还很不平衡，自控力弱，情绪容易波动，又具有不稳定性的一面。

2. 强烈性与细腻性并存

富有激情是当代大学生的一个突出的情感特点，同时在其情绪体验上还存在有细腻的一面，这两种行为现实而有趣地对立统一于一身。

3. 直露性与内隐性并存

直率和热情是青年的公认特点，但有时他们有意抑制自己的情感，认为直露感情是幼稚举动，这种情感的内隐性又使青年的情绪表现出间接、曲折的特点。

体育运动本身蕴藏着对人的各种刺激，如克服困难、竞争、冒险、把握机会、追求不确定结果、达到目标、控制、成功、挫折等，使人产生丰富的情绪体验。经常参加体育活动，能调节人的情绪，并使人始终保持乐观、愉快的情绪。体育活动通常在清静、幽雅的公园式的操场上进行，参加者容易产生乐观、开朗、心情舒畅的情绪体验，抑制某些不良情绪的产生。另外，体育运动大多是同龄人成群结队开展的，有利于增进同伴间的友谊。

（二）体育运动对大学生意志品质发展的影响

意志是自觉确定目的，并选择手段、调节行动，以克服各种困难，达到预期目的的心理过程。意志品质是在意志行动的各个阶段所表现出的稳定的行为特征。良好的意志品质不是先天就有的，而是在后天的教育过程中逐渐形成的。体育运动激发大学生的自尊、荣誉感、责任心及积极向上的热情，这些又促使了大学生意志品质的发展，从而培养大学生坚毅顽强的意志品质和积极向上的情感、情操。

体育运动充满了挫折与失败，从事体育运动的人必须有坚忍不拔的意志和强烈的自信心去面对每一次的失败与挫折。体育运动鼓励人们渴望和追求胜利，培养人们不怕失败、

接受失败的勇气。没有哪种活动能像体育这样让人频繁地品尝失败，也没有哪种活动能像体育这样使失败成为如此正常和自然的结果。承受失败的人总会想到下一次，想到只有通过努力，才能达到目标。运动总与意志联系在一起，需要意志去维持和调节，因而它能全面促进意志品质的发展。

三、体育运动对大学生个性发展的影响

个性心理特征主要由气质、性格、能力三方面构成。个性的形成与感知、表象、思维、想象及人的整个认识过程有着密切的联系。所以说，人的个性心理特征是在先天遗传和后天认识的基础上建立起来的。体育对人的个性产生着积极的影响，同时，个性发展是丰富体育内涵和外延的重要前提。

（一）气质

气质是指一个人表现在心理活动和动作进程方面的动力特点的总和。所谓动力特点，主要指心理活动的速度（如知觉的速度、思维的灵活程度）、心理活动的强度（如情绪的强弱、意志努力的程度）、心理活动的稳定性（注意力集中时间的长短），以及心理的指向性特点（内向或外向）等。传统的气质包括胆汁质、多血质、黏液质和抑郁质（表3-1）。

表3-1 四种气质类型

气质类型	心理特征	神经强度	神经平稳性
胆汁质	精力旺盛、直率、变化快、脾气暴躁、内心外露	强	不平衡，兴奋占优势
多血质	活泼、有生气、情绪多变、思维敏捷、乐观	强	平衡
黏液质	冷静沉着、情绪慢而弱、动作迟缓、内向、坚韧、固执	强	平衡
抑郁质	柔弱、情绪反应慢而强、胆小、孤僻	弱	不平衡，抑郁占优势

在茫茫人海中，有的人身材匀称、丰满、健美，精力充沛，生机勃勃；有的人感情热烈，爱激动而难以自制；有的人沉默寡言，冷静，不露声色；有的人思维十分灵活，动作敏捷，善于适应；有的人反应比较缓慢，不善应变；等等。这些都是人的气质的表现。通过各项体育教学和运动训练，气质是可以改变的。研究表明，运动资历较长的运动员大多数是一些善于适应生活的胆汁质和多血质类型的人，体育运动能够对人的气质产生影响。

（二）性格

性格是指一个人较稳定的对现实的态度和与之相适应的习惯化了的行为方式。通过自我调节可以改变性格，通过教育可以影响性格，通过参加体育运动可以锻炼性格。一般来说，经常参加体育运动的人，情绪稳定，能较好地适应社会环境，比较外向，这应当看作是体育运动对人的性格所起的作用。

体育运动对良好性格的形成有重要意义。培养良好的性格，首先要培养自我接受的态度，在运动实践中认识自己性格真实的一面，了解自己的心理品质和性格的优势与劣势，扬长避短，促进良好性格的发展。良好的情绪状态和人际关系是维护健康性格的灵丹妙药。参加丰富多彩的闲暇活动，特别是体育锻炼，是培养优良性格的有力措施。

每一个参加运动的人都被运动本身的特点和与运动有关的社会评价所激励，这些因素会使我们的价值观、情绪状态、意志品质发生一致的导向。

（三）能力

能力是指完成某种活动的本领，有一般能力和特殊能力之分。一般能力是指在各种活动中必须具备的一些基本能力，主要包括观察力、注意力、记忆力、思维能力和想象力等。特殊能力是指在完成某些特殊活动中所必须具备的能力，又叫专门能力，如运动能力、组织能力、管理能力等。一般能力和特殊能力是密不可分的，一般能力发展了，也会促进特殊能力的发展。运动能力是指身体运动的能力，它反映获得体育知识、技能、技术的情况及有效地完成人体运动的生理、心理特征。

掌握体育知识和技能并非体育的唯一目标，提高与体育有关的能力是更为重要的目标。从某种意义上说，只有提高了能力，才能自觉地学到更多的知识和技能。

体育运动发展了生理必备的、生活必需的各种能力，人们在学习体育知识、技能过程中能进一步扩大能力的覆盖面，从而能更好地应对生活、学习和工作。

四、体育锻炼产生良好心理效应的因素

要达到产生良好心理效应的目的，体育锻炼时还应注意以下因素。

（一）喜爱体育锻炼并从中获得乐趣

这是体育锻炼产生良好心理效应的基础。如果对体育锻炼没兴趣，就很难从中获得乐趣，就不可能产生满足感和良好的情绪体验。

（二）采用合适的体育锻炼方式

研究表明，体育锻炼时以有氧活动为主，采用重复的、有节律的身体活动（如慢跑、游泳、骑自行车、跳绳、健美操等），可以取得很好的效果。

（三）选择合适的运动项目

有研究报告称，不同的运动项目或运动形式所获得的心理效应是不同的。应避免那些激烈竞争的项目，多选择以个人进行的项目，这样无论是运动时间、空间还是动作节奏等更易于个人控制，锻炼者可更随意、更自由地进行运动，更容易获得良好的情绪体验。

（四）运动强度及时间应适宜

要想获得良好的健身效果，运动强度应以中等为佳，即心率控制为最高心率（最高心率=220−年龄）的60%～80%。运动强度过强易产生紧张感和疲劳感，一次锻炼的持续时间应至少为20～30 min。每次少于20 min的运动，很可能心理效应尚未出现，身体活动就停止了；而时间过长，又可能造成厌倦、疲劳，引起不良情绪。

（五）体育锻炼应持之以恒

有研究报告称，体育锻炼的系统性越强，体育锻炼所产生的良好效应就越明显。这表明只有长期坚持体育锻炼，并形成习惯，才能获得良好的健身效果。

思考题

1. 心理健康有哪些衡量标准？
2. 大学生常见的心理障碍有哪些？在平常学习、生活中你遇到过心理障碍吗？你是怎么解决的？
3. 根据自己的体会谈谈体育运动对个性发展的影响。

第四章　体育锻炼

第一节　体育锻炼的含义

一、体育锻炼的目的

体育锻炼是指运用各种身体练习和方法，以健身为主要目的的身体活动。在体育锻炼过程中，明确体育锻炼与传统意义上的体育运动（竞技体育）的区别是十分重要的，因为两者的目的不同，效果也就不同。表 4-1 列出了两者的不同之处。

表 4-1　体育锻炼与竞技体育的区别

项目	体育锻炼	竞技体育
目的	强身健体，追求身心健康的实际效果	提高技术水平，创造优异成绩
对象	不同性别、不同年龄的人	各类、各层次的运动员
组织形式	灵活多样，个人或集体均能进行	在教练员指导下进行训练或比赛
内容	按参加者的兴趣、爱好、能力自己选择	以正式比赛项目为主
运动负荷	以对健身有益的适当负荷为主	为提高运动成绩进行大强度、大负荷训练
效果评定	用自我测定的手段，以客观和主观指标为标准	以提高技术水平、取得优异成绩为标准，并被公众所承认

二、体育锻炼的作用

（一）体育锻炼对骨骼、肌肉的影响

人体由 206 块骨骼和 639 块肌肉组成。体育锻炼可促进血液循环，加强新陈代谢，对骨骼和肌肉的形态、结构及功能均产生积极影响。人体形态发展的重要标志是骨骼和肌肉的发育水平。骨骼和肌肉系统作为人体的主体部分，它的功能状态是人体生长发育的重要标志。经常参加体育锻炼，可以使管状骨变粗，骨密质增厚，骨结节和粗隆增大，骨小梁的排列随之发生适应性变化，从而提高骨骼的抗压、抗折能力。另外，在锻炼过程中，阳光中紫外线的照射，可使皮肤中的物质转化成维生素 D，促进钙和磷的吸收，增加制造骨骼原料的供应。

肌肉是牵动身体做机械运动的动力媒介物，人在安静时，每立方毫米肌肉开放的毛细血管只有 80 条左右，肌肉中能源物质含量也较少；当肢体运动时，肌肉中毛细血管的口径增大，而且大量开放“备用”的毛细血管，每立方毫米肌肉内毛细血管的开放数可增加到 2 000 ~ 3 000 条，比安静时增加 30 多倍。因此，肌肉的血液供应增加，蛋白质等营养物质的吸收和储存能力提高，促成肌纤维变粗，肌肉力量增强，关节更加灵活而牢固，人体的运动能力因而得到提高。

（二）体育锻炼对神经系统的影响

人体的一切活动都是在神经系统的调节和支配下进行的，身体运动自然也不例外。在锻炼身体时，人体肌肉和内脏器官的活动量比安静时大得多，负责指挥运动的神经系统就必须对运动中出现的复杂情况及时作出协调反应，从而使神经系统的负担变得沉重起来。人体经常进行体育锻炼，神经系统不断接受这种刺激，可使大脑神经细胞的工作能力提高，神经系统的均衡性和灵活性加强，使机体对各种刺激的反应更加敏捷和准确，而且协调性好，持久力强；能提高大脑皮层的分析能力，改善神经对各器官、系统的调节作用，从而提高人体对外界环境的适应能力。例如，体育锻炼时，交感神经兴奋，使心脏和呼吸器官活动加强而肠胃活动减弱。体育锻炼后，恢复期迷走神经紧张加强，使肠胃活动加强而心肺活动趋缓。

（三）体育锻炼对心脏功能的影响

心脏是人体血液循环的动力站，人体依靠心脏的跳动，使血液在血管中昼夜不息地奔流以维持生命。正是血液的不断循环，给人体各组织器官提供足够的养料和氧气，同时又将废物排出体外。基于心脏功能对人体生命的特殊意义，联合国在“世界卫生日”提出“您的心脏就是您的健康”的口号。实践证明，长期参加体育锻炼，可以使人的心脏肌肉发达，收缩有力，从而增加心脏血管喷射血液的量，延长心脏搏动的间歇时间，使心脏得到较多休息。测试表明，优秀运动员安静时平均心率为 50 次/分，最低者为 30 次/分。运动性心动徐缓，是因为运动员心肌收缩力量强劲，每搏回心血量增多，输出血量增多。运动性心动徐缓，不仅能节约能量和耗氧量，而且能使组织更好地利用氧，这对挖掘心脏功能的潜能和提高学习和工作效率都有良好的作用。

体育锻炼还可以使人体内血压降低，脉差增大。例如，长跑和滑雪运动员，安静时出现运动性低血压，他们的收缩压不超过 $1.2\times10^4 \sim 1.4\times10^4$ Pa，舒张压为 $5.3\times10^3 \sim 6.7\times10^3$ Pa，脉差为 $6.7\times10^3 \sim 7.3\times10^3$ Pa。运动性低血压是心血管机能完善的表征。另外，体育锻炼通过对肝脏代谢及血液凝固机制的作用，还可以减少脂代谢障碍，预防心血管系统疾病的发生。

（四）体育锻炼对呼吸系统的影响

呼吸是人体重要的生理活动现象，其主要功能是供给人体所需的氧气，并排出二氧化碳，以维持人体正常的生命活动。呼吸系统的工作量也和血液循环系统一样，是根据全身细胞的需要决定的。通过长期的锻炼，可以使呼吸系统逐渐发达、强壮有力，使更多的肺泡张开，扩大血液和外界空气的接触面，实现更多的气体交换，表现出呼吸功能的强劲有力。例如，经常从事体育运动的人在安静状态呼吸次数较少，一般运动员在安静状态呼吸为 8～12 次/分，部分优秀中长跑或滑雪运动员在安静状态呼吸次数可减少为 4～6 次/分。体育锻炼对呼吸功能的良好作用，不仅表现在呼吸系统本身，而且表现在全身对呼吸系统的协调作用。例如，通过长期的锻炼，人体形成了一系列条件反射，因而在运动之前，中枢神经即对全身迅速发出动员令，除让呼吸肌有力收缩外，还促使心脏搏动加强、血液循环增加；同时，把平时保存在脾脏内备用的血液送到血管中参加循环，使身体摄取氧气的能力显著提高。

（五）体育锻炼对消化系统的影响

消化系统是人体的食品加工厂，担负着各种营养物质的输送、加工、消化和吸收工作。消化系统包括消化管和消化腺。消化管由口腔、咽、食管、胃、十二指肠、小肠、大肠、直肠、肛门组成。肝脏和胰脏也属于消化器官，其导管通向十二指肠。消化管的作用是接受食物，将食物磨碎、搅拌，使食物与消化液充分混合，并不断地向肛门推进，称为物理消化。消化液中主要有各种消化酶，将食物中的糖类、脂肪、蛋白质水解成可以吸收的简单物质，称为化学消化。

轻度和中度的体育运动可以促进胃肠的蠕动，增加消化液的分泌，增强身体对营养物质的消化和吸收，从而提高消化系统的工作能力。另外，体育锻炼可以增强腹肌，使腹腔内的消化器官保持正常位置，并能强化消化道平滑肌的活动，对胃肠起到按摩作用。

综上所述，体育锻炼能提高人体的运动能力和适应能力，增强体质，促进健康，调节身心，防病治病及延年益寿。

三、体育锻炼的基本原则

（一）自觉、积极的原则

参加体育锻炼的过程是一个自我锻炼、自我完善、长期积累的过程，也是不断克服自身惰性、战胜各种困难的过程。因此，要达到良好的锻炼效果，首先要战胜自我，使身体锻炼成为自己生活中不可缺少的一部分。

（二）经常的原则

体育锻炼对人体的积极作用，只有在长期坚持后，才会在体质与健康方面表现出来。

（三）循序渐进的原则

体育锻炼要讲究科学，要因人而异，运动量要由小到大，动作由易到难，贯彻循序渐进的原则。

（四）全面锻炼的原则

体育锻炼应注意身体各个部位、各个器官系统机能的均衡发展，全面提高身体素质与活动能力。在人的发展的不同阶段，对身体锻炼也有着不同的需要。青少年阶段贯彻全面锻炼的原则，可促进身体正常生长发育，打好全面发展的基础；成年阶段的身体锻炼，应注意身体的协调发展，使身体的各个方面和身体机能保持旺盛状态；中老年人阶段进行身体锻炼，应着重于延缓整个身体机能的衰退。

（五）灵活运用的原则

在体育锻炼过程中，对自我健康状态进行评估是非常重要的，因为锻炼的方法和内容的选择与健康状况息息相关。在身体状况良好的情况下，可选择以强壮身体为主要目的的锻炼内容；在疲劳、精神压力过重的情况下，可选择以松弛机体、调节精神压力为目的的放松性练习；在身体状况不佳或有轻微疾病的情况下，要采用各种针对性的方法进行锻炼。同时，在锻炼过程中对健康状况适时进行评估，不断了解、分析锻炼的效果和质量，以便从中发现问题，保证身体锻炼取得最佳的效果。

第二节 体育锻炼的内容与形式

一、体育锻炼的内容

科学地选择身体锻炼的内容，对调动锻炼者的积极性，使之坚持经常锻炼并收到良好的效果，有着十分重要的意义。选择身体锻炼的内容，应注意目的性、实效性、全面性和趣味性。

（一）目的性

选择锻炼内容应有明确的目的，如是为健身还是为健美，是娱乐性的还是医疗性的。如果锻炼的目的是健身，那么应进一步确定是为促进身体健康、全面提高身体素质，还是为重点发展某项素质，然后为达到此目的去选择合适的锻炼内容。

（二）实效性

实效性是指身体锻炼的内容是否适合于锻炼者，能否调动其积极性、自觉性，能否收到理想的效果。要想获得理想的锻炼效果，就必须使锻炼的内容符合锻炼者的年龄、性别、生活条件和体育基础等情况。

（三）全面性

选择锻炼的内容应使锻炼者身体外形的各个部位（上、下肢及躯干）、内脏器官（尤其是心脏与肺）和基本身体素质（力量、速度、耐力、灵敏性、柔韧性）获得全面发展，并掌握多种技能（跑、跳、投等）。尤其是正处于发育成熟期的大学生，从事身体锻炼不同于中老年人，主要是为身体全面发展打下良好基础。

（四）趣味性

体育锻炼的内容比较有趣味，能调动锻炼者的积极性，使之情绪高涨，也有利于积极性休息，消除疲劳，提高锻炼效果。

二、体育锻炼的形式

（一）早操

早锻炼可以培养大学生良好的生活习惯，同时，使睡眠后处于“抑制”状态的大脑和身体各个器官系统的低功能状态得到较快的消除，提高学习、工作的效率。

早操的内容一般以徒手体操（如广播操、眼保健操、健身操等）为主，也可以开展跑步、太极拳和各种球类活动练习，活动以轻松为主，运动负荷不宜过大，活动时间一般以15～20 min为宜。

大学生早锻炼的组织形式，可集体出操，也可分散进行，即统一组织与自选方式相结合。组织集体出操形式，旨在加强学生良好的生活习惯。

（二）课间活动

课间活动是文化课下课后在教室周围进行的几分钟轻微活动或两节课后大休息期间进行的体育活动。目的是活动躯体进行积极性的休息，为下一堂课的学习注入更充沛的精力。时间一般为3～10 min，以个人活动为主，以散步、广播操等为主要内容。

（三）课外活动

大学的课外体育活动组织形式多种多样，有体育俱乐部、课外体育公共选修课、体育达标课等形式，大部分是大学生自己组织活动或自己选择锻炼项目，也有开展校、系（院）、班级之间的体育竞赛活动。

在锻炼内容上应做到体育教学与课余体育活动相结合，开展丰富多彩的小型体育竞赛项目，以学校、分院和系部、班级、寝舍等几个层次进行各种体育竞赛活动。学生在课外活动时，一般可选择自己喜爱的体育项目活动，根据自己的身体情况，掌握合理的运动负荷，达到增强体质、增进健康的目的。

第三节 身体素质训练的形式与内容

身体素质是表现一个人能有效活动的一种能力。这种能力的充分发挥取决于肌肉的解剖生理特点、肌肉工作时的供能情况、内脏器官的神经系统的调节功能，以及心理、情绪、社会道德、精神等各种素质成分。所有这些素质成分相互联系，互相依赖。

良好的身体素质是提高工作能力、掌握运动技术和提高运动成绩的基础。一个人要完成工作和提高工作效率，必须具备一定的身体素质。随着新技术革命和社会文明的飞跃发展，人们逐渐摆脱了繁重的体力劳动，加之新的生活方式造成的运动不足，使人体力下降。因此，保持和提高身体素质水平，对任何一个希望自己健康和让生命发挥最大潜力、效益的人来说是很有必要的。

为了保持和提高身体素质水平，必须进行科学的基础身体素质锻炼。基础身体素质锻炼就是指在体育锻炼过程中，运用各种练习手段和方法，发展基础身体素质与其他素质因素，提高身体机能和健康水平、工作效率及体育运动成绩，减少伤病，增加人体适应外界环境和抵抗疾病的能力。

基础身体素质锻炼的主要任务是发展人的基本活动能力，包括发展力量素质、速度素质、耐力素质、灵敏素质和柔韧素质。

一、力量素质训练

力量素质是身体素质的主要部分，是身体训练的重要内容。所谓力量素质，是指肌肉在工作时克服阻力的能力素质。能克服的阻力越大，说明力量素质越好、力量越大。人体的各种运动都依赖于一定程度的力量水平，甚至要维持人体最基本的站立姿势也离不开肌肉的力量。没有较好的力量素质则不能胜任各项工作。对于从事大强度体育运动的人，力量素质显得更为重要，而且力量素质的发展对于其他素质的发展有着重大影响。

（一）影响力量素质的因素

要发展力量素质，就必须了解影响力量素质发展的主要因素。力量是肌肉工作时克服外界阻力所表现的最大能力。所以说，影响力量素质的诸因素都与肌肉有着密切的关系。在影响力量素质的因素中，有的通过锻炼可以改变，有的则不可改变。

1. 肌肉横断面的大小

肌肉横断面的大小即肌纤维的粗细和肌纤维数量的多少，对力量的大小有着直接的影响。肌纤维越粗、数量越多，力量就越大。肌肉横断面的增加须通过体育锻炼才能获得。

2. 肌肉内协调功能

肌肉内协调功能是指肌肉在收缩过程中，中枢神经系统发出的冲动频率和强度对肌肉单位工作所形成的指挥能力。肌肉单位是与神经末梢联系的一根肌纤维。在肌肉工作时，参加的肌肉单位越多，即参加收缩的肌纤维越多，产生的力量就越大。力量大则表明肌肉内协调功能好。因此，在平时锻炼中要采取多种手段和方法改善肌肉协调功能，以发展最大力量。

3. 机体的有氧代谢能力

这是影响力量素质的另一个重要因素。肌肉在工作时，要消耗大量能量，能量的供应对力量的发挥有着重大作用，尤其是力量耐力练习，有氧代谢能力的高低直接影响着肌肉工作的能力。

4. 不同类型肌纤维在肌肉中所占的比例

肌肉主要由红、白和中间三种肌纤维组成，红、白肌纤维在肌肉中一般各占40%，中间肌纤维占20%，此比例因人而异，不尽相同。各类型肌纤维的工作性质和特点不一样，如白肌纤维收缩的速度快，其能量供应主要是无氧供能，包括无氧乳酸和非乳酸供能，所以表现出的力量速度快而且较大，但容易产生疲劳；而红肌纤维正好相反，它收缩时间长，产生力量小，但能坚持长时间工作，其能量供应是有氧供能，因此，不容易产生疲劳，最适宜耐力性工作。

5. 用力肌肉群间的协调关系

用力做任何动作，都不是一块肌肉在活动，而是一群肌肉在活动。这群肌肉之间能否相互有机地配合对完成动作有很大影响。在参与完成某个动作的肌肉群中，有主动肌、对抗肌、协同肌等之分。它们的活动方式和起的作用不同，因此，它们之间协调配合对发挥作用有着重要意义。

6. 肌肉用力初长度

肌肉收缩用力开始的长度如何，对力量的发挥有较大的影响。肌肉在工作前初长度较长，收缩时就较有力，产生的力量就较大。实验证明，肌肉在工作开始之前能够充分拉长时，其收缩力可提高20%～30%。例如，投标枪时就是拉长肌肉的初长度，使肌肉产生牵张反射，从而产生更大的力量。

（二）发展力量素质的锻炼方法

发展力量素质，必须遵循不定期的练习方法，使力量得到提高。

1. 动力性力量练习法

动力性力量练习主要发展肌肉等张收缩能力，其特点是肌肉在工作过程中产生位移现象，如举杠铃、扔沙袋、上坡跑、沙滩跑等。

2. 静力性练习法

静力性练习是指肌肉在练习过程中产生等长收缩，不发生位移现象，肌肉发力而长度不变。例如，将杠铃举至一定角度保持不动，双杠的直角支撑，身体“V”字形静坐，用力推固定物体不动等练习。

3. 等动力量练习法

等动力量的练习一般是用等动拉力器进行练习的。在等动练习中，肌肉克服阻力的过程受到骨的杠杆作用的影响，故关节处于不同的角度时，克服阻力的大小及力量练习的效果不一样。例如，用举哑铃发展肱二头肌力量做屈肘练习时，用力最大的角度是115°～120°，若小于这个角度，肌肉用力越来越小，当小于30°时，力量也就不发展了。采用等动拉力器就能使肌肉不论处于何种角度，都能发挥同等力量，保持同样速度。

4. 超等长力量练习

根据肌肉在工作前初长度越长、发挥力量越大的规律和牵张反射的原理，练习者在练习前要使工作的肌肉拉长，练习时加大工作肌肉的负荷，以提高这部分肌肉的力量。其练习方法有跳深、跳台阶、连续跳各种不同障碍物等。

5. 退让练习法

这是让肌肉在做功时，做离心力收缩。例如，举重练习时，把举起的重量有控制地慢慢放下，此时，肌肉就要做功，这种练习就是退让练习法。

6. 制动练习法

制动练习法的目的是提高神经系统对肌肉用力的控制能力。因为肌肉在一定负荷下快速做动作的过程中，神经系统接收信号后马上指挥正常工作的肌肉，改变工作状态，产生等长收缩，这对提高神经系统控制肌肉的能力有较大的作用。例如，肩负杠铃下蹲练习，当练习者在快速蹲起的过程中大、小腿弯曲成一定的角度时，突然发一信号让其停止几秒钟后再蹲起，这种练习就是制动力量练习法。这一练习法对某些要求肌肉做功准确性很高的项目特别重要。

（三）力量练习时的基本要求

（1）阻力逐步增加，也就是负荷重量逐步增加。因为最大力量增长后，只有增加阻力，使肌肉继续接近最大负荷，力量才能持续增长，如果负荷停留在原水平上，则力量不会增长，所以逐步增加阻力是非常重要的。若阻力突然增加过大，就容易出现伤害。

（2）在开始进行力量练习时，首先要进行增加肌肉横断面的练习，以解决肌肉的质量问题，为进一步增加肌肉力量奠定基础。开始不要用最大的力量，待练习一段时间，打下一定基础后，再增加至最大负荷量。

（3）要掌握好练习时间和两次练习之间的间歇时间。力量练习有一个规律，就是肌肉力量增加的速度越快，消失的速度也越快。若力量是逐步增长的，其力量的消退也就慢。同时，以最大力量练习时，要求中枢神经高度兴奋和集中，而一般人不能坚持较长时间，所以练习时间不能太久。

（4）力量练习过程中呼吸的调节很重要，必须学会自然流畅的呼吸方法。尽管憋气能发挥最大力量，但憋气时间长，会引起胸内压力增加，肺血液循环受阻，容易引起胸部缺血，长时间会对机体产生不良影响。实在需憋气用力，也只能是极短暂地憋气。

（四）力量素质的测试与评价

力量素质的测试通常采用以一块或一群肌肉一次收缩的最大力为标准。要全面评价人体的力量素质，需要采用多种测试指标，不能以人体的某一块肌肉或一群肌肉的力量水平来代表整个人体的力量素质。而且力量素质的种类很多，若按力量的作用形式分，有最大力量、相对力量、快速力量和力量耐力；若按肌肉收缩的形式分，有静力性力量、动力性力量。尽管各类型的力量之间有着密切的联系，但反映的力量种类各有侧重。例如，采用俯卧撑测试力量，其主要反映力量耐力的水平。若需测试某人的爆发力，就可用速度力量的指数 J 衡量：

$$J=\frac{F\text{（最大力量）}}{t\text{（最短的时间）}}$$

从上式可以看出，时间越短，发挥的力量越大，J 越大，也就是爆发力越好。

一般对于个人力量素质增长评价，采用对比法：先取得各类力量的原始测试数据，经过一段时间的练习，再按原来方法测试，取得对比数据进行评价，即可看出力量增减的变化。

力量是指肌肉在工作时克服阻力的能力，所以要确定练习者某种动作力量增长如何，就必须以一次动作所能克服的最大负荷为衡量标准。

二、速度素质训练

速度素质是指人体（或人体的某部位）快速运动的能力。它包括反应速度、动作速度和移动速度，是人体反应速度、力量、柔韧等素质的综合能力的表现，是基本素质之一。

（一）影响速度素质的因素

1. 反应速度

反应速度是指人体对各种信号（声、光、触等）刺激快速应答的能力。有研究证实，影响反应速度的因素较多，但受遗传因素的影响较大，比较难以改善。研究认为，人的本能反应速度为 0.05～0.09 s，如果遗传决定某人的反应速度为 0.09 s 的话，通过训练，可以诱发他的潜能，并使之具有不定期的稳定性。从这个意义上说，反应速度提高了。

2. 动作速度

动作速度是指人体快速完成某一动作的能力。影响动作速度的因素有参加工作时肌肉群收缩力量的大小、神经过程的灵活性（即抑制与兴奋的转换速度）和高能物质的储备等。动作速度寓于某一个动作之中，如抓举动作的速度、游泳转身动作的速度等。它不仅与动作技术紧密联系在一起，而且与力量、耐力、协调等因素有关。所以，培养动作速度，要通过技术的提高与其他能力的发展实现。

3. 移动速度

移动速度是指在周期运动中在单位时间内人体快速移动的距离。影响移动速度的因素有供能状况、供能标准、高能物质储备情况及肌纤维的类型（即快肌纤维与慢肌纤维所占的比例大小），还取决于神经、肌肉系统协调工作的能力和放松能力。当移动速度提高到一定程度时，就会出现停滞、难以提高的现象，产生“速度障碍”。产生“速度障碍”的客观原因是：从运动技术形成的规律上讲，技能动力定型的形成使得运动员已掌握技术动作的空间特征固定下来，在时间特征上稳定下来；从技能形成的机制上讲，神经过程的灵活性对速度练习的作用比其他练习显得更为重要，而神经过程的灵活性训练是相当困难的；从能量供给上讲，肌肉收缩所需要的能量值的立方与肌肉收缩的速度成正比；从运动学上讲，运动员向前移动所克服的阻力与其向前速度的平方成正比。产生“速度障碍”的主观原因有：过早地发展绝对速度，基础训练不够，技术动作不合理，训练手段单调、片面，负荷过度，恢复不好，等等。

（二）发展速度素质的锻炼方法

1. 提高反应速度的练习方法

（1）利用突然发出的信号提高练习者对简单信号的反应能力，如发出信号让练习者去做某一相应的动作。

（2）移动目标的视觉练习。练习者在看到目标后，迅速做出反应。一般要经历看（或听）到目标移动所发出的信号、判断目标移动的方位及速度、选择自己的行动（应答）方案和实现行动方案四个步骤。

（3）运用运动感觉法。运动感觉法的运用一般要经过三个阶段。第一阶段是让练习者以最快的速度对某一信号做出应答反应，然后把所用的时间告诉对方。第二阶段是让练习者自己回答做出应答反应所用的时间，对方再把实际所用的时间告诉练习者，让练习者自己进行比较，目的在于提高练习者对时间感觉的准确性。第三阶段是要求练习者按事先所规定的时间去完成某一反应练习。这种练习可以提高练习者对时间判断的准确性，促进反应速度的提高。

（4）选择性练习。把各种信号规定好，发出任何一个信号时，练习者要做出符合规定的反应。例如，喊蹲下，要求练习者站立不动；喊向左转，要求练习者向右转。

2. 提高动作速度的练习方法

（1）利用外界助力来加快练习者的动作速度，如体操练习中帮助练习者旋转、滚翻，运用机械牵引，短跑中用人领跑，等等。

（2）减小阻力，如下坡跑、选择硬度适合的跑道等。

（3）增加阻力、难度、重量，如负重跑和跳，在松软的地面跑和跳，投掷超重量的器械，运用水的阻力、空气稀薄等条件的刺激等。

（4）借助信号刺激提高动作难度，如利用同步声音的伴奏，使练习者伴随着声音信号的节奏而做出协调一致的快速动作。

（5）缩小练习空间、时间，如缩短完成一定量的动作时间，缩小练习场地，加快练习的速度，等等。

3. 提高移动速度的练习方法

（1）短距离一定强度的重复跑、间歇跑。

（2）为克服“速度障碍”进行的下坡跑、牵引跑。

（3）提高爆发力的练习，如短跳（单腿和双腿的一次跳、立定跳、多级跳）、长跳（30 m、60 m、100 m 段落的单腿跳或双腿换跳等）。

（4）负重练习，如负杠铃的全蹲、半蹲、抓举，仰卧脚蹬杠铃，手持哑铃半蹲跳、全蹲跳、蛙跳等。

（5）发展腹背肌肉力量练习。

（6）发展髋、肩、腰关节灵活性的练习，如前后、左右的摆腿，转肩，涮腰，跨栏练习，等等。

（7）跑的专门性练习，如高抬腿跑、小步跑、后蹬跑等。

（8）正确地分配体力、速度，也可提高运动速度，如进行中长跑锻炼时，可以按照分配不定的目标进行练习。

（三）速度素质的测试与评价

速度素质的单项评价，可根据表 4-2 和表 4-3，直接查相应性别、年龄组的评价标准，确定所属的等级。

表 4-2　男生 50 m 跑评价标准

单位：s

年龄/岁	等级				
	上	中上	中	中下	下
19	6.9 以下	7.0～7.2	7.3～7.7	7.8～8.1	8.2 以上
20	6.9 以下	7.0～7.2	7.3～7.6	7.7～8.0	8.1 以上
21	6.9 以下	7.0～7.2	7.3～7.7	7.8～8.1	8.2 以上
22	6.9 以下	7.0～7.2	7.3～7.7	7.8～8.1	8.2 以上

表 4-3　女生 50 m 跑评价标准

单位：s

年龄/岁	等级				
	上	中上	中	中下	下
19	8.4 以下	8.5～8.8	8.9～9.5	9.6～10.1	10.2 以上
20	8.4 以下	8.5～8.9	9.0～9.6	9.7～10.1	10.2 以上
21	8.5 以下	8.6～8.9	9.0～9.6	9.7～10.3	10.4 以上
22	8.5 以下	8.6～9.0	9.1～9.7	9.8～10.4	10.5 以上

三、耐力素质训练

耐力素质是指人体在尽可能长的工作过程中克服疲劳的能力。运动项目不同，对耐力素质的要求也不同。人体长时间、大强度地完成某专门项目的能力通常称为一般耐力。耐力是相对疲劳而言的。疲劳在工作中具有多种表现形式，如感觉的疲劳、心理的疲劳、运动器官的疲劳、工作能力下降等。所有这些表现与机体能量供应系统的工作状态、神经系统的兴奋度有关。要使耐力素质得到良好的发展，就要了解并掌握耐力素质的特点及影响耐力的诸因素，合理地安排耐力素质锻炼。

（一）影响耐力素质的因素

1. 最大需氧量

在周期性耐力项目中，运动成绩在很大程度上取决于最大需氧量的大小，所以它是评定耐力素质的重要客观指标。

运动时无氧供能能力、氧的利用能力及肌肉活动开始时到供氧不足时的速度和持续时间等，对耐力素质的影响也是很大的。

2. 心脏的循环率

心脏的循环率是指血液在单位时间里经过心脏的数量。心脏循环率与心脏的容积、心肌生理性肥厚程度、迷走交感神经均衡性在安静条件下的变化有密切关系。心脏容积大可使血液储备增加，心肌肥厚可使心肌收缩能力强，神经调节均衡可使心肌松弛充分、心室舒张量增加。

3. 肺的扩张能力

一般情况下肺的扩张能力决定氧的利用率，从而决定机体有氧代谢和身体工作能力。它受遗传因素影响较大，同时也和最大需氧量有密切关系。

4. 大脑血液循环的动力学特征

血液重新分配时，颅内的血液不增加，而头部以外的血液是增加的，这也是影响耐力素质的因素之一。

5. 血液成分状况

青少年时期，血液成分可达成年人最低标准（血红蛋白 136～146 g/L），血液的呼吸能力趋于成人的最低水平，物质代谢的神经体液调节较差，耐力素质就表现不足。

6. 肌肉的组织成分

红、白肌纤维的不同比例与耐力的关系是十分密切的。

（二）发展耐力素质的锻炼方法

发展耐力素质的基本方法是采用各种形式的长跑、游泳、滑冰等运动。在练习过程中逐步延长练习时间，并在此基础上提高强度和密度。

（1）耐力练习应从一定的时间、距离和数量开始，然后逐步加大时间和距离，增加次数，逐步提高到“极限负荷”。耐力练习负荷大小取决于练习的强度、练习的持续时间、休息间歇的时间和方法、重复的次数等。

（2）增加力量练习的次数是发展肌肉耐力的一个有效的方法。只有保持或减少练习的阻力，增加练习的重复次数和练习时间，才能获得发展肌肉耐力的效果。

（3）采用有氧耐力训练和无氧耐力训练相结合的方法，一方面改善心血管系统、呼吸系统的机能，另一方面在此基础上提高无氧代谢的能力，然后逐渐过渡到较大强度的训练，提高耐力水平。

（4）耐力训练不仅是身体方面的训练，而且是意志品质的培养过程。在耐力训练过程中，除了采用各种各样的训练手段外，还要注意培养刻苦耐劳、坚忍不拔的意志品质。

（5）发展耐力素质的手段和方法要与其他身体素质的培养手段和方法结合起来，使其他素质（速度、力量、柔韧、灵敏）得到发展。促进速度耐力、力量耐力、爆发力的发展，可达到提高耐力素质的目的。

（6）发展一般耐力的方法。发展一般耐力的目的是增强心血管系统和呼吸系统的机能，提高肌肉的耐力，为机体承受大强度负荷做好准备。发展一般耐力主要采用中小强度的慢跑、匀速跑、越野跑、球类运动、游泳、爬山等。

（7）发展专项耐力的方法。发展专项耐力是在发展一般耐力的基础上进行的，其主要方法和手段是采用重复专项练习法。通常采用间歇训练和重复训练的方法，如接近专项距离的大强度跑练习，连续多次的跳远、跳高和投掷练习，各种类型的比赛和检查性测验，等等。

专项耐力训练主要是提高机体的无氧供能能力，即乳酸能和非乳酸能供能能力。当采用以提高非乳酸能为主的无氧供能练习时，尽管缩短练习时间，但加长间歇时间，从而保证机体有足够的时间来消除氧债。该方法与提高速度素质的练习有许多共同之处，所以它也有助于发展运动员的速度素质。

（三）耐力素质的测试与评价

（1）测定一般耐力的方法通常以测定长跑的成绩为衡量耐力的指标。心血管耐力的测定项目包括有氧耐力项目（1 500 m 以上的各种距离跑和滑冰、400 m 以上的游泳）、无氧耐力项目（800 m 以内的各种距离跑、1 500 m 以内的滑冰和 400 m 以内的游泳等）。

下面介绍几种评价方法。

① 用 60% 强度跑可能跑的距离来评价耐力水平：2 000 m 以上为高水平，800 ~ 2 000 m 为中等水平，800 m 以下为低等水平。

② 用 400 m 跑的时间判断耐力水平：男子 1 分 20 秒、女子 1 分 30 秒为一般耐力较好的水平。

③ 通过较长时间的球类活动测定耐力水平。

④ 用专门的测验来测定耐力水平。如以 5 m/s 的速度能跑到的距离来确定耐力。一般情况下 17 岁以上的人若能跑 3 500 m 以上，则认为耐力素质较高。

⑤ 采用耐力指数的方法。全程的速度（时间）减去平时跑每一分段距离的速度（时间）来分段数，所得的指数越小，则耐力素质越高。以某人跑 800 m 用时 2 分 10 秒为例，该人分段距离 100 m 最好的成绩是 12. 5 m，则他的耐力指数为

$$130\ s-(12.5\ s\times 8)=30\ s$$

⑥ 肌肉耐力的测定。可以让测试者反复做一动作，如举一定重量的物体、引体向上或者仰卧起坐等，按在一定的时间内完成的次数来进行评价，或者按一定的标准最多能坚持的时间来进行评价。

（2）耐力素质的生化基础是有氧代谢供能，有氧代谢的供能水平高，耐力水平才能发展到高水平。耐力水平高与低就看反映最大有氧代谢的有效指标——最大吸氧量。无论是有氧供能水平还是无氧供能水平，都与心血管系统和呼吸系统的生理机能水平密切相关，所以平时的肺活量、血压、安静脉搏、超声心电图、哈佛台阶实验等，以及选测指标中的最大吸氧量，都是重要的生理机能指标。

（3）从肌纤维的类型看，红肌纤维收缩持续的时间长、速度慢，适于小强度、持续时间长的运动。红肌纤维占的百分比大，表现为耐力素质较高。

（4）乳酸的生成量可反映有氧糖酵解供能水平，供能水平越高，表现的耐力素质越高。

四、灵敏素质训练

灵敏素质是身体素质的一种，它是指在各种复杂和突变的情况下，具有迅速、准确、协调、机敏的高度操纵能力，能够迅速改变身体某一部位运动方向，灵活完成各种复杂动作的能力。

灵敏素质是几种运动素质（力量、速度、耐力、柔韧等）和各种动作技能的综合表现。这些素质和技能取决于神经过程的灵活性、可塑性及建立的动作技能的数量。

（一）影响灵敏素质的因素

1. 神经系统的调节作用

灵敏素质主要取决于中枢神经系统的灵活性与均衡性。神经系统是人体一切活动的最高指挥部，当人体感受到各种刺激信号后，通过神经传送到中枢神经系统，中枢神经系统通过分析、综合之后，把兴奋冲动传到有关器官系统，使之做出相应的反应。只有大脑皮质的高度灵活性，才能迅速动员和发挥各器官系统的机能，支配和控制身体不同的肌肉在复杂变化的情况下，迅速、准确、协调地做出各种相应的动作。

2. 有赖于其他素质的发展

灵敏素质是在发展力量，特别是在快速爆发力、速度、柔韧、协调等素质的基础上发展的。人体在各种复杂突变的因素影响下，需要快速启动，突然改变运动方向，快速地完成各种意想不到的复杂动作而体现出其优良的灵敏素质。所有这些与爆发力、肌肉的伸展能力、紧张和放松的交替速度、关节的活动范围、身体的柔韧性都直接有关。因此，在发展灵敏素质时要注意全面发展各项素质。

3. 掌握运动技能的多少与熟练程度

灵敏素质只有在动作技能掌握熟练后才能表现出来，因为动作技能的动力定型建立的数量越多，在运动中动作就越显得灵活，甚至会出现“移花接木”的现象，即有可能在突变情况下，会出现两个动作、三个动作甚至更多的动作中的一部分，组合成一个全新、意

想不到的新动作，还能十分协调、优美地表现出来。

4. 其他因素

其他如年龄、性别、体型、温度等都是影响灵敏素质的因素。

（二）发展灵敏素质的锻炼方法

灵敏素质是人体综合能力的体现。在灵敏素质练习中，应注意多种能力的培养，如掌握动作技术的能力、反应能力、平衡能力、观察判断能力、节奏感等方面的培养。灵敏素质训练也应广泛采用与发展其他素质相结合的练习。发展灵敏素质的练习方法很多，下面仅列举一些较为简便易行的练习方法，以供参考。

（1）听口令做相反的动作。

（2）一对一做各种追逐与躲闪游戏，并在追逐中听到信号互变追逐者。

（3）采用不同姿势的起跑练习（站立式、蹲踞式、背向、侧向、坐在地上等）。

（4）快速高抬腿跑中听到信号做立即快跑和急停，或做其他规定动作。

（5）做绕小“8”字跑。

（6）各种距离的往返折回跑（到预定地方折回、听信号折回等）。

（7）各种形状的变向障碍跑（如蛇形绕杆跑、三角形障碍跑等）。

（8）快速跳动中听哨音、看手势改变跳动的方向，或外加各种跳跃与其他动作。

（9）各种方向的立定跳远（正规跳、向侧跳、向后跳等）练习。

（10）原地连续双腿屈膝或手触脚尖、脚跟等练习。

（11）两人拉手下蹲快速跳起，或在快速蹲跳中做传、接球练习。

（12）跳越栏架，用单脚或双脚连续跳过一组栏架（不同数量与高度）。

（13）各种跳绳练习。

（14）技巧项目中的前滚翻、后滚翻、鱼跃前滚翻、侧手翻、各种倒立、立卧撑等。

（15）各种器械体操项目和武术练习。

（16）各种球类项目的练习和比赛。

（17）多种丰富有趣的活动性游戏等。

（三）灵敏素质的测试与评价

灵敏素质是各种身体素质和各种动作技能的综合表现，它必须在各种复杂及突然变化的环境影响下才能充分体现其优劣程度，所以要较为客观地去测试与评价灵敏素质的高低就比较复杂和困难。为了做好灵敏素质的测试工作，可遵循如下测试原则：

（1）为了体现“突变”这一因素，测试就不应该有统一的模式，要在各种复杂多变的条件下去进行测试。

（2）灵敏素质与其他几个身体素质及运动技能有着千丝万缕的联系，但测量灵敏素质又不能用某一单一素质的测试结果来代替，所以其测试结果就不能用客观的“量”值来表现。为此，可采用对比法，即对比数名学生在完成一个特定练习时的表现，或者同一人前后不同时间测试结果的对比，也可采用类似体操中的相对评分法，以此来评定其灵敏素质的优劣。

（3）选用测试的特定练习不应是一个练习，而应是多个练习和不同性质的练习，从而能全面、客观地进行测试与评价。

（4）如果要测试专项运动员的灵敏素质，所选用的测试练习应尽可能与该专项的性质相似。

（5）测试方法应于临测试时才告知受测者，这既可增加测试的复杂性及突变性，又能更真实地反映出受测者的灵活应变能力。

五、柔韧素质训练

柔韧素质是指人体各关节以最大的摆动幅度完成动作的能力。关节的骨结构，关节周围组织的体积大小，连接关节的韧带、肌腱、肌肉、皮肤的伸展性决定着每一关节可能的活动范围。柔韧素质是完成动作的基本前提，没有适宜的柔韧素质，一个人就不可能具有最佳的机能水平。若关节的柔韧性得不到充分的锻炼，则会产生以下困难和问题：

（1）无法学会、掌握、完善一定的动作技巧。

（2）力量、速度、耐力和灵敏素质的发展受到阻碍，或者使他们应有的水平得不到充分发挥。

（3）容易受伤。

（4）运动时动作幅度受到限制，损害了动作速度，并导致疲劳加速产生。

（5）影响动作质量。若柔韧素质好，练习时就会比较有力、迅速、轻松和准确。

加强柔韧素质锻炼，能有效地加大人体各关节的活动幅度，提高韧带的力量和弹性，克服由于柔韧素质没有充分锻炼所产生的困难和问题。

（一）影响柔韧素质的因素

动作要靠关节才能完成。人们能在多大范围内充分利用解剖学所允许的活动半径，在很大程度上取决于关节周围的韧带、肌腱和肌肉的伸展能力和肌肉力量。

韧带对关节有重要的保护作用，但是必须将它的弹性提高到一定程度才能起作用，而韧带和肌腱的弹性经过系统的练习是可以提高的。

当人体做各种练习时，某些肌肉随着其对抗肌的伸展而收缩。当以极限幅度活动时，由于对抗肌缺乏伸展能力，因此关节的活动受到限制。中枢神经系统对这一限制起着重要的作用，在中枢神经系统的影响下，肌肉的弹性会发生巨大的变化。肌纤维的伸展性可以通过练习得到提高，并可使其恢复原位的能力不会受到损害。

肌肉的力量大小有时也会影响完成动作的幅度，因此，发展力量素质也是提高柔韧素质时应考虑的附带因素。

柔韧素质在很大程度上受各种外界条件和机体状况的影响，如时间、气温、练习时的疲劳程度等。

（二）发展柔韧素质的锻炼方法与注意事项

1. 发展柔韧素质的锻炼方法

发展柔韧素质既可采用被动柔韧性练习，即在外力帮助下利用同伴、器械、自身体重进行关节最大柔韧性练习；也可采用主动柔韧性练习，即某一关节无须外力帮助，独立地依靠自身肌肉的活动进行最大柔韧性练习。

由于各种练习都具有局限性，而运动实践对柔韧素质的需求又是多方面的，因此科学地安排练习，才能收到预期效果。

柔韧素质是靠关节周围的韧带、肌腱和肌肉的伸展性及肌肉力量的发展而提高的，各种拉长韧带、肌腱和肌肉的练习都是发展柔韧素质的好方法。常采用的练习方法有：

（1）两手手指交叉，压指、压腕，同时用力向上伸臂。

(2) 利用器械或在同伴帮助下做压肩、拉肩、转肩等动作。

(3) 背靠墙或在同伴帮助下做“桥”的练习。

(4) 一手扶肋木，做体前、体后屈的练习。

(5) 分腿坐或并腿坐，做体前屈的练习或做体绕环练习。

(6) 并腿直立，上体前屈，用手摸地或摸脚练习。

(7) 做弓箭步压腿和劈叉的练习。

(8) 利用器械做压腿的练习。

(9) 按跨栏姿势坐，做体前屈的练习。

(10) 做武术和体操的一些基本功练习。

2. 发展柔韧素质的注意事项

(1) 每次练习之前要做充分的准备活动。先进行主动性练习，再进行被动性练习，但要特别谨慎。在极度疲劳的情况下不应进行柔韧素质的练习。

(2) 柔韧素质发展比较缓慢，且不容易巩固，因此必须系统地、有计划地、全面地发展柔韧性。

(3) 在儿童和青少年时期提高柔韧素质较为容易，发展柔韧素质的练习应尽量安排在这一时期。当柔韧素质发展到预期的程度，必须坚持练习，以保持其最佳程度。若放弃练习，柔韧素质会迅速退步。总的来说，柔韧素质随着年龄的增长而减退。

(4) 柔韧素质的练习应按组进行，多次重复，使动作幅度多次达到最大限度并逐步提高。只有在限度范围内经常练习，成绩才会有明显提高，同时有益于意志品质的培养。在各组练习的间歇应注意做一定的放松练习。

(三) 柔韧素质的测试与评价

柔韧素质具有特异性，每一个关节的活动范围不同，不可能通过测定某一关节的柔韧性来确定全身的柔韧性。要评价柔韧素质的各个方面，就必须测定每一关节能做的每一项运动。对柔韧素质的发展状况，需要专门测量和记录，并将各次测量的数值进行比较。

思考题

1. 简述体育锻炼的基本原则。
2. 体育锻炼的形式有哪几种？你最喜欢哪种形式？
3. 根据你的身体素质状况，应加强哪种素质训练？

第五章　常见运动创伤的急救与康复

第一节　运动创伤的急救

运动创伤的现场急救是指对运动现场出现的意外或突发伤病事故进行紧急的、临时性的处理。迅速而正确的急救，不仅能抢救伤员的生命、减轻伤员的痛苦和预防并发症，而且可为下一步治疗创造良好条件。

一、急救概述

在运动训练或比赛中，有时会有一些意外事故或突发的伤病发生，往往会对运动员造成较严重的伤害，若不能及时正确地进行现场急救处理，就会贻误病情，引起并发症，甚至造成死亡。进行现场急救必须遵循一定的原则：第一，要以抢救生命为先，有些严重的损伤，如骨折、关节脱位、严重的软组织损伤合并内脏损伤等会由于出血、剧烈疼痛而引起休克，发生溺水、昏迷的伤员可能会出现呼吸、心跳停止等。对这些情况如不及时抢救就会危及生命，在现场急救时应首先注意有无这些情况，做到救命在先。第二，要争分夺秒地进行抢救，做到以最快的速度准确判断病情，迅速处理现场，及时转送医院。第三，抢救人员要有高度的责任心、正确熟练的急救技术、沉着冷静的心理素质、良好的组织能力和亲切和蔼的态度，急救时做到井井有条、全面周到、争取时间。

二、包扎

包扎是现场急救中常用的重要技术之一，急救人员必须熟练掌握。包扎的作用在于：限制伤肢活动，保护创口，预防或减少感染，压迫止血，防止或减轻伤部肿胀，支持伤肢使之保持舒适的体位，减轻伤员痛苦，等等。

（一）绷带包扎法

1. 环形包扎法

此法适用于包扎额部、手腕和小腿下部等粗细均匀的部位，也用于其他绷带包扎法的开始和结束。包扎时将绷带带头斜放于包扎处，用一只手的拇指压住，将卷带环绕包扎一圈后，再将斜放的带头一个小角反折过来，然后继续环绕包扎，后一圈覆盖前一圈，包扎 3～4 圈即可。

2. 螺旋形包扎法

此法适用于包扎上肢、大腿等肢体粗细差不多的部位。包扎时以环形包扎法开始，然后将卷带向上斜行缠绕，后一圈覆盖前一圈的 1/2～2/3 即可。

3. 反折螺旋形包扎法

此法适用于包扎小腿等肢体粗细相差较大的部位。包扎从环形包扎法开始，然后用一只手的拇指压住卷带上缘，将其上缘反折（注意要避开伤处）并压住前一圈的 1/2～2/3，每圈的折线应互相平行。

4. “8”字形包扎法

此法适用于包扎关节部位，有两种方法：

（1）从关节中心开始，先做环形包扎，然后将卷带斜行缠绕，一圈绕关节的上方，一圈绕关节的下方，两圈在关节凹面交叉，反复进行，逐渐远离关节。包扎时每圈压住前一圈的1/2～2/3，最后在关节的上方或下方以环形包扎结束。

（2）从关节下方开始，先做环形包扎，然后将卷带自下而上、自上而下来回做“8”字形缠绕并逐渐靠拢关节，最后以环形包扎结束。

（二）三角巾包扎法

1. 手部包扎法

将三角巾平铺，患手手掌向下，并平放在三角巾的中央，指尖对三角巾的顶角，底边横放于腕部，然后将三角巾中的顶角向上反折，再将两底角向手腕背部交叉围绕一圈，在腕背打结。

2. 足部包扎法

与手部包扎法基本相同。

3. 头部包扎法

将三角巾的底边置于前额，顶角朝向头后正中，然后将底边从前额绕至头后，在枕后交叉再绕至前额打结，最后将顶角拉紧并向上翻转固定。

4. 大悬臂带

此法适用于除肱骨与锁骨骨折以外的上肢损伤。将三角巾顶角放在伤肢的肘后，一底角置于健侧的肩上，肘关节弯曲，前臂放在三角巾的中央，将下方的底角上折，包住前臂，在颈后与上方底角打结，最后把肘后的顶角折向前面，用橡皮膏或别针固定。

5. 小悬臂带

此法适用于锁骨和肱骨骨折。将三角巾叠成四横指的宽带，其中央置于伤肢前臂的下1/3处，两端在颈后打结。

6. 注意事项

（1）包扎时要使伤员处于舒适体位，包扎过程中尽可能不要改变伤员的位置。

（2）包扎时动作要熟练、柔和，不要触碰伤口，以免加重损伤、加剧疼痛。包扎的松紧要适中，过紧会妨碍血液循环，过松则起不到包扎的作用。

（3）绷带包扎要从伤部远端开始，包扎结束时可用胶布或打结固定，但结不要打在伤口处。

（4）包扎四肢时应使指（趾）端外露，以便观察血液循环情况。

三、出血的急救

血液从损伤的血管中外流称为出血，按出血的部位可分为外出血和内出血。外出血是指血液从皮肤创口处流向体外，这种出血较为常见。内出血是指血液从损伤的血管内流出后向皮下组织、肌肉、体腔（包括颅腔、胸腔、腹腔和关节腔等）及胃肠道和呼吸器官内注入。这种出血在初期不易被发现，因此较外出血更为严重。按出血的性质可分为毛细血管出血、静脉出血和动脉出血。动脉出血时血色鲜红，血液自伤口的近心端呈喷射状流出；静脉出血时，血色暗红，血液缓慢流出；毛细血管出血时，血色介于动脉血和静脉血之间，血液在创面上渗出，常能自行凝固。

（一）全身主要浅表动脉的体表定位和指压止血法

1. 颞浅动脉压迫止血法

在耳屏前方用拇指摸到搏动后，将该动脉压向颞骨面。此法用于同侧头额、颞部的临时止血。

2. 颌外动脉压迫止血法

在下颌角前约 1.5 cm 处，用拇指摸到搏动后，将该动脉压在下颌角上。此法用于同侧面部出血的临时止血。

3. 锁骨下动脉压迫止血法

在锁骨上方、胸锁乳突外缘，用拇指摸到搏动后，将该动脉向后内正对第一肋骨压迫。此法用于同侧肩部和上臂出血的临时止血。

4. 肱动脉压迫止血法

使患臂稍外展外旋，在肱二头肌内缘中点处摸到搏动后，用拇指或其余四指将该动脉压迫于肱骨上。此法用于同侧前臂出血的临时止血。

5. 指动脉压迫止血法

在第一指节根部两侧，用拇指、食指相对夹住。此法用于手指出血的临时止血。

6. 股动脉压迫止血法

在腹股沟中点处摸到搏动后，用两手拇指重叠（或用掌根），压迫该动脉于耻骨上支。此法用于同侧大腿、小腿出血的临时止血。

7. 胫前、胫后动脉压迫止血法

用两手的拇指或一手的拇指、食指分别按压在内踝与根骨间和足背横纹的中点。此法用于同侧足部出血的临时止血。

（二）止血带止血法

1. 橡皮管止血带止血法

先在要用止血带的部位用三角巾、毛巾或衣服垫好，将止血带的一端留出一部分并用一手的食指、中指夹住靠在垫上，另一手将止血带适当拉紧拉长，绕肢体 2～3 圈（压在留出的那一部分止血带上）后，将残留端夹在食指、中指间拉出即可。

2. 紧扎止血带止血法

在伤口处用绷带、三角巾等勒紧止血，其中第一圈绕扎为衬垫，第二、第三圈分别压在前一圈的上面并适当勒紧，然后打结。

以上两种方法常用于四肢动脉出血的临时止血。

3. 注意事项

（1）用指压止血法时一定要找准伤口近心端浅表动脉压迫点的位置，但不要在正常人体部位上进行压迫（特别是颈部的动脉），以防引起意外。

（2）用止血带止血时，止血带要绑扎在伤口的近心端，并要在肢体周围垫上软布后再扎止血带。

（3）上肢出血时，止血带要扎在上臂（但不要扎在上臂中 1/3 处）；下肢出血时，止血带扎在大腿靠近伤口的近心端。

（4）上肢每隔 30 min、下肢每隔 1 h 须放松一次止血带，放松时间为 2～3 min，并暂时改用压迫止血法，以免引起肢体缺血而发生坏死。紧扎止血带的最长时间不宜超过 3 h。

(5) 紧扎止血带后要留明显的标签，注明紧扎止血带的时间、部位，放松止血带的时间和重新紧扎止血带的时间等。

(6) 无论用哪种方法进行临时止血，止血后都应将伤员迅速送往医院进行处理。

四、骨折的急救

骨折是指骨或骨小梁的连续性发生断裂，这是一种较严重的运动损伤，发病率约占运动损伤的 1.5%。

(一) 锁骨骨折

用三条三角巾分别折成宽带，两条做成环套于双肩，另一条在背部将两环拉紧打结，腋下放置棉垫等松软物，以防腋下组织受压，最后以小悬臂带将伤肢挂起。

(二) 肱骨骨折

取两块合适夹板，分别置于伤肢外侧和内侧，用叠成带状的三角巾在骨折的上、下两端将夹板固定，再用小悬臂带将前臂挂起，最后用三角巾把伤肢绑在躯干上加以固定。

(三) 前臂骨折

将前臂处于中间位，拇指朝上，肘关节弯曲 90°，在前臂的掌侧和背侧分别用两块有垫夹板固定（夹板的长度应超过肘和手腕），用 3～4 条宽带绑缚夹板，最后用大悬臂带将前臂挂于胸前。

(四) 手腕部骨折

患手握住绷带卷，用一有垫夹板置于前臂和手的掌侧，用绷带缠绕固定，最后用大悬臂带将患肢挂于胸前。

(五) 股骨骨折

用两块长夹板分别置于伤肢的内、外侧，内侧夹板的长度从大腿根部至足踝，外侧夹板的长度从腋下至足跟，然后用 5～8 条宽带固定夹板，在外侧打结。

(六) 小腿骨折

用两块长夹板置于伤肢的内、外侧，内侧夹板的长度从大腿中部至足踝，外侧夹板的长度从髋部至足跟，然后用 4～5 条宽带固定夹板，分别在膝上、膝下和踝部外侧打结。

(七) 注意事项

(1) 发生骨折后应就地及时固定，尽量避免移动断端而加重损伤。

(2) 固定用的夹板长短、宽窄要适当，应能将骨折处上、下两个关节都固定。

(3) 夹板要用绷带或软布包缠后再用，夹板的两端、骨突部和空隙处要用棉花或软布垫好，以防局部压迫性损伤。

(4) 绑缚夹板的宽带应先绑在近骨折处的上、下端，然后分别绑上、下关节，再在肢体的外侧打结。

(5) 包扎四肢时应使指（趾）端外露，以便观察血液循环情况。

五、关节脱位的急救

关节脱位是指组成关节的各骨的关节面失去正常的对合关系，也称脱臼。关节脱位通过 X 线可进一步明确脱位的程度、方向，以及有无合并骨折、陈旧性脱位，有无骨化性肌炎或缺血性坏死等。此外，脱位还可能牵扯和压迫邻近的神经和大血管并造成损伤，检查时应引起重视。体育运动和日常生活中以肘关节后脱位和肩关节前脱位最多见，髋关节后脱位较少见。

（一）肘关节后脱位的急救

一种方法是将一钢丝夹板弯成135°左右，置于患肘后用绷带缠绕扎紧，用小悬臂带悬于胸前。另一种方法是用两条三角巾折成宽带，一条悬挂患臂后斜挎于胸背部在健侧肩上打结，另一条则绕过患肢上臂后在健侧腋下打结。

（二）肩关节前脱位的急救

将患肢肘关节弯曲90°，取两条三角巾，一条用大悬臂带将患肢吊于胸前，另一条折成宽带后，包绕患肢上臂后在健侧腋下打结。

（三）髋关节后脱位的急救

髋关节后脱位可参照股骨骨折的急救固定方法，固定后用担架转送医院进行整复。

（四）注意事项

（1）关节脱位或合并其他损伤时，伤员可能会因疼痛、失血等原因而发生休克，急救时要注意预防休克的发生，若发现休克要及时处理。

（2）关节脱位，用夹板和三角巾固定伤肢后，应尽快将伤员转送医院，争取尽早复位。没有整复技术和经验的救护者，不可随意做试图复位的动作，以免加重伤情，影响功能的恢复。

六、心肺复苏术

在触电、溺水、一氧化碳或某些药物中毒、严重创伤和大出血等引起的呼吸、心跳停止后，血液循环停止。脑细胞对缺氧十分敏感，一般在血液循环停止4～6 min后大脑即发生严重损伤，甚至不能恢复，所以必须争分夺秒进行心肺复苏术，通过人工呼吸和胸外心脏按压使血液循环得以恢复，从而抢救生命。

现场心肺复苏术主要为徒手操作，许多场合下这是唯一实用的有效方法。病人心跳、呼吸停止后，全身肌肉松弛，口腔内的舌肌松弛后坠，从而阻塞呼吸道。采取头后仰并抬举下颌的方法，可使舌根部向上抬起，使呼吸道通畅，这样就可以用口向病人口内顺利吹气。

病人心跳停止后，全身的血液循环也会随之停止，脑组织和许多重要脏器得不到氧气及血液的供应，很快就会出现坏死。因此，必须在进行口对口人工呼吸的同时进行胸外心脏按压，人为地维持血液循环，但这必须要在病人肺内有新鲜空气进行气体交换下进行，否则到达脏器的血液含氧量不足，组织仍会发生坏死。因此，标准的心肺复苏术包括三个部分：保持病人呼吸道畅通，做人工呼吸，维持血液循环。

（一）保持病人呼吸道畅通

发现昏迷倒地的病人后，轻摇病人的肩部并高声喊叫，若其无反应，立即掐压其人中、合谷5 s。若病人仍未苏醒，立即向周围呼救并拨打急救电话，然后将病人放置成复苏体位：即病人仰卧，头、颈、躯干平直无扭曲，双手放于躯干两侧。

用仰头举颌法开放病人气道：抢救者一手置于病人前额，使其头部后仰，另一手的食指与中指置于病人下颌骨近下颌角处，抬起其下颌，保持呼吸道通畅。

（二）做口对口人工呼吸

畅通呼吸道后要立即判断病人有无呼吸，抢救者将脸贴近病人的口鼻，感受有无气息进出，同时眼睛侧视病人胸部，观察其有无起伏，若无反应，则说明病人没有呼吸，要立即进行口对口人工呼吸。

口对口人工呼吸须在保持病人呼吸道畅通和口部张开的状态下进行。操作时用按于病人前额一手的拇指与食指捏住病人的鼻孔，抢救者深吸一口气后，张开口紧贴病人的口（要将病人的口全部包住，若有条件可先用一块无菌纱布盖住病人的口），快而深地向病人口内吹气，直至病人胸部上抬为止。

一次吹气完毕后立即与病人口部脱离，放松捏鼻的手指，以便病人从鼻孔出气，轻轻抬起病人头部，眼视病人胸部，同时吸入新鲜空气，准备下一次吹气。每次吹入的气量约为 800～1 200 mL。

（三）维持血液循环

先判断病人有无脉搏。抢救者一手置于病人前额使其头部保持后仰，另一手在靠近自己一侧触摸病人颈动脉，用食指及中指指尖触及气管正中部位（男子可先触及喉结），然后向旁滑移 2～3 min，在气管旁软组织处轻轻触摸颈动脉。

判断病人没有脉搏后应立即进行胸外心脏按压。病人应仰卧于硬板床或地上，在气道开放的位置下先进行两次人工呼吸，然后抢救者应快速找到心脏按压的部位：食指、中指并拢，沿病人肋弓处向中间滑移，在两侧肋弓交点处寻找胸骨下切迹（剑突处），以此作为定位标志。然后将食指和中指的两指横放在胸骨下切迹上方，食指上方的胸骨正中部位即为按压区。将一只手的掌根重叠放在另一只手的手背上，但手指不要接触胸壁。

抢救者双肩在病人胸骨上方正中，双臂应绷直，垂直向下用力按压，按压时以髋关节为支点，以肩臂用力。按压的频率为 80～100 次/分，按压深度为 4～5 cm。

单人心肺复苏术：遵循上述步骤，先进行 2 次人工呼吸，然后进行 15 次胸外心脏按压，即吹气和按压的比例是 2∶15，如此反复进行，直到专业医务人员赶到或病人恢复自主呼吸和心跳为止。

双人心肺复苏术：按上述步骤，一人进行口对口人工呼吸，另一人进行胸外心脏按压。此法要求两人必须协调配合，按压与吹气的比例为 5∶1 或 4∶1，一般由专业人员进行。

（四）注意事项

（1）开放气道行仰头举颌法时，注意手指不要压迫病人颈前部、颌下软组织，也不要过于使劲。

（2）进行口对口人工呼吸时，每次吹气量不要过大，否则易造成胃内大量充气。

（3）判断病人有无脉搏时触摸颈动脉不能用力过大，以免颈动脉受压妨碍头部供血。

（4）胸外心脏按压用力应平稳、有规律地进行，不能间断，也不能忽快忽慢，禁止做冲击式猛压，按压时手指不要压在胸壁上，否则易引起肋骨骨折。

（5）按压时应垂直向下用力（特别是肘关节要伸直），不要左右摇摆，双手掌要重叠放置，不可交叉放置，按压后放松时定位的手掌根部不可离开胸骨定位点。

第二节 软组织损伤的处理

软组织一般包括肌肉、肌腱、腱鞘、筋膜、韧带、神经、血管、关节囊、软骨等。发生在这些组织的损伤称为软组织损伤。这类损伤在运动损伤中所占比例较高，根据损伤后皮肤或黏膜是否有创口、是否和外界相通，分为开放性软组织损伤与闭合性软组织损伤两大类。

一、开放性软组织损伤的处理

开放性软组织损伤是指受伤部位皮肤或黏膜破裂，伤口与外界相通，常有组织液渗出或有血液自创口流出。这类损伤的处理原则是及时止血和处理创口，预防感染，先止血，然后处理伤口。

体育运动中常见的开放性软组织损伤有擦伤、撕裂伤、刺伤和切伤。

（一）擦伤

擦伤是皮肤受到外力摩擦所致，皮肤组织被擦破出血或有组织液渗出。创口较浅、面积小的擦伤，可用生理盐水洗净创口，创口周围用75%的酒精消毒，局部擦红汞或紫药水，无须包扎，让其暴露在空气中待干后即可。但面部擦伤最好不擦紫药水。关节附近的擦伤，一般也不用暴露疗法，因为干裂易影响关节运动，一旦发生感染，也易波及关节。因此，关节附近的擦伤经消毒处理后，多采用消炎软膏或多种抗生素软膏擦抹，并用无菌敷料覆盖包扎。创口中若有煤渣、细砂等异物时，要用生理盐水冲洗干净，必要时可用消过毒的硬毛刷子将异物刷净，创口用过氧化氢、创口周围用75%酒精消毒，然后用凡士林纱布覆盖创口，并包扎。若创口较深，污染较重，应注射破伤风抗毒血清（T. A. T），并给予抗生素治疗。

（二）撕裂伤

撕裂伤中，以头面部皮肤撕裂伤最为多见，如篮球运动中，眉弓被对方肘碰撞而引起眉际皮肤撕裂等。若撕裂创口较小，经消毒处理后，用黏膏或创可贴黏合即可。若撕裂创口较大，则须止血，缝合创口。若伤情和污染较重，应注射破伤风抗毒血清，并给予抗生素治疗。

（三）刺伤和切伤

田径运动中被钉鞋或标枪刺伤，冬季滑冰时被冰刀切伤，其处理方法基本上与撕裂伤相同。

二、闭合性软组织损伤的处理

闭合性软组织损伤是指局部皮肤或黏膜完整，无裂口与外界相通，损伤时的出血积聚在组织内。这种损伤在体育运动中最为多见。

常见闭合性软组织损伤有挫伤，肌肉、肌腱拉伤，关节韧带扭伤，滑囊炎，肌腱腱鞘炎，等等。

（一）闭合性软组织损伤的病理过程

闭合性软组织损伤恢复缓慢，若处理不当，常可留下不同程度的功能障碍。为了能正确处理，对其病理变化和修复过程应有一定了解。这种损伤的病理变化过程可分为急性和慢性两大类。

1. 急性损伤

急性损伤常因一次较大暴力作用所致，发病较急，病程较短，病理变化和临床症状及体征都较明显。当人体某部位受到一次较大暴力作用后，局部组织细胞遭到破坏，发生组织撕裂或断裂，组织内的小血管也因此破裂、出血，出现组织内血肿。出血停止后，即出现反应性炎症。

伤后4～6 h，血肿和渗出液开始凝结，形成凝块。伤后24 h左右，创口周围开始形成主要由新生的毛细血管和成纤维细胞所组成的肉芽组织，逐渐地深入凝块中并开始将其吸收。同时，渗出的白细胞逐渐将坏死细胞清除，邻近健康细胞发生分裂，产生新的细胞和组织，以代替那些缺损的细胞和组织，使受到破坏的组织得以逐渐修复。

2. 慢性损伤

由于急性损伤后处理不当而转变为慢性损伤，或因局部长期负荷过度引起组织劳损，即由微细的小损伤逐渐积累而成慢性损伤。慢性损伤发病缓慢，症状渐起，其病理变化过程大体上分为三个阶段。

（1）早期：局部长期负荷过度，引起神经调节功能障碍，组织内部合成与分解失去平衡，组织中糖、脂肪和蛋白质的化学结构发生改变，但在组织形态上尚无明显变化。此期伤员多无不良感觉，或仅有局部酸胀感，因而常被忽视。

（2）中期：组织中糖、脂肪和蛋白质的化学结构长时间遭到破坏，组织细胞营养失调，发生变性和增生。此期伤员有局部酸胀、疼痛感，但做准备活动后症状常可消失，运动结束后症状又出现。外表检查时，可发现伤部组织弹性较差，有硬结或其发硬、变厚等。

（3）晚期：局部小血管发生类脂样变化，管腔变窄，影响血液循环，造成局部缺血。若血管损害较重或产生血栓，血流被阻断，可引起局部组织坏死。此期伤员的疼痛加重，局部温度下降，有发凉感。

（二）闭合性软组织损伤的处理

1. 急性损伤

（1）早期：指伤后24 h内或48 h内。此期病理变化的主要特点是组织撕裂或断裂后出现血肿和水肿，发生反应性炎症。临床上表现为损伤局部的红、肿、热、痛和功能障碍。因此，该期的处理原则是制动、止血、防肿、镇痛及减轻炎症。处理方法可根据具体情况选用一种或数种并用。

冷敷、加压包扎并抬高伤肢。该方法应在伤后立刻使用，有制动、止血、止痛及防止或减轻肿胀的作用。冷敷一般使用氯乙烷或冰袋，再用适当厚度的棉花或海绵置于伤部，立即用绷带稍加压力进行包扎。24 h后拆除包扎固定，根据伤情做进一步处理。

外敷新伤药常可达到消肿、止痛和减轻炎症的效果。此外，若伤后疼痛较剧烈，可服用止痛剂。如局部红肿显著，可同时服用清热、活血、化瘀的中药。

（2）中期：指伤后24 h或48 h后。此期病理变化和修复过程的主要特点是肉芽组织已经形成，凝块正在被吸收，坏死组织逐渐被清除，组织正在修复。临床上，急性炎症已逐渐消退，但仍有瘀血和肿胀。因此，该期的处理原则主要是改善局部的血液和淋巴循环，促进组织的新陈代谢，加速瘀血和渗出液的吸收及坏死组织的清除，促进组织的再生修复，防止粘连形成。治疗方法有理疗、按摩、针灸、痛点药物注射，外贴或外敷活血、化瘀、生新的中草药等，可以选用几种方法进行综合治疗。热疗和按摩在此期间的治疗极为重要，按摩手法应从轻到重，从损伤周围到损伤局部，损伤局部的前几次按摩必须较轻。

（3）晚期：损伤组织已基本修复，但可能有瘢痕和粘连形成。临床上，肿胀和疼痛已经消失，但功能尚未完全恢复，锻炼时仍感到微痛、酸胀和无力，个别严重者出现伤部僵硬或运动功能受限等。因此，该期的处理原则是恢复和增强肌肉、关节的功能。若有瘢痕和粘连，应设法软化或分离，以促进功能的恢复。治疗方法以按摩、理疗和功能锻炼为主，配合支持带固定及中草药熏洗等。

2. 慢性损伤

慢性损伤的处理主要是改善伤部的血液循环，促进组织的新陈代谢，合理地安排局部的负担量。治疗方法与急性损伤的中、后期大致相同，应将功能锻炼和治疗紧密地结合起来。

第三节 运动创伤的治疗与康复

运动创伤的治疗应充分考虑到发病的特点和规律，及时采取各种措施，合理安排伤后训练，尽量使用各种保护、支持带，以防发生劳损、再伤或韧带、肌腱的松弛，加速功能的恢复。

一、闭合性软组织损伤的简易中药外敷疗法（药物治疗请在医生指导下进行）

（一）简单的中药炮制方法

（1）纯净处理。采用挑、拣、簸、筛、刮等方法去掉灰屑、杂质及非药用部分，使药物清洁纯净。

（2）粉碎处理。采用捣、碾、锉等方法，使药物粉碎，以符合制剂及其他炮制法的要求。

（3）切制处理。采用切、铡的方法，把药物切制成一定的规格，使药物有效成分易于溶出。根据药材的性质和医疗的要求，切片有许多规格。如天麻宜切薄片，泽泻、白术宜切厚片，黄芪宜切斜片，桑百叶宜切丝，麻黄宜铡成段，茯苓宜切成块，等等。

（二）中药外用药的常用炮制方法

（1）用药勺取适量已配伍好的药末置于盘中，加入蜂蜜适量，用玻璃棒搅拌均匀，用蜂蜜调制可以缓和药性，减轻副作用，同时可延缓药物干燥的过程，因而有利于治疗，缺点是成本较高，多运用于损伤早期。

（2）用药勺取适量已配伍好的药末置于盘中，加入适量白酒，用玻璃棒搅拌均匀，用白酒调制，此法有利于加强药物活血化瘀的作用，主要用于损伤中期仍有明显的肿胀者，此法作用较强烈。

（3）用药勺取适量已配伍好的药末置于盘中，加入适量食用醋，用玻璃棒搅拌均匀，用食用醋调制，此法有活血散瘀、理气止痛的作用，可运用于损伤的中晚期。

（三）中药外用药的敷用方法

（1）将调制好的药物均匀摊放在油纸（也可用塑料纸）上，厚约 0.5 cm，面积要较患处大一些。

（2）将患处皮肤暴露，用湿毛巾轻轻擦去皮肤表面的污垢。

（3）将油纸托起，有药物的一面朝向皮肤，轻柔地置于患处。

（4）用绷带在油纸外包扎数圈，然后用胶布固定。

（5）若患处在关节部位，还需用小夹板固定关节，以防止关节活动时造成药物脱落。

注意事项：

（1）用药要根据病人伤情、体质的强弱、局部与整体的关系、单纯损伤与并发症的变化等情况，在临床上相应地加减药味，临时配方，灵活配制。

（2）将外敷药制成粉末后，可分别装在瓶内，使用时再根据伤情变化进行调配。

（3）外敷药时有少数病人局部起皮疹、发痒，严重者有红、肿、热现象。此时，用温水调敷黄檗、甘草、地肤子。如有水泡，用以上药粉涂擦。

（4）一般外敷药都研成细末，用开水和蜂蜜搅拌均匀，并适当加热，或根据病情用醋调制，一般可连敷两天，两天后再换药；两天内若外敷药已干，重新加水和蜂蜜，或者加醋调制再敷。

二、闭合性软组织损伤的物理疗法

物理疗法是治疗闭合性软组织损伤的有效手段。常用的物理疗法主要包括冷冻疗法、温热疗法及拔火罐疗法。冷冻疗法用于闭合性软组织损伤的早期（通常指 24 h 内），是在皮肤或黏膜上应用寒冷刺激治疗伤病的方法。冷冻疗法具有镇痛、防止肿胀、解痉等作用。温热疗法用于闭合性软组织损伤的中晚期，是用不同方式将热作用于患处，加快血液循环，促进渗出液的吸收、改善局部组织营养、加快损伤修复。拔火罐疗法是利用火罐中的负压作用使局部毛细血管充血，同时对穴位是一种刺激，有通经活络的作用。

（一）冷冻疗法

1. 冰袋冷敷法

用特制冰袋（内装冰块）或用一塑料袋装入碎冰块，置于伤部 10～15 min。

2. 冰毛巾裹敷法

将一毛巾在混合冰水（1∶1）中浸湿拧干，放置在局部。开始每隔 1 min 更换一次，以后每隔 2 min 更换一次。总冷敷时间为 20 min。

3. 冷气雾法

利用喷射装置将制冷剂（氯乙烷或氟甲烷）喷射于伤部及其周围。每次喷射 5 s，间隔 1 min，一次治疗喷射 2～3 次。

4. 局部冰水浴

先把约 4 cm 厚的海绵放在伤部，外裹弹力绷带，然后将裹有弹力绷带的伤肢浸入混合冰水中 5～10 min，使局部降温。

（二）温热疗法

1. 热敷

（1）使用热水袋或热毛巾对伤病处做热敷处理。

（2）把炒热的盐或沙子装入布袋内做热敷处理。

2. 红外线疗法

（1）伤病者采取舒适的体位，充分暴露治疗部位。

（2）接通电源（指示灯亮），预热 5 min，然后将特定电磁波谱（TDP）辐射器对准治疗部位或穴位。

（3）红外线灯与照射部位应该垂直，灯距以仪器说明书的规定为标准。

（4）以有舒适的温热感为宜。

（5）每次辐射时间为 20～30 min，每日 1～2 次，10～15 次为一疗程。

（三）拔火罐疗法

1. 火罐的种类及性能

常用的火罐有两种：一种是陶制火罐，它的吸力较大，价格便宜，但易破碎；另一种是玻璃火罐，它吸着后，可以从外面看到皮肤的变化，易于掌握拔罐处的局部反应程度。

2. 拔火罐的方法

（1）投火法。将酒精棉球或纸片燃着后投入罐内，迅速将罐罩在应拔的部位上。这种方法用于侧面横拔，否则棉球落下，容易烧伤患处。

（2）闪火法。用镊子夹住燃烧的酒精棉球在罐内绕 1 ~ 2 下，立即将棉球抽出，迅速将火罐罩在应拔的部位上。

（3）贴棉法。将一块直径为 1 cm 的棉花用 95%酒精浸湿（酒精不宜太多），贴在罐内壁上中段，用火柴点燃后将火罐罩在选定部位。这种方法不受体位的限制。

3. 拔火罐的程序

（1）准备工作。准备好火罐、镊子、棉球、95%酒精、火柴、凡士林、消炎药、纱布和胶布等必需用品和器材。

（2）操作程序。

① 检查体位是否适当，应拔部位有无妨碍。

② 根据部位大小选用适宜的火罐。

③ 拔罐时间为 10 ~ 20 min，如患者感到灼热、过紧，让火罐内放进少量空气，或酌情提早起罐。

（四）按摩治疗

按摩主要是凭借按摩者的双手（及身体的其他部位或器械），采用专门手法，在中西医理论指导下，作用于人体体表的一定部位或穴位上，通过机械、神经、体液的刺激和调节，提高各器官系统的功能，以达到调理人体功能、防治伤病目的的一种物理疗法。

1. 踝关节扭伤

（1）损伤原因及病理。损伤多在间接外力的作用下，使踝关节发生超长范围的运动，使关节、韧带受到过度的或猛烈的牵拉而造成损伤。轻者出现少量韧带纤维断裂，重者则是部分韧带纤维断裂或韧带完全断裂，甚至引起关节半脱位或完全脱位。

（2）临床表现及治疗。多发生在外踝，有明显的扭伤史，局部肿胀、疼痛，足内翻试验阳性。

① 准备手法。疏通血脉，缓解痉挛，时间约 3 min。

- 擦法：先轻后重，擦足部和小腿 3 ~ 5 次。
- 推法：由足趾向小腿到膝推 3 ~ 5 次。
- 揉法：先做较大面积的足、踝、小腿的放松揉及揉捏，然后对受伤局部做重点按揉。
- 点穴：点按解溪、昆仑、太溪、悬钟、足三里、委中穴。

② 治疗手法。对症处理，时间约 5 min。

- 瘀血肿胀：用推、揉、切的手法。
- 足趾粘连：用揉、分筋的手法。
- 结构变位：用理筋、弹筋、运拉的手法。

③ 结束手法。缓解强手法的不良刺激，时间约 2 min。

- 局部按压。
- 由远端向近端推至膝部。
- 做足、踝部的抖动。

2. 指间关节挫伤

指间关节挫伤为手指受到侧向的外力冲击或受到暴力作用使关节过伸所致。可引起关节囊和侧副韧带的扭伤或撕裂，一般多发生在第一掌指关节和其他各指的近侧指间关节，有时伴有撕脱性骨折。

（1）损伤原因及病理。急性损伤时疼痛剧烈，关节周围红肿，运动功能发生障碍，局部压痛。若一侧韧带断裂，则出现轻度侧弯畸形和异常的侧向运动。关节脱位时，伤指向背侧弯曲成畸形。X 光拍片检查，有时可见指骨基底部的撕脱骨片。

（2）临床表现及治疗。手指挫伤，即刻若有脱位畸形，可立刻纵向牵引复位，捏住受伤关节两侧，防止出血，然后加压包扎，抬高伤肢，并将伤指与健指固定。此时严禁按摩，出血停止约 3 天以后再施按摩术。

① 准备手法。

- 推：由手指向手腕部推伤指的不同侧面 3～5 次。
- 擦：在伤指关节两侧擦 3～5 次。

② 治疗手法。

- 揉：重点在伤处由轻到重揉 2～3 次。
- 搓：由伤指远端向近端搓 5～7 次。
- 运拉：用柔和轻缓的力量做纵向牵拉和各方向的运动。

③ 结束手法。

- 轻推。
- 轻揉。

3. 腰背肌肉筋膜炎

该病是腰背疼痛的重要原因。病因至今尚未十分清楚，文献中曾有腰背肌肉劳损、腰背纤维炎、腰背筋膜疼痛综合征等名称。该病的治疗方法很多，其中按摩疗法是一种有效的治疗手段。

（1）损伤原因及病理。腰部两侧肌肉不适，长时间维持一种姿势，症状加剧，遇热或活动时疼痛减轻。

（2）临床表现及治疗。患者一般感觉局部酸痛发沉。最常见的发病部位是腰椎 3~5 两侧骶嵴肌部或背部两肩胛骨之间。发生在腰部的肌肉筋膜炎，患者常同时有臀部或大腿外侧的疼痛或串痛。发生在背部的肌肉筋膜炎，疼痛常串向颈后部和上肢。

① 准备手法。

- 摩：患者俯卧，按摩者站在一侧，抚摩腰背部，以手掌紧贴在腰部皮肤上，用前臂带动手腕做有节律的环形抚摩。从上至下，先健侧后患侧缓慢而柔和地进行，以每分钟 60 次的频率做 30 s。
- 揉捏：揉捏腰部肌肉，揉捏方向与肌纤维垂直，从上到下直至臀大肌，先轻后重，先健侧后患侧，重点要放在棘突两侧竖直肌和压痛明显处，反复揉捏 1～2 min。

- 点穴：点按命门、肾俞、腰眼、大肠俞、环跳、委中穴。

② 治疗手法。

- 揉：按摩者以掌根或小鱼际着力，在病灶部位做环形揉捏，边揉边移动，持续 2～3 min，再以掌根沿脊椎做鱼摇尾式推摩，反复推摩 8～12 次。
- 腰部侧搬法：病人侧卧，双手臂交叉于胸前，上面的腿伸直，下面的腿弯曲。按摩者站在患者背后，一只手握住下侧的手腕，另一只手推上侧的髋部，双手配合一前一后搬动，先轻轻晃动，然后一只手用力将臂部前推，另一只手向后拽腕使肩关节固定，如能听到“嗒嗒”声响，则表示手法成功。
- 单腿后搬法：病人俯卧，下肢伸直，按摩者立于一侧，一手臂抱托病人一侧大腿的下 1/3 处，用力向上搬动（过伸），同时用另一只手的掌根按压腰部，搬按 3～5 次，再如此搬另一条腿。
- 双腿后搬法：方法同“单腿后搬法”，连续搬 3～5 次。

③ 结束手法。

推法：病人俯卧，按摩者站在体侧，双手拇指在内，余四指并拢在外，自下而上以拇指进行推摩，着力点在皮下深层组织，切勿摩擦皮肤，以避免病人出现疼痛。然后再点按肺俞、肾俞穴。

4. 髌骨劳损

（1）损伤的原因及病理。髌骨劳损是髌骨软化症和髌骨张腱末端病的总称。这两种损伤可单独发病，也可同时存在，损伤的原理基本相同，都是由局部负荷量过重或局部慢性损伤的累积所致。

（2）临床表现及治疗。起初发病症状不明显，逐渐感到膝疼、膝软，症状严重时活动受限。本病一旦确诊，除了调整运动负荷外，可进行按摩治疗。

① 准备手法。

- 推：取坐位或仰卧位，自小腿中端向上推经膝关节至大腿中段。先上后下，然后推膝部两侧，各推 3～5 次。
- 擦：用四指包擦膝内、外侧韧带和髌韧带 3～5 次。
- 点按阳陵泉、血海、阴陵泉、双膝眼和足三里穴。

② 治疗手法。

- 按压：取坐位，伤肢伸直，髌骨放松，按摩者左手垫在伤膝腘窝下，右手按压伤膝髌骨，一按一松，可改善关节内的滑液循环，按压 10～15 次。
- 刮法：用左手固定髌骨并通过按压尽可能将劳损的病灶暴露出来，然后用右手的拇指端在受损的髌骨部位横向刮动 2～3 min。

③ 结束手法。

- 轻推。
- 轻擦。

（五）注意事项

（1）冷疗时要防止组织发生冻伤及神经麻痹，冰敷时间不超过 20 min。

（2）颌面部应用冷气雾法时，应注意保护眼、耳、鼻及口部。

（3）使用红外线疗法时要注意照射部位皮肤的变化，一旦皮肤呈暗红色即为烫伤先兆，必须及时处理，或增加照射距离，或者暂时停止治疗。

(4) 起罐时用一手指轻按罐旁的皮肤，另一手握罐使空气透进罐内，罐即松落。

(5) 拔罐后皮肤如有损伤或起泡，可涂上1%龙胆紫水或消炎药膏，盖上纱布，并用胶布固定，防止感染。

(6) 按摩时根据治疗的要求和治疗的部位，选择好俯卧、仰卧、侧卧、坐等体位，便于病人肌肉放松和长时间维持一种姿势，同时便于按摩者操作。

(7) 对新伤，按摩时不要用力过大和在受伤局部过多操作，以免引起新的出血，要以病人舒适为宜。陈旧伤可在患部用较长时间和较大力度去做，以病人能耐受为宜。

三、保护支持带的使用方法

保护支持带能够保护关节的稳定性，限制关节、肌肉发生超常范围的活动，使受伤组织得到适当休息，从而有助于损伤的康复。保护支持带使用的原则是关节能固定于相对适宜的位置，受伤组织不再受到牵拉，活动时不使疼痛加重。

1. 指间关节扭伤粘膏支持带使用方法

指间关节扭伤用两条粘膏支持带将伤指和相邻的健指固定在一起，注意固定的位置不要妨碍关节的屈伸。

2. 第一掌指关节扭伤粘膏支持带使用方法

用一条粘膏支持带将第一掌指关节固定，防止该关节过伸和外展。

3. 膝侧副韧带损伤粘膏支持带使用方法

(1) 用两条4 cm宽的粘膏支持带交叉固定于膝关节的伤侧，长度要达大腿下1/3处和小腿中部。

(2) 用三条粘膏支持带分别横贴在大腿、髌骨上及小腿中部，将前两条粘膏支持带固定。

(3) 戴上护膝或缠上弹力绷带。

4. 胫腓骨疲劳性骨膜炎保护支持带使用方法

用弹力绷带由足部向小腿方向依次绕圈包扎。

5. 跟腱损伤粘膏支持带使用方法

(1) 伤侧踝关节稍屈。

(2) 用两条3 cm宽的粘膏支持带由小腿后面中部向下于足跟交叉后，再延伸贴至足底。

(3) 用三条粘膏支持带横贴于小腿、踝部及足底，将前两条粘膏支持带固定。

6. 腓前韧带损伤粘膏支持带使用方法

(1) 伤者取合适体位，将伤侧踝关节置于轻度外翻位。

(2) 用数条粘膏支持带将踝关节固定于外翻位。

(3) 用弹力绷带包扎外层。

四、伤后的康复锻炼

康复锻炼要根据创伤特点、功能损害情况和专项运动的特殊要求，由医生与教师或教练员协同进行。伤后康复锻炼能改善伤部血液循环，增强组织的新陈代谢，加速瘀血和渗出液的吸收，促进受伤组织的愈合，防止组织粘连、关节囊和韧带挛缩，增强关节稳定性，避免因肌肉萎缩和受伤组织的松弛而导致关节不稳引起再伤。

（一）实施康复锻炼应采取的措施

（1）伤者在康复锻炼过程中应采取综合措施，如理疗、按摩、针灸、牵引和应用保护支持带等。康复锻炼的重要环节是尽量不停止全身或局部的活动，伤部肌肉训练越早开始越好。

（2）仔细检查、正确诊断，以便采取正确的训练手段。检查内容有心肺功能、局部肌力、关节活动范围、肌张力等。

（二）急性损伤的康复锻炼

运动损伤后伤者要尽量保持全身和未伤部位的锻炼，如上肢损伤时锻炼下肢，下肢损伤时锻炼上肢，并适当配合做腹背肌体操。注意负荷量适当，不可单纯以加大未伤部位的训练量代替已伤部位的功能负荷。急性损伤的早期，伤处可暂不活动，以利于促进症状的消退，症状减轻后在不引起疼痛或疼痛不明显加重的原则下，应及早进行康复锻炼。

1. 韧带损伤的康复锻炼

膝关节侧副韧带损伤者伤后 1～2 天即可在粘膏支持带保护下开始练习屈伸活动。韧带部分断裂应固定 3 周，韧带完全断裂术后应固定 4～6 周，并立即开始做股四头肌等长收缩练习、负重直腿抬高练习，逐渐增加负荷重量。拆除固定后循序渐进做膝关节活动练习，着重恢复股四头肌和股后屈肌的力量以增强关节稳定性。前交叉韧带损伤时要注意加强股后肌群的力量，后交叉韧带损伤时要着重增强股四头肌的力量。

踝关节韧带损伤轻者伤后 1～2 天即在粘膏支持带保护下练习行走与慢跑，7～10 天后可恢复训练。针对较严重的韧带损伤，可用石膏固定 1～2 周，但伤者应带石膏练习行走。韧带断裂后不论手术与否都应固定 4～6 周，伤者做脚趾屈伸和踝的等长练习，7～10 天后带着有跟石膏靴行走，拆除石膏后做踝关节屈伸及足的内、外翻活动度练习和屈伸肌力练习。一般 2～3 个月后可参加训练。

2. 肌肉、肌腱断裂的康复锻炼

肌肉完全断裂缝合后固定 3～4 周，同时做周围肌肉的等长练习，2 周后做缝合肌肉的等长练习，去除固定后做增强及牵伸损伤肌肉的练习。

肌腱断裂（以跟腱断裂为例）者缝合后固定三周，可做足部等长练习，去除固定后在坐、卧位活动踝关节，下地时仍带石膏靴，5 周后着中跟鞋步行，并逐渐降低鞋跟，以后做跟腱牵伸练习，恢复踝背伸活动度，约 8 周可练习双足提踵，3 个月可练习慢跑，6 个月可全力踏跳。

肌肉肌腱部分断裂无须手术修复时，应将患肢维持于使损伤肌肉充分伸长的位置，防止挛缩。伤者一般一周后开始做牵伸及加强受损肌肉的练习。

3. 关节软骨损伤的康复锻炼

非负重关节和负重关节非负重区的软骨损伤，如肱骨小头的骨软骨骨折、股骨远端脂肪垫区骨软骨骨折等，摘除游离片，切口愈合后，即可负重，病人可做活动度及肌力练习，1 个月后可参加训练。

关节负重区的软骨骨折无错位或复位后固定 4～6 周，病人可做周围肌肉等长练习及邻近关节活动，去除固定后做活动度练习及肌力练习，负重练习从缓进行。负重区病灶清除术后，新生的肉芽创面通过压磨才能生成玻璃软骨，但过度运动可引起组织脱落或出血，故术后 2 周伤者应做不负重的关节运动，4～5 周下地负重，半年后才可参加正规训练。

（三）慢性损伤的康复锻炼

慢性损伤的康复锻炼一般应根据病理和症状安排。仅做某一动作时疼痛、准备活动后不痛者可正常参加训练。平时疼痛、准备活动后不痛者应减量训练。平时疼痛、准备活动后仍疼痛者，应停止局部训练。

此外，伤者注意纠正易致伤的错误动作，避免反复损伤。例如，投掷肘伤者应学会投掷时前臂旋前屈腕出枪，防止肘关节过伸与外展。要充分发展代偿功能，投掷肘症状较重、肘关节不能完全伸直者，应重点发展前臂、肩、腰腹和膝部的肌肉爆发力。注意加强维持关节稳定性的肌肉力量，如髌骨劳损者要加强股四头肌的力量，练习高位站桩等。慢性腰痛者应加强腰背肌和腹肌力量，保持脊柱周围肌力平衡。要合理安排局部负荷量，避免过多练习致伤，可暂时改变动作形式，促进损伤康复，如患胫腓骨疲劳性骨膜炎者可在仰卧位练习脚踏车动作。患跟腱腱围炎者可练习全脚掌着地慢跑，由 100 m 逐渐增至 2 000 m。这有助于改善局部血液循环和消除粘连，缓解症状，促进康复。

思考题

1. 简述绷带包扎的几种方法。
2. 简述踝关节扭伤后的按摩疗法。

第六章　田径运动

第一节　田径运动概述

田径运动是由走、跑、跳跃、投掷等运动技能组成的以个人为主的运动项目，分为田赛和径赛两大类。人们通常把以高度或远度计量成绩的跳跃和投掷项目称为“田赛”，把以时间计量成绩的竞走和跑的项目称为“径赛”。此外，田径运动还包括全能运动。全能运动是由若干个跑、跳、投项目组成的综合性项目。田径运动既是当前世界上最重大的体育竞赛项目之一，又是各项运动的基础。人们往往把田径运动水平作为衡量一个国家体育发达程度的重要标准。

田径运动内容丰富，锻炼形式多样，场地、器材和设备比较简单，一般不受时间、人数、性别、年龄和季节、气候的限制，便于广泛开展。田径运动大多在室外进行，人体能经常接受日光、空气等自然环境的锻炼。经常系统地参加田径锻炼，能促进人体的新陈代谢，协调神经系统与运动器官之间的联系，提高心血管系统、呼吸系统及其他内脏器官的功能；能全面地发展力量、速度、耐力、灵巧和协调等身体素质；还能促使走、跑、跳、掷的技能更趋合理、有效，从而保持和提高人体适应生活和工作能力。同时，参加田径运动还可以培养人吃苦耐劳、勇于克服困难等优良品质。田径运动历来是各级各类学校体育教学和课外体育活动的主要内容。其他各项运动也把田径运动作为促使身体全面发展的有效的训练手段。

田径运动具有悠久的历史。远在上古时代，人类在同大自然的斗争中，便逐步掌握了快速奔跑、敏捷跳跃和准确投掷的技能，为提高这些技能而在生活中经常重复这些动作，这就是田径运动的原始雏形。这些基本技能随着社会的发展被一代代地传授下来，在长期的实践中得到不断发展和提高。由于战争的需要，走、跑、跳、掷等生活技能被逐步运用于军事训练，这是促使田径运动发展的另一个因素。随着工农业的发展和教育的普遍兴起，娱乐性体育活动广泛地开展起来了，出现了自发的比赛，如工匠投掷铁锤、士兵投掷手榴弹模型、牧人跳越栅栏等。当时虽没有统一的器材和规则，也没有记录，但这就是田径运动的萌芽。据记载，在公元前 776 年举行的第 1 届古代奥运会上，就有了短跑比赛，以后又逐渐增加了跳跃、投掷比赛项目。为了衡量运动水平的高低，逐渐确定了走、跑的距离和投掷器械的形状、重量，还制定了一些规则，这样田径运动就初具规模了。较正规的田径比赛，首先是在欧美国家的学校里进行的，以后逐渐产生了校际比赛和国际比赛。1896 年举行的第 1 届现代奥运会，把田径列为主要比赛项目，并按单项设奖。1912 年，成立了国际业余田径联合会，于是田径运动在世界范围内得到了广泛开展。但当时主要依靠运动员的身体条件和素质水平来取得优势。20 世纪 50 年代以后，科学技术的发展和训练方法的改进，大大促进了运动员田径技术的进步和运动成绩的提高。

目前，世界性的田径大赛，除了奥运会田径比赛外，还有世界田径锦标赛（两年一届）、世界杯田径赛（四年一届）、世界青年田径锦标赛（18、19 岁级别）、世界少年田径锦标赛（17 岁以下含 17 岁级别）、世界室内田径锦标赛（一般为两年一届）、国际田联黄金联赛（每年一届）、国际田径总决赛（每年一届）、国际田联超级大奖赛、一级大奖赛、二级大奖赛（每年一届）等。

从赛制分类，当前田径比赛可以分成四个大项：田赛、径赛、公路赛和混合赛。径赛包括：短跑（100 m、200 m、400 m）、中距离跑（800 m、1 500 m）、长跑（5 000 m，10 000 m）、跨栏（女子为 100 m 和 400 m，男子为 110 m 和 400 m）、接力（4×100 m 和 4×400 m）以及男子 3 000 m 障碍赛跑。田赛包括：跳远、三级跳远、跳高、撑竿跳高、铅球、铁饼、标枪和链球。公路赛包括：马拉松、男子 20 km 和 50 km 竞走及女子 10 km 竞走。混合赛包括：女子七项全能及男子十项全能。

19 世纪末，田径运动传入中国。1890 年，在上海圣约翰书院举行的田径比赛是我国最早的田径运动会。中华人民共和国成立前举行的七次全国运动会上，历次都有田径比赛项目，但技术水平较低。中华人民共和国成立后，党和政府十分重视田径运动的开展。1953 年，在北京召开了第 1 届全国性田径运动会。以后的历届运动会上田径都被列为主要竞赛项目。在学校体育教育和课外体育活动中，田径也占有重要的位置。在广泛开展群众性田径活动的基础上，我国的田径运动水平有了较大幅度的提高，曾打破过男、女跳高，女子竞走，女子中长跑，男子 110 m 跨栏的世界纪录，男子百米、女子百米、三级跳等项目也先后达到世界先进水平。虽然如此，从总体上看，我国的田径运动水平与欧美田径强国相比，还存在较大的差距。

第二节 跑

跑是两腿交替支撑蹬地、腾空，使身体前进的周期性运动，是人体的基本活动之一，是各项运动的基础，也是锻炼身体、增强体质的有效手段。

一、短跑

短跑是一项发展速度素质的典型运动项目，要求人体运动器官和内脏器官在大量缺氧的条件下，用最短的时间跑完所规定的距离，它属于“极限强度”的周期性运动。短跑项目包括 60 m（少年）、100 m、200 m 和 400 m 跑。

（一）100 m 跑技术

100 m 跑可分为起跑、起跑后的加速跑、途中跑和终点冲刺跑四个部分。

1. 起跑

起跑的任务是使身体迅速摆脱静止状态，获得向前的最大冲力，为加速跑创造有利的条件。根据田径竞赛规则，400 m 以下项目（包括 400 m）必须使用起跑器，并采用蹲踞式起跑。

使用起跑器可以使两脚有牢固的支撑，形成良好的预备姿态，便于获得较快的起跑速度。安装起跑器要因人而异。采用的安装方法有“普通式”和“拉长式”两种（图 6-1）。

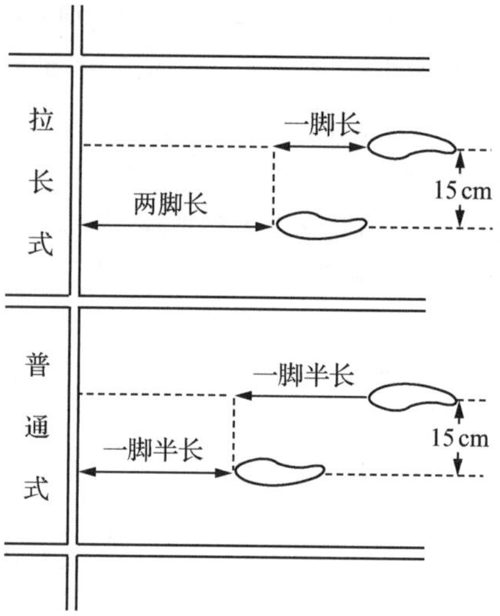

图 6-1

前起跑器的支撑面与地面的夹角约为 45°，后起跑器的支撑面与地面的夹角约为 75°。两个起跑器的轴线间隔约为 15 cm。

蹲踞式起跑动作包括“各就位”“预备”“鸣枪”（跑）三个过程。

（1）各就位。运动员听到“各就位”口令后，做几次深呼吸，慢跑到起跑器前，两手撑地，两脚依次踏于前后抵足板口，有力腿在前，后膝跪地。然后两手收回，四指并拢，与大拇指成“八”字形，两手拇指相对，两手与肩同宽或稍宽，置于起跑线后，肩与起跑线平行，颈部放松，头微低，眼看起跑线前 40 ~ 50 cm 处（图 6-2 之 1）。注意听“预备”口令。

图 6-2

（2）预备。听到“预备”口令后，臀部平稳地抬起，略高于肩，重心稍前移，两脚贴紧起跑器，前腿膝关节弯曲约 90°，后腿大、小腿夹角约 120°，体重主要落在两臂和前腿上，头与躯干保持自然姿态（图 6-2 之 2），注意听枪声。

（3）鸣枪。听到枪声后，两手迅速推离地，两臂积极用力前后摆动，同时两腿快速有力蹬离起跑器。后腿迅速屈膝向前上方摆出，前腿充分蹬伸髋、膝、踝关节，身体保持较大幅度的前倾。摆动腿的小腿与蹬地腿的大腿几乎平行（图 6-2 之 3）。后腿前摆后，大腿积极下压，用前脚掌在身体重心投影点的后下方着地跑出第一步。

2. 起跑后的加速跑

起跑后的加速跑（图 6-3）是衔接起跑和途中跑的一个跑段。其任务是尽快地在最短距离内发挥出最大的速度，这段距离一般为 20 m 左右。起跑后要不停顿地向前跑出，两腿快速交替用力蹬摆，两臂大幅度有力地前后摆动，随着速度的增加，上体逐渐抬起，两脚的落点逐渐吻合于一条直线上。当步幅逐渐加大到正常步长时，应顺惯性自然跑进几步，而后转入途中跑。

图 6-3

3. 途中跑

途中跑（图 6-4）是短跑全程中最主要的部分。其任务是继续发挥和保持最大速度跑完全程。跑是周期性运动，每一个周期又称为一个复步。根据跑的动作结构，一个复步过程中包含后蹬、前摆、腾空和着地四个阶段，它是一个不可分割的整体，其中后蹬与前摆结合是推动人体前进的主要因素。

图 6-4

（1）后蹬。在一个跑的复步中，当身体重心移过支撑点后，支撑腿就进入了后蹬阶段。后蹬动作从伸展膝关节开始，当重心远高于支撑点时，再迅速蹬伸膝、踝关节，最后脚趾蹬离地面。后蹬结束一刹那，髋、膝、踝、趾关节要充分蹬直，同时摆动腿要带动同侧髋部向前挺出，与躯干形成一直线，使后蹬所产生的反作用力通过身体重心，有效地推动身体向前移动。

后蹬效果的好坏，取决于蹬地的力量和速度，以及两腿蹬直的程度和向后蹬地的角度。后蹬力量越大，支撑反作用力也就越大；蹬离地面时间越短，人体前进速度就越快。适宜的后蹬角度（一般为47°～50°）能缩短腾空时间，减小身体重心上下起伏，增加水平速度，有助于发挥跑速（图 6-5）。

图 6-5

（2）前摆。腿的前摆是从后蹬腿蹬离地面时开始的。当蹬地腿离开地面、身体腾空时，应放松参加后蹬活动的肌肉。小腿随大腿前摆的惯性自然折叠，以缩小摆幅，增加向前摆腿送髋的速度。当大腿摆动到前上方最高点时，另一腿已得到充分蹬伸。此时，两腿之间的夹角为95°～115°。摆动腿的小腿与后蹬腿几乎平行，紧接着后蹬腿离开地面转为腾空。

（3）腾空和着地。身体腾空后，两腿迅速靠拢，即后腿屈膝前摆，同时前腿以髋关节为轴积极下压，膝关节放松，小腿顺惯性前摆，用前脚掌做积极向后下方“扒地”的动作，着地点在重心投影点稍前面、膝关节垂直线的下方。脚着地时膝、踝关节顺势弯曲，以缓冲着地时产生的阻力，缩短支撑时间，使身体重心迅速前移。

在途中跑的过程中，要求动作轻松有力，腿、臂和上体协调自然，幅度大，频率快，重心平稳，直线性好。同时要配合步子做短而快的呼吸，切不可憋气。

4. 终点冲刺跑

终点冲刺跑是全程跑的最后一段距离，其任务是用运动员全身力量，以最快的速度冲过终点。跑的技术与途中跑技术基本相同，但要加强两腿后蹬的力量，加大摆臂的幅度。当身体离终点最后一步时，上体迅速前倾，用胸或身体躯干部位撞终点线（图 6-6）。跑过终点后，应随着跑的惯性逐步降低跑的速度。

图 6-6

（二）200 m 和 400 m 跑技术

200 m 和 400 m 跑时，有一半以上的距离是在弯道上进行的，为了克服由弯道跑产生的离心力的影响，跑的技术要有相应的变化。起跑器应安装在跑道的右侧正对弯道切点方向的地方，起跑时左手置于起跑线后 5 ~ 10 cm 处，身体正对切点（图 6-7 之 1），起跑后快速沿着切线跑进，跑至切点前，身体要逐渐向内倾斜，加大右腿的蹬地力量和摆动幅度，迅速进入弯道跑。为了克服惯性离心力的作用，在弯道跑时，整个身体要向左倾斜，右肩高于左肩，右臂摆动的幅度和力量都应大于左臂（图 6-7 之 2）。右臂后摆时肘关节稍偏向右后方，右臂前摆时肘关节则稍偏向左前方，左臂则靠近体侧前后摆动。脚落地时，右膝和右脚尖稍向内转，用前脚掌的内侧着地和蹬地，左膝和左脚尖稍内外转，用脚外侧着地和蹬地。弯道跑进时，半径越小，速度越快，身体越要向圆心方向倾斜，进入直道前应顺惯性自然跑。

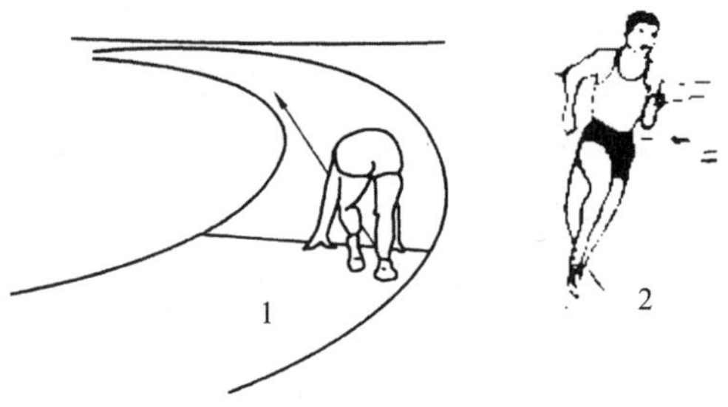

图 6-7

（三）短跑练习

短跑练习应以途中跑为主。在初步掌握途中跑技术的基础上，再依次练习起跑、起跑后的加速跑和终点冲刺。这里主要介绍途中跑的练习。

途中跑的练习要求全身的动作协调一致，重点抓好下肢的蹬、摆、送髋和扒地动作练习，相应注意躯干姿势和摆臂动作的协调配合。开始可多采用中速跑、加速跑练习。待初步掌握途中跑的技术后，应增加快速跑练习，并注意以快为主，快慢结合。

1. 一般练习

（1）中速跑。中速跑是培养跑的正确姿势和学习途中跑技术的方法之一。要求动作自然放松，蹬摆要充分，步幅大，着地柔和有弹性，摆臂协调，直线性好。初学者可多采用中速放松大步跑，跑距一般为 60 ~ 100 m。

（2）加速跑。加速跑是培养跑的正确姿势和发展速度的主要方法。从站立姿势开始，均匀地加大步幅，加快速度，当达到最高速度时，仍保持正确姿势顺惯性用最快速度跑一段距离。随着跑的能力提高，应逐渐加长快速跑的距离，跑距一般为 60 ~ 100 m。

（3）重复跑。重复跑是多次重复固定距离的跑法。跑的距离和重复次数应根据运动员跑的能力及专项练习目的来确定。其目的主要是发展速度和速度耐力，提高练习强度，改进跑的技术。例如，短距离快速重复跑 60 ~ 80 m，有助于发展速度；较长距离重复跑 120 ~ 150 m，有助于发展速度耐力。每次用 2/3 的力量进行练习，间歇时间可逐步由长到短。

（4）行进间跑。行进间跑是指以慢跑—快跑—全速跑的进程进行跑步的一种训练方法。一般做法是运动员从标记线外约 20 m 处起动，用加速跑跑到标记线后，以最高速度跑完规定的距离（一般为 30 ~ 100 m）。行进间跑是发展速度和改进短跑技术的方法之一。

（5）快速跑。快速跑主要体会起跑后加速跑的技术。运动员以站立式或半蹲踞式起跑，一开始就尽快发挥出最大速度，要求加大摆臂和抬腿的力量，促使蹬地腿充分后蹬。跑距一般为 30 ~ 60 m。

（6）斜坡跑。斜坡跑利用有一定坡度的跑道（或较安全的路面），用最大的速度上坡跑 40 ~ 60 m，以提高后蹬和高抬摆腿的力量。下坡时，可放松、自然、轻快地跑，以促进技术，发展步频。

2. 专门练习

（1）小步跑。小步跑的目的在于体会上、下肢协调和腿的前摆扒地技术，发展步频。小步跑时上体稍前倾，大腿屈膝稍抬起后积极下压，膝关节放松，小腿顺惯性摆出，前脚掌积极着地向后扒地。练习方法：先原地做脚尖不离地的提踵换步，过渡到行进间慢节奏小步跑，由快频率小步跑过渡到加速跑或高抬腿跑。

（2）高抬腿跑。高抬腿跑是增强抬腿肌群力量，发展步频的练习。跑时，上体正直或稍前倾，以髋带动大腿屈膝高抬，与上体成直角，然后大腿积极下压，用前脚掌着地，支撑腿蹬地，髋、膝、踝三个关节充分伸展并向前送髋，两臂屈肘前后摆动，身体保持较高的姿势。练习方法：原地或支撑高抬腿跑，行进间高抬腿跑；高抬腿跑逐渐加快频率过渡到加速跑。

（3）后蹬跑。后蹬跑时可体会后蹬时髋、膝、踝三关节用力顺序和蹬摆动作的配合，发展腿部力量，纠正后蹬不充分“坐着跑”等缺点。跑时上体稍前倾，蹬地腿髋、膜、踝三个关节充分伸展。摆动腿以膝盖领先向前上方摆出，带动髋部迅速前移。然后大腿积极下压，用前脚掌着地。两臂前后摆动，配合两腿动作。练习方法：手扶器械做后蹬、前摆腿练习；原地两腿交换跳，行进间小幅度后蹬跑；后蹬跑过渡到加速跑。

（4）车轮跑。车轮跑时运动员上体正直，摆动腿大腿折叠前抬，脚跟贴近臀部，大腿抬至水平后积极下压，膝关节放松，小腿顺势摆出后做快速的“鞭打”动作，前脚掌着地，着地点靠近身体重心投影点，两臂配合两腿动作前后摆动。

（5）橡皮带牵引练习。练习者将橡皮带套在腰上，另一人在后面拉住橡皮带，练习者做行进间高抬腿跑练习，后面的人跟随前进。

（6）原地摆臂和持哑铃摆臂。练习者原地成弓箭步前后摆臂，摆臂时，以肩为轴，上臂带动前臂屈肘前后摆动，注意摆臂的方向、肘角的变化及肩带放松。

二、中长距离跑

中长距离跑俗称中长跑，指 800 m 以上以跑为特点的发展耐力的田径项目。通常项目有 800 m、1 500 m、5 000 m、10 000 m。中长距离跑时需要吸入更多的氧气，这有利于增强呼吸系统和循环系统的功能，它是发展耐力的典型项目，也是一项身体负荷大、锻炼价值高的运动。为了适应长时间持续肌肉活动的要求，在跑的过程中，要轻松协调，重心平稳，节奏性强，直线性好，尽可能减少能量的消耗，保持一定步长，提高跑的频率，这是当今中长跑技术发展的方向。

（一）中长跑技术

中长跑的项目较多，各种距离跑的动作结构基本相似，只是因距离、跑速和强度的不同，在技术细节上稍有差异。一般来讲，跑距越长，步子越短，后蹬前摆的用力程度就越小。

1. 起跑和起跑后的加速跑

中长跑采用站立式或半蹲踞式起跑。田径规则规定 800 m 和 800 m 以上的项目，只喊“各就位”，待运动员稳定后，即可鸣枪。

（1）站立式起跑。听到“各就位”口令后，运动员慢跑到起跑线后，两脚前后开立，有力的脚放在起跑线的后沿，后脚用前脚掌着地，两脚前后距离为一脚长，左右间隔约为半脚长，两腿弯曲，上体前倾，身体重心落在前脚的稍前面。前腿异侧臂自然下垂，同侧臂屈肘在后，或两臂自然下垂。眼视起跑线前 3 ~ 5 m 处，集中注意力听枪声。当听到枪声后，两腿用力蹬地，后腿蹬地后迅速前摆，前腿充分蹬直，两臂屈肘配合下肢动作，用力前后摆动，身体迅速向前跑出。

（2）半蹲踞式起跑。前腿异侧手拇指与其余四指成“八”字形支撑于起跑线后，同侧臂自然伸直在体侧后，身体重心主要落在前腿和支撑臂上。起跑动作近似蹲踞式（图 6-8）。

图 6-8

（3）起跑后的加速跑。为了发挥速度，抢占有利战术位置，起跑后上体前倾稍大，摆臂、摆腿和后蹬的速度应迅速而积极，和短跑基本相似。加速跑的距离长短和跑速快慢应根据项目、参加人数、个人特点和战术的需要而定，一般 800 m 要跑到出弯道为止，1 500 m 常跑到直道末才结束，然后进入有节奏的匀速途中跑。

2. 途中跑

途中跑是中长跑的主要部分。其技术结构与短跑基本相同，但由于中长跑的距离比短跑长，体力消耗大，要求跑时动作更要放松、协调、平稳和节省体力。

（1）上体姿势。途中跑时，上体应保持正直或稍前倾（约 5°），胸部要微向前挺，腹部微收，头部自然地与身体保持直线，两眼平视，面部和颈部肌肉放松，有利于提高后蹬效果和加快跑速。

（2）臂部动作。两臂稍离开躯干，摆臂时，两肩放松，两臂自然屈肘约 90°，以肩为轴，以肘用力，自然摆动，后摆时稍向外，前摆时稍向内。摆幅大小应随跑速的快慢而变化，一般小于短跑。正确的摆臂可以帮助维持身体平衡，加快腿部动作频率，保持跑的节奏。

（3）腿部动作。跑的快慢取决于步长和步频，而合理掌握两腿后蹬、前摆、腾空和落地技术，缩短支撑时间，对提高跑速具有决定性作用。

① 后蹬和前摆。在跑的周期中，当身体重心移过支撑点时，开始后蹬和前摆。当摆动腿通过垂直部位时积极向前摆动并带动同侧髋前送，支撑腿迅速依次伸直髋、膝、踝三个关节，推动身体向前移动。中长跑的强度小于短跑，后蹬用力比短跑小，后蹬角度略大于短跑，约为 55°。摆动腿前摆高度略低于短跑，小腿后摆折叠程度也小于短跑。

② 腾空。后蹬腿的脚掌离地后，即进入腾空阶段。这时应尽量放松蹬地腿肌肉，并积极地将大腿向前上方摆出，膝关节弯曲，形成大、小腿自然折叠姿势。

③ 落地。中长跑脚落地比短跑更靠近身体重心投影点（30 ~ 50 cm）。摆动腿用脚掌柔和且富有弹性地落地，当脚与地面接触时，落地腿在垂直阶段应屈膝，脚跟稍下沉，以缓冲脚着地时产生的冲击力，为过渡到后蹬创造良好条件。一般中长跑脚落地方法有两种。一种是用前脚掌或前脚掌外侧着地，这种方法速度快，但比较费力；另一种是全脚掌着地，这种方法比较省力，对初学者和较长距离的跑比较适合。

中长跑有一半以上的距离是在弯道上跑的，掌握正确的弯道跑技术对提高成绩有重要作用。弯道跑的动作幅度与用力程度均小于短跑，并且应靠近跑道的内沿跑；超越对手时，最好在直道上进行。

中长跑由于距离长，体力消耗大，人体对氧气的需要量不断增加，主要靠有节奏的呼吸来改善气体交换和血液循环的条件。中长跑可用鼻子和半张开嘴同时呼吸，以嘴呼吸为主。呼吸节奏应以个人的习惯和跑速而定。一般有三步一呼三步一吸和二步一呼二步一吸两种方法。呼吸要深长有力，保证所需的氧气量，这样跑起来轻松有力。

在中长跑开始的一段距离，由于人体内脏器官存在着正常的生理惰性，不能马上进入适应跑时的工作状态，氧气的供应量落后于肌肉活动的需氧量，产生了暂时性缺氧的“极点”，表现为胸部发闷，呼吸困难，四肢无力。这时，应以顽强的意志继续向前跑进，同时适当调整步幅和跑速，以加强呼吸特别是加深呼气来增加吸气量，随之身体机能会明显好转，难受感觉逐渐消失，就能较轻松地跑完全程。克服“极点”的过程，也是培养意志品质的过程，对每个长跑者都是非常重要的。

3. 终点冲刺跑

中长跑临近终点时的最后一段距离跑称为终点冲刺跑。这时应加强后蹬，加快摆臂，加大上体倾斜角度。终点冲刺跑的时机要根据比赛的距离、个人体力和战术要求来确定。一般 800 m 跑可在最后 200 ~ 250 m、1 500 m 跑可在最后 300 ~ 400 m 开始加速并逐步过渡到冲刺跑。最后冲刺距离要因人而异，一般在进入最后的直道时，应以顽强的意志全力冲过终点。

（二）中长跑战术

应重视中长跑战术意识的培养。平时训练时要建立良好的时间概念和速度感觉，合理分配体力是取得理想成绩的主要战术。比赛中应根据对手的情况和个人的特长制定可行的战术。一般耐力较好而速度差的人多采用领先跑的战术，速度好耐力较差的人多采用跟随跑的战术，最后再以快速冲刺跑战胜对手。

（三）中长跑练习

为了学习和改进跑的技术，提高跑的能力，发展专项素质，通常采用以下几种练习。

1. 匀速跑

匀速跑是用均匀速度跑进的一种方法，主要培养速度感觉和进行一般耐力的练习，也可以用来改进和掌握途中跑技术。

2. 加速跑

加速跑是培养跑的正确姿势和发展速度的主要方法。从站立姿势开始，均匀地加大步幅，加快速度，在达到最高速度时，仍要保持正确姿势顺惯性用最快速度跑一段距离。随着跑的能力的提高，应逐渐加长加速跑的距离。

3. 走跑交替

走跑交替是发展一般耐力和掌握跑的技术的方法。开始跑一段距离，感到累了便走，然后再跑。如此反复交替进行，逐渐缩短走的距离。一般适合于初练长跑者。

4. 重复跑

重复跑是多次重复固定距离跑的一种训练方法。结合中长跑特点，重复跑的距离和跑速可以有所变化。一般重复跑的距离比个人专项距离要短，如 800 m、1 500 m 专项，可进行 200 ~ 400 m 的重复跑。

5. 变速跑

变速跑是用不同速度交替跑的一种方法。变速跑分为速度快慢交替和变换距离等多种形式。如用中速跑一段距离，再以较长距离慢跑相交替的方法，主要发展一般耐力；用大强度或较大强度的快跑与短距离慢跑相交替的跑法，主要发展速度耐力。还可根据情况采用距离相等或距离不等，直道上快、弯道上慢等形式的变速跑。

6. 定时跑

定时跑是发展耐力，培养时间感、速度感，合理分配力量的练习方法。如果规定跑的时间，而对跑速不做要求，可用来发展一般耐力和改进跑的技术；如要求在规定的时间内跑完一定的距离，可以发展专项耐力和培养跑的速度感觉能力。

7. 越野跑

越野跑是发展耐力的好方法。它不受场地条件的限制，跑的距离和时间可长可短。在跑的过程中可根据练习者的体力，用快跑与慢跑、跑与走交替进行；也可利用各种自然地形、地物（如绕过树林，跑台阶、斜坡，跨越障碍物，等等），来发展各种跑、跳能力，培养勇敢顽强的意志品质。

第三节　跳　跃

跳跃是运用人体自身的能力（或借助一定的器材）按所需方向，通过一定的运动形式，使人体腾越尽可能高的高度或跳跃尽可能远的远度的一种运动，包括跳远、三级跳远、跳高、撑竿跳高等项目。

一、跳远

跳远是田径运动的主要项目之一，它是克服水平障碍的跳跃项目。完整的跳远技术由助跑、起跳、腾空、落地四个部分组成。好的跳远成绩，主要依赖于快速的助跑和正确有力的起跳，当然平稳的空中姿势和合理的落地动作也起着一定的作用。练习跳远有助于发展速度、弹跳力、协调性。

（一）跳远技术

1. 助跑

助跑是为了在起跳前获得较高的水平速度，并为准确地踏板和起跳创造有利的条件。助跑的距离因人而异，主要以练习者的训练水平和发挥速度的快慢而定。动作灵活、发挥速度快者，助跑距离较短；发挥速度慢者，助跑距离可长些。一般男子助跑距离为 30 ~ 45 m（优秀运动员更长），助跑步数为 18 ~ 24 步；女子助跑距离为 25 ~ 40 m，助跑步数为 16 ~ 20 步。助跑距离的长短还应根据跑道土质软硬、气候条件、风向关系、运动员的动作情况和心理状态等进行适当的调整。

丈量助跑的距离有两种方法：一种是将起跳板作为起点，按所需的步数和加速方式，向助跑的反方向跑，以最后一步起跳脚落地点为起点，然后以此点为起点向起跳板方向做助跑练习，经反复练习调整，确定助跑距离；另一种是练习者先根据自身的速度水平，在跑道上（或助跑道上）试跑，确定适合的步数，然后丈量出助跑距离，移到助跑道上，经反复练习调试确定下来。

助跑的起步有两种方法：第一种，从行进中开始，先走或慢跑几步到助跑标志线，开始正式助跑，这样比较放松、自然；第二种，从静止状态开始，两脚前后站立，以“站立式”起跑的姿势开始助跑，这样有利于助跑的准确性。

助跑的加速方式也有两种：第一种，积极加速的方式，助跑开始后就以较快的频率，依赖步长的增加提高速度，强调积极的摆臂和有力后蹬，虽然这种方法能迅速发挥速度，但是容易造成动作紧张；第二种，逐渐加速的方式，开始助跑后在逐渐增加步长的基础上，提高两腿交换的频率，以这种方式在加速过程中速度的增加比较均匀，助跑距离稍长。

助跑开始的几步，身体前倾较大，脚着地点离身体重心投影点较近，两腿的蹬、摆和两臂的摆动积极有力。然后上体逐渐抬起，跑的技术与短跑的途中跑相似。不同的是，腿的摆动较短跑高，脚着地点距身体重心投影点较短跑稍近，节奏更强。助跑的最后几步要更积极，保持较大的动作幅度和较快的步频。最后一两步时，上体保持正直，两臂处于较高位置，促使身体重心平稳地向前运动。最后一步由于加快起跳腿的放腿动作，步长比最后第二步稍短，这有利于快速有力地起跳。

2. 起跳

起跳是为了改变身体重心向前运动的趋势，使它按适宜的角度向空中腾起。

助跑的最后一步，摆动腿积极蹬地，起跳腿向前上摆的幅度较小，大腿积极快速下压着板。着板时，起跳腿几乎是伸直的，以脚跟先触板，并迅速转为全脚掌支撑，此时上体保持正直。快速助跑的水平速度所产生的惯性力和身体的重力作用，迫使起跳腿髋、膝、踝三个关节很快弯曲缓冲，起跳脚迅速转为全脚掌支撑，使身体迅速前移至起跳腿支撑点的上方，这时，立即快速有力地蹬直髋、膝、踝三个关节，摆动腿折叠，积极配合向前上方摆出，同时两臂做相应的提摆动作，起跳腿一侧的臂屈肘向前上方摆，摆动腿一侧的臂屈肘向后上方并稍外展摆动。为了使起跳力量更加集中，在蹬地时要顶头、提肩、挺胸、拔腰，摆动动作要做到蹬摆一致。当两臂的肘部摆至与肩接近水平时，两臂和摆动腿的动作“突停”，这种“突停”动作能使向上摆动的惯性力作用到躯干上，增大身体上升的力量，以有效地完成起跳动作。

3. 腾空

腾空的任务是保持身体的平衡，推迟着地的时间和为落地创造有利条件。起跳离地后，上体保持正直，起跳腿伸直仍留体后，摆动腿高抬，小腿自然下垂成“跨步”姿势，这一姿势通常称为“腾空步”。腾空步以后的空中动作可以分为蹲踞式、挺身式和走步式三种姿势。

（1）蹲踞式。起跳腾空后，保持腾空步的时间较长。当腾空到最高点时，留在后面的起跳腿屈膝向前上方的摆动腿靠拢。然后两腿一起上举，使膝接近胸部，在空中形成蹲踞的姿势（图 6-9）。这时，上体和头应保持正直姿势。当身体将要落地时，两臂由前向后摆动，借高举大腿的惯性，小腿积极向

图 6-9

前远伸，准备落地。蹲踞式跳远的动作简单易学，适合初学者采用，但由于采用蹲踞式姿势时身体长度短，稳定性差，起跳后容易产生前旋，因而往往影响落地的远度。

（2）挺身式。完成腾空步后，摆动腿大腿自然下放，膝关节放松，小腿以脚跟领先后摆向起跳腿靠拢，展髋使髋部前送并挺胸，两臂随之下落，身体形成反“弓”形。然后屈膝收腹举腿，前伸小腿，上体前倾，两臂配合上举前摆，准备落地。挺身式跳远因在空中有个“挺身”姿势，拉长体前肌肉，加大前旋半径，所以能有效地维持身体平衡，也有利于收腹举腿，更好地完成落地动作。但助跑起跳和空中动作不易衔接。

（3）走步式。腾空步后，以髋为轴开始下放摆动腿，同时起跳腿屈膝高抬，髋部随着两腿交换而扭转，肩轴向反方向转动，带动两臂做相应的环摆动作。在空中完成一个自然的换步动作，形成起跳腿在前、摆动腿在后的“跨步”姿势，随后摆动腿迅速屈膝前摆向起跳腿靠拢，并向前伸出小腿，两臂摆至体前，上体前倾准备落地，完成两步半的走步动作。走步式跳远能把助跑、起跳、空中动作自然地衔接起来，有利于发挥助跑速度和进行快速有力的起跳，提高踏跳的效果。由于在空中有换步和两臂的“环摆”动作，因此有利于维持身体平衡，更有利于落地动作的完成，但要求有一定的腾空高度和较长的腾空时间，从而完成比较复杂的走步式动作。

4. 落地

正确的落地技术是为了尽可能推迟脚着地的时间，增加远度，使身体顺利移过支撑点，安全着地。落地前屈膝，大腿高举靠近胸部，然后小腿前伸并勾起脚尖，两臂后摆。当脚跟接触沙面后，屈膝缓冲，髋前移，两臂由后向前摆出，使身体重心迅速移过落点，完成落地。

（二）跳远练习

（1）原地做起跳的模仿练习。

（2）在跑道上助跑 3～5 步连续做起跳和腾空步练习。

（3）助跑 4～8 步起跳或“腾空步”后，起跳腿向前与摆动腿靠拢，然后双脚落地。

（4）原地做空中动作模仿练习。

（5）从高物上以蹲踞式（或挺身式、走步式）跳入沙坑，体会跳远的空中动作。

（6）做助跑 4～8 步的跳远练习。

（7）反复进行全程助跑起跳练习。

（8）做全程助跑跳远完整技术练习。

跳远的动作形式虽然简单，但技术性很强，对身体素质的要求也较高，在练习时应注意以下两点。

第一，助跑和起跳及二者的衔接是跳远的关键技术，应重点练习。练习初期，为了便于掌握动作，可适当缩短助跑距离（6～8 步助跑），降低助跑速度。随着技术的掌握，逐渐提高助跑速度，以增加练习的难度。

第二，在练习过程中，要求不断提高身体素质，重点发展速度和弹跳力。立定跳远是发展弹跳力的一个有效练习。立定跳远又称原地跳远，是《国家学生体质健康标准》的测验项目之一。它的动作要领是：两脚平行开立，约同肩宽，提踵，用前脚掌着地，双臂上举过头，整个身体向上伸展；然后双臂由上向前、向下、向后快速摆动，两腿屈膝下蹲，身体犹如压紧的弹簧；大、小腿屈至约 90°时，迅速充分蹬伸下肢髋、膝、踝三个关节

(这时蹬伸用力的方向是向身体的后下方)；同时两臂快速用力向前上方振摆，使身体向前腾起，身体充分伸展开，为落地创造有利条件；当身体到达最高点后，迅速屈膝收腹举腿(膝向胸部靠拢)，两臂向前下摆与下肢形成相向运动；然后小腿前伸，脚跟接触沙面后，脚掌立即下压，屈膝缓冲前跪，使身体重心迅速移过支撑点，落地。

二、三级跳远

三级跳远是在助跑后沿直线连续进行三次跳跃的一项运动。它要求运动员有快速的助跑速度、良好的弹跳力及强有力的腿部力量。

三级跳远的第一跳由起跳腿起跳，并用起跳腿落地，称为“单足跳”；第二跳仍用起跳腿起跳，但用摆动腿落地，称为“跨步跳”；第三跳用摆动腿起跳，然后双脚落入沙坑，称为“跳跃”。它是一个完整的统一体，是由连续、有节奏的三次跳跃组成的。

三级跳远的成绩取决于由助跑获得的水平速度和起跳产生的垂直速度，以及每一跳的动作质量、身体平衡能力和三跳比例等。尽量减少三级跳远过程中水平速度的损失，并获得合理的垂直速度。

(一) 三级跳远技术

1. 助跑

三级跳远的助跑与跳远基本相似，不同之处是助跑最后几步无明显变化，身体重心较高，上体前倾角度较跳远大些，踏跳点更靠近身体重心投影点。

2. 第一跳 (单足跳)

第一跳要用有力的腿起跳，起跳后经过空中交换腿的动作，再用它落地，完成一个单足跳动作。这一跳不仅要达到一定的远度，还要将较大的水平速度保持到后两跳中去，因此，第一跳的腾空轨迹应较平，对初学者来说更应如此。

为了完成低而平的第一跳，起跳腿的放脚是在摆动腿强有力的后蹬推髋快速前移的情况下快速有力地踏板。正确的放脚技术是：起跳腿的大腿带髋，并适当高抬膝关节放松前引，大腿下压踏上起跳板，上体稍前倾，着地点比跳远更接近重心投影点，使身体重心快速前移，这时由于摆动腿蹬地后充分折叠，带动髋向前上方（重心快速前移），迫使起跳腿自然弯曲。这是起跳前放脚后短暂的缓冲支撑阶段。放脚后立即蹬伸髋、膝、踝三个关节，蹬伸动作不仅仅是一条支撑腿的动作，而是全身的统一行动，两臂和摆动腿积极配合，以此来维持身体平衡及增加起跳力量。这一跳的蹬地角度为 60° ~ 65°，身体重心腾起角度为 14° ~ 18°。

起跳结束后，不要急于做空中动作，而要将腾空步做充分。再开始做换腿动作：摆动腿放松，自上而下地向后弧形摆动，起跳腿屈膝向前上方提摆，大、小腿折叠收紧，使足跟靠近臀部；此时上体稍前倾，两臂协调，配合两腿由体前下方向体侧后方摆动，以维持身体平衡；空中交换腿后做扒地准备。

扒地式落地时大腿快速下压，小腿自然前伸，起跳腿做向前、向下、向后的弧形鞭打动作，脚落地点尽量靠近身体重心投影点，同时迅速缓冲，身体重心快速前移。

3. 第二跳 (跨步跳)

第二跳的起跳必须与第一跳一样，用同一条腿完成。因为身体从高处下落着地，产生很大的冲击力，所以增加了第二跳的难度。

经过第一跳，向前的水平速度有所下降，因此，应力求向前上方跳。摆动腿和双臂摆动配合起跳腿的快速蹬伸动作，做大幅度有力的前上摆。当身体处于第二跳抛物线的后半段时，两臂后摆，上臂外张并向后下方摆动，同时，向前上方摆动的大腿仍急速上提。在身体后面的起跳腿屈小腿向后摆动，使两大腿间的夹角达到最大程度，形成跨步姿势。为避免落地时产生的冲击力而造成过分缓冲，膝、踝和大腿、小腿后群肌肉要保持适度的紧张，脚尖稍勾起，做积极的扒地式落地。落地时，几乎是伸直腿用全脚掌加速着地，髋部上提前移，上体保持正直。落地点距身体重心投影点为 50 ~ 60 cm。这一跳的蹬地角为 60°，腾空的高度较低，腾起角也最小，为 12° ~ 15°。

第二跳中身体的平衡也很重要，它主要通过头部、上体、摆动腿、两臂的摆动来调整。

4. 第三跳（跳跃）

通过前两跳，助跑所获得的向前水平速度已明显下降。在第三跳中，应在充分利用已降低了的水平速度的前提下努力向前上方跳，靠增加垂直速度来弥补水平速度的不足，以获得一个较高的腾空轨迹，从而保证第三跳取得最大远度。

跳跃技术几乎与短距离助跑跳远技术相同。第二跳落地缓冲后，支撑腿迅速蹬伸，摆动腿积极前摆，两臂配合同时上摆，形成跳远腾空姿势。空中动作采用蹲踞式、挺身式、走步式均可。三级跳远的完整技术见图 6-10。

图 6-10

（二）三级跳远节奏——三跳比例

在运动实践中，虽然有各种各样的三跳远度的比例关系，但对初学者来说，第一跳不宜强调过高过远。三级跳远的技术演变表明，现代三级跳远技术的发展趋势是适当减小第一跳远度，加大第三跳的远度，其实质是更好地利用助跑速度，减小前两跳中的制动作用，以获得快而连贯的跳跃动作和又高又远的第三跳。

三、跳高

跳高是田径运动中越过垂直障碍的跳跃项目。它是由助跑、起跳、过杆和落地四个部分组成的。这四个部分的动作是互相影响、紧密衔接的统一整体。跳高技术由最初的双腿屈膝跳过横杆演变到跨越式、剪式、俯卧式和背越式。目前公认俯卧式和背越式较为合理。

（一）俯卧式跳高技术

人体助跑起跳后成俯卧姿势越过横杆的动作叫作俯卧式跳高。由于身体在杆上成俯卧姿势，大大缩短了身体重心与横杆的距离，能充分利用身体重心腾起的高度，达到较好的效果。

1. 助跑

俯卧式跳高的助跑从起跳腿靠近横杆的一侧开始，与横杆成 25° ~ 45°角，起跳点与横杆投影线的距离一般是 60～80 cm。一般助跑 8～10 步。

助跑前 3～4 步应保持高重心、放松而自然，动作幅度逐渐加大，摆动腿屈膝前摆，支撑腿充分后蹬，上体保持适当前倾，两臂自然配合腿的动作，步长逐渐增加，节奏要鲜明。后 4 步的步幅按中—中—大—小的规律变化，身体重心低而平稳，大腿带动小腿积极前摆，上体保持正直，两臂配合腿的动作协调摆动。

助跑倒数第二步的步幅最长，重心最低，是助跑的重要阶段。这时上体稍向后仰，起跳腿做好前伸准备。

助跑的最后一步是后三步中最小的。这样可使上体迅速前移和向前送髋，减少助跑速度的损失，加快起跳速度。放起跳腿时，起跳腿异侧臂不再前摆，与起跳腿同侧臂一起留在体后，做好双臂同时上摆的准备动作。

助跑距离的测定一般用走步测定法和反跑测定法。

（1）走步测定法：从起跳点开始沿确定好的助跑路线，向反方向走，走的步数是助跑步数的 2 倍减 2，然后反复助跑调整。

（2）反跑测定法：从起跳点按自己选定的起动方式、角度、步数、速度和节奏等，向助跑的反方向跑，最后一步落点就是助跑点，然后向横杆方向反复调整检查，最后确定助跑点。

2. 起跳

起跳的任务是充分利用助跑的水平速度，使人体获得最大的腾空高度，为过杆创造有利条件。起跳是从助跑的最后一步，摆动腿成垂直支撑开始，到起跳腿蹬离地面瞬间为止。起跳点离横杆投影面为 60～90 cm。

（1）起跳腿迈步放脚。起跳腿由后向前迈出时，在身体垂直面前，以髋带动大腿，以大腿带动小腿，髋、膝关节弯曲，脚尖勾起，脚跟尽量接近地面向前伸出，刚着地时起跳腿几乎是直直地伸在身体前方的，摆动腿远远地落在身体后面，双臂也摆向体后方，这样就与上体形成反“弓”形，为强有力的摆动做好充分准备，肩、髋和脚呈一条后倾的斜线。起跳腿的迈步放脚要快而有力，形成起跳腿超越摆动腿的状态。腿部的动作要超过上体的移动，形成起跳中的后仰姿势，但不能用上体减速或后倒而故意后仰。

（2）缓冲。起跳腿放脚之后，摆动腿积极地蹬摆，使起跳腿的膝、踝关节被迫弯曲，但髋关节要挺直，这时由于屈膝缓冲动作和膝关节的向前弯曲（一般为 135°～140°），全身形成了“S”形，如压紧的弹簧，这就为起跳的最后一个动作“蹬地”和全身伸直准备好了条件。

（3）蹬伸。迅速蹬直起跳腿的髋、膝、踝关节，这是在摆动腿和两臂快速摆动的配合下完成的。开始摆腿时，髋关节挺直，大腿带动小腿，膝关节弯曲，脚尖勾起。当摆动腿刚超过身体垂直面时，小腿主动向上甩摆，直腿向前上方猛力摆起，同时拔腰、提肩，起跳腿做蹬伸起跳动作。当摆动腿摆到最高点时，起跳腿充分蹬直，完成蹬摆动作，使身体离地腾起。

摆腿有两种形式，即直摆和屈摆。直摆的优点是摆动半径长、幅度大、力量大，起跳效果好，身体重心提得更高，有助于身体围绕纵轴旋转；缺点是摆动速度慢。屈摆的速度快，但力量小。

臂的摆动也有单臂摆、双臂摆两种。以双臂摆为好，即在起跳前两臂留在身后，肘关节稍屈并向外展，然后在摆动腿的同时向前上方摆起。远离横杆的臂摆速较快，并带动同侧肩向上抬起，同时摆到相应高度时突然制动，这一制动产生一股动量惯性，使躯干获得向上的冲力，从而增强起跳的效果。

3. 过杆和落地

过杆的任务是快速顺利地越过横杆和安全落地。起跳结束转入腾空时，要保持起跳结束时的正确姿势。起跳腾起至横杆并达到或接近重心最高点时，向上向前的摆动腿顺势前伸内旋，同侧臂配合摆动腿动作也前伸内旋，肩向内扣。蹬离地面的起跳腿积极屈膝上收小腿，两臂靠近躯干使身体在横杆上成俯卧姿势。这样做可缩短转动半径，加快转动的速度。这时摆动腿继续前伸内旋，头过杆后向横杆下转动，下颌内收。起跳腿以髋关节和脚后跟为固定点，屈膝外展使身体继续绕横杆转过去，过杆后的摆动腿与同侧臂同时着地，屈膝、屈肘、侧卧，缓冲落地，垫有海绵包时也可背部着垫。俯卧式跳高完整技术见图 6-11。

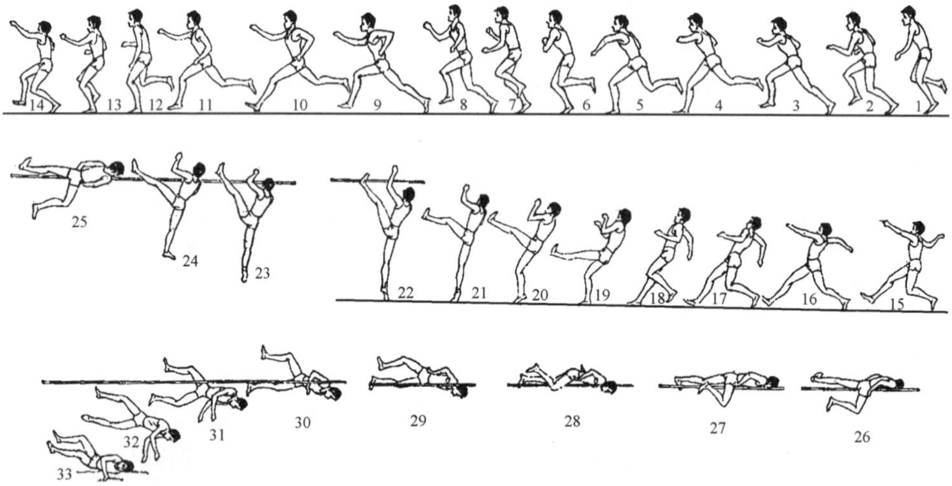

图 6-11

（二）背越式跳高技术

人体助跑起跳后背对横杆并腾越过杆的动作叫作背越式跳高。这种跳法为目前大多数优秀运动员所采用。它的优点在于能更充分地利用水平速度使身体向上腾起，并能合理地利用腾起高度做过杆动作。

1. 助跑

背越式跳高从摆动腿一侧开始助跑。采用弧线助跑，共分两段。前一段跑直线，后一段（最后四步）跑弧线，共跑 8 ~ 10 步。起跑点和起跳点的连线与横杆的夹角为 70° ~ 80°（图 6-12）。

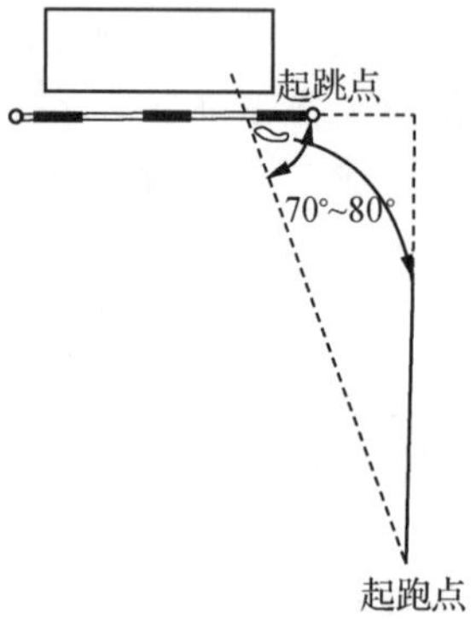

图 6-12

直线助跑段的技术与普通加速跑相似，逐渐增加速度。转入弧线段助跑时，由于离心力的作用，身体应向圆心方向倾斜，跑的动作与普通弯道跑相似，但身体重心要高而平稳，上下起伏不大，后蹬角度小些，向前迈步时起跳腿不要高抬，而是以膝向前带动同侧腿迅速前移。

人体沿弧线跑时，由于身体向圆心倾斜，因此人体总重心不在体内而在体外，这就使得身体重心轨迹线与足迹线不相吻合（图6-13），也就自然而然地下降了身体重心，给快速有力地踏跳提供了有利条件。另外，由于跑弧线时身体向圆心倾斜，在起跳时身体必须由倾斜转为垂直，使重心轨迹与足迹线在起跳点处重合，使起跳的垂直冲量通过身体重心，有利于取得垂直向上的效果；同时，人体必须以起跳脚为支点，向横杆方向做沿身体“纵轴”旋转的动作，因而在起跳时增加了角速度，为起跳后的过杆创造了有利条件。

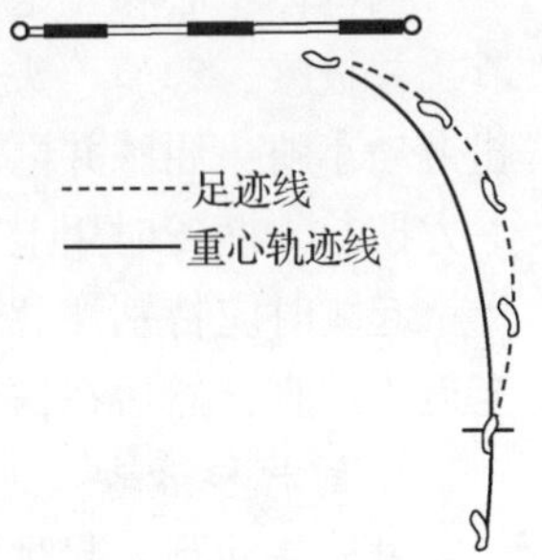

图6-13

在直线助跑转入弧线跑时要特别注意身体的转变要自然，动作要连贯、衔接，不要有停顿和减速。进入弧线跑时身体应向内倾斜，内侧肩低于外侧肩，肩、髋、脚三点成一直线，与地面成20°～25°角，内侧臂的摆动低于外侧臂的摆动。身体向圆心倾斜度的大小与助跑速度有关，速度越快，倾斜度越大；反之，越小。

背越式跳高助跑具有快而积极、节奏性强且清晰的特点。在助跑中，随着步数的不断增加，助跑速度和节奏也要逐渐加快和加强，向横杆进攻的欲望和意识同时也要加强。

助跑路线一般有弧度较大、近似于直线但略有弧度和先直线后弧线三种形式。

助跑起动一般是用先走几步然后再跑的方法，这样跑起来放松而不紧张，能提前发挥初速，从而整个助跑的速度就会更快。

丈量助跑步点的方法有两种：

（1）先确定起跳点。起跳点的位置一般在离近侧跳高架的立杆1 m处左右，离横杆投影线60～80 cm。由起跳点沿横杆的平行方向向前自然走5步，再向右（右脚起跳则方向相反）转成直角向前自然走6步做一标志，由此点向起跳点沿约5 m的半径画弧，此段弧即是最后四步的助跑弧线，从标志点再向前走7步画起跑点，作为直跑段的距离（图6-14）。

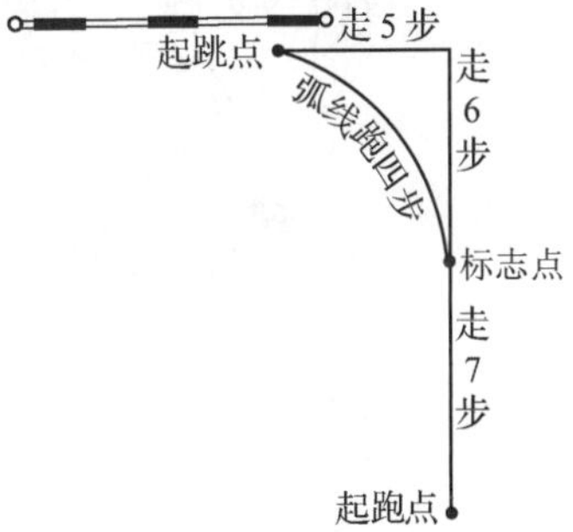

图6-14

（2）移动跑步法。在跑道上按预先确定的弧线跑，将起跳点固定下来，反复跑几次并做起跳动作，用皮尺量出尺寸，再移到跳高助跑道上即可。

2. 起跳

背越式起跳是从助跑的最后一步摆动腿成垂直支撑开始，到起跳腿蹬离地面的瞬间为止。

当助跑倒数第二步结束，摆动腿支撑地面时，膝关节紧张，起跳腿小腿收紧，保持弧线助跑的身体向内倾斜，摆动腿迅速有力地后蹬，推动身体快速前移，起跳腿迅速以髋关节带动大腿积极向前迈腿放脚，起跳脚顺弧线的切线方向踏上起跳点，脚跟先着地，很快过渡到前脚掌着地，重心和上体在放脚的同时紧跟起跳腿，放脚后并紧紧压住起跳腿。起跳腿在重心和上体的压力下，自然弯曲髋、膝、踝三个关节，形成了自然的缓冲。在水平速度和身体重力的作用下，起跳腿屈膝缓冲，同侧髋尽量挺直。此时摆动腿迅速以髋带动大腿摆到起跳腿旁稍高，身体由倾斜转为垂直（身体重心轨迹与足迹重合），为最后用力蹬伸做好准备。

当身体重心移至起跳腿的上方时，迅速有力地充分蹬直起跳腿的髋、膝、踝三个关节，并拔腰、耸肩、头上顶，同时摆动腿及时配合起跳腿的蹬伸动作，以髋带动大腿，大腿带动小腿，屈膝并内扣向前上方摆动。在摆腿的同时，两臂同时或交替迅速有力地向前上方摆起。摆臂时用上臂带动前臂、胸、肩，肘内扣。

起跳时应特别注意转体的时间。起跳瞬间，脚尖离地前不应主动转体，身体保持内倾至迈步放脚，然后在快速的起跳过程中使身体由内倾转为垂直。

3. 过杆和落地

过杆是助跑、起跳的延续。腾空的目的是使身体的各个部位依次越过横杆。背越式跳高过杆是自上而下地依次过杆，也就是身体的横轴沿着横杆旋转过杆。由于起跳时，摆动腿向异侧肩前上方积极摆动并内扣，使身体腾空后向上“旋起”，在腾空过程中，身体逐渐转为背对横杆姿势。当身体腾空到最高点时，两臂积极后引，抬臀挺髋，胸部充分展开，小腿放松，自然弯曲，身体形成反屈的背弓姿势，背部与横杆呈正交叉状态仰卧在横杆上。挺髋动作一直延续到臀部移过横杆，然后收腹，两臂收至体侧。当双膝靠近横杆时，两小腿积极向上甩起成两腿伸直，整个身体成“L”形下落，最后下颌内收，低头，以肩背领先落地。背越式跳高完整技术见图 6-15。

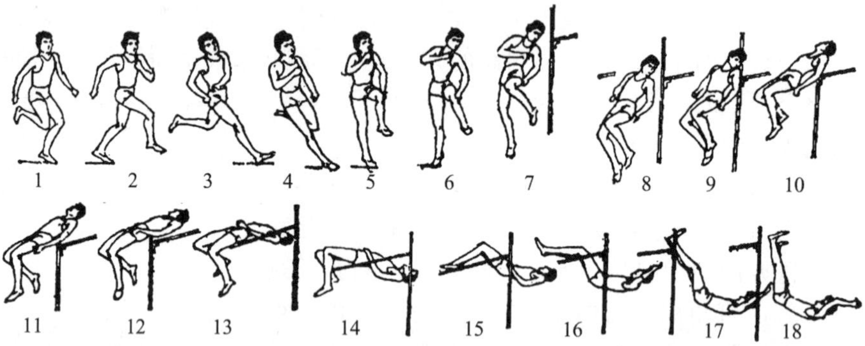

图 6-15

（三）跳高练习

由于各种跳高的姿势不同，因此练习上也有各自的方法。

1. 俯卧式跳高练习

（1）原地摆腿。起跳腿一侧对着肋木（树干、立柱等支撑物）站立，同侧手扶住肋木，进行摆腿练习。

（2）上步摆动。在走动中，上一步进行摆腿练习。

（3）迈一步摆腿。两脚前后自然开立，摆动腿在前，起跳腿向前迈出，两臂留在体后，骨盆向前送，大腿带动小腿向前伸出，以脚跟先接触地面，迅速滚动至全脚掌，同时摆动腿快速以髋带动大腿向前摆动。

（4）迈一步起跳。摆动腿在前，屈膝向前跪压，骨盆向前移动，同时起跳腿向前迈步，当起跳脚着地并向前滚动时，摆动腿和双臂由后向前上方快速摆动，起跳腿用力蹬地完成起跳动作。

（5）走动中做迈步起跳练习。

(6) 在跑的过程中做向上起跳的练习。

(7) 助跑4步起跳后，摆动腿用脚触吊球或树枝、高横杆等。

(8) 侧面助跑起跳后，骑上跳高练习架、跳箱、跳马等。练习时注意保护。

(9) 两手撑地，起跳腿向上收并屈膝，随之将膝向侧上方翻转。此练习也可俯卧在跳马上进行。

(10) 利用斜插在地上的标枪或竹竿做过杆的模仿练习。

(11) 侧面助跑4～6步，直体过杆，转体180°，摆动腿落地。

(12) 侧面助跑4步，跳斜放的横杆（起跳一端高）。

(13) 侧面走或跑，摆动腿上跳马或跳箱、跳高练习架，成俯卧姿势，起跳腿屈膝向上收并向外翻转，身体从器械上落下来，摆动腿或同侧臂先着地。落地点要有沙子或垫子，以免人受伤。

(14) 助跑4～6步做完整的过杆练习。

(15) 全程助跑做完整的过杆练习。

2. 背越式跳高练习

(1) 仰卧在垫子上，两肩和两脚撑地，做向上抬臀、挺髋的动作。

(2) 做“桥”的练习。

(3) 背对垫子站立，然后提脚跟、挺髋、仰头、挺胸、肩向后引，倒落在垫子上。

(4) 背对垫子站立，双臂置于体侧，双脚起跳后，展腹挺髋，向后引肩，以肩和背部先于其他部位落于垫上。

(5) 侧对横杆或肋木站立，起跳腿向前迈步放脚，接着上体前移，摆动腿屈膝上摆成起跳腿支撑，体重移到支撑腿上。

(6) 侧向站立，摆动腿同侧手扶支撑物，做摆腿、送髋和起跳腿蹬伸的练习。

(7) 沿直径10～15 m的圆圈均匀加速跑，每隔4步向上起跳一次。

(8) 弧线助跑起跳后，用头触高物（树枝、篮网、吊球等）。

(9) 弧线助跑后在高横杆旁起跳。

(10) 弧线助跑后背越式跳上垫子。

(11) 弧线助跑后背越式过低杆。

(12) 全程助跑后背越式过杆。

第四节　投　　掷

投掷是人类的基本活动技能之一，它在田径运动中占有重要地位。投掷的项目有铅球、铁饼、标枪、链球等。各投掷项目使用的器械在构造、形状、重量和规则等方面都不一样，因此投掷的方法也各不相同。下面主要介绍推铅球的基本技术。

一、推铅球

推铅球是在直径为2. 135 m的投掷圈内，通过滑步或旋转的助跑形式，结合最后用力将球推到限定的投掷区内的一项非周期性运动。推铅球的远度取决于出手的初速度、出手的角度和出手高度三个因素。因此，推铅球必须符合力学的原理。

1. 握球和持球

图 6-16

五指自然分开，把球放在食指、中指和无名指的指根上，大拇指和小指自然地扶在球的两侧。铅球的重量大部分在食指、中指之间，手腕背屈。如果手指和手腕力量较强，可把球适当地向手指处放置，以便推球时发挥手指力量和增加投掷臂杠杆的长度。握球以后，将球放在肩上锁骨窝处，紧贴颈部，掌心向前，右臂屈肘，略低于肩，臂自然放松，控制好球（图 6-16）。

2. 预备姿势

图 6-17

预备姿势是滑步前的准备动作，其任务是要保持身体平衡，有利于协调进入滑步。持球后，背对投球方向，站在圈内后沿处，两脚前后开立。右腿在后并伸直，脚尖贴近内沿；左腿向投掷方向伸出，脚尖着地，上体正直放松，左臂微屈上举，两眼注视前下方（图 6-17）。

3. 滑步

滑步是推铅球技术中一个特殊形式的助跑，其目的是使铅球在最后用力之前获得一定的预先速度，并为最后用力创造良好的条件。滑步动作的好坏对推铅球的成绩有很大关系。实践证明，原地推铅球和滑步推铅球的成绩相差 1.5～2.5 m，其差值可作为衡量滑步技术好坏的标准。

滑步前不做预摆。完成好预备姿势以后，上体前屈，约与地面接近平行，左臂前伸并稍向内转，手心朝外，右腿逐渐屈膝，降低重心，同时左腿向上抬起至离地 10 cm，左腿弯曲，左膝靠近右腿，完成团身动作（图 6-18 之 1～4），随后臀部稍向投掷方向移动，身体重心移离支撑点，左脚以大腿带动，快速向抵趾板方向摆出（图 6-18 之 5～7），同时右腿积极蹬伸，身体快速而平衡地朝投掷方向运动（图 6-18 之 8～9）。

滑步过程中，头部应保持原来的姿势，视线落在前下方，左肩内扣。滑步结束后，身体重心保持在屈膝半蹲的右腿上，铅球投影点在右脚掌的外侧（图 6-18 之 10）。

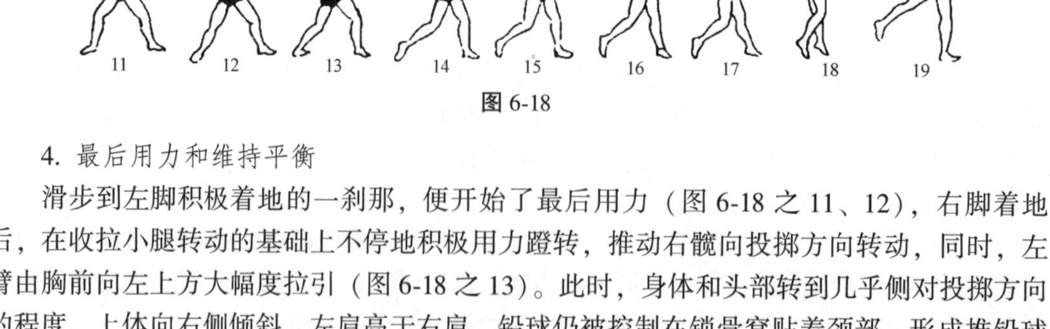

图 6-18

4. 最后用力和维持平衡

滑步到左脚积极着地的一刹那，便开始了最后用力（图 6-18 之 11、12），右脚着地后，在收拉小腿转动的基础上不停地积极用力蹬转，推动右髋向投掷方向转动，同时，左臂由胸前向左上方大幅度拉引（图 6-18 之 13）。此时，身体和头部转到几乎侧对投掷方向的程度，上体向右侧倾斜，左肩高于右肩，铅球仍被控制在锁骨窝贴着颈部，形成推铅球前最有利的姿势。在右腿继续用力蹬转的情况下，头和胸部转向投掷方向，体重移至左腿，左腿微屈压紧支撑，右肘随上体逐渐抬起，胸部充分向前挺起，头稍后仰（图 6-18 之 14、15），左臂从上拉向体侧制动，左腿用力蹬伸，形成良好的左侧支撑。左腿伸直的同时，右臂以最快的速度推球出手，出手角度一般为 38° ~ 42°。

球离手后，为了缓冲向前的冲力，避免犯规，应立即换腿，降低重心，维持身体平衡（图 6-18 之 16 ~ 19）。最后用力可概括为：左撑—右蹬—转髋—挺胸—抬头—送肩—伸臂—屈腕—拨指。推铅球完整技术见图 6-18。

二、推铅球练习

（1）做好握球动作，两手心相对在体前，右手持球向左手方向推拨球，反复进行。

（2）前屈体，左手持球，右手向下推拨球。

（3）掷实心球。掷实心球是一种很好的身体训练手段，可通过不同的抛传、接球和持球跳跃等练习，加强各关节的灵活性和发展灵敏性、协调性，增强上肢、肩带、躯干和腿部肌肉群的力量。掷实心球已在各高等学校中得到普遍的开展。

掷实心球的技术要领是：两脚前后或左右开立，约与肩同宽，两腿稍屈膝，双手持球的侧后方于体前，两臂自然上举，向头上方摆动，速度逐渐加快（不宜太快），头稍抬起，上体稍后仰，然后积极向前送髋、挺胸、振臂，快速把球向前上方掷出。还可以做半蹲双手胸前推球、双手持球上步前抛、单手正面肩上推球、双手持球上步转体肩上侧向推球等练习。掷实心球练习可以帮助学生体会合理的用力顺序和全身协调发力的要领。

（4）侧向、背向原地推轻铅球。

（5）徒手摆、蹬练习。左腿以大腿带动向抵趾板方向摆出，右腿用力蹬伸，推动身体向投掷方向移动，但右腿不离地、不收腿，上体保持右侧屈或前屈。

（6）收拉右小腿练习。摆、蹬后两腿左右或前后开立，上体侧屈或前屈，迅速收拉右小腿至身体重心下方负担体重。重心起伏要小，形成最后用力前的姿势。

（7）先滑步推轻铅球，再逐步过渡到推标准铅球。

思考题

1. 短跑的练习方法有哪些？
2. 简述中长跑的呼吸节奏和方法。
3. 简述跳远、跳高及掷铅球的技术要领。

第七章 篮球运动

第一节 篮球运动概述

一、篮球运动的起源与发展

（一）世界篮球运动的起源与发展

篮球运动既是一项综合性的体育活动，又是一个现代竞技体育的运动项目。作为体育活动，它是一种人们喜闻乐见的全民健身活动的手段，具有活跃身心和健身强体的功能；作为竞技体育运动，它通过强者间的对抗与拼搏，能显示生命的活力，激励人们树立顽强的意志、勇敢的作风、集体主义精神及克服困难、自强不息、为国争光、去夺取胜利的信念。

现代篮球运动起源于 1891 年，是由美国马萨诸塞州的斯普林菲尔德市基督教青年会训练学校体育教师詹姆斯·奈史密斯博士发明的一项体育活动。

篮球运动的兴起和发展进程很快，在不到三个月的时间里，以惊人的速度普及到美国各个地区。1904 年，在第 3 届奥运会上，篮球第一次作为表演赛亮相。1908 年，美国制定了全国统一的篮球比赛规则。1932 年，阿根廷、希腊、意大利等八国篮球协会的代表在瑞士日内瓦召开第一次国际篮球会议，成立了国际业余篮球联合会，制定了世界统一的篮球比赛规则。经过多年的发展，国际业余篮球联合会已发展成为一个国际性的篮球运动组织，由世界各国的篮球协会组成，总部设于瑞士尼永。国际业余篮球联合会负责制定国际篮球球例、制定篮球比赛用的篮球场和篮球规格（如篮球筐的高度，篮球场的长度，禁区的大小，三分线的距离和比赛用球等）、控制球员的调动、任命可以在国际篮球比赛执法的裁判和举办大型篮球比赛。1989 年开始其分为五个地区委员会，专责处理该地区篮球事务，五个地区委员会包括：非洲地区委员会、美洲地区委员会、亚洲地区委员会、欧洲地区委员会和大洋洲地区委员会。

1936 年，男子篮球被列入奥运会正式比赛项目。1948 年，国际业余篮球联合会决定从 1950 年开始，每四年举行一届世界男子篮球锦标赛。1952 年，国际业余篮球联合会决定从 1953 年开始，每四年举行一届世界女子篮球锦标赛。世界各大洲也先后成立了业余篮球联合会，开展各种形式的篮球竞赛活动。1976 年，女子篮球在第 21 届奥运会上被列为正式比赛项目。1984 年，国际业余篮球联合会把“业余”两字取消，改成国际篮球联合会（以下简称“国际篮联”）。1989 年，又通过了职业球员可以参加世界性篮球比赛的决议，这一重大改革把篮球运动推向了一个新的历史发展阶段。从 1992 年第 25 届巴塞罗那奥运会开始，以美国“梦之队”为代表的职业球员，以精湛的球技、高超的技术和绝对的优势力挫群雄，这无疑把世界篮球运动推向新阶段。2012 年 1 月 28 日，国际篮联宣布世界男子篮球锦标赛更名为篮球世界杯。国际篮联篮球世界杯是国际篮联主办的世界最高水平的篮球赛事，每四年举办一次。新时期篮球运动，“高”“快”“全”“准”“变”的含义将更富有新意并相互间融为一体，从而使人感觉篮球竞赛的球场越来越小，竞赛的时间越来越短，篮架越来越低，篮圈越觉越大，球场变化越来越快，攻守队员身体接触越来越近，比分越来越高，女子与男子的对抗形式越来越难区分。

（二）我国篮球运动的发展

1895 年前后，篮球运动传入我国。1913 年，中华体育联合会将男子篮球列为正式比赛项目；1930 年，又将女子篮球列为正式比赛项目。那时候，我国篮球运动水平很低，发展也十分缓慢。

中华人民共和国成立以后，党和政府非常重视篮球运动的发展。1949 年，成立了中国篮球协会。1954 年，建立了全国联赛制度。在 1959 年全国第 1 届运动会上，篮球列为正式比赛项目。尤其从 1977 年开始，篮球运动在我国得到进一步发展，中国篮球协会在亚洲和世界业余篮球联合会中恢复了合法席位，使中断多年的中国篮球重返国际竞赛舞台，为中国篮球运动冲出亚洲、走向世界奠定了基础。我国男子篮球队曾多次获得亚洲冠军，并在奥运会上打进前 8 名的历史最好成绩。女子篮球队也曾多次获得亚洲冠军，在世界女篮锦标赛（2018 年改为女篮世界杯）上两次获得亚军，被公认为世界强队之一。从 1999 年以来，我国的王治郅、巴特尔、姚明、易建联等运动员先后登陆美国篮球职业联赛（NBA）赛场，吸引了中国乃至世界篮球爱好者的注意力。

目前，我国篮球竞赛制度已进行了重大改革，采用全国甲 A、甲 B 联赛（Chinese Basketball Association，简称 CBA），并允许每队有外籍球员参加，有力地推动了我国篮球运动的发展。中国大学生篮球联赛（Chinese University Basketball Association，简称 CUBA）一直深受大学生的关注，在 2022 年发生了重要的更名，改为 CUBAL（Chinese University Basketball Association League）。

（三）现代篮球运动的发展趋势

随着时代的发展，篮球运动作为一种全球性大众社会文化，进一步被世界各国人民认可，并迅速不断地普及、提高、创新、攀登与发展。

1. 大众性篮球活动进一步在全球普及

篮球运动将进一步普及，成为名副其实的全球性文化和全民健身强体、修德养心、娱乐观赏的工具、手段和艺术，而这种运动文化将不断深化为社会生活的特殊组成部分。

2. 学校篮球活动更加丰富多彩

以增智健身为目标的多种形式的学校篮球活动更加丰富多彩，成为活跃校园文化生活、增强师生体质、提高健身水平、陶冶情操、锻炼意志、修养人格和培养团队意识的手段。业余篮球俱乐部成为学校社团组织的一种基本形式，许多优秀运动幼苗将由此启蒙、成才。

3. 职业篮球进一步拓展，竞赛的商业性气氛更加活跃

职业性篮球俱乐部在全球范围内广泛建立，职业性竞赛的商业化行为日益在规范中完善法治化经营，逐步形成一种新兴产业。现行的国际性篮球组织形式将会有新的组合，竞赛规则、竞赛制度与方法的变革势在必行，以适应人们观赏与健身养心的需要和科技化篮球竞技运动发展的需要。

4. 篮球理论、技术、战术有新的发展和变化

训练手段更科学化，科技元素将与训练比赛实践交融结合，篮球竞技能力的提高将更具个性化、集体化、技艺化、智谋化和高科技化。

5. 世界性的篮球竞技运动水平、实力形成新格局

欧美一些国家的篮球在一个时期内虽仍处于先进水平，但各国实力将接近，排名将反复出现更迭，亚洲、大洋洲和非洲地区某些国家将向前冲击，篮球运动总体发展将朝着“智博谋高”“身高体壮”“凶悍顽强”“积极快速”“机敏多变”“全面准确”这一总趋势和不同流派风格及多种多样打法的方向发展。当前全球篮球技术打法具体可分为以下几种流派风格：美洲流派风格，它以技巧与特殊的身体体能条件相结合，形成以个体作战和几个人组合型作战为主体的打法，体现了高、快、准、巧，基础技术好，个体水平高，整体实力强，代表队为美国、巴西、智利、乌拉圭、阿根廷和加拿大等国，实力均衡；欧洲流派风格，基本打法趋向粗犷、凶悍的整体型作战，体现了高、狠、准，富于力量性，讲究整体实力，代表队为俄罗斯、南斯拉夫、立陶宛、意大利、希腊、西班牙、法国、克罗地亚等国；亚洲流派风格，基本打法是以作风、体质为基础的技巧和快、灵、准的整体型作战为主体，但受传统篮球观念、身体条件与训练水平所限，整体实力不均衡，代表队为中国、日本、韩国。

二、现代篮球运动的发展特点

现代篮球运动的发展特点表现为多层次性：职业竞技、群众业余、商业赞助等全方位发展，特别是群众性业余篮球活动开展迅猛，爱好者越来越多，3 人制篮球赛的吸引力越来越大就是一个例证。篮球运动的健身娱乐价值迅速提升。另外，现代篮球运动的商业和社会价值被逐渐关注和开发，由于参与人数多，观赏性强，引起了政府、社会和企业等的关注，来自政府及社会较大的投入极大地改善了篮球运动的环境。

现代职业竞技篮球运动将继续向“高、快、全、准、变”和女子篮球“男子化”，明星更加突出，技术和战术运用“精练化、技艺化、智谋化”的方向发展，而“高、快、全、准、变”等的含义又不断有新的变化。

（一）集体性特点

篮球运动是以两队成员相互协同攻守对抗的形式进行的，竞赛过程中只有整体的智慧和技能协同配合，发扬和谐互助的团队精神和协作风格，才能获得最佳成效。

（二）对抗性特点

1. 地面对抗

篮球运动攻守对抗竞争是在狭小的场地范围内快速、凶悍地近身进行的，获球和反获球的追击、抢夺及限制、反限制，其拼智、拼技、拼体、拼力，不但要有聪颖的智慧，还需要有强劲的体能、剽悍的作风、顽强的意志与必胜的信念。篮球运动竞争的过程即是强化这种作风、精神的过程。

2. 高空对抗

篮筐悬空 3.05 m，通过进攻与防守向对方篮筐投篮或防止对方向我方篮筐投篮是其特点。因此，篮球运动要求运动员具有特殊的制球与制空能力。

（三）时空性特点

篮球比赛是在一定的时间内围绕空间的球和篮展开的攻守对抗，运动员的时间观念、

空间意识必须强烈，并要有智慧地运用各种形式、方法和手段去争取时间，夺取空间优势，从而使比赛更具时空性特点，这也是篮球运动的特殊之处。

（四）教育性特点

从社会学的角度说，篮球运动是一项有广泛群众基础和特殊社会影响的体育项目，篮球竞赛和各种篮球活动过程中充满教育因素。现代篮球运动与科学技术进一步有机融合，加上其自身整体的特殊活动形式产生的功效，已成为社会文明进步和人们喜闻乐见的人文景观，它引发种种有趣的竞技史事和人物故事，给人以观赏、赞誉、增智，可以成为在不同人群中进行社会性人本教育的直观课程。

（五）综合性特点

篮球运动属综合性体育运动，它包含着跑、跳、投等身体活动，其本体运动的科学内容体系呈现多元化趋势，涉及社会学、人文学、军事学、生物学、科技学、管理学，以及体育学、竞技学、教育学等，有利于广大篮球运动者培养特殊的运动意识、气质、修养、品德、体能、技能和能力，达到健身强体的作用。

（六）增智性特点

现代篮球运动竞技的基础是智慧、技艺、体能和默契配合的组合，所以具有特殊的观赏性。要扬长避短、克敌制胜，除需自身的身高条件、体能素质水平、技能、意志作风等作为保障外，更需人文修养、智慧、计谋和精湛的技艺作为保障，以此调动对方。因此，从事篮球活动需要技艺上精益求精，使自己达到“艺高人胆大，胆大艺更高”的境地。同时还需要在实践中刻苦磨炼，博览群书，使自己更聪明起来。

（七）职业性特点

自20世纪中期在欧美国家率先成立职业篮球俱乐部以后，现代篮球运动随着竞技水平的提高及赛制和规则的完善、创新，在全球蓬勃发展起来，运动员的智能、体能和技术、战术水平不断和谐提高，对推动职业化进程起了新的催化作用。20世纪八九十年代，篮球职业化如雨后春笋般在美、欧、澳、亚建立起来，特别是国际奥委会同意美国NBA职业队员参加国际大赛后，全球篮球职业化已成为一种时尚的产业化趋势。

（八）商业性特点

篮球运动商业化的重要特征是篮球运动组织体制、竞赛赛制和训练管理机制的商业化气息越来越浓，以及运动员自由人地位的确立和运动技能价值观的变更，俱乐部产权的明晰，独立社会法人代表的重新认识，这一系列的变革一方面促进了世界篮球运动向更高的竞技水平发展，另一方面有力地推动了职业化篮球向商业化、产业化方向发展。这已成为21世纪世界篮球竞技运动发展的总的趋势，其社会价值和经济价值必将呈现新的景象。

第二节 篮球运动基本技术

篮球技术是篮球比赛中运动员为了进攻与防守所采用的专门动作方法的总称。它包括移动动作（指跑、跳、急停、转身等无球的动作方法）、控制支配球动作（指接球、传球、运球、投篮等有球的动作方法）和争夺球动作（指抢球、打球、断球、抢篮板球等动作方法），以及由这些动作以各种各样的组合所形成的动作体系。

一、移动

移动是队员在篮球运动中为了改变位置、方向、速度和争取高度所采用的各种脚步动作的统称。移动有走、跑、跳、转身、急停和滑步等脚步动作。要打好篮球，首先要学会各种脚步动作，要起动快、跑得快、停得牢、转身自如。移动是篮球技术的基础，也是比赛中运用最多的一项基本技术。

1. 跑

篮球场上的跑一般包括起动、变速跑、变向跑、侧身跑等。

（1）起动。起动是由静止状态变为运动状态的一种动作，是摆脱、保持或抢占有利位置的重要方法。起动时，上体和重心迅速向行进方向倾移，同时以异侧脚（或后脚）的前脚掌内侧用力蹬地，并迅速向跑动方向迈出。前两三步要短促、有力、迅速。

（2）变速跑。变速跑是队员在跑动中利用速度的变换来完成攻守任务的一种方法。加速时，上体稍向前倾，前脚掌短促有力地向后蹬地。前两三步要短小，步频要快。减速时，上体直起，步幅稍大，前脚掌用力抵地，从而降低跑速。

（3）变向跑。变向跑是队员在跑动中突然改变方向的一种方法。变向时（以从右向左变向跑为例），右脚前脚掌内侧用力蹬地，脚尖内扣，腰部扭转，重心移动，上体向左前倾，左脚向左前方跨出一小步，随即右脚向左前方跨出一大步，迅速跑动。

（4）侧身跑。侧身跑是队员在跑动时为了抢位或接球而采用的一种移动方法。跑动时，脚尖朝着跑的方向，头和上体朝着球的方向。

2. 急停

急停是队员在跑动中突然制动的一种方法，有跨步急停（又称两步急停）和跳步急停（又称一步急停）两种。

（1）跨步急停。需急停时，先一只脚向前跨出一大步，脚跟过渡到全脚掌着地，屈膝，上体稍后仰，重心后移。接着另一只脚着地，脚尖内扣，屈膝，身体稍侧转，上体微前倾，重心在两脚之间。

（2）跳步急停。需急停时，用单脚或双脚起跳，上体稍后仰，两脚全脚掌同时平行落地，两脚间距略比肩宽，屈膝，降低重心。

3. 转身

转身分为前转身和后转身两种：以一只脚为轴，另一只脚蹬地，向自己身体前跨步，使身体改变方向的叫前转身；移动脚蹬地向自己身后跨步，使身体改变方向的叫后转身。

4. 滑步

滑步是防守队员常用的移动方法，分为侧滑步、前滑步和后滑步三种。侧滑步时，两脚平行站立。前、后滑步时，两脚前后站立、屈膝。滑步时，重心在两脚之间，两臂张开，一只脚滑步落地后另一只脚紧随滑动，靠近前脚，两脚不交叉，前脚又继续滑出。

5. 后撤步

后撤步是为了保持有利防守或进攻位置，变前脚为后脚的一种移动方法。后撤时，用前脚掌内侧蹬地，上体稍后仰，两臂协调摆动，以保持身体平衡。

二、投篮

(一) 基本技术

1. 原地双手胸前投篮

双手持球于胸前，肘自然下垂，两脚前后或左右开立，膝微屈，眼睛瞄篮圈。投篮时，手臂在两脚蹬地和腰腹伸展的同时，直接向上方伸出，两手腕上翻，拇指稍用力，使球通过拇指、食指、中指端投出（图 7-1）。

2. 原地单手肩上投篮

以右手投篮为例。两脚左右或前后开立，两腿微屈，重心在两脚之间。右手五指自然分开，手心空出，右臂屈肘，翻腕，用指根以上部位持球，左手扶球左侧，置球于右臂上。投篮时，右臂随腰腹的伸展和腿的蹬伸，提肘向前上方投出，手腕前屈压腕，主要靠手指的食指、中指或无名指拨球。球出手时，手臂要随球自然送出（图 7-2）。

图 7-1

图 7-2

3. 原地跳起单手肩上投篮

持球和手臂动作同原地单手肩上投篮。投篮时，两腿屈膝，用力蹬地向上跳起，当身体上升达到最高点时，球出手投篮（图 7-3）。

4. 行进间单手肩上投篮

以右手为例，右脚向前跨出的同时接球，接着左脚跨出一小步并用力蹬地起跳，右手举球于肩上，左手扶球，腾空后，当身体接近最高点时，右臂用力向篮圈方向伸出，手腕前屈，通过食指、中指或无名指拨球（图 7-4）。

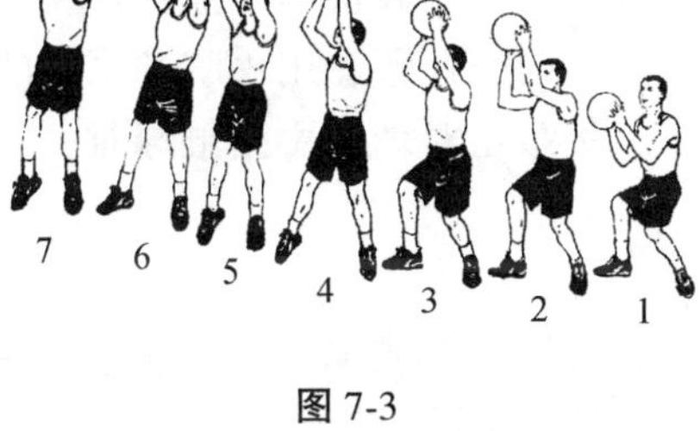

图 7-3

图 7-4

5. 行进间单手低手投篮

投篮脚步动作同行进间单手肩上投篮，右手持球，左手扶球将球托起，在身体达到最高点时，手臂向篮圈方向伸去，用手腕、手指上挑拨球，使球投向球篮（图 7-5）。

图 7-5

（二）练习方法

（1）各种投篮技术的徒手与持球模仿练习。

（2）两人或多人一组相互对投练习。

（3）不同角度、由近到远中距离投篮练习。

（4）结合运球，传、接球，急停，做跳起投篮练习。

（5）运球做行进间单手肩上投篮练习。

（6）传、接球后做行进间单手低手投篮练习。

三、传、接球

（一）基本技术

1. 双手胸前传、接球

传球时，双手持球置于胸前，五指自然分开，握球的后侧方，手心空出，两肘自然弯曲，两脚前后或左右开立［图 7-6(a)］。传球时，两臂迅速向传球方向伸出，同时用手指和翻腕力量把球传出［图 7-6(b)］。接球时，两臂伸出迎球，手指自然分开，两拇指成“八”字形，朝着来球方向［图 7-6(c)］。当手指触球时，两臂迅速随球后引到胸前，以缓冲来球。

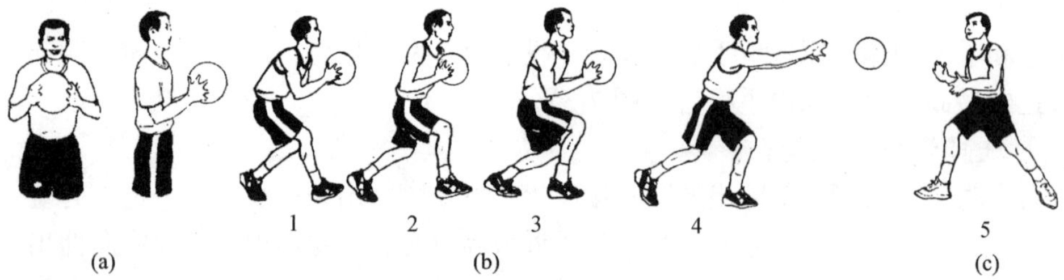

图 7-6

2. 单手传、接球

一般中远距离传球都使用单手传球。以右手传球为例，两脚前后开立，左脚在前，双手持球先置于胸前，持球向右后引，传球时利用转身，向前挥臂，用手腕和手指的力量将球传出。单手接球时，接球的手臂向来球方向伸出，手掌正对球。手指触球时，手臂顺势后引接住球，另一只手扶球。

3. 反弹传球

反弹传球又称地弹传球，多用于近距离的传球，可用双手或单手，传球落点一般在传球人和接球人 2/3 的距离处。球弹起的高度最好在接球者胸前或最方便的接球位置。

（二）练习方法

（1）传、接球徒手模仿练习。

（2）两人一组对传练习（距离由近到远）。

（3）圆圈传、接球。

（4）个人对墙传、接球。

（5）两队迎面传、接球。

（6）三队三角形传、接球。

（7）两人一组行进间传、接球。

（8）三人一组行进间“8”字形传、接球。

四、运球

（一）基本技术

1. 一般运球

运球时，五指自然分开，手心空出，用手指触球，以肩或肘关节为轴，手向下按拍球，并用手掌向上引球，至一定高度时，手腕略翻转，再向下按拍球。原地运球时，手按拍球的上方。

2. 高运球

身体重心高，运球速度快，运球高度在胸腹之间。

3. 低运球

身体重心低，运球速度快，运球高度在腰膝之间。

4. 运球急停急起

在行进间运球中，突然降低身体重心按拍球的前上方，做原地低运球；又突然起动运球加速。这是利用变换节奏摆脱防守队员的方法。

5. 体前变向运球

以右手变左手为例。右手运球，按拍球的右上方，把球拍向左侧，左手接从地面弹起的球进行运球。上体向左转，以肩挡住防守队员，并从防守队员的右侧突破。

6. 运球后转身

以右手为例。当防守队员靠近自己右侧时，以左脚为轴，右手按拍球的右侧前方，随着右脚蹬地后转身将球拉向身体的后侧方，同时换左手按拍球（熟练者可不换手），从防守队员的右侧突破。

7. 背后变向运球

以右手为例。在变向前，要把球控制于身体右侧后方，左脚前跨，右手按拍球侧后方，球经身后拍到左前方，右腿迅速前跨，换用左手运球，从防守队员的右侧突破。

（二）练习方法

（1）原地做前、后、左、右运球练习。

（2）原地按信号做各种运球练习。

（3）绕越障碍运球练习。

（4）直线运球比赛。

（5）绕罚球圈、中圈运球上篮练习。

（6）按信号做运球急停急起练习。

五、持球突破

（一）基本技术

持球突破是个人运用脚步变化和运球快速超越对手的一项进攻技术，分交叉步突破和同侧步突破。

1. 交叉步突破

以左脚做中枢脚为例。突破时，右脚向前方跨出，做向右突破的假动作，当对手失去重心时，右脚前脚掌内侧迅速蹬地，向对手右侧跨出一大步，同时上体左转探肩，贴近对手；球移至左手，推放球加速超越对手。动作要领：假动作要逼真，蹬跨有力，重心低，起动猛又快。

2. 同侧步突破

以左脚做中枢脚为例。突破时，左脚内侧蹬地，右脚迅速向前方跨出一大步，同时向右转体探肩，重心前移，球移至右手推运，然后左脚迅速蹬地超越对手。动作要领：起动要突然，身体重心低，跨步加速要猛而快。

（二）练习方法

（1）做原地跨步练习。

（2）原地持球投篮后做交叉步或同侧步突破练习。

（3）自抛自接球后急停，做持球突破练习。

（4）跳起接同伴的传球后做突破投篮练习。

六、个人防守

（一）基本技术

1. 防守基本站立姿势

两脚前后站立，两脚间距比肩宽，重心在两前脚掌上，两膝弯曲，上体较直，两眼平视，两臂屈肘高于腰。

2. 防守无球队员

必须抢占“人球兼顾”的有利位置，做到内紧外松，不让对手在篮下和攻击区内轻易接球，严密封锁对手的传、接球路线，同时根据战术需要及时夹击、协防，保护内线。

3. 防守持球队员

站在对手与篮之间，以对手和离篮的距离、进攻地点来确定自己的防守位置与距离。随时移动脚步，调整防守位置。手臂要不停地挥动，给对手造成压力，寻找合法堵截和抢断球的机会，尽快获得控球权。

（二）练习方法

1. 防守无球队员

两人一组，相距一臂距离，一攻一守。攻方做变向、变速跑动，守方利用各种脚步动作积极防守对手。

2. 防守持球队员

全场或半场一打一。一人运球，一人防守，不让进攻队员轻易突破。每练一次，两人交换攻防。

七、抢篮板球

（一）基本技术

抢篮板球由判断、抢位、起跳、空中抢球和获球后动作等组成。

判断：是抢篮板球的第一反应，包括注意球的飞行和落点，观察防守队员的位置。

抢位：迅速移动到抢球的最佳位置，用身体挡住防守队员。

起跳：在抢占有利位置的同时做好起跳准备，起跳时两脚用力蹬地，手臂向上伸展。

空中抢球：判断和移动后，起跳，用单手或双手在空中最高点拿球。

获球后动作：从空中拿到球后，将球保护在腰腹部位，两臂肘稍外展。获球后应迅速投篮或传球。

（二）练习方法

（1）在篮下做自抛自抢练习。

（2）两人一组，做一投一抢练习。

第三节 篮球运动基本战术

篮球战术是为了篮球比赛中队员与队员之间有策略、有组织、有意识地协同运用技术进行攻守对抗的布阵行动，是以篮球技术为基础，在一定的战术指导思想和战术意识支配下的集体攻守方法。

一、战术基础配合

（一）进攻战术基础配合

进攻战术基础配合是指两三名队员之间有目的、有组织、快速有效地协同配合的进攻方法。其主要有传切配合、掩护配合、策应配合和突分配合等。

1. 传切配合

传切配合是指两三名队员利用传球和切入接球组成的简单配合（图 7-7）。

2. 掩护配合

掩护配合是指进攻队员选择正确的位置用身体和合理的技术动作，挡住同伴的防守队员的移动路线，使同伴借以摆脱防守的一种配合方法（图 7-8）。它主要有前掩护、侧掩护和后掩护三种形式。

3. 策应配合

策应配合是指进攻的内线队员接球后，以他为枢纽，与同伴队员做空切、绕切的配合，借以摆脱防守、创造机会的一种配合方法。

4. 突分配合

突分配合是指通过进攻的持球队员突破防守，给同伴传球的一种配合方法（图 7-9）。

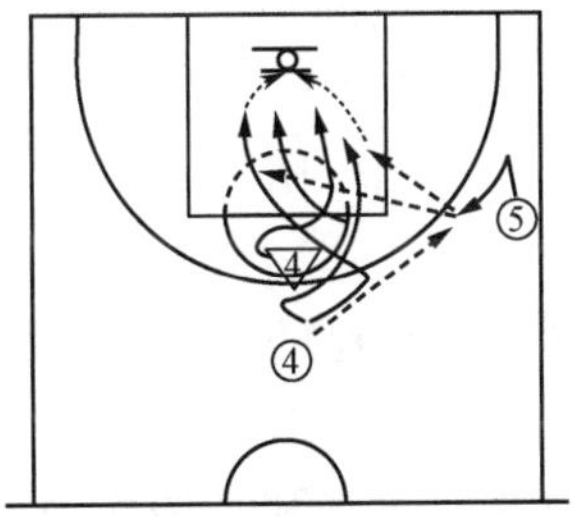

图 7-7

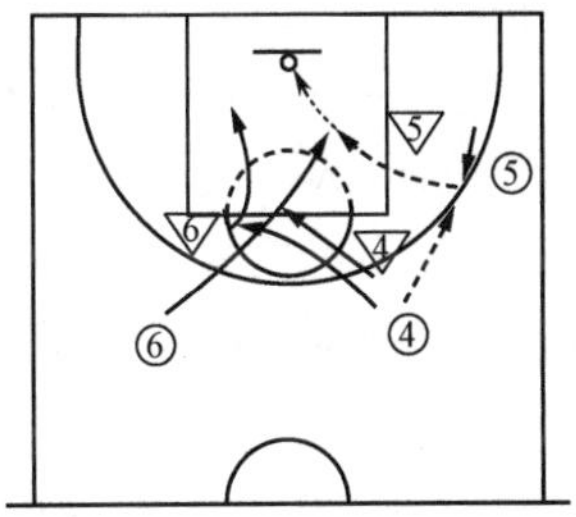

图 7-8

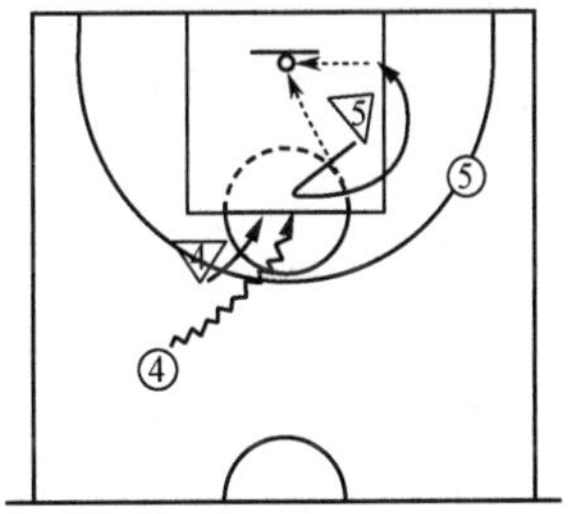

图 7-9

（二）防守战术基础配合

防守战术基础配合是指防守中两三人之间有目的、有组织的协同防守行动。它包括交换防守配合、“关门”配合、夹击配合、挤过配合、穿过配合、绕过配合、补防配合等。

1. 交换防守配合

交换防守配合是指为了破坏进攻队员的掩护配合，防守队员之间彼此及时地交换自己所防守对手的一种配合方法。

2. “关门”配合

“关门”配合是指邻近的两个防守队员利用脚步动作协同堵住突破者的移动路线的配合。

3. 夹击配合

夹击配合是指当对方向边角运球或在边角停球时，两名防守队员同时去防守持球队员，封堵传球路线，限制其正常传球和活动范围，与同伴一起进行抢断的配合。

4. 挤过、穿过、绕过配合

挤过、穿过、绕过配合是指当进攻队员进行掩护时，防守掩护者的队员主动让同伴从自己身旁挤过、穿过、绕过去继续防守对手的配合。

5. 补防配合

补防配合是指当同伴被进攻者突破而有可能得分时，邻近防守队员立即放弃自己的防守对手进行补位防守的配合。

二、全队防守战术

防守战术是指以破坏对方进攻战术为目的的防守队员之间采用的协同防守方法，经常是以少防多的基础配合。常用的整体防守方法有对快攻的防守、区域联防、半场人盯人防守、全场紧逼人盯人防守和混合防守等。

（一）对快攻的防守

对快攻的防守是指在由攻转守的瞬间，队员有组织地运用个人战术和几个人之间的协调配合进行防守。首先要堵截快攻第一传和接应一传，造成进攻队员在运球、传球、跑动上的困难，减缓进攻速度，为本队防守争取时间。在防快攻过程中，合理运用封、堵、阻、卡、夹、抢、断等技术和战术的手段来破坏对方发动快攻，提高一防二、二防三和以少防多的能力。

（二）区域联防

区域联防是指当进攻转为防守时，全队迅速退回后场，每人负责一定的防守区域，严密防守进入该区的球和进攻队员，同时进行联合防守。区域防守时，要以球为主，根据球的不同位置，进行及时、快速的滑步移动，互相补防，动作协调，紧密配合，观察对手的传球方式，揣测对手的进攻意图。常见的区域联防队形有“二一二”“二三”“三二”“一三一”。其中以“二一二”为最常用的全队区域联防基本形式，这种站位队形易于联合协作，外围队员能防守中远距离投篮，篮下经常保持三角形的防守圈，可以有效地控制篮板球和中锋的进攻。进攻队员利用远球突破时，要快速关门，同时兼顾自己的防守。

（三）半场人盯人防守

当进攻转为防守时，迅速退回后场防守。半场人盯人防守有半场紧逼和半场松动人盯人防守，每个队员盯住自己的对手，以一防一。同时进行集体防守，防守时对有球一侧持球者采取紧逼防守。防无球队员时要错位防守，积极控制对手的进攻重点，干扰其接球。无球一侧的防守人则向有球一侧队员靠拢，积极移动，抢占有利位置，以加强协防。

（四）全场紧逼人盯人防守

全场紧逼人盯人防守是指当由进攻转为防守时，就地寻找对手，立即展开一种全场范围内紧逼人盯人的攻击性防守战术。运用全场紧逼战术，应突然变化，出其不意，攻其不备，掌握“不让接应，前紧后松，防守运球，堵中放边”的原则。全队积极夹击断补，以造成对手违例和失误。

三、全队进攻战术

（一）快攻

由防守转入进攻时，乘对方立足未稳来不及防守时，以最快的速度、最短的时间，争取造成以多打少的优势，快攻是快捷、干脆、果断地进行攻击的一种进攻战术。

1. 发动快攻的时机

（1）抢获后场篮板球后迅速发动快攻。

（2）抢、断球后迅速发动快攻。

（3）掷界外球时迅速发动快攻。

（4）跳球时获球迅速发动快攻。

2. 快攻的组织形式

（1）长传快攻：获得后场篮板球，后场抢、断球或掷界外球后，用一两次传球使进攻投篮成功。

（2）短传快攻：通过快传、运球迅速向前场推进，创造投篮机会。

（二）进攻区域联防

进攻区域联防是指进攻队针对布置好的防守阵型、特点和薄弱环节，根据本队情况，确定进攻重点和方法所采用的进攻战术。

如果防守队布置的区域联防的基本阵型是“二一二”联防，其薄弱区在两腰和罚球区端线处。进攻时采用“一三一”站位，形成分布面广、攻击点多，造成局部以多打少的有利条件。如果防守队采用“三二”联防，其薄弱区是底线两角和中区地带。“二三”联防的防守薄弱区主要在侧面的两腰和罚球线中区地带。

（三）进攻半场人盯人防守

依据对方防守情况和本队身高、技术特点，发挥每个队员的技术特长，寻找对方的弱点和突破口，布置进攻战术。半场人盯人进攻战术建立在全队整体战术上的落位、移动、策应、传切、突分等基础配合上，针对对方防守阵型，采取相应的进攻方法，主要通过本队队员之间的掩护、跑动、穿插迫使对方防守出现漏洞，达到进攻效果。

（四）进攻全场紧逼人盯人防守

进攻全场紧逼人盯人防守是指进攻队员在由守转攻时，为摆脱防守者的堵截，迅速起动，将球从后场向前场推进，利用相互掩护、快速传球、运球等技术，破坏对方的人盯人紧逼防守战术。适时的掩护等简单配合是全场紧逼人盯人防守的战术方法。当对方紧逼时，要沉着冷静，抓住攻守转换时机，快速地组织反击，运用掩护、策应等配合进攻对方薄弱环节。

第四节 篮球竞赛主要规则

篮球规则是指由组织篮球竞赛的权力机构制定并公布的规范性文件。它设定条件，明确职责，授予权力，做出规定，指明罚则，是篮球竞赛的法，是参加篮球竞赛的人员必须遵守的比赛规定、技术标准和行为规范。它的本质是提倡和禁止一些行为，以确保比赛有秩序地进行和本项运动的良性发展。规则允许、要求或禁止、限制做出某种行为或动作，这既表现为权利与义务的关系，也表现为动作的标准及违反规定所招致的后果。

一、场地与设备

篮球场地长 28 m，宽 15 m，由中线分成两个半场。球场上的线宽均为 5 cm，长边的界线叫边线，短边的界线叫端线，中间的线叫中线。球场的界线均从内沿量起。场内有中圈、限制区、罚球区和 3 分投篮区。篮圈距离地面 3.05 m，它的中心垂直落在场内距离端线中点 1.20 m 的地方。篮网用白色线绳结成，不短于 40 cm，不长于 45 cm，悬挂在篮圈上。篮球应是圆形，呈橙色，带有 8 瓣成型的镶片和黑色的接缝。

二、主要竞赛规则

(一) 球队人数

篮球队一般有不超过 10 名合格参赛球员；比赛中一个队有超过 3 场比赛时，可有不超过 12 名合格参赛球员。

(二) 比赛时间

比赛由 4 节组成，每节 10 min。在第 1 节和第 2 节之间、第 3 节和第 4 节之间及每一决胜期之前应有 2 min 的休息时间。半场之间（第 2 节与第 3 节之间）的休息时间应为 15 min。如第 4 节比赛时间终了时比分相等，为打破平局，需增加 5 min 的决胜期或多个这样的 5 min 来继续比赛。

(三) 篮球裁判员

正式篮球比赛，裁判员应有 1 名主裁判员和 2 名副裁判员。主裁判员负责第 1 节比赛的跳球。在基层篮球比赛中，根据实际赛事组织情况，可采用 2 人制裁判制，即 1 名主裁判员和 1 名副裁判员。

(四) 比赛开始

对所有的比赛，在秩序册中命名的第一队（主队）应有球篮和球队席的选择权。主队应在预定的比赛开始前至少 20 min 将选择告知主裁判员。当比赛进行至第 3 节时，球队应交换球篮。某一球队在场上准备比赛的队员不足 5 名，比赛不能开始。

(五) 跳球

根据 2020 年篮球协会审定的《篮球竞赛规则》中的主要修改部分，除第 1 节比赛开始时两队在中圈跳球外，其他任何一次跳球都将实行球权拥有制。在第 1 节比赛开始跳球后，某队先控制球权，记录台球权拥有装置将显示对方球队下次拥有掷界外球权。比赛中，再出现跳球时，根据记录台球权拥有装置的显示，拥有球权队在就近点边线或端线外，实施球权交替拥有程序，每次结束后以球掷入场内触及队员时球权拥有装置的显示指向下次拥有掷界外球权的队。

(六) 要登记的暂停

在上半时（第 1 节和第 2 节）的任何时间裁判可准予 2 次要登记的暂停；在下半时（第 3 节和第 4 节）的任何时间裁判可准予 3 次要登记的暂停；在每一决胜期中裁判可准予 1 次要登记的暂停。每半时的暂停可以互用。

(七) 暂停的时机

当裁判员宣判犯规时，双方均可暂停；当裁判员宣判违例时，双方均可暂停；A 队投中，B 队可以暂停；第 4 节或延长期最后 2 min，最后一次罚球中篮或执行两罚一掷，在两罚之后，不论最后一次是否中篮，双方均可请求暂停。

(八) 替换的时机

当裁判员宣判犯规时，双方均可替换队员；当裁判员宣判违例时，双方均可替换队员；A 队投中，B 队可以替换队员；第 4 节或延长期最后 2 min，最后一次罚球中篮或执行两罚一掷，在两罚之后，不论最后一次是否中篮，双方均可请求替换队员。

(九) 违例

出现下列情况判违例，由对方在违例地点附近边线或端线外掷界外球。

(1) 带球走。队员持球移动，必须以一只脚为中枢脚，方能转身、跨步等。中枢脚不能离地，若要离地，必须在落地前将球投、掷出，否则将被判为带球走。有关中枢脚的确定可详见规则。

① 带球走定义。当队员在场上持着活球，一只脚或双脚超出了本规则的限制，朝任一方向的非法移动是带球走。在场上持着一个活球的队员用同一只脚向任一方向合法地移动一次或多次，而另一只脚（称为中枢脚）不离开与地面的最初接触点是旋转。

② 带球走规定。对在场上的队员接住活球后确立中枢脚：队员接住球时双脚站在地面上，一只脚抬起的瞬间，另一只脚成为中枢脚。

运球时，球离手前中枢脚不得离开地面。传球或投篮时，队员可跳起中枢脚，但在传球或投篮球离手前，任意一只脚不得落回地面。队员在运球结束后持球时，可以通过两步停下来传球或投篮。如果队员接球之后开始运球，在迈出第二步之前球必须离开队员的手。当队员获得控制球后一只脚或双脚同时触及地面时，视为第一步；在确立第一步之后，队员另一只脚或双脚同时触及地面时，视为第二步。如果运球结束时，队员以双脚在地面上或者双脚同时落地作为第一步，那么他可以选择任意一只脚作为中枢脚进行旋转；接着，如果队员跳起双脚，那么球离手前任意一只脚不得落回地面；如果队员一只脚先落地，那么他只能用这只脚进行旋转。如果队员以一只脚落地作为第一步，接着他可以以双脚同时落地作为第二步，在这种情况下，他不得以任意一只脚旋转。随后，如果一只脚或双脚都离开地面，那么球离手前任意一只脚不得落回地面。如果队员双脚离地持球后双脚同时落回地面，那么一只脚离地的瞬间，另一只脚成为中枢脚；队员结束运球或获得控制球后，他不得以同一只脚或双脚连续触及地面。当一名队员持球跌倒和在地面上滑动，或躺或坐在地面上获得控制球是合法的。如果之后该队员持着球滚动或试图站起来则违例。

(2) 非法运球。双手运球，运球时手掌持球并有明显的停顿动作。

(3) 球出界。球或持球队员触及界线以外的区域，在掷界外球时触及界线。

(4) 球回后场。控制球队在前场首先触及球，同队队员在前场最后触及球，在后场同队队员首先触及球。

（5）有关时间的违例。

① 3 s 违例：控制球队的任何队员，在对方队的限制区内停留超过 3 s。

② 5 s 违例：在罚球、掷界外球和持球队员因被严密防守，持球超过 5 s。

③ 8 s 违例：进攻队从后场控制球开始，未能在 8 s 内进入前场（8 s 的计算是连续的）。

④ 24 s 违例：进攻队在 24 s 内未能投篮出手。

（6）干扰得分和对球干扰。

① 下列情况为干扰得分：当球在下落飞行并完全在篮圈水平面之上时队员触及球；当球撞击篮板后并完全在篮圈水平面之上时队员触及球。

② 下列情况为对球干扰：当球与篮圈接触时队员触及球篮或篮板；队员从下方伸手穿过球篮并触及球；当球在球篮中时防守队员触及球或球篮；防守队员使篮板或篮圈摇动，根据裁判员的判定，这种手段已妨碍球进入球篮。具体罚则详见规则。

（十）犯规

（1）侵人犯规。与对方队员发生不合理的身体接触或违反体育道德的举止为侵人犯规。主要有阻挡、撞人、拉人、背后非法防守、非法掩护、非法用手推人等几种。最新规则要求裁判宣判侵人犯规时应注意圆柱体原则、垂直原则，还应考虑“有利或无利”原则。罚则如下。

① 对正在做投篮动作的队员犯规：若投篮球员投篮成功，则裁判再判给其 1 次罚球；若投篮球员投篮不成功，则裁判判给其 2 次或 3 次罚球。

② 对非投篮队员犯规：由被犯规球队队员在最靠近犯规地点处掷界外球。犯规球队处于全队犯规处罚状态时，应按全队犯规处罚规定执行。

（2）双方犯规。双方队员大约同时发生不合理接触的犯规。罚则如下。

① 如果发生不合理接触的同时投篮得分有效，裁判应将球判给得分队的对手从端线掷球入界。

② 如果某队已控制球或拥有球权，裁判应判给该队在距犯规地点最近处掷界外球。

③ 如果两个队都没有控制球，也不拥有球权，裁判应让两队在距犯规最近的圆圈以跳球重新开始比赛。

（3）违反体育道德的犯规。

① 违反体育道德的犯规是身体接触犯规，并且根据裁判员的判断，包含：不在规则的精神和意图的范围内合法地试图去直接抢球；在努力抢球中一名队员造成过分的、严重的身体接触；在攻防转换中，防守队员为了阻止对方进攻，对进攻队员造成不必要的接触。此规定适用于进攻队员开始投篮动作之前。防守队员试图阻止一次快攻，从对方队员的身后或者侧面造成身体接触，并且在进攻队员和对方球篮之间没有防守队员；在第 4 节和每一决胜期的最后 2 min，当掷球入界的球在界外并且仍在裁判员手中或掷球入界队员可处理时，防守队员对进攻队员造成身体接触。

在整场比赛中，裁判员必须对违反体育道德的犯规解释一致并只判定其所作所为。

② 违反体育道德的犯规罚则。

应给犯规队员登记一次违反体育道德的犯规；判给被犯规的队员执行罚球，以及随后在记录台对侧的中线延长线掷球入界。

在中圈跳球开始第1节，应按下述原则判给若干罚球：对没有做投篮动作的队员发生犯规，判给对方2次罚球；对正在做投篮动作的队员发生犯规，如果球中篮，应计得分并追加1次罚球；若球未中篮，判给对方2次或3次罚球。

当队员被登记2次违反体育道德的犯规，或者被登记1次技术犯规及1次违反体育道德的犯规时，剩下的比赛他应被取消比赛资格。

如果队员因以上原因被取消比赛资格，应只处罚违反体育道德的犯规的罚则，不追加取消比赛资格的罚则。

任何时候当1名人员被取消比赛资格并且根据规则此犯规作为球队席成员犯规被登记在教练员身上，犯规的罚则应为2次罚球，如同任何其他取消比赛资格的犯规一样。在记录表上，此类犯规应被记为B2。

此规定适用于所有球队席人员取消比赛资格的犯规，即助理教练员、替补队员、出局的队员，同样也适用于一起打架情况。

（4）取消比赛资格的犯规。队员、替补队员、教练员、助理教练员或随队人员恶劣的、违反体育道德的行为则会被判取消比赛资格的犯规。罚则：令其离开比赛场地；判给对方队罚球，以及随后在中场的球权。

（5）队员的技术犯规。这是不包含与对方队员接触的犯规。队员不得漠视裁判员的劝告或运用不正当的行为。球员或教练做出不符合职业球员道德规范的行为或者一些对球员身体造成伤害的危险动作，将被处罚。罚则：判给对方队1次罚球，以及随后在中场的球权。

（6）教练员、助理教练员、替补队员或随队人员的技术犯规。他们没有礼貌地与裁判员、技术代表、记录台人员或对方队员讲话或接触。罚则：判给对方队2次罚球，以及随后在中场的球权。

（7）5次犯规。一名队员在一场比赛中侵人犯规或技术犯规累计达到5次，将被判离开比赛。有些国际、国内比赛对犯规有特殊规定，一个队员6次犯规后才被判离开比赛。

（8）全队犯规。在一节中，某队所有队员的犯规累计达到4次时，该队处于全队犯规处罚状态。对该队随后发生的对未做投篮动作的队员的侵人犯规，裁判应判给对方2次罚球（控制球队除外）。

（十一）篮球竞赛规则最新修改

（1）球队可以自行决定至多12名有资格参赛的队员参加比赛并被登记在记录表中，比赛期间他们有权和至多8名随队人员就坐在球队席上。

（2）移动中的队员接住球或结束运球时，有一只脚正接触地面，那么他下一次触及地面的那只脚或双脚是“第一步”，并成为中枢脚。

（3）当一名队员正在做投篮动作，在被犯规后，他将球传了出去，他不再被认为是在做投篮动作。

（4）伪造犯规是指队员假装被侵害，或者做出戏剧性的夸大动作来制造一种被犯规假象，并因此获得不公正利益的任何行为。

（5）违反体育道德的犯规是身体接触犯规，并且依据裁判员的推断，包含：① 不在规则的精神和意图的范围内合法地试图去直接抢球；② 在努力抢球或身体对抗中一名队员造成过分的、严重的身体接触；③ 在攻防转换中，防守队员为了阻挡进攻队员的快速推进，在进攻队员开始投篮动作之前，和对方造成不必要的接触；④ 防守队员试图阻挡一次快攻，从对方队员的身后或者侧面造成身体接触，并且在进攻队员和对方球篮之间没有防守队员；⑤ 在第四节和每一决胜期的最后 2 min，当掷球入界的球在界外并且仍在裁判员手中或掷球入界队员可处理时，防守队员在赛场内对进攻队员造成身体接触。⑥ 在比赛中，裁判员必需对违反体育道德的犯规全部解释并判定其所作所为。

（6）打架是指两位或多位双方人员（球员、替补球员、被逐出的球员、教练、助理教练和随队人员）之间的相互斗殴。在此条款中增加了被逐出球员。

（7）在掷球入界队员可处理球之前，裁判应使用“非法越过界限”的手势作为警告。

（8）即时回放程序的关键改变：使用回放系统追加暴力行为处罚后，从该次犯规后进行的比赛均无效。此外，允许回放系统在计时器故障时来确定时间。在发生暴力行为并且未立即宣判时，裁判有权随时停止比赛，使用即时回放系统复审比赛以决定任何暴力行为或潜在暴力行为。裁判必须明确使用即时回放系统复审比赛的必要性，且回看必须在裁判第一次停止比赛时进行。

以上是最新篮球规则的一些主要变化。这些变化的目的是进一步提高篮球比赛的公平性、竞争性和观赏性，以使篮球运动成为更加精彩的体育运动。这些规则的变化也推动了篮球的发展和进步，使其成为世界范围内最受欢迎的运动项目之一。

思考题

1. 篮球运动起源于何时、何地？由何人发明？
2. 篮球运动主要由哪些基本技术组成？简述单手投篮的动作技术要领。
3. 简述发动快攻的几个时机。
4. 简述换人和暂停的时机。
5. 简述违例和犯规的种类。

第八章　排球运动

第一节　排球运动概述

一、排球运动的起源与发展

（一）世界排球运动的起源与发展

排球运动起源于美国。1895 年，美国马萨诸塞州霍利约克市基督教青年会干事摩根创造了一项球类游戏：人们分站在网球场球网的两侧，用篮球胆之类的球进行击打，击球的次数不限。这就是排球运动的雏形。

首次排球比赛是 1896 年在美国斯普林菲尔德体育专科学校举行的。出场人数由双方共同商定，不限多少，但必须相等。有人将此项运动命名为“Volleyball”，即“空中截击”的意思。1897 年 7 月，在美国体育杂志上公开介绍了排球比赛的打法及简单规则，从此排球运动在美国逐渐开展起来。后来，排球运动相继传入世界其他国家。

排球运动问世至今已有一百多年的历史了，在这一百余年中，排球运动的发展大体经历了三个阶段，即从娱乐排球向竞技排球的过渡阶段、竞技排球的迅猛发展阶段、竞技排球的多元化和娱乐排球的再兴起阶段。

1. 从娱乐排球向竞技排球的过渡阶段

排球运动起源于为中老年人锻炼身体而创造的一种娱乐性游戏活动。最初的排球运动并无技术可言，双方只是争取用手一次将球击过网，若不能一次将球击过网，会由同伴再击。在游戏过程中人们逐渐体会到，若不一次将球击过网，则更能给对方接球制造困难，于是为了寻找过网的最佳时机和击球后给对方制造更大的威胁，出现了多次击球的打法，即形成了集体配合战术的雏形。

在进行排球游戏的过程中，人们感到，一方无休止地击球也不合理，于是产生了每方击球至多 3 次必须过网的规定。这一规定使单一的拍击球动作开始分化成传球和扣球两种动作。扣球动作的出现吸引了更多青年参加，故单纯以娱乐、游戏为目的的排球运动逐渐增添了激烈对抗的色彩，如用拦网动作专门对付扣球动作，用侧面上手发球动作增加发球力量，使比赛一开始就给对方接球带来威胁等。至此，排球运动的性质开始发生变化，发球、传球、扣球、拦网已成为当时的四大基本技术。

为了使队员相互之间的配合更清楚、合理，场上队员出现了位置分工。20 世纪 30 年代末，排球战术进一步发展，为了对付集体拦网，扣、吊结合的打法及保护拦网的战术体系初步形成。

这一阶段排球运动的特点是从娱乐游戏排球逐渐向竞技排球过渡，当时国际上没有统一的竞赛规则和竞赛制度，也没有统一的竞赛组织。

2. 竞技排球的迅猛发展阶段

随着排球技术、战术水平的提高及竞技化趋势的日益明显，一些国家相继成立了排球协会。1947 年，国际排球联合会（以下简称“国际排联”）在巴黎成立，在成立大会上制定了国际排联宪章，并正式出版了通用排球竞赛规则。国际排联的成立标志着排球运动从此摆脱了娱乐游戏的性质，进入了竞技排球的新阶段。从排球运动的初创到国际排联的成立，走过了半个世纪的历程。在这半个世纪中，排球规则逐步形成，基本技术、战术日趋丰富，国际交往越来越多。

自国际排联成立以来，世界排球运动的发展经历了以下五个阶段：

第一阶段：20 世纪 50 年代，东欧技术水平最高，多采用上手发球、上手传球。一般扣高球，拦网威胁不大，发球的威力不强，扣球是最主要的进攻和得分手段。进攻多采用“中、边一二”阵型和“两次球”战术，主要靠个人进攻战术的变化取胜，防守则多运用双人拦网“心跟进”形式。

第二阶段：20 世纪 60 年代至 70 年代初期，我国男排独创的“平拉开扣球”和“盖帽”拦网技术对世界排球运动的发展起了推动作用。日本男排在此基础上发展了“短平快”“时间差”“位置差”等自我掩护的进攻方法。亚洲球队以中、日为代表的快攻打法盛行，形成“速度派”。民主德国以“超手扣球”形成“高度派”。这两种流派各有千秋，各以其独特的风格称雄排坛。日本女排发展了垫球、发飘球和滚动摔救防守技术，对世界排球运动的发展起到积极的促进作用。

第三阶段：20 世纪 70 年代后期，各种打法互相取长补短，向综合、全面的打法发展。以古巴和美国为代表的美洲排球运动迅速发展起来。

第四阶段：20 世纪 80 年代，在身材高大化的同时，各队都强调快变打法，攻守技术日趋全面。后排进攻有机地纳入战术体系，形成了前后排互相掩护的纵向进攻体系。中国女排既有高度又有速度和变化、全攻全守的全面型的打法创造了世界排坛的奇迹，获得五连冠，开创了世界女排的新纪元。

第五阶段：20 世纪 90 年代后，排球运动朝着职业化的方向发展，促进了训练水平的提高，造就了大批排球明星，吸引了大量的排球观众，排球运动达到了空前的水平。

3. 竞技排球的多元化和娱乐排球的再兴起阶段

（1）竞技排球攻防战术的全方位化。20 世纪 80 年代的竞技排球已度过了它的成长发育时期而逐步走向成熟，排球运动进入了全攻全守的新时代。

全攻全守已不是个人攻防技术全面的称谓，而是指整体的全方位的攻和整体的全方位的守。全攻意味着进攻的手段是从发球和拦网开始的。全攻还意味着进攻的变化已不局限在网前的二维空间内，而是充满整个场地的三维空间。不仅有高、快结合的前排进攻，而且在前排进攻配合下采用后排进攻，形成了高、快结合，前、后结合的全方位进攻的局面。全守即体现全方位的防守。第一，是技术动作的全方位。当今由于进攻水平的不断提高，那种单纯依靠手和手臂击球的动作要防迅雷般的扣球是相当困难的。为了促进攻防平衡，国际排联本着积极鼓励防守技术的发展，同时又不消极地限制进攻技术的原则，从 1984 年开始，先后从规则上放宽了对运动员第一次击球时判定连击犯规的尺度，1992 年将合法的触球部位从髋关节以上改为膝关节以上，1994 年又由膝关节以上改为身体的任何部位均可触球，于是出现了手、脚、身全方位的防守动作，扩大了人的防守面积，提高了防守质量。第二，体现在当代防守观念的转变，即由预判的“出击防守”代替了固定位置的“等待防守”。“高位防守”的取位则更需要运动员具有高水平的判断、反应及控制球的能力。另外，全方位的防守还体现在针对对手的进攻特点，随时调整拦网与防守的配合，打破原有防守阵型模式，而从兼顾防守效果和防守反攻进行布阵。

（2）竞技排球的社会化、职业化和商业化。20 世纪 90 年代，意大利、荷兰男排以惊人的速度在国际上确立了领先的地位，这些西欧男排的崛起，标志着竞技排球走向社会化、职业化的时代已经到来。意大利男排的突飞猛进是因为意大利排协从 20 世纪 80 年代就开始实行运动员职业化和俱乐部制度。意大利的各俱乐部都有不同的工商巨头资助，他们高薪招募世界各国的优秀教练员、运动员为各自的俱乐部效力。由于俱乐部中集聚了各国的明星选手和优秀教练员，意大利的排球运动水平飞快提高。意大利男排的成功影响着西欧各国，随后法国、荷兰、希腊、德国、比利时、西班牙等国也都得益于排球俱乐部的推动，整个西欧排球运动水平迅速提高，相继跻入世界强队的行列。

（3）娱乐排球的再兴起。随着现代经济的发展，人们对物质文化消费的需求也在不断提高，健身娱乐逐渐成为人们消除疲劳的有效办法。人们在从观看比赛中获得享受之余，也渴望体验亲身参与这项运动的乐趣。排球运动本身的高度技巧性，往往使前来参加运动的人们高兴而来、扫兴而去。因此，人们希望有一种大众都能够参加的排球运动尽快诞生，于是人们开始从球的性能、比赛规则上进行修改，全球性的娱乐排球应运而生。

国际排联在竞技排球中的一系列改革，虽然吸引了更多的观众，但毕竟不能使其成为吸引更多人参与的活动，这无疑会影响人们对该项运动的喜爱，于是国际排联对这些适合大众开展的娱乐排球运动给予了积极的支持和重视。20 世纪 90 年代，国际排联即把沙滩排球列入了整体发展规划，并成立了沙滩排球委员会，1993 年，出版了第一部正式竞赛规则。1996 年，沙滩排球成为亚特兰大奥运会正式比赛项目。目前对软式排球、迷你排球（小排球）都组织过世界性的青少年比赛。总之，娱乐排球的再兴起，标志着现代排球运动进入了竞技排球和娱乐排球共存的新时代。

（二）我国排球运动的发展

据一些体育史学家考证，排球运动是在 1905 年传入我国的。排球运动刚传入我国时，它的最初名字叫“队球”。

中华人民共和国成立后，中央政府极为重视体育运动的开展，以提高全国人民的健康水平。为了能与国际比赛接轨，更好地与各国人民交往，决定采用 6 人制排球。1950 年 7 月，在全国体育工作者暑期会议上，中华全国体育总会第一次介绍了国际排联制定的 6 人制排球竞赛规则和方法。1951 年，正式成立了国家男、女排球队。1953 年，我国成立排球协会，1954 年国际排联正式接纳我国为正式会员国。

进入 20 世纪 60 年代，我国已不再局限于模仿学习，而是在学习的基础上，开始发展自己的特点，形成了自己的风格。也是在这一时期，我国的排球运动有了较快的发展。

1981 年，我国女排在日本举行的第 3 届世界杯排球赛中以 7 战 7 捷的战绩，第一次获得世界冠军的称号，为三大球翻身打响了第一炮。1982 年，在秘鲁举行的第 9 届世界女排锦标赛中再次夺冠。1984 年，中国女排继续发扬顽强拼搏精神，在美国举行的第 23 届奥运会排球赛中再次问鼎，第一次在奥运会排球比赛馆内升起了中国的五星红旗。在 1985 年日本举行的第 4 届女排世界杯及在 1986 年捷克斯洛伐克举行的第 10 届世界女排锦标赛中，我国女排又相继夺得冠军，创造了世界大赛中五连冠的新纪录。

女排在20世纪90年代初运动成绩急转直下，跌入低谷。1988年汉城奥运会，我国女排失去了冠军的宝座。在经历了2002年世界锦标赛的第4名后，中国女排在2003年世界杯女排比赛上，以11战全胜的佳绩，时隔17年再次夺得世界冠军。2004年，在雅典奥运会排球赛中，中国女排力克各路劲旅，勇夺阔别20年的奥运冠军。

在2016年的里约奥运会女排赛中，中国女排时隔12年再次获得奥运冠军，也是第三次获得奥运会金牌。

中国女排重夺世界冠军宣告了女排精神的回归。2021年9月，中国共产党中央委员会批准了中央宣传部梳理的中国共产党人精神谱系第一批伟大精神，女排精神“祖国至上、团结协作、顽强拼搏、永不言败”被纳入。

二、排球运动的特点

（一）击空中球

无论是在排球比赛中还是在排球游戏中，都必须击空中的球，接本方同伴的球也是如此，接对方击过网的球更是如此，就连自己将球击过网的发球技术，也要将球抛在空中然后才能击球。因此，参加排球运动的人在时间和空间感觉上得到的锻炼和提高是其他球类项目不可比拟的。

（二）击球时触球时间短促

排球运动问世至今，其竞赛规则始终不允许“持球”，即不允许球在击球部位停留的时间过长，这是除了借助工具击球的乒乓球、网球等项目外，区别于其他球类运动的一大特点。这一特点既能提高运动员在短暂的触球时间内对来球的力量、速度、角度等的准确判断能力，又能提高运动员把来球准确地击向预定目标的控制能力。

（三）允许全身各部位击球

目前所有的球类运动都有其规则限定的身体合法触球部位，唯独排球竞赛规则规定运动员全身任何部位均可触球。因此，排球运动既能使参加该项运动的人在击球过程中充分体现自我才能，也可展现高超的击球技巧。

（四）独特的得分和失分计算

在不借用工具击球的球类比赛中，只有排球比赛（6人制排球）在运用各种技术动作击球时，存在直接得分和直接失分的两种可能性，这就要求排球运动员必须具备扎实的基本功，技术不仅要熟练，而且要全面。降低失误率是排球比赛制胜因素中不容忽视的一项指标。

（五）完成技术配合时触球次数的有限性

排球竞赛规则是，每方击球过网，不得超过3次，即每一次战术配合过程只能在3次击球中完成。这一特点是其他集体球类运动项目所不具备的，排球比赛中的各种巧妙配合无一不体现运动员高度的战术意识、队员之间合作的默契程度。

三、气排球

气排球运动是一项适合各年龄段人群参与的新型体育健身项目，由于它具有球体大、重量轻、质地软、有弹性、运动缓、易控制等特点，在开展活动中比较安全，深受大家的喜爱。作为一个运动项目，它还具有健身性、娱乐性、竞技性和观赏性。参加气排球活动可以达到增强体质、愉悦身心的目的，有益于提高参与者的生活、生命质量。气排球比赛是两队在由球网分开的场地上进行比赛的集体项目。它可以有多种比赛方法，以适应各种不同性质比赛的需求，从而不断推动本项目的广泛开展。

第二节　排球运动基本技术

排球运动基本技术主要由步法和手法两部分组成。步法指脚步移动和起跳，手法指各种击球和控制球的动作。以排球比赛过程中各项技术出现的先后次序，排球运动基本技术可划分为发球、垫球、传球、扣球、拦网等。

一、发球

发球既是一场比赛的开始，也是一种进攻的手段。发球的方法比较多，但无论哪种发球，都是由准备姿势、抛球、摆臂、挥臂击球几个环节组成的。发球时应注意：一是抛球要平稳；二是击球要准；三是手法要正确。

（一）发球方法

1. 正面下手发球（以右手发球为例）

准备姿势：面对球网，两脚前后（左脚在前，右脚在后）分开站立，两膝稍弯曲，上体前倾，左手持球于腹前。

抛球：左手将球平稳抛起至腹前右侧，离手高约 30 cm，抛球的同时，右臂伸直往身体右侧后下方摆动。

击球：击球时，右脚蹬地，右臂以肩为轴由身体后下方向腹前挥摆，在体前右侧以全掌或掌根击球的后下方，身体重心随之前移（图 8-1）。击球后，迅速进场。

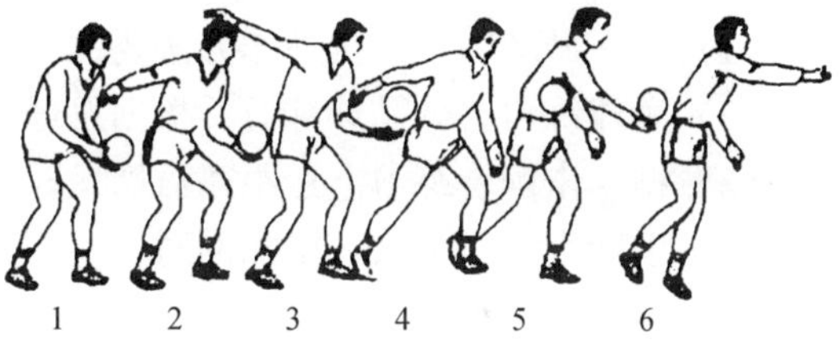

图 8-1

要领：抛球必须在腹前右侧，击球臂以肩关节为轴摆动，以掌根或全掌击球的后下方。

2. 侧面下手发球

准备姿势：左肩对球网，两脚左右开立，与肩同宽，两膝稍弯曲，上体略前倾，左手持球于腹前。

抛球：左手将球平稳抛至腹前离身体约一臂距离，离手高约 30 cm；抛球的同时，右臂伸直向身体左侧后下方摆动，身体稍右转。

击球：击球时，右脚蹬地，身体向左转带动右臂，向体前上方摆动，在腹前用全掌或掌根击球的右下方，击球后迅速进场。

要领：抛球至腹前一臂距离，蹬地转体摆臂，用全掌或掌根击球的右下方。

3. 上手飘球

准备姿势：面对球网，两脚自然分开，左脚在前，左手托球于体前。

抛球：左手用掌平稳而准确地将球抛至体前右肩前上方，高度为 40 ~ 50 cm，同时右臂抬起，屈肘后引，肘略高于肩，上体稍微后仰，五指并拢，指尖朝上，手腕稍后仰，保持一定的紧张，眼睛注视球体。

击球：右脚蹬地，重心前移，以收腹屈体迅速带动手臂挥动，挥臂呈直线，在右肩前上方，用手掌的坚硬部位击球的后中下部，击球的力量要集中、迅猛，击球的作用力通过球心，使球不旋转地向前飞行（图 8-2）。击球结束，手臂要有突停动作。击球后，迅速入场。

图 8-2

要领：击球点靠前，挥臂呈直线，掌根击重心，突停球不旋。

4. 勾手飘球

准备姿势：左肩对网侧站，两脚自然分开，左手持球于胸前。

抛球：左手用托送动作，将球平衡地抛在左肩前上方约一臂高度。

击球：击球时，右脚蹬地，上体向左转动发力，带动手臂挥动，挥动时手臂伸直，在右肩的左上方用掌根击球的中下部。抛球和击球动作要协调。在击球前手臂要突然加速发力，手臂的挥动轨迹在击球前的一段过程中保持直线，击球点稍靠左。击球瞬间，五指并拢，手腕后仰并保持紧张。击球后手臂挥击突停，作用力通过球体重心，并迅速入场。

要领：抛球不宜高，抛击要协调，击球不屈腕，突停容易飘。

（二）练习方法

（1）徒手抛球练习。按动作方法要领，做徒手模仿练习，或做固定球练习。

（2）抛球练习。做抛球练习，根据发球的性能，抛球的高度和落点要合适。

（3）抛、击配合练习。近距离对墙发球，体会发球时抛球与击球的配合。

（4）上网发球。两人一组隔网对发，距离由近到远，直至发球区内。体会击球用力和动作的连续性。

二、垫球

垫球是手臂插到球的下部，利用来球的反弹力将球向上传起的技术动作。垫球主要用于接发球、接扣球、接拦回球，有时也用来组织进攻。垫球技术按动作方法可以分为正面双手垫球、体侧垫球、跨步垫球、背垫球等。

（一）垫球方法

1. 正面双手垫球

准备姿势：两脚开立稍比肩宽，两膝弯曲，上体自然前倾，全身放松。在左半场站位，左脚在前；在右半场站位，右脚在前；在中场站位，可采用左右开立内“八”字脚站位。要随时准备移动。

垫球手型：两手掌根紧靠，两手手指重叠合掌互握，两拇指平行，手腕稍下压，两臂外翻形成一个平面（图 8-3）。

击球部位：看准来球，两臂夹紧前伸，插到球下，用前臂腕关节上方约 10 cm 处的两臂桡骨内侧形成的一个近似平面击球的下部（图 8-4）。

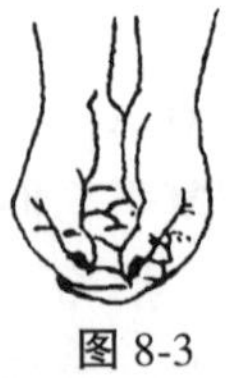
图 8-3

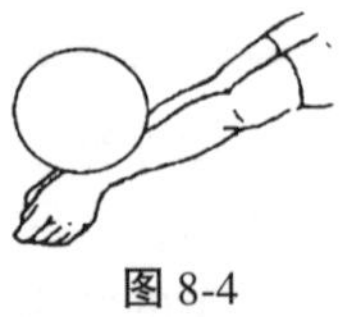
图 8-4

击球动作：向前上方蹬地抬臂，迎击来球，使用插、夹、抬、蹬连贯动作，灵活控制球的方向和力量（图 8-5）。

手臂角度：垫球手臂与地面所成的夹角对控制球的方向、弧度、落点影响很大。一般来说，夹角大，垫击球弧度低；夹角小，垫击球弧度高。此外，垫击球用力的大小与击球的力量成反比，与垫击球的目标距离成正比。

图 8-5

要领：两臂夹紧插球下，抬臂送体腕下压，蹬地跟腰前臂垫，轻球重球力变化。

2. 体侧垫球

当来球飞向体侧且速度较快，来不及移动至正面垫球时，可采用双臂体侧垫球。球侧向飞来时，一脚内侧蹬地，另一脚向外侧跨出一步，重心移至跨出一侧，同时两臂夹紧伸出，跨出一侧的臂高于另一臂，另一侧的臂稍向下倾斜。击球时，身体向球，转腰收腹，以两臂组成的击球平面截击来球，将球平稳垫起。

3. 跨步垫球

跨步垫球时，看准来球的落点，及时跨出一步，重心落在跨出腿上，上体前倾，臀部下降，胸部尽量贴近大腿，后腿自然伸直或随重心前移而跟上，接近球的落点时，两臂前伸插入球下，等球下落接近地面时，用前臂和手腕部位击球的底部，将球向上垫起。

4. 背垫球

采用背垫时，首先，要有正确的场地概念，根据自己所处的位置，垫击的方向、距离和目标来决定用力的大小和出球的方向。其次，双臂要夹紧，迅速移动插到球下，选好击球点。最后，背垫击球部位要高于肩，用力时上体要后仰，利用蹬地抬臂、挺胸展腹的力量，将球向后方垫出。

（二）练习方法

（1）原地徒手模仿练习，移动中模仿练习。

（2）垫固定球练习。一人双手持球于腹前，另一人原地或移动，然后用垫球动作击球，体会手臂触球部位和全身协调用力。

（3）两人一组，一抛一垫练习。

（4）对墙连续自垫练习。

（5）转换方向垫球练习。三人一组，三角垫球练习。

（6）两人相距 7 ~ 8 m，一发一垫练习。

（7）结合场地做接发球练习。

三、传球

传球主要用于衔接防守和进攻。传球是用手指和手腕的动作去击球。传球技术种类较多，主要有正面双手传球、背传、侧传等。

（一）传球方法

1. 正面双手传球

准备姿势：两脚开立比肩宽，膝关节稍屈，双手自然抬起，置于脸前。

迎球：当球下降至近额前时，蹬地伸膝，两手向前上方迎击来球。

击球：击球点在额前上方约一个球的距离处，以便于看清传球的目标，有利于对准球和控制传球的方向。

传球手型：当手腕触球时，两手自然张开成球形，手指与球吻合，手腕稍后仰，拇指相对成“一”字形或“八”字形。用拇指的内侧，食指的全部，中指的第 2、第 3 关节触球，无名指和小指两侧辅助控制传球（图 8-6）。

图 8-6

用力：传球动作是全身协调用力。用力的顺序是：蹬地、伸膝挺腰、伸肘、伸臂、手指和手腕屈伸。利用伸臂和手腕、手指的紧张用力和球压在手指上产生的反弹力将球传出。要根据来球的速度、弧度、力量而适当地控制伸臂和手腕、手指的紧张程度，以加强或缓冲出球速度，控制好传球的弧度和距离，提高准确性。

要领：额前迎击球，触球手张开，蹬地伸臂送，指、腕缓冲弹。

2. 背传

准备姿势与正面传球相同，传球时身体稍向后仰，击球点保持在额前，稍向头上方处，手触球缓冲后，手腕有明显的后翻动作，掌心向上，拇指托球并后挑，然后利用展腹、伸肘、蹬腿的力量，把球向后上方传出。

3. 侧传

准备姿势、迎球动作与正面传球相同，击球点保持在脸前或稍偏向传球方向一侧。传球手型与正面传球相同，但倾向击球一侧的手臂要低一些，另一侧要高一些。用力时，蹬地后上体要向击球方向倾斜。双臂向传出的一侧用力伸展，异侧手臂动作幅度较大，伸展较快。

（二）练习方法

（1）徒手模仿传球动作练习。做好准备姿势，体会蹬地、伸臂、模仿击球动作，领悟动作过程。

（2）体会击球点与手型练习。

（3）对墙传球练习。

（4）向上自传练习。

（5）两人一组，一抛一传练习。

（6）两人对传练习。

（7）三人三角传球练习。

四、扣球

扣球是攻击性最强、最有效的进攻手段，在比赛中占有非常重要的地位。

（一）正面扣球

准备姿势：一般站在距球网 3 m 左右处，两臂自然下垂，稍蹲，要便于脚步移动，眼睛观察来球，做好助跑起跳准备。

助跑：助跑的方向、速度和步数根据传出球的方向、速度和弧度决定。助跑力求灵活，有两步、三步或多步助跑。

起跳：踏跳脚着地的瞬间，手臂摆至身体侧后方并开始由下向前方摆动，随后双腿蹬地向上跳起，两臂做有力的上摆，配合跳起。

空中击球：起跳后，挺胸展腹，上体稍向右转，右臂向上抬起，身体呈反弓形，挥臂时，要迅速转体，以收腹动作发力，依次带动肩、肘、腕各关节向前方挥臂击球，以掌心为击球点，击球的后中部（图 8-7）。手腕要有推压动作。

落地：空中完成击球动作后，身体自然落下，尽量用双脚的前脚掌先着地，缓冲身体与地面的冲击力，落下时身体保持平衡。

图 8-7

（二）练习方法

（1）原地徒手模仿扣球挥臂动作练习。

（2）模仿扣球助跑、起跳动作练习。

（3）原地扣球练习。

（4）助跑起跳扣固定球练习。

（5）网前扣一般球练习。

五、拦网

（一）基本技术

拦网是防守的第一道防线。拦网有单人拦网和集体拦网。拦网技术动作包括准备姿势、移动、起跳、空中击球和落地 5 个相互衔接的部分。

准备姿势：面向球网，两脚平行开立，与肩同宽，两膝稍屈。两手自然弯曲置于胸前。

移动：根据不同情况可灵活运用并步、跨步、滑步、交叉步、跑步等各种移动步法，将身体重心移到拦网位置，准备起跳。

起跳：移动后立即制动，使身体正对球网后起跳。如果原地起跳，则两脚用力蹬地，两臂在体侧划小弧用力上摆，带动身体向上垂直起跳。

空中击球：起跳后稍收腹，控制平衡，两手从额前贴近并且平行于网向网上方伸出，两臂伸直。拦击时，两手尽量伸向对方上空贴近球，两手自然张开，屈指、屈腕成勺形。手触球时，两手突然抖腕，用力捂盖球的前上方。

落地：拦网后自然落回地面，落地时屈膝缓冲。

（二）练习方法

（1）徒手网前跳起拦网练习。

（2）两人相对，网前原地跳起空中拍击手练习。

（3）网前移动，在 2、3、4 号位分别起跳拦网练习。

（4）对方扣球，单人轮流拦网练习。

第三节 排球运动基本战术

一、进攻战术

进攻战术是指在接对方发过来、扣过来、拦过来，以及传、垫过来的球后，全队采取的有目的、有组织的配合进攻行动。进攻战术分为进攻阵型和进攻打法。

（一）进攻阵型

进攻阵型有“中一二”“边一二”“插上”三种阵型。

1. “中一二”进攻战术阵型

3 号位队员做二传，将球传给 4、2 号位队员组织进攻。其优点是一传向网前 3 号位垫球比较容易，有利于组织进攻，适合初学者采用；二传在网前接应一传移动距离近，向 2、4 号位容易传球。其缺点是战术变化少，容易被对方识破进攻意图。

2. “边一二”进攻战术阵型

2 号位队员做二传，将球传给 3、4 号位队员组织进攻。其优点是右手扣球者在 3、4 号位扣球比较顺手，战术变化较多。其缺点是 5 号位接一传时，向 2 号位垫球距离较远，一传不到位（2 号位）时，二传传球比较困难。

3. “插上”进攻战术阵型

二传由后排队员担任组织进攻。其优点是保持前排三点进攻，战术配合变化多，并利用网的全长组织进攻。其缺点是对插上二传队员的要求较高。

（二）进攻打法

进攻打法是指二传队员与扣球队员之间所组织的各种进攻配合。它包括强攻、快攻和两次球进攻三种基本打法。在打法中又有若干战术配合。所有打法中又都可以在“中一二”“边一二”“插上”三种战术阵型中具体运用。

二、防守战术

防守战术有接发球的防守战术，接扣球的防守战术，接拦回球的防守战术，接传、垫球的防守战术。这里简单地介绍一下接扣球的防守战术中单人、双人拦网防守阵型。

（一）单人拦网

当对方扣球威胁不大时，可采用单人拦网。拦网人主要拦扣球人的进攻线路，不拦网队员及时后撤，防守前场区或保护拦网人，后排队员后撤加强后场防守。

（二）双人拦网

当对方扣球技术较高、进攻力量较强、进攻线路变化较多时，多采用双人拦网。双人拦网时，通常采用“边跟进”和“心跟进”两种防守战术。

1. 边跟进

当对方 4 号位队员进攻时，2、3 号位队员拦网，其他 4 个队员组成半弧形防守（图 8-8）。其优点是加强了拦网；缺点是边上的队员既要防守直线，又要跟进防前区，比较困难。

2. 心跟进

当对方 4 号位队员进攻时，2、3 号位队员拦网，后排中心的 6 号位队员跟进保护，其余 3 名队员组成后排弧形防守。其优点是加强了前区的防守能力，缺点是后排防守队员之间的空当较大（图 8-9）。

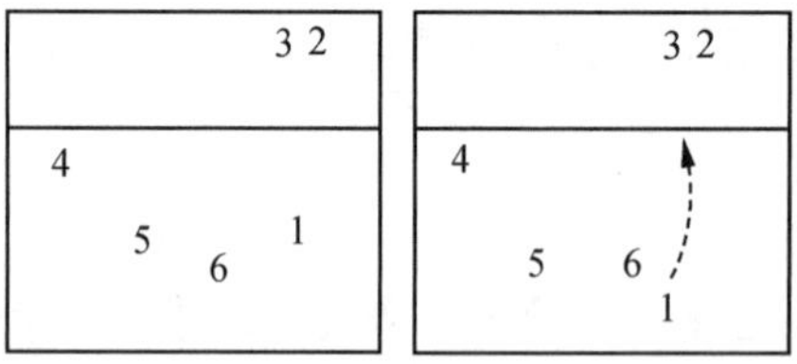

图 8-8

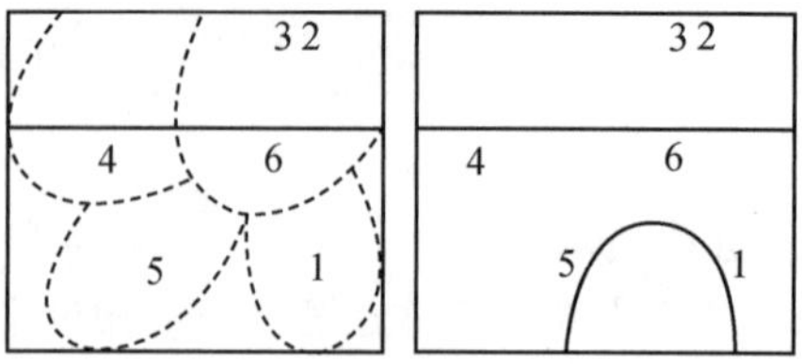

图 8-9

三、练习方法

（1）6人站好位置，按进攻和防守位置轮流转换，明确具体的站位及职责。

（2）6人站位，接老师抛来的球或同学的发球，练习“中一二”“边一二”等进攻战术。

（3）分组练习。一组发球，另一组站位接发球，组织进攻练习。

（4）一组扣球，另一组防守，练习拦网、跟进保护。

（5）6对6进行攻防练习和教学比赛。

第四节　排球竞赛主要规则

一、场地与器材

比赛场区为长18 m、宽9 m的长方形，国际比赛要求场地边线外的无障碍区至少5 m，端线外至少8 m，上空的无障碍区至少12.5 m。一般球场四周至少3 m内不得有障碍物。把18 m长的球场分为4个区，中间画一条中线，离中线3 m的两个区各有一条平行线，称进攻线。进攻线至中线为前场区，进攻线至后端为后场区。两条端线后各画两条长15 cm、距端线20 cm的短线，它们各自画在边线的延长线上，两条短线之间为发球区，在比赛过程中，中线、进攻线、发球区短线和标志杆是无限延长的。

球网长为9.5～10 m、宽为1 m。球网高度，男子为2.43 m，女子为2.24 m。球网上沿的全长缝有7 cm宽的双层白帆布带，在球网下沿另有一条平行并相似的宽5 cm的带子，它们都是供穿绳索固定球网使用的。两条宽为5 cm、长为1 m的白色带子为标志带，分别系在球网的两端，垂直于边线。两根标志杆分别设置在标志带外沿球网的两侧。标志杆长为1.80 m，直径为10 mm。球为一色的浅色或彩色，圆周长为65～67 cm，质量为260～280 g，气压为0.30×10^5～0.325×10^5 Pa。

二、比赛胜负的决定

比赛采用每球得分、五局三胜制，基层比赛可采用三局二胜制。每局（决胜局第五局除外）先得25分并同时超出对方2分的队胜一局。当比分为24∶24时，比赛至某队领先2分为止。决胜局第五局打至15分并领先对方2分获胜。

三、暂停的规定

只有在死球时，经教练员或场上队长请求后，裁判员才会批准暂停。每局比赛每个队有两次暂停机会，暂停时间为30 s。暂停时双方队员必须退出比赛场地接受教练员的指导和安排。

四、队员的替换和快速换人规则

每一局每队最多可替换队员6次，可以同时替换一个队员和多个队员。自由防守人替换不在此列。自由防守人应该穿着与本队其他队员不同颜色的服装；可以替换后排任何一名队员（正在进行的发球队员除外）。作为特殊的后排队员，他不可在任何位置上对高于网的球完成进攻性击球；不允许发球拦网和试图拦网。每局开始上场阵容的队员在同一局中可以退出比赛和再次上场各一次，而且只能回到原阵容的位置上。替补队员每局只能上场比赛一次，而且他只能由被他替换下场的队员来替换。

（1）运动队请求换人时只需要替换队员在正常的比赛间断进入换人区，并做好一切准备，包括替换队员服装的准备、手拿换人牌的准备。原来的教练员按蜂鸣器和做换人手势的程序都省略了。

（2）只有当运动队以上程序完成时记录员才按响蜂鸣器，第二裁判员无须鸣哨，且不必做换人手势，只做允许运动员进行替换的手势；如果替换队员在正常的比赛间断进入换人区而记录员没有按响蜂鸣器，第二裁判员应鸣哨并做换人手势。

（3）第二裁判员应站在网柱和记录台之间靠近网柱处，面向换人球队一方，对换人进行适当的控制，并做出允许替换的手势。记录员只用按蜂鸣器，以及记录结束后举双手，之前不用举单手确认。

（4）当运动队请求多人次换人时，第一个队员在替换时，其他队员应站在换人区边等待。

五、犯规

遇有发球次序错误、接发球时场上队员位置错误、发球时双方队员不在本场地、四次击球、持球、连击、触网、过中线、过网击球（合法拦网除外）、后排队员犯规及不良行为等，按犯规判罚失一分。如果两个或更多的犯规先后发生，则判罚第一个犯规。如果双方队员同时犯规，则判“双方犯规”，该球重新进行。

第五节 气排球运动

一、气排球运动概述

（一）气排球运动的起源与发展

气排球运动起源于 20 世纪 80 年代，是在我国土生土长的一项新型的群众性排球活动。1984 年，呼和浩特铁路局集宁分局为了开展老年人体育活动，在没有规则限制的情况下，组织离退休职工用气球在排球场上打着娱乐。由于气球过轻且易爆，他们将两个气球套在一起打，最后又改用儿童软塑球，参照 6 人制排球简单的比赛规则，并将这种活动形式取名为“气排球”。1991 年，在北京举行的全国铁路老年体育工作会议上决定在铁路老年人中推广气排球。火车头体协依据排球规则，编写了第一本《气排球竞赛规则》。相比于排球，气排球的技巧性降低，球的飞行速度减慢，来回球次数增多，击球方式增多，初学者对球的恐惧感消失，大大提高了比赛的趣味性和观赏性。

气排球运动是一项集运动、休闲、健身、娱乐为一体的群众性体育项目，作为一项新的体育运动项目，尤其适合中老年人健身和青少年群体活动的需要。2017 年，气排球已成为天津全运会 19 个群众体育比赛项目之一。

（二）气排球运动的特点

1. 广泛的群众性

气排球场地设备较简单，既可设在室内，也可设在室外。气排球质量轻、体积大、球体柔软、简单易学，不会对身体造成伤害。其锻炼形式多种多样，规则容易掌握和变通。参加人数可多可少，运动负荷可大可小，适合于不同年龄、不同性别、不同体质和不同训练程度的人，在不同的环境下进行活动。

2. 技术的全面性

在气排球比赛中，由于有位置轮转，每名队员都要参与进攻和防守，这要求队员必须全面掌握各项攻防技术。

3. 严密的集体性

气排球比赛中双方的攻防转换和竞争的焦点主要集中在扣球和拦网上。每次攻防的转换和战术组织，需要队员之间协调配合，共同完成，才能战胜对手，取得比赛的胜利，体现了严密的集体协作精神。

4. 高雅的休闲性

气排球运动不拘泥于形式，既可围圈嬉戏，又可2人或3人进行对抗比赛。该项目自身特殊的技术要求、竞赛特色和健身价值，使参加者乐在其中，尽情享受气排球运动带来的乐趣。比赛隔网进行，没有身体接触，比较文明，具有极高的娱乐性，是人们休闲娱乐的理想项目。

二、气排球运动基本技术

（一）准备姿势

为了便于完成各种技术动作而采取的合理的身体姿势被称为准备姿势。合理的准备姿势是指既要使身体重心处于相对稳定的状态，又要便于移动和完成各种击球动作。一般按照身体重心的高低，将准备姿势分为三种：半蹲准备姿势、稍蹲准备姿势和低蹲准备姿势，如图8-10所示。常用的是半蹲准备姿势。

图 8-10

1. 半蹲准备姿势

（1）动作方法。两脚左右开立，比肩稍宽，一脚稍靠前，两脚尖稍内收。膝关节保持一定的弯曲，全身肌肉适当放松，含胸收腹，双手置于腹前，两眼注视来球，两脚保持微动。

（2）技术要点。屈膝提踵，含胸收腹，两脚微动。

2. 稍蹲准备姿势

身体重心比半蹲准备姿势稍高，动作方法基本相同，主要用于扣球和传球。

3. 低蹲准备姿势

身体重心比半蹲准备姿势低，重心靠前，肩关节的投影点超过膝，膝关节投影点超过脚，手置于胸腹之间。低蹲准备姿势主要用于后排防守和跟进保护前排队员扣球。

（二）移动

人体从起动到制动的过程称为移动。移动的目的主要是及时接近球，保持好合理的人球位置关系，以便击球。移动包括起动、移动步法和制动三个环节。

1. 起动

根据场上的具体情况，采取不同的准备姿势，随时变换身体重心，破坏准备姿势的平衡迅速移动。以向前起动为例，在正确的准备姿势的基础上，迅速向前抬腿收腹，使上体向前倾出，后腿迅速用力蹬地，整个身体急速向前起动。

2. 移动步法

（1）并步与滑步。首先做好半蹲或稍蹲准备姿势。当来球离身体较近，即0.5～1 m时，可采用并步移动。如向右并步，左脚用力蹬地，右脚向右侧方跨出一步，左脚迅速跟上，落在右脚左侧，做好击球准备。连续并步就是滑步，主要用于垫球、传球、拦网。

（2）交叉步。当来球在体侧约 2 m 时可采用交叉步移动。以向左交叉步为例，身体稍向左转，右脚从左脚前面向左交叉迈出一步，左脚再迅速向左跨出一大步，同时身体转向来球方向，保持好击球前的准备姿势。交叉步主要用于接发球、防守、拦网等，如图 8-11 所示。

（3）跨步和跨跳步。当来球较低靠身前时，后腿用力蹬地，前脚向前方跨出一大步，屈膝，上体前倾，身体重心移至前腿上。跨步过程中有跳跃腾空动作即为跨跳步，如图 8-12 所示。

图 8-11

图 8-12

（4）跑步。跑步一般用来垫或传离身体较远的球，跑步时要求边跑边做好击球的准备，身体重心降低、平稳，保持低姿移动能力。

3. 制动

由快速移动转为突停状态的过程称为制动。制动的方法有一步制动法和两步制动法。

（1）一步制动法。在移动的最后跨出一大步以快速制动。脚尖和膝盖稍内转，身体重心降低，全脚掌横向蹬地，以对抗身体的惯性。同时，用腰腹的力量控制上体，以增加制动成功的概率。

（2）两步制动法。首先要在倒数第二步时开始做第一次制动，紧接着再跨出最后一步做第二次制动。同时，两膝盖弯曲，身体后倾，重心下降，两只脚迅速蹬地，以使身体处于有利于做下一个动作的姿势。

（三）接球

用双手、单手或身体的任何部位将对方的来球击起的动作叫接球。接球是气排球的主要技术之一，在气排球活动与比赛中占有重要地位。这项技术通常用于接发球、接扣球、接拦回球，也可以用于组织进攻。

气排球由于球的体积大、重量较轻，球在空中飞行的速度较慢，特别容易受到气流的影响，重心极其不稳定，只能通过加大击球面积，克服球的稳定性差的状况。在长期的实践过程中，气排球运动者们发明了“插托”“抱”“捧”等技术动作，有效地解决了击球时球体不稳定的问题。

1. 双手插托击球

双手插托击球是指面对来球，在胸腹前的左（右）侧或中部托送的一种击球动作。它的明显特征是：一只手掌心朝上，五指朝前，另一只手掌心朝前，五指朝侧，两手在球的后下方形成一个与球向吻合的弧形，用于接发球和接各种攻击过网的球。它是气排球中特有的一项技术动作，如图 8-13 所示。

准备姿势：根据来球的方向、速度、弧度和落点，采用不同的准备姿势。

迎球动作：

① 左托球：球从左边来，右脚内侧蹬地；左脚向左跨出一步，重心移至左脚上。左手插到球的下部，手掌成勺形，手指指根触球的下部，承受球的重量，同时右手五指张开，在来球的后上方顶压着球体并掌握球的方向，也称为护球，如图 8-14 所示。

② 中托球：球从中部来，即为追胸球，左或右手在上，另一只手在下，两肘关节适当内收，两手成勺形，以确保将球托送到位。

③ 右托球：与左托球动作相同，唯手脚动作方向相反。

"插托"手法

图 8-13

图 8-14

击球动作：在正确迎球手型基础上，当手和球接触瞬间，手腕和手指要有顺势向后下展的缓冲动作。击球时，托球手手掌、手指给球体以撩拨动作，手掌、手指的撩拨用力从球体重心的后下方通过，使球在向前上方送起的同时产生上旋。护在球后上方的手顶护住球，利用上下产生的合力将球传出。

2. 抱球

抱球是指队员将离身体较远的正面来球或低球接起的技术动作，如图 8-15 所示。抱球技术有两种动作：一是双手掌相对，大拇指朝上对掌抱球；二是两手指相对，大拇指朝前对指抱球。对指抱球的特征是：两手指相对，掌心朝上，大指朝前，手腕略处紧张状态，形成一个与气排球大小相吻合的弧形。

图 8-15

准备姿势：面对来球，两脚开立，与肩同宽；根据来球的速度和力量，成半蹲或稍蹲准备姿势站立。

迎球动作：

① 对掌抱球：当来球距离身体较远时，两肘伸直，手腕自然下垂，五指自然张开，两手掌相对，大拇指朝上，左右手掌斜相对，形成一个与气排球大小相似的弧形，以便抱

住球的两侧。

② 对指抱球：当来球接近身体时，两肘弯曲，肘关节向外伸展，上臂与前臂夹角大于 90°，手腕处于略紧张状态，两手掌心朝上，十指相对自然张开；大拇指朝前，成弧形，以便抱住球的两侧。

击球动作：

① 对掌抱球：手和球接触瞬间，以指根带动指尖击球的两边后下部，食指、中指、无名指三指受力为主，双手大拇指在球的两侧上部，小手指托在球的底部。用抬臂抖腕的力量将球抱出，击球点在腰腹附近。

② 对指抱球：双手指相对，托抱于球的底部，击球瞬间以手指和手腕的抖动、弹拨及抬臂的力量将球抱出。击球点在胸腰之间。

3. 挡球

当来球较高、力量较大、不便于传球或垫球时，用双手或单手在胸、肩部以上截击来球的击球动作称为挡球，如图 8-16 所示。挡球主要用于防守高于肩上的球，运用挡球可以扩大控制范围，它是垫球的重要补充。

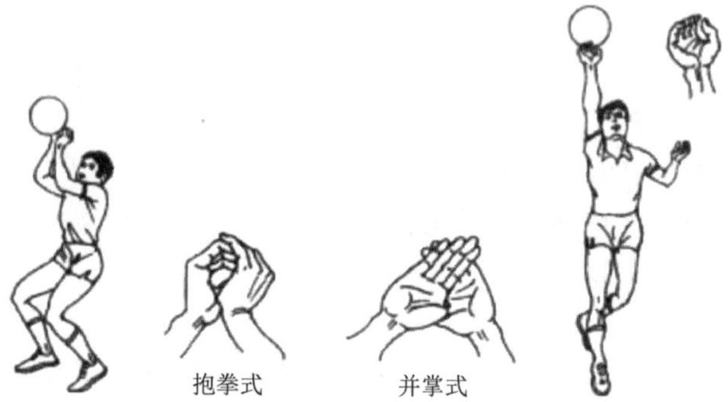

图 8-16

（1）双手挡球。双手挡球多用于挡击胸部以上力量大、速度快的来球。双手挡球的手型有抱拳式和并掌式。抱拳式挡球的手法是：两肘弯曲，一只手半握拳，另一只手外抱，两掌外侧朝前。并掌式挡球的手法是：两肘弯曲，两虎口交叉，两掌外侧朝前，合掌成勺形。不管使用哪种手法，挡球时的手臂一定要屈肘上举，使肘部靠前，手腕稍后仰，用力适度，击球点在额前或两侧肩上，用手掌外侧和掌根所形成的平面击球的后下方。

（2）单手挡球。单手挡球击球点高，多用于来球较高、力量较轻、在头部以上或侧上方的球。单手挡球的手型分为两种：一是掌根平面击球，击球时手指张开并自然弯曲，用掌根平面去击球；二是用掌心平面击球。不管采用哪种手型击球，挡球时，击球瞬间手腕后仰，并保持紧张，使击球平面朝前上方，对准球的后部击球，如球飞到身后较高处时，队员还可以跳起挡球。

4. 捧球

当来球较低时，判断好来球落点，脚步迅速移动到位，屈膝弯腰，做半蹲或稍蹲的准备姿势。队员两手置于腹前，五指自然张开成半球状，插入球下，吻合来球，借助蹬地和双手前臂挑送的力量击球的后下部，将球“捧”出，如图 8-17 所示。

准备姿势：面对来球，两脚开立，与肩同宽；根据来球的速度和力量，成半蹲或全蹲准备姿势站立；两肘弯曲，上臂与前臂夹角为90°左右，分别位于腰部两侧。

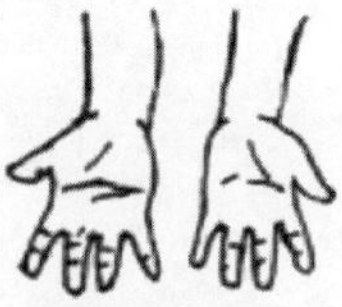

图 8-17

迎球动作：来球时，双手掌心向上，十指微张，朝前成弧形；手指、手腕与前臂基本形成一个平面。

击球动作：双手形成一个弧形，以全手掌击球的下部。双手捧球击球时，上臂夹紧身体，手指、手腕与前臂在一个平面上，靠抖腕、手指弹力和前臂上托的瞬间发力动作将球击出，其动作幅度较小。

5. 单手挑球

队员向前或向侧跨出一步用手掌垫球的方法称为单手挑球。单手挑球适用于来球距身体 1～1.5 m，来球较低或速度较快来不及移动时。

击球动作：判断来球的落点，及时向前或向侧跨出一大步，屈膝制动，重心落在跨出腿上，上体顺势前倾下压，单手插入球下，用蹬地、提肩、抬臂动作击球的后下部。

（四）发球

发球是队员站在发球区内，用一只手将自己抛起的球直接击入对方场区的一种击球动作。发球是比赛的开始，是进攻的开始，是气排球比赛中一项重要的进攻性技术。有攻击性的发球，不仅可以直接得分，而且可以破坏对方一攻，给对方造成强大的心理威胁。初学者在学习发球技术时，重点应放在发球成功率和完成技术动作的合理化上。对具有较高水平的选手来说，重点应放在使发球具有一定的攻击性上，找人、找区发球，提高发球的得分率和破攻率。

1. 正面上手发球（发旋转球）

正面上手发球是指发球队员站在发球区，面向球网站立，利用腰腹转体动作带动手臂加速挥动，在右（左）肩的前上方，用全手掌击球过网的一种发球方法，如图 8-18 所示。正面上手发球技术动作较为简单易学，但要想在气排球比赛中提升和加大发球的攻击性，要求发球队员具有较强的腰、腹、肩及手臂、手腕力量。

准备姿势：以右手发球为例，队员面对球网，两脚自然开立，左脚在前，右脚在后，左手或双手托球于身前。

抛球和挥臂击球：用左手或双手平稳垂直地将球抛向右肩前上方 50～100 cm 处，与此同时，右手屈肘拉臂，肘与肩平行（或略高于肩），上体稍向右转动，肩、肘、腕关节放松。击球时利用蹬地、转体收胸、收腹动作带动手臂向右肩的前上方挥去，如图 8-18 所示。

图 8-18

击球手法：在击球的瞬间，以全手掌击球的后中下部，手指自然张开吻合球，手腕有向前的包击推压动作，弧线挥臂，使击出的球成上旋飞行过网。

2. 正面上手发飘球

正面上手发飘球是队员站在发球区内，面对球网，采用正面上手发球的方式，击球的后中部，使作用力通过球体重心，发出的球不旋转、不规则飘晃飞行的一种发球方法，如图 8-19 所示。

图 8-19

准备姿势：同正面上手发球，面对球网站立。

抛球和挥臂击球：用左手或双手（以右手发球为例）将球平稳地垂直抛至右肩前上方，球不旋转，高度为 30～50 cm（抛球比正面上手发球稍低且稍靠前）。右屈肘拉臂，击球前手臂自后向前直线挥臂。击球时，五指并拢，手腕稍后仰，以掌根平面击球的后中部，使作用力通过球体重心。

击球手法：击球瞬间，直线挥臂，手指手腕紧张，手型固定，不加推压动作，手应有突停动作，击出的球不旋转。

3. 勾手大力发球

勾手大力发球是气排球比赛中运用最多的一项发球技术，是采用勾手发球的方式，利用全身的力量爆发式发力，将球击入对方场区的一种发球方法，如图 8-20 所示。它具有力量大、速度快、弧度低、旋转性强的特点。

图 8-20

准备姿势：队员身体侧对球网，两脚自然开立，右脚稍靠前，左手持球于胸前。

抛球：左手将球抛在左肩的前上方约一臂高度，上体顺势向右倾斜，两膝微屈，身体重心移至右脚。

挥臂击球：借助右脚的蹬地和转体动作发力，带动右臂做直臂弧线挥动，身体重心移至左脚，手臂伸直至最高点，在右肩的前上方以全手掌击球的中下部。

击球手法：击球瞬间，五指自然张开包满球，弧线挥臂，手指、手腕主动做推压动作，使击出的球产生强烈上旋。

4. 跳发球

跳发球是为了加强发球的攻击性，运动员在端线附近采用助跑起跳的方式，在空中将球直接击入对方场区的发球方法（队员在击球瞬间不能踏及或踏过跳发球限制线），如图 8-21 所示。跳发球也有跳发飘球，在比赛中主要还是跳发上旋球。

准备姿势：队员面对球网，站立于离端线 2～4 m 处，双手（或单手）持球于腹前，观察对方接发球情况。

图 8-21

抛球：抛球是掌握跳发球技术的关键。过高、过低、过远、过近均影响跳发球的技术效果。以右手（右手发球）或双手将球抛在右肩前上方，使球旋转，离地面高度为 3～4 m，落点在端线附近。

助跑：在抛球离手后向前助跑跳起。在比赛中多采用 1 步助跑或 2 步助跑。

起跳：两臂协调摆动，摆幅要大，增大身体向前的速度，采用并步式向前冲跳。

空中击球：腾空后，挺胸展腹，上体稍向右转成反弓形，右肘屈拉，五指自然张开，手腕放松。击球时，以转体、收腹和伸肘的鞭打动作带动手臂向右肩的前上方挥动，手臂伸直，用全手掌击球的后中下部，手掌包满球，并有向前的包击推压动作，使击出的球成上旋飞行。

落地：击球后双脚落地，屈膝缓冲，迅速进入场地。

（五）传球

传球是借助蹬地、伸臂、手指和手腕的弹送及球的反弹力，将球传到预定目标的一种击球动作。在比赛中主要用于二传组织各种进攻战术，同时也用于调整传球。按照传球的方向，传球动作可分为正传、背传和跳传。

1. 正传

身体面对出球方向的传球动作被称为正传。正传是最基本的传球方法，是其他各种传球技术的基础，如图 8-22 所示。

准备姿势：多采用稍蹲准备姿势（当来球速度快、弧度低时采用半蹲准备姿势），两脚左右开立，一前一后，约与肩同宽，两膝稍弯曲，两手自然抬起置于额前，准备传球。

传球手型：目前传球手型主要有两种：一种是两手组成半球状，两指相对成“一字形”的传球手型；另一种是两手组成半球状，两拇指斜向前方的“斜前形”传球手型，如图 8-23 所示。

图 8-22

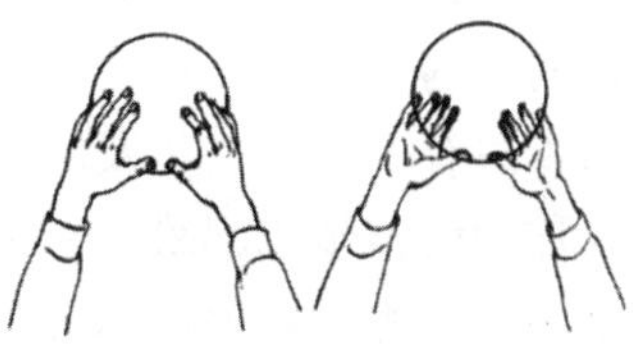

图 8-23

这两种手型的共同点是：在触球时，两臂弯曲，两肘适当分开，两手指自然张开，组成半球状，使手指与球吻合，手腕稍后仰。不同点是："一字形"拇指的中部触球的底部，"斜前形"拇指的内侧触球的底前部，两种手型均以食指全部和中指的二、三指节触球，小指和无名指主要控制球的方向。

传球击球点：当来球距额前约 1 m 时，则开始蹬地、伸膝和伸臂，两手迎击来球。击球点约在额前上方一球距离处。

传球用力动作：主要以手指、手腕的弹力及蹬地、伸膝、伸臂，全身协调用力将球传出。当传球的距离较远时，蹬地、伸膝的用力大一些；反之，则小一些。

2. 背传

向后上方的传球动作称为背传。背传时上体保持正直，稍后仰，身体重心在两腿之间，双手自然抬起，放松，置于脸前。迎球时，抬上臂、挺胸，两腿自然弯曲，击球点在额上方。背传手型与正传手型相同，当来球距离额前 1 m 时，则开始蹬地、伸膝、挺腰、展腹，向上伸肘，同时以手指、手腕的弹力将球传出。与正传相比，背传手腕的用力幅度小，拇指向后上方用力较大，食指和中指向上辅助控制球的方向，如图 8-24 所示。

3. 跳传

跳传是指队员跳起在空中做传球动作，有原地起跳、助跑起跳、双脚起跳和单脚起跳四种起跳方式。但不管二传队员采用何种起跳方式，都要求二传队员掌握好起跳时机，腰部固定，保持身体平衡，垂直向上起跳，在身体上升到最高点时，靠伸臂动作和手指、手腕的弹力将球传出，如图 8-25 所示。

图 8-24

图 8-25

（六）扣球

扣球是队员跳起在空中，将高于球网上沿的球击入对方场区的一种击球动作。扣球技术在比赛中占有重要的地位，是得分的主要手段，是全队进攻实力的综合体现。

1. 正面扣球

正面扣球的动作方法见图 8-26。

准备姿势：上体稍前倾，两臂放松，自然下垂，两眼注视来球，成稍蹲准备姿势。

助跑：助跑的目的是及时接近球，选择合理的起跳点和起跳时机，增加弹跳高度和击球高度。助跑的步法有一步、二步及原地起跳，最常用的是一步、二步助跑。第一步称为定向步，第二步称为调整步或起跳步。可因人而异，选择适合自己的助跑方式。

起跳：起跳不仅是为了获得击球高度，而且是为了选择适当的击球时机和击球位置。起跳的方式分为并步起跳和跨步起跳两种方式。并步起跳，即当一只脚（或右脚）着地

图 8-26

后，另一只脚（或左脚）再跟上落于该脚的侧前方，随即下肢蹬伸，两脚蹬地起跳；跨步起跳，即当一只脚（或右脚）跨出的同时，另一只脚也跨出去，两脚几乎同时着地和蹬地起跳。并步起跳有助于调节起跳时机，适应性较强；跨步起跳有助于增大腿部的蹬地力量，增加弹跳高度。

空中击球：空中击球是扣球技术的关键环节。起跳后，右肘屈肘拉臂，身体向后成反弓形，并稍向右转（右手扣球为例），右肘高于肩，击球时，以迅速地转体、收腹及送肩伸臂动作发力，带动肩、肘、腕、手各环节依次加速成鞭打动作，在右肩前上方击球。击球手法是五指自然张开成勺形，全手掌包住球，击球的后中下部或后中上部，击球瞬间有主动的屈指、屈腕动作。

落地：落地时以前脚掌着地，同时顺势屈膝缓冲过渡到全脚掌着地。相关资料研究表明，大都是左脚先着地，然后右脚着地，这主要是因为右手扣球会上伸手臂，而左脚为了平衡会先着地。

2. 近体快球

近体快球是指扣球队员在二传传球前或传球的同时起跳，在二传队员前面 50 cm 处扣球。在气排球比赛中，一般采用一步助跑和原地起跳，队员助跑方向约与球网成 45°。随一传助跑到网前，当球到二传手中，扣球队员在二传身前迅速起跳，起跳后身体略后仰，看准来球，当球出网后或达到一定高度时将球击入对方场区。击球时主要利用转体、收腹、收胸、伸肩动作带动前臂和手腕甩腕鞭打击球，以全手掌击球的后中上部，如图 8-27 所示。

图 8-27

（七）拦网

拦网（图 8-28）是防守反击的第一道防线，是队员靠近球网，将手伸向高于球网上沿阻挡对方来球的行动（拦发球除外）。从拦网的人数上分，拦网可分为单人拦网和集体拦网，集体拦网又分为双人拦网和三人拦网。

准备姿势：队员面对球网，两脚左右开立，与肩同宽，距离球网 30～40 cm，两膝稍屈，两手自然弯曲置于胸前。

移动：当球距自己不太远时，可以采用面对球网并步移动的方式；当球距自己较远时，可以采用交叉步移动或跑步移动的方式。

起跳：重心降低，两膝弯曲，两手摆臂，垂直起跳，两臂从额前平行球网把手伸向对方场地上空。

图 8-28

起跳时机：根据对手二传球弧度的高低、距离球网的远近及进攻队员的特点，提前判断。拦网队员起跳时机的把握和运用如下：拦快球时要早于或与对方扣球队员同时起跳；拦对手强攻时，在对方进攻队员空中屈肘拉臂时起跳。

空中击球：起跳后面对球网，含胸收腹，两手从额前平行球网向前上方伸出，两臂伸直，两肩尽量上提。拦击时，两手五指自然张开，手腕稍紧张固定，两手间距离适中（两手太开易漏球），主动屈指、屈腕，盖帽捂住球的上方，把球尽可能地拦在对方场区内。

落地：队员前脚掌过渡到全脚掌着地，屈膝缓冲，准备做下一个动作。

三、气排球运动基本战术

气排球战术是指运动员在比赛中为了战胜对手，依据气排球运动规律及比赛过程中双方的具体情况和临场变化，所采取的有意识、有目的、有组织的行动。一个队在选择战术时，应根据本队队员的特点、阵容配备，选择与之相适应的战术，形成自己的风格。

（一）气排球战术的基本理论

1. 气排球战术分类

气排球战术有多种分类方法，常根据气排球战术教学规律和特点，把战术分为个人战术和集体战术两大类，再把集体战术分成进攻战术和防守战术两大部分。

2. 战术意识

战术意识是队员在运动实践中所积累的经验、才能与知识的综合反映，也是队员在比赛中判断能力、反应能力、应变能力及合理地运用技术和实现战术能力的概括。战术意识是运动员自觉的心理活动，是反映一个队员是否成熟的重要标志。但战术意识不会自然形成，需要在教学、训练、比赛的过程中精心培养和磨炼。

3. 战术与技术

战术与技术两者之间是互相联系、互相依存、互相促进、互相制约的辩证关系。技术是战术的基础，战术是技术的合理组织与有效运用。技术决定战术，战术可以反作用于技术，对技术提出新的要求，促进技术的发展与提高。

4. 个人战术与集体战术

个人战术与集体战术的关系是局部和全局的关系，个人战术要促成集体战术的实现，集体战术要有利于发挥个人战术的特长和作用，两者相辅相成，互相弥补。队员在比赛中的技术和个人战术首先必须服从集体战术的需要，在保证实现集体战术的前提下，充分发挥和运用个人战术，丰富全队的战术打法，弥补集体战术的不足。

5. 进攻和防守

在气排球比赛中，为了使球落在对方场区或造成对方失误而采取的一切合法手段，都被称为进攻。反之，为了不使球落在本方场区的一切合法手段，均属于防守。

进攻是争取得分的主要手段，加强进攻可以破坏和削弱对方的进攻，从而减轻本方防守的压力，争取比赛的主动权。防守不仅是减少失分的一个重要方面，也是得分的基础。除发球外，每发动一次进攻都是在防守的基础上进行的，可以说没有防守，就没有进攻。防守应该是积极的、有进攻意识的防守。

6. 战术系统

战术系统是进攻和防守及其打法的组合运用。依据气排球运动的比赛规律，将气排球战术系统分为接发球及其进攻、接扣球及其进攻、接拦回球及其进攻和接传垫球及其进攻四大战术系统。

（1）接发球及其进攻系统。接起对方发球组织的第一次进攻，简称“一攻”。它一般包括一传、二传、扣球三个环节

（2）接扣球及其进攻系统。一般采用拦网和后排防守两道防线，在球网上空直接拦击对方的进攻或防起对方的扣球及吊过来的各种球后组织的进攻，俗称“反攻”或“防守反击”。它一般包括拦网、一传、二传、扣球四个环节。

（3）接拦回球及其进攻系统。接起被对方拦回来的球组织的进攻，俗称“保攻”。它一般包括传球或垫球、二传、扣球三个环节。

（4）接传垫球及其进攻系统。接起对方以传球、垫球等形式打过来的球后所组成的进攻，俗称“推攻”。它一般包括一传、二传、扣球三个环节。

（二）阵容配备

1. “三二”配备

“三二”配备是指场上队员由 2 名队员兼职二传和 3 名进攻队员组成，如图 8-29 所示。

优点：无论位置怎样轮转，前排都能保持 1 名二传和 2 名进攻队员，便于组织和发挥攻击力量，给对方的拦网及防守造成困难。

缺点：对 2 名二传队员的进攻和拦网能力要求较高，前排能传球、拦网，轮转到后排又能参与全队的进攻，会出现 2 个二传在前排的轮次。

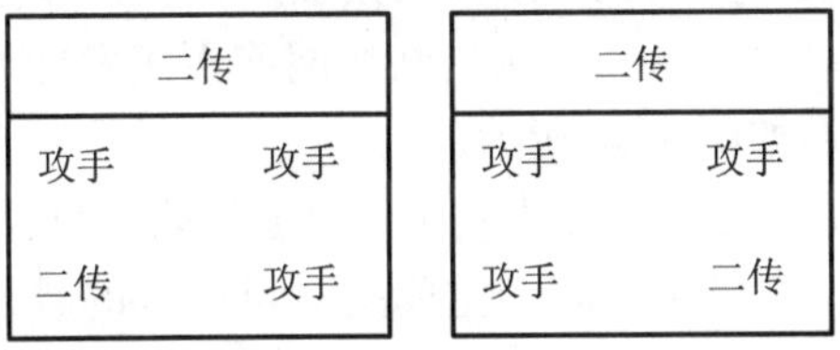

图 8-29

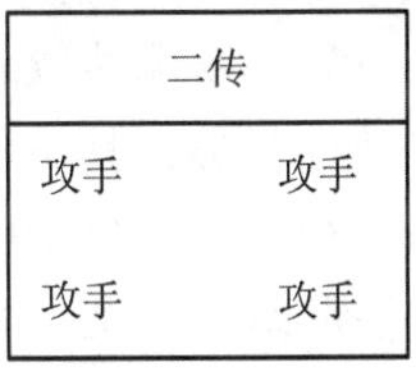

图 8-30

2. “四一”配备

“四一”配备是指场上队员由 1 名二传队员和 4 名进攻队员组成，如图 8-30 所示。

优点：全队只适应 1 名二传队员的打法，分工明确，相互之间容易建立默契，有利于二传队员统一贯彻战术意图，进攻点多。

缺点：二传队员从 1 号位、5 号位后排插上到前排传球，对全队的攻防转换、战术素养要求较高。

从气排球运动的发展现状看，要求全队队员都应具备攻守平衡的能力，主、副攻队员的界限只有逐渐被打破，才能适应比赛的需要。

（三）气排球集体战术

1. 进攻

（1）“中一二”进攻阵型。前排中间的 3 号位队员作二传，把球传给两边的 2 号、4 号位队员进攻，这种进攻的组织形式就叫“中一二”进攻阵型（图 8-31）。

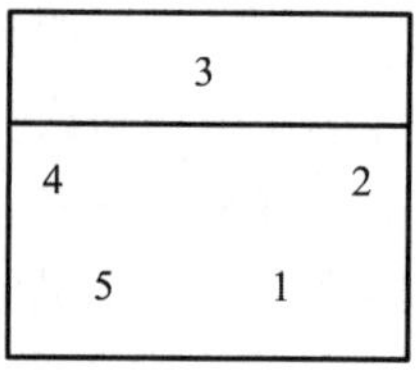

图 8-31

如果二传队员轮转到 2 号、4 号位时，可以在对方发球后换到 3 号位来，其站位方法如图 8-32 所示（称“边换中”）。

优点：一传向网前中间 3 号位垫球，二传队员在网前接应一传的移动距离近，向 2、4 号位传球的距离较短，利于组成进攻。缺点：战术变化少，进攻点容易暴露。

（2）“边一二”这进攻阵型。前排 2 号位队员作二传，把球传给 3 号、4 号位队员进攻，这种进攻的组织形式就叫“正边一二”进攻阵型［图 8-33(a)］。反之，前排 4 号位队员作二传，把球传给 3 号、2 号位队员进攻，这种进攻的组织形式就叫“反边一二”进攻阵型［图 8-33(b)］。

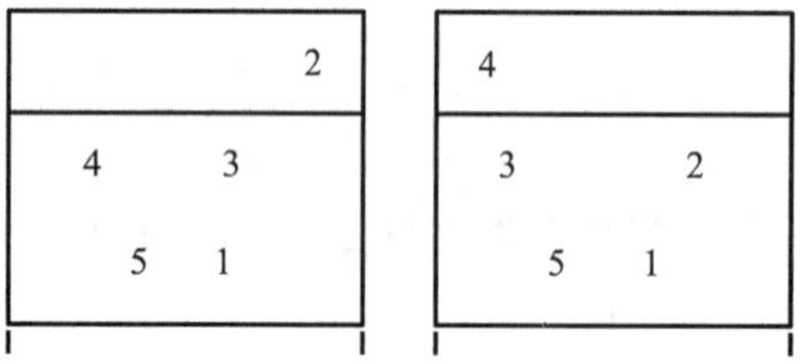

图 8-32

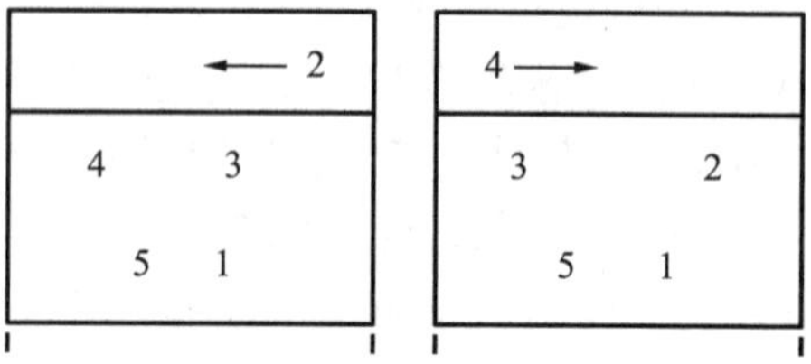

(a) 正边一二　(b) 反边一二

图 8-33

优点：可采用快球掩护、拉开进攻、梯次进攻、交叉进攻战术，战术变化也多。缺点：对一传要求较高，有时二传跑动距离长，接应较困难。

2. 防守

气排球的防守战术是组织进攻或反攻战术的基础，没有严密的防守，进攻就无从组织。一切防守战术都应站在积极为进攻和反攻创造条件的角度进行设计和考虑。

（1）“一三一”接发球站位阵型。除一名二传队员站在网前不接发球外，其余 4 名队员都担负起接一传的任务，其站位队形如图 8-34 所示。

优点：队员均衡分布，分工明确。缺点：2 号位或 4 号位上的队员身后空当较大。

（2）“一”字形站位阵型。“一”字形站位阵型主要是对付对方的跳发球、大力发球时采用。该类发球的落点是落在中后场区，后场区 4 名队员“一”字排开，每人接发球守一条线，如图 8-35 所示。

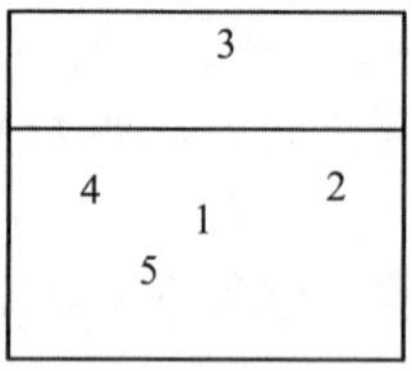

图 8-34

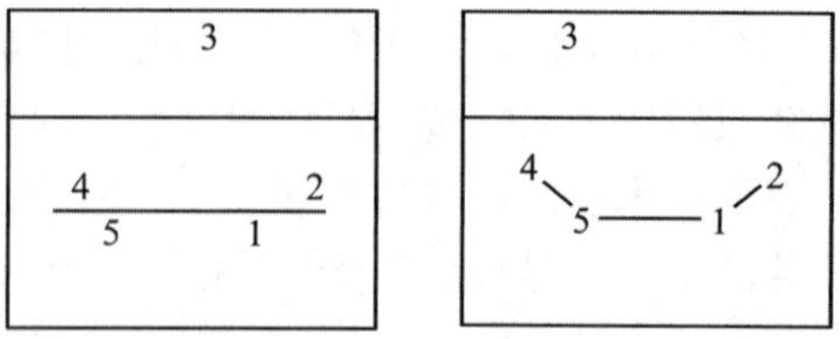

图 8-35

四、气排球竞赛主要规则

（一）场地与器材

1. 场地

比赛场地为 12 m×6 m 的长方形，由边线、端线、中线、进攻线（在每条进攻线边线两侧画三段长 15 cm、宽 5 cm，并间隔 20 cm 的虚线，虚线总长 1.05 m）和发球区短线（在两条边线的两端，距离端线 20 cm 画一条 15 cm 长的短线）组成（基层推广羽毛球场地为 13.4 m×6.1 m 的长方形）。

（1）前场区。每个场区各画一条距离中线 2 m 的进攻线（其宽度也包括在内）。中线与进攻线之间为前场区。

（2）后场区。端线与进攻线（不包括线宽）之间为后场区。

（3）发球区。发球区宽 6 m（包括发球区短线的宽度），位于端线后（不包括端线）。两条端线后各画一条长 15 cm、垂直并距离端线 20 cm 的短线，两条短线之间的区域为发球区。发球区的深度延至无障碍区的终端。

（4）换人区。两条进攻线的延长线之间、记录台一侧边线外的范围为换人区。

（5）无障碍区。比赛场区的四周至少有 2 m 宽的无障碍区，上空的无障碍空间至少高 7 m。

（6）过网区。过网区是球网垂直平面部分，其范围为：下至球网上沿，两侧至标志杆及延长线，上至天花板。

2. 球网高度

球网架设在中线上空，青年男子网高为 2.10 m，青年女子网高为 1.90 m，老年男子网高为 2 m，老年女子网高为 1.80 m，混合组网高为 2 m。

球网的高度应用量尺从场地中间丈量，球网两端（边线上空）的高度必须相等，并不得超过规定网高 2 cm。

3. 比赛用球

气排球是圆形的，由柔软的材料制成。比赛用球圆周长为 72～78 cm，质量为 120～140 g，气压为 0.15～0.18 kg/cm^2。

（二）比赛参加者

1. 球队成员

一个队最多有 10 名成员，包括队员、教练员、领队等。教练员可以兼运动员。只有登记在记分表上的队员才可以参加比赛，教练员和队长在记分表上签字后，已登记在记分表上的队员名单不得更改。

2. 场上队长

比赛中，如对裁判员的判罚有疑问，全队只有场上队长是唯一能够代表本队请求裁判员对规则和规则的执行进行解释、转达本队成员提出的问题和请求的人（如果他未在场上参加比赛，不能行使此权力），只有在死球时才能提出请求。场上队长请求裁判员运用规则对判断进行解释时，第一裁判员必须回答，必要时不仅要重复手势，而且要赋予简短的规则用语。当场上队长被替换下场时，裁判员应提醒教练员或场上队长明确此后由谁担任场上队长。

（三）比赛方法

（1）比赛采用三局两胜制、每球得分制。

（2）前两局比赛先得 21 分同时领先对手 2 分的队胜一局，决胜局先得 15 分同时领先对手 2 分的队胜一场（8 分时交换场地）。

（3）无正当理由而又未准时到场或被召唤之后拒绝比赛的队，判为弃权。

（四）犯规

1. 发球时的犯规

（1）发球时将球用手掷给对方。

（2）发球队员用双手击球。

（3）击球前球未抛起或未离开持球的手。

（4）发球队员击球时身体的任何部分触及无障碍区。

（5）发球次序错误。

（6）第一裁判员鸣哨后，发球队员在 8s 内未将球击出。

（7）发球时脚触及端线或发球线以外的部分。

（8）球抛起后下落时触及发球队员身体的任何部分。

2. 发球后的犯规

（1）发球击球后入网并落在本方场地。

（2）球从网下进入对方场区。

（3）球触及标志杆，或从标志杆外，或从标志杆的延长高度上空进入对方场区。

（4）球触及标志杆以外的球网、网绳、网柱。

（5）球触及场外物体、天花板或非比赛成员。

（6）球在进入对方场地前触及本队队员。

（7）击球后球落在界外。

（8）球越过发球掩护的个人或集体。

（五）暂停和换人

（1）暂停。每局比赛中，每个队可请求 2 次暂停，每次暂停时间为 30 s。只有成死球时经教练员或场上队长向第二或第一裁判员请求后才准予暂停。第一裁判员鸣哨后，比赛应立即继续进行。某队请求第三次暂停，应予拒绝并提出警告。第一裁判员已鸣哨发球，队员尚未将球发出或与鸣哨的同时请求暂停，第一裁判员均应拒绝，如第二裁判员在此时错误鸣哨允许暂停，第一裁判员也不得同意，应再次鸣哨发球。

（2）换人。某队换人时应由教练员或场上队长（教练员缺席时）在死球时向第二或第一裁判员提出要求，并说明替换人数和队员的号码。裁判员准许换人时，上场队员应已做好准备并从前场区上下场。

思考题

1. 排球运动主要由哪些技术组成？
2. 气排球运动有何特点？
3. 气排球规则与室内 6 人制排球的不同之处有哪些？

第九章 足球运动

第一节 足球运动概述

足球运动是目前世界上发展最为广泛、影响最大的体育项目，被誉为“世界第一运动”。它的起源可以追溯到人类社会的史前时代，世界上不少民族都有过用脚玩球进行身体活动的历史。我国古代开展足球运动要早于其他国家，2 500 多年前的战国时代就有了叫“蹴鞠”的游戏活动。公元 16 世纪以后，足球游戏在欧洲一些国家盛行起来，尤其是 1 800 年以后，英国军队对传播足球运动起了很大作用。

1863 年，在伦敦成立了世界上第一个足球运动组织——英格兰足球协会。1904 年，在巴黎，法国、瑞士、瑞典、比利时、西班牙、荷兰、丹麦等国的有关人士聚集一堂，发起成立了国际性的足球组织——国际足球联合会（以下简称“国际足联”），法文缩写为“FIFA”。

从 1900 年第 2 届奥运会开始，足球运动被正式列为奥运会比赛项目。1928 年，国际足联决定从 1930 年起每四年举行一届世界足球锦标赛。1942 年及 1946 年两届比赛因第二次世界大战未能举行。

19 世纪末 20 世纪初，现代足球运动从西方国家传入我国，香港、上海是中国开展现代足球最早的地方，随后逐渐发展到其他城市。中国最早的足球组织是 1908 年在香港成立的“南华足球会”，1913—1934 年，中国足球队先后参加过 10 届远东运动会，曾获得 9 届冠军。1931 年，中国加入了国际足球联合会。

中华人民共和国成立后，足球运动被列入重点运动项目，得到了大力推广和发展，并有了自己的职业联赛，使我国的足球运动水平有了一定的提高。中国女子足球近年来稳居世界前几位。

第二节 足球运动基本技术

一、无球技术

（一）起动

足球比赛的起动动作，在许多情况下是与各个技术动作紧密联系在一起的，并在一定程度上影响着技术动作完成的质量。突然的快速起动能为完成各项有球技术动作赢得有利的时间优势。

(二) 跑

速度已成为现代足球运动的特点之一，而快速跑动则是“足球速度”的重要组成部分。由于在足球比赛中，进攻与防守时刻发生着变化，因此队员的跑动速度、路线、动作也要随之改变，如慢跑、快跑、直线跑、曲线跑、折线跑，以及在特殊情况下的侧身跑、插肩跑、后退跑等。

(三) 急停和转身

比赛中进攻与防守的不断变化使球的位置也在时刻变化。为甩掉对方或不被对方甩掉，需要队员有时在高速的奔跑中突然停止跑动，或在突然停止跑动后立即转身或者原地转身改变移动方向。主要技术包括正面急停、转身急停、前转身、后转身等。

(四) 身体假动作

在比赛中，为了摆脱对方的紧逼或者为了把对方控制的球夺过来，常常用快速而逼真的身体虚晃动作，使对方产生错误的判断，做出错误的行动或动作，从而达到自己的目的。做得逼真的假动作会使对方产生相应的反应。当对方做出相应的反应时，由假变真的动作必须做得突然，才能收到预期的效果。因此，在快速的虚晃中自如地控制自己身体重心的移动，是顺利完成假动作的关键。

二、有球技术

(一) 踢球

踢球是用脚相应部位把球踢向预定目标的技术动作。常用的踢球技术有脚内侧踢球、脚背内侧踢球、脚背正面踢球和脚背外侧踢球。

1. 脚内侧踢球

脚内侧踢球是指踢球脚触球时，以脚内侧部位触球。它的特点是脚与球的接触面积大，出球比较平稳、准确，但速度较慢、力量较小，多用于短距离传球和门前推射。

直线助跑，支撑脚踏在球的侧方约 25 cm 处，膝关节微屈，在支撑脚着地的同时踢球脚以髋关节为轴由后向前摆动，在前摆的过程中屈膝外转，踢球脚的内侧正对出球方向，小腿加速前摆，脚尖稍翘起，脚掌与地面平行，用脚内侧部位踢球的后中部。

脚内侧踢球在脚与球接触过程中有两种踢法：一种是推送踢法，即脚触球时，踢球腿前摆，这样踢球脚与球接触时间长，出球较平稳；另一种是敲击踢法，即踢球时踢球腿摆动不大，只是小腿快速前摆击球，击球后，小腿突然停止前摆，这个动作与球接触时间短促，动作有力。

2. 脚背内侧踢球

脚背内侧踢球是指踢球脚触球时，以脚背内侧部位触球。这可以增加踢球的力量和速度，经常用于踢定位球和远距离射门。

斜线助跑，助跑方向与击球方向约成 45°角，支撑脚在球的侧后方 25 ~ 30 cm 处，膝关节弯曲，脚尖指向出球方向，身体稍向支撑脚一侧倾斜。支撑脚着地的同时，踢球腿以髋关节为轴，大腿带动小腿由后向前摆动，当膝关节摆至接近球的内侧垂直上方时，小腿加速前摆，脚尖稍外转，脚面绷直，脚趾扣紧，脚尖指向斜下方，以脚背内侧击球的后中部，踢球腿跟随球继续前摆。

3. 脚背正面踢球

脚背正面踢球是指踢球脚触球时以脚背的正面触球。它踢球的力量大，但出球性能变化小，方向单一，主要用于射门及踢空中球、反弹球和倒钩球。

如图 9-1 所示，直线助跑，最后一步稍大并积极着地，支撑脚踏在球的侧后方 10～15 cm 处，脚尖正对出球方向，膝关节微屈；踢球腿在支撑脚前跨的同时蹬离地面，屈膝，小腿顺势向后摆起，当支撑脚着地时，踢球腿以髋关节为轴，大腿带动小腿由后向前摆动，当膝关节摆至接近球的垂直上方时，小腿做爆发式的前摆，脚背绷直，脚趾扣紧，以脚背正面击球的后中部，踢球后踢球腿继续随球提膝前摆。

图 9-1

4. 脚背外侧踢球

脚背外侧踢球是指踢球脚触球时，以脚背外侧触球。它踢球力量大，出球的性能和方向变化较多，经常用于射门、传球、踢角球。

助跑、支撑脚的位置和踢球腿的摆动基本上与脚背正面踢球相同，只是在踢球的刹那间，膝关节和脚尖内转，用脚背外侧部位击球的后中下部偏左（右）侧。

5. 练习方法

（1）做无球模仿练习。

（2）做跨步或助跑踢固定球练习。

（3）对墙踢球。开始相距 3～5 m，力量可小些，然后逐渐加长距离，加大踢球力量。

（4）两人一组，相距 15 m 左右，踢定位球练习。

（5）踢角球练习。

（6）做踢手抛空中球、落地反弹球练习。

（二）停球

停球是指运动员有目的地用身体的合理部位，把运动中的球停挡在所需要的控制范围内的技术动作。常用的停球动作有脚内侧停球、脚底停球、胸部停球、脚背外侧停球、脚背正面停球、腹部停球和大腿停球等。下面仅介绍前三种。

1. 脚内侧停球

其停球的部位与脚内侧踢球相同，多用于停地滚球、反弹球和空中球等。

（1）停地滚球。支撑脚正对来球，膝关节微屈，停球腿稍提起，屈膝外展并前迎，脚尖稍翘起，在脚与球接触的刹那开始后撤，缓冲来球的力量并用脚的内侧部位轻压触球的后中上部，把球停在所需位置。

（2）停反弹球。支撑脚踏在球落点的侧前方，膝关节弯曲，上体稍前倾，并向停球方向微转，同时停球脚提起，踝关节放松，用脚内侧部位对准来球的反弹路线，当球落地反弹刚离开地面时，用脚内侧推压球的中上部。

（3）停空中球。将停球脚举起前迎，脚内侧对准来球路线，在脚与球接触的刹那后撤，用脚内侧接触球，把球控制在衔接下一个动作所需的位置。

2. 脚底停球

它主要用前脚掌停球，常用于停地滚球和反弹球。

（1）停地滚球。支撑脚在球的侧后方，膝关节微屈，停球脚脚尖翘起，膝关节抬起弯曲，踝关节放松，用前脚掌轻压球的中上部。

（2）停反弹球。支撑脚踏在球的落点侧后方，当球落地反弹刚离开地面时，用前脚掌对准球的反弹路线挤压球的后上部。

3. 胸部停球

因胸部面积大，有弹性，位置高，常用于停高空球和空中平直球。

（1）缩胸停球。如图 9-2 所示，身体正对来球，两脚前后开立，两臂自然张开，挺胸迎球，在球与胸部接触的刹那迅速缩胸、收腹，把球落于体前。若向左（右）停落，则在接触球的同时向左（右）侧转体。一般用于停胸部高度的空中平直球。

图 9-2

（2）挺胸停球。用于停高于胸部的空中下落球。身体正对来球，在球与胸部接触的刹那，收下颚、挺胸，上体稍后仰以缓冲来球的力量，使球触胸后向上方弹起后落在体前。

4. 练习方法

（1）停迎面地滚球练习。两人相对站立，一人踢（抛）地滚球，另一人迎上停球。

（2）跑动中停正面来球练习。两队面对面站立，排头之间相距 30 m。甲队第 1 人传地滚球给乙队第 1 人，然后跑到排尾，乙队第 1 人跑动中停球，再传给甲队跑上来的第 2 人，依此顺序练习。

（3）用各种停空中球的方法，做自抛自停凌空球练习。

（三）运球

运球是指在跑动中用脚推拨球，使球保持在自己控制范围内的技术动作，常用的有脚背内侧运球、脚背外侧运球等。

1. 脚背内侧运球

一般在改变运球方向并需要用身体掩护球的情况下使用脚背内侧运球。

跑动时身体自然放松，步幅较小，上体前倾并稍向运球方向转动，运球脚提起时，膝关节稍屈，脚跟提起，脚尖稍外转，用脚背内侧推拨球的后中部或后侧中部。

2. 脚背外侧运球

一般在快速奔跑和向外改变运球方向时使用脚背外侧运球。

跑动中身体自然放松，上体稍前倾，两臂自然摆动，步幅小而短促，运球脚提起，膝关节弯曲，脚尖稍内转，用脚背外侧推拨球的后内侧中部。

3. 练习方法

（1）在走或慢跑中做运球练习，体会脚、球相互接触时部位的准确性及脚部运球动作的感觉。

（2）在“8”字形的两圆上做双脚交替的脚背外侧运球练习。

（3）运球绕过障碍练习。

（四）头顶球

常用的头顶球技术有原地前额正面顶球、原地前额侧面顶球、跳起顶球等。

1. 原地前额正面顶球

如图 9-3 所示，身体正对来球，两脚前后开立，膝关节微屈，上体稍后倾，重心放在后脚上，两臂自然张开，两眼注视来球；在球运行到身体垂直部位前的刹那，后脚用力蹬地，身体重心由后脚移向前脚的同时，迅速向前摆体，颈部紧张，快速甩头，用前额正面顶球的后中部，接着上体随球继续前摆。

图 9-3

2. 原地前额侧面顶球

两脚前后开立，两膝微屈，以后脚支撑体重，上体和头部向出球的相反方向侧屈，两眼注视来球；当球运行到击球方向同侧肩上方时，蹬地、转体、甩头，用前额侧面顶球的侧中部。

3. 跳起顶球

原地双脚起跳时，两腿先屈膝，重心下降，然后两脚用力蹬地跳起，同时两臂屈肘上摆，在上升过程中，挺胸展腹，两臂自然张开，两眼注视来球；在跳到最高点准备顶球时，身体成背弓状；在球运行到身体的垂直部位的刹那，快速收腹、折体前屈并甩头，用前额正面将球顶出；顶球后，两腿同时自然屈膝、屈踝落地。

4. 练习方法

（1）做各种顶球模仿练习，体会动作顺序。

（2）做自抛自顶练习，体会顶球的合理部位和用力时的感觉。

（3）两人相距 5 m 左右，做一抛一顶练习。

（4）在球门区附近，做手抛球后的头顶球射门练习。

（5）在球门区附近，做执行任意球后的头顶球射门练习。

（五）抢截球

抢截球是指在规则允许的条件下，为把对方控制或传出的球夺过来、堵截住、破坏掉、踢出去而采用的技术动作。抢截球有正面抢截球和侧面抢截球等。

1. 正面抢截球

正面抢截球是控制对方从正面运球前进时采用的方法。

两脚前后开立，两膝微屈，身体重心下降，正面面向对方。当对方运球前进的脚即将着地时，抢截者立即一只脚蹬地，另一只脚以脚内侧对准球并向球跨出一步，同时运用合理的身体冲撞动作配合脚步动作，将球从对方的控制范围内抢过来控制在自己的脚下。

2. 侧面抢截球

侧面抢截球是与运球者平行跑动或从后面追成平行时采用的方法。

图 9-4

如图 9-4 所示，当与对方并肩跑动时，身体重心稍下降，与对方一侧接触的臂要紧贴身体；当对方靠近自己一侧的脚离地时，用肘关节以上部位冲撞对方相应部位，使其失去平衡而离开球，乘机将球控制过来。

3. 练习方法

（1）两人一组做无球模仿抢截球动作练习，主要体会运用身体合理冲撞动作。

（2）两人一组做运球过程中抢截球练习。

（3）一对一做运、抢对抗练习，提高控制球和抢截球的转换适应能力。

（4）多人进行实战条件下的抢截球练习。

（六）假动作

假动作是为了隐蔽自己的意图而运用各种动作的假象迷惑和调动对方，使其产生错误的判断或失去身体平衡，从而取得时间、位置、距离等有利条件，更好地实现自己的意图。在下列情况下经常使用假动作：传球或射门前，停球前，运球中和过人时，等等。

1. 传球前的踢球假动作

当准备传球时，如对方迎面跑来抢球，可先做假踢动作，诱引对方堵截传球路线，然后突然改变方向传球。

2. 停球前的停球假动作

当对方在体侧紧逼的情况下准备停球时，可先假装做向左（右）停球动作，接着突然变为向右（左）停球。

3. 过人时的虚晃动作

诱使对方也向左（右）移动，接着用右脚脚背外侧把球向右（左）轻拨并转身越过。

（七）掷界外球

掷界外球是指在比赛中按照要求，有目的地用双手将球掷入场内的技术动作。

1. 原地掷界外球

面对出球方向，两脚前后或左右分开，膝关节弯曲，上体后仰成背弓状，持球的侧后部，屈肘将球置于头后。掷球时，后脚用力蹬地，两腿迅速伸直快速摆体，身体重心由后向前移，同时两臂急速前摆，当球摆到头上时，用力甩腕将球掷入场内。掷球时，后脚可沿地面向前滑动，两脚均不得离地或踏入场内，但允许踏在线上。

2. 助跑掷界外球

双手持球于胸前，在助跑迈出最后一步时，上体后仰成背弓状，同时将球上举至头后。掷球时的动作与原地掷界外球动作相同。

3. 练习方法

（1）原地做无球模仿练习。

（2）两人一组相距 10～20 m 做对掷练习。

（3）限制落地区域或落地速度做掷界外球练习。

（八）守门员技术

守门员技术是比赛中守门员所采取的各种有效防御动作和接球后所做的助攻动作的总称。它包括选位、准备姿势、移动、接球、拳击球、托球、掷球和抛踢球等。

1. 选位

选位根据对方射门的地点和射门的角度来确定，一般情况下，应站在两球门柱与射门时所处的位置形成的分角线上。当对方近射时，守门员应靠前些，这样可以缩小对方的射门角度；当对方远射时，站位可稍后移，以防对方吊球进门（图 9-5）。

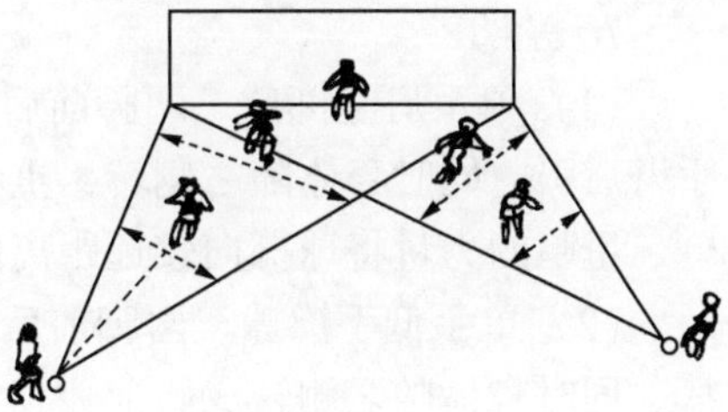

图 9-5

2. 准备姿势

两脚左右开立，约与肩同宽，两膝自然弯曲并稍内扣，脚跟稍提起，身体重心投影在前脚掌上，上体稍前倾，两臂于体前自然屈肘，两手五指自然张开，掌心相对，两眼注视来球。

3. 移动

根据来球的方向变化调整自己的站位，向左右调整位置的移动多采用倒滑步和交叉步，前后移动多采用跑动和跨步。

4. 接球

（1）直腿式接地滚球。两腿自然分开，脚尖正对来球，上体前倾，两臂自然下垂，两手小指靠近，手掌对球稍前迎，两手接球的后底部，在手触球的一刹那立即后引，屈肘、屈腕，两臂靠近，将球抱于胸前。

（2）单腿跪撑式接球。如图 9-6 所示，身体正对来球，两腿前后开立，前腿弯曲，后腿跪撑，膝盖接近地面并靠近前脚脚踵，上体前屈，手臂下垂，两手手指相对，手掌对准来球，稍向前迎，在手触球的刹那，两手随球后引并屈肘、屈腕，两臂靠近，将球抱于胸前，然后起立。

图 9-6

（3）接平直球。身体正对来球，两脚左右开立，上体稍前倾，两臂自然下垂，屈肘前迎，两手小指相靠，手掌对球，在手触球的一刹那，两臂后引并屈肘，顺势将球抱于胸前。

（4）接高球。当确定接球点后，迅速移动并跳起，两臂上伸迎球，两手拇指成“八”字形，手指微屈，手掌对球；当手触球时，手腕和手指适当用力将球接住，顺势屈肘，回缩下引，并转腕将球抱于胸前。

5. 拳击球

（1）单拳击球。单拳击球动作灵活，活动范围较大，击球点高，击球力量大，多用于击侧面的传中球和高角球。

（2）双拳击球。双拳击球动作接触面积大，准确性高，多用于击正面高球或平高球。

6. 托球

托球是当来球弧度较大、其运行路线又是奔向球门横梁的情况下，守门员起跳接球把握不大时运用。起跳准备托球时，全身伸展成背弓状，一臂快速上伸，掌心向上，用手掌前部和手指用力将球稍往后上方托起，使球越过横梁。

7. 掷球

（1）单手肩上掷球。两脚前后开立，两膝弯曲，单手持球，屈臂于肩上，掷球前持球手臂后引，同时身体随之侧转，重心移到后脚上；掷球时，利用后脚向后蹬地、转体和挥臂、甩腕的力量将球掷向较远距离的目标。

（2）单手低手掷球。两脚前后开立，两膝弯曲，单手持球于体侧，掷球前持球手臂后摆，同时身体随之侧转成侧前屈，重心移到后脚上；掷球时，利用后脚向后蹬地和挥臂、甩臂、手指拨球的力量将球掷向近距离的目标。

8. 抛踢球

可踢自抛的下落球和下落后的反弹球，动作与脚背正面踢球相同，但守门员是向前上方踢。

9. 练习方法

（1）无球条件下做选位、准备姿势、移动练习。

（2）两人一组相距 10 ~ 15 m，互相抛球，做接地滚球、平直球、高球练习。

（3）两人一组相距 15 ~ 20 m，做掷球、托球、接球、拳击球、抛踢球练习。

（4）两人一组相距 10 ~ 15 m，做互踢互守练习。

第三节 足球运动基本战术

一、进攻基本战术

（一）摆脱与跑位

摆脱与跑位是指当本方某一队员得球时，同队其他队员迅速摆脱防守队员前去接应、策动、扯动、牵制、突破等行动。摆脱可采用突然起动、快速冲刺跑、突然急停、变向、变速跑和做假动作等。在协同配合的过程中，根据战术组成过程中的需要，跑位常用向前、向后、向两侧的切入、插入、反切入、反插入等方法。

（二）二过一配合

比赛中在局部地区两个进攻队员通过传球与跑位配合，突破对方一个防守队员的防守称为“二过一配合”。“二过一配合”在任何场区、任何位置都可以运用，一般在前场运用得比较多。常用的“二过一配合”有“踢墙二过一”“斜传直插二过一”“直传斜插二过一”“回传反切二过一”等。

（三）练习方法

（1）摆脱与跑位练习（在不同状态下的突然冲刺、急停、变向跑、变速跑）。

（2）一对一摆脱与跑位练习。

（3）反复练习二过一配合。

二、防守基本战术

（一）选位与盯人

防守队员一般应处于对方进攻时的位置和本方球门中心所成的一条线上，或者在进攻队员前进的路线上。一般情况下，对有球队员及罚球区附近的进攻队员要盯紧，对无球队员和远离球门的有球队员可采用松动盯人的方法。选位与盯人的位置，以向前可抢截球、后退可抢进攻队员的长传球或破坏进攻为原则。

（二）保护与补位

在比赛中对组织进攻能力和突破射门能力较强的进攻队员，采用人盯人的协同防守，或者当本方一个防守队员的防守区域被进攻队员突破后，另一相邻的防守队员应立即及时上前帮助封堵。

保护与补位要求相邻的同队防守队员之间动作配合要默契，起动要及时，行动要果断。保护与补位一般选择在靠近球门内侧的进攻队员的前进路线上。

（三）练习方法

（1）做不同状态下的加速跑、变速跑、变向跑、急停、急起等练习。

（2）做一对一、二对二攻防练习。

（3）做二对一、三对二攻防对抗练习。

（4）组织教学比赛，进行保护与补位、选位与盯人的实践练习。

三、比赛阵型

比赛阵型是指在比赛场上队员基本位置的排列，是本队攻守力量搭配和职责分工的形式。阵型规定了队员的主要职责，应根据本队队员的特长和赛队的特点来确定阵型。

比赛阵型是随着足球运动的发展而不断演变的。其演变过程大致为："WM"式→"四前锋"式→"四二四"式→"四三三"式→"四四二"式→"四一二三"式→"一三三三"式→"五三二"式→"全攻全守"式。下面简单介绍其中部分阵型。

（一）"四二四"式阵型

该阵型属攻守均衡型的战术布阵。锋、卫各有4名队员，但2名前卫必须是能攻善守的核心组织者（图9-7）。

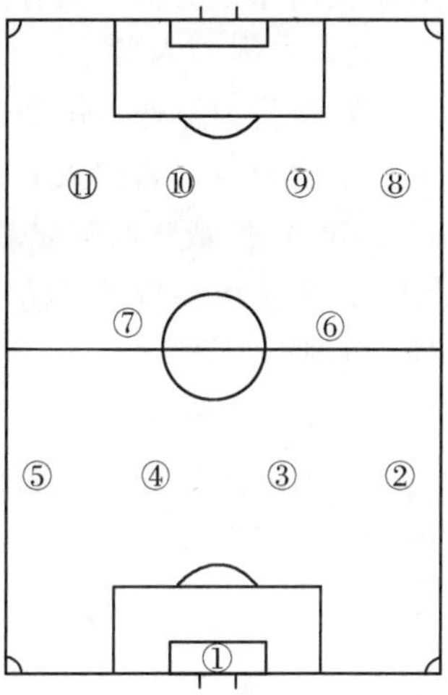

图9-7

（二）"四三三"式阵型

该阵型属固守稳攻型战术布阵。前锋、前卫各有3名队员，后卫有4名队员，以加强中场力量，以防守为主，伺机进攻。第7届世界杯上较为盛行这一阵型，现今的"四一二三"式阵型就是从"四三三"式阵型演变而来的。

（三）"四四二"式阵型

该阵型属隐蔽性的防守反击型的战术布阵。前卫、后卫均配备4名队员，前锋线上只投入2名队员。防守人数增多，加强了中场的力量。这一战术阵型依靠中后场的优势争夺球。其隐蔽性在于前卫队员的突然插上助攻，使防守措手不及。

（四）"一三三三"式阵型

该阵型是由"四三三"式阵型变化而来的。中场3名队员严密控制中场，是全队的核心。中锋是突击手，3名前锋进攻中不断变换位置，后卫线上的关键人物是最后的1名队员，通称"自由人"。"自由人"的概念体现在防守时机警的补位、堵抢、扼守球门中央，进攻时组织有效的反击并伺机插上。这个阵型由守转攻时，全线要出击，前卫大范围交叉换位，大胆插上。两边后卫毫无顾虑地及时插上助攻。这种全队积极抢截、上下奔跑、机动灵活的打法体现了现代足球全攻全守的特点。

四、整体性战术

（一）边路进攻

在对方半场两侧地区发展的进攻称边路进攻。

发展阶段：通过边锋或交叉到边路的中锋、前卫或插上的后卫，运用传球配合或运球过人的方法突破对方防线。

结束阶段：一般是快速下底传中或切底回扣传中（切入罚球区内到端线附近回扣传中），中间包抄射门或跟进射门，边路队员也可运球内切射门。

（二）中路进攻

在对方半场中间地带发展的进攻称中路进攻。

发展阶段：通过中锋、内切的边锋或插上的前卫运用传球配合或运球过人，把进攻推向罚球区附近。

结束阶段：罚球区外的远射是突破密集防守的重要手段，运球过人突破和踢墙式配合对突破罚球区的防守具有重大的作用。

（三）人盯人防守

除拖后中卫外，每个人都有盯住一个指定对手的任务，原则上对手跑到哪里就盯到哪里，拖后中卫（自由人）进行区域防守，执行补位任务。

（四）区域盯人防守

每个队员在自己的防守区域内进行盯人防守，不管是哪个对手，进入该区域就盯住他，原则上不越区盯人。拖后中卫（自由人）执行补位任务。

（五）混合防守

把人盯人防守和区域盯人防守结合起来。一般 3 个后卫盯人，前卫和前锋区域盯人，拖后中卫（自由人）执行补位任务；根据对方队员的具体情况，有时指定某一前卫死盯对方某一重点人物。

第四节 足球竞赛主要规则

一、场地与器材

足球场地必须是长方形的，地面平坦，长度不得多于 120 m 或少于 90 m，宽度不得多于 90 m 或少于 45 m。国际足联规定标准足球场地长 105 m、宽 68 m。球场的各条线宽不得超过 12 cm，场地四角上应竖一面不低于 1. 50 m 的平顶旗杆。足球场具体尺寸如图 9-8 所示。

足球比赛用球为圆形，用皮革或其他适当的材料制成，其周长不大于 70 cm，不小于 60 cm，质量不大于 450 g，不小于 410 g，气压为 0. 6～1. 1 大气压。

二、比赛人数及装备

比赛每队上场队员不得多于 11 名，其中必须有 1 名守门员。如果任何一队少于 7 人，则比赛不能进行。正式比赛规定每场比赛最多可以使用 3 名替补队员。

规则规定队员必需的基本装备：运动上衣、短裤、护袜、护腿板、足球鞋。

三、比赛时间及比赛开始

比赛分为上、下两个半场，每半场45 min，中间休息不得超过15 min，每半场比赛中所损失的时间应被扣除，如替换队员、对队员伤势的估计、将受伤队员移出比赛场地进行治疗、拖延时间等。

比赛开始时，所有队员在本方半场内，开球队的对方队员应距球至少9.15 m，球应放在中心标记上。当裁判员发出信号，球被踢并向前移动时比赛即开始。开球队员在球经其他队员触及前不得再次触球。

四、计胜方法

比赛中进球数较多的队为胜者，如两队进球数相等或均未进球，则比赛为平局。平局应根据竞赛规程，决定是否采用决胜期或其他步骤以决定比赛的胜者。

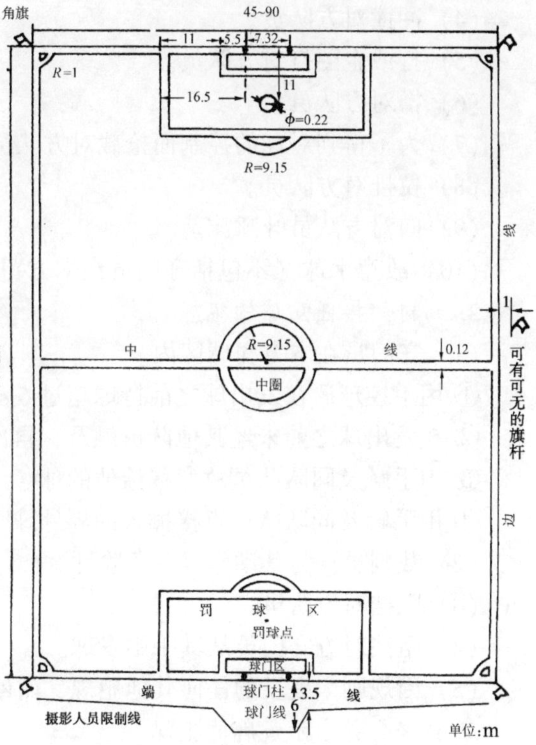

图9-8

五、越位

在对方半场内凡进攻队员较球和最后第二名对方队员更接近于对方球门线即处于越位位置。

(1) 下列情况下队员不处于越位位置：

① 该队员在本方半场内。

② 该队员齐平于最后第二名对方队员。

③ 该队员齐平于最后两名对方队员。

(2) 下列情况下处于越位位置的队员应被判为越位：

① 干扰比赛。

② 干扰对方队员。

③ 利用越位位置获得利益。

(3) 处于越位位置的队员直接从下列情况下接到球则不存在越位：

① 球门球。

② 掷界外球。

③ 角球。

六、犯规与不正当行为

1. 判罚直接任意球的犯规

(1) 踢或企图踢对方队员。

(2) 绊摔或企图绊摔对方队员。

(3) 跳向对方队员。

（4）冲撞对方队员。

（5）打或企图打对方队员。

（6）推对方队员。

（7）为了得到对球的控制而抢截对方队员时，于触球前先触及对方队员。

（8）拉扯对方队员。

（9）向对方队员吐唾沫。

（10）故意手球（不包括守门员在本方罚球区内）。

2. 判罚间接任意球的犯规

（1）守门员在本方罚球区内。

① 用手控球后在发出球之前持球超过 6 s。

② 在发出球之前未经其他队员触及，再次用手触球。

③ 用手触及同队队员故意踢给他的球。

④ 用手触及同队队员直接掷入的界外球。

（2）裁判员认为其动作具有危险性。

（3）阻挡对方队员。

（4）阻挡对方守门员从其手中发球。

（5）因规则未提及的任何其他犯规，而停止比赛被警告或罚令出场。

3. 被警告并出示黄牌的犯规

（1）犯有非体育行为。

（2）以语言或行动表示异议。

（3）持续违反规则。

（4）延误比赛重新开始。

（5）当以角球或任意球重新开始比赛时，不退出规定的距离。

（6）未得到裁判员的许可进入或重新进入比赛场地。

（7）未得到裁判员的许可故意离开比赛场地。

4. 被罚令出场并出示红牌的犯规

（1）严重犯规。

（2）暴力行为。

（3）向对方或其他任何人吐唾沫。

（4）用故意手球破坏对方的进球或明显的进球得分机会（不含守门员在本方罚球区内）。

（5）用可能被判为任意球点球的犯规，破坏对方向本方球门移动着的明显的进球得分机会。

（6）使用无礼的、侮辱的或辱骂性的语言及动作。

（7）在同一场比赛中受到第二次警告。

七、任意球

包括直接任意球（可直接射门得分）和间接任意球（不能直接射门得分）。踢任意球的队员将球踢出后，在球经其他队员踢或触及前不得再次触球。

八、罚球点球

罚球点球时除主罚队员和对方守门员外，其他队员均应在场内、罚球区外、罚球点后，至少距罚球点 9.15 m 处。对方守门员在球被踢出前，必须站在两球门柱之间的球门线上，可双脚移动。主罚队员必须将球向前踢出，在经其他队员触及前不得再次触球。

九、掷界外球

球的整体不论是在空中还是在地面越出边线时，应由出界前最后触及球队员的对方队员在球出界地点掷界外球。掷球队员在球经其他队员触及前不得再次触球。掷界外球直接掷入球门不能得分。

十、球门球

球的整体不论是在空中还是在地面越出端线，而最后踢或触及球者为攻方队员时，由守方队员在本方球门区内任何地点直接将球踢出罚球区恢复比赛。如球未能直接踢出罚球区应重踢。踢球门球队员在球经其他队员触及前不得再次触球。踢球门球可直接踢入对方球门得分。

十一、角球

当球的整体不论是在空中还是在地面越过球门线，而最后触球者为守方队员时，则应由攻方在离球出界处最近一侧的角球区罚角球。角球可直接射门得分。踢角球队员在球经其他队员触及前不得再次触球。

思考题

1. 古代足球与现代足球分别起源于哪个国家？
2. 简述判罚任意球的几个必备条件。
3. 何种情况下判罚“越位”？

第十章 乒乓球运动

第一节 乒乓球运动概述

一、乒乓球运动的起源

1890 年，英格兰运动员詹姆斯·吉布从美国带回作为玩具的空心赛璐珞球。因球体轻而富有弹性，便代替了原来“桌上网球”的橡胶实心球。由于球触及球拍、球撞击球台时发出“乒”，而落到球台时发出“乓”的声音，故而这种球又称“乒乓球”。

1900 年，英国成立了乒乓球协会。同年 12 月，在伦敦的皇后大厅举行了英国第一次大型乒乓球比赛，正式开创了乒乓球比赛的历史。

20 世纪 20 年代，欧洲多次举行乒乓球邀请赛及各国的全国锦标赛，人们逐渐将此项娱乐活动视为一项体育运动。同时，为更好地推动此项运动的开展，英国乒乓球协会制定了世界上最早的乒乓球比赛规则。

二、乒乓球运动的发展

乒乓球运动的发展与其技术的革新息息相关，而乒乓球技术从某种意义上讲，又是在球拍工具不断革新，使球在速度和旋转之间相互“竞争”过程中不断发展起来的，乒乓球运动的发展可概括为以下几个阶段。

第一阶段是欧洲乒乓球全盛的时期。欧洲选手的基本打法是防守多于进攻，主要靠稳削下旋球取胜。这样不仅使比赛时间过长，而且有时难以决出冠军。鉴于上述情况，国际乒乓球联合会（以下简称“国际乒联”）决定修改规则，如增宽球台、降低网高、限定比赛时间等，以鼓励积极进攻，加快比赛节奏，防止采用消极打法。此后，在削球中反攻的打法有所发展。

第二阶段是优势转向亚洲，日本长抽打法称霸乒坛的时期。1952 年，日本运动员在参加第 19 届世界乒乓球锦标赛（以下简称“世乒赛”）中采用远台长抽打法，结合快速移动的步法，击败了欧洲的下旋削球打法，从此使上旋打法占了优势。

第三阶段是中国直拍近台快攻打法崛起的时期。1961 年第 26 届世乒赛中，中国队既过了欧洲削球关，又战胜了远台长抽加弧圈球打法的日本选手，第一次获得乒乓球男子团体世界冠军。中国近台快攻的优点是站位近，速度快，动作灵活，正、反手运用自如。

第四阶段是欧洲的复兴和欧亚对抗时期。在亚洲的中国和日本乒乓球运动快速发展的同时，欧洲的乒乓球选手一直处于探索之中，他们学习并发展了日本的弧圈球技术，吸取了中国近台快攻打法的优点，创造了适合他们的以弧圈球为主快攻为辅和以快攻为主以弧圈球为辅这两种先进打法。

20 世纪 70 年代以来，我国近台快攻打法也有一定的发展，如创造了正、反手高抛发球，直拍反手横打，发展了推挡技术中的加力推、减力推和挤弧圈球，增加了正手快拉小弧圈、正手快带弧圈球等新技术。

第五阶段是欧亚竞争更加激烈的时期。1981 年，中国队在第 36 届世乒赛上囊括了 7 项冠军及 5 个单项亚军，创造了世界乒坛 55 年来由一个国家包揽全部冠军的辉煌纪录。此后，在第 37 届、38 届、39 届世乒赛上，又连续 3 次夺得 6 项世界冠军。但在此后一段时间，中国队成绩不理想。从 20 世纪 80 年代末到 90 年代初，以瑞典为代表的弧圈球进攻打法在世界重大比赛中取得了优异的成绩。中国队通过技术和打法上的不断学习创新，弧圈球技术质量得到了明显的提高。事实证明，弧圈球进攻打法已成为这个时期的主导。这个时期世界各国的主体打法都趋向于弧圈球进攻法，同时，各国也保留了各自原有打法的特点。

第六阶段是“世界打中国”，中国队重攀高峰的时期（1991 年至今）。这一时期，乒乓球竞赛规则有了一些重大的变化，这种变化对乒乓球技术、打法的发展产生了重大影响。

1988 年，乒乓球被列入奥运会的正式比赛项目，这大大推进了世界乒乓球运动的发展。

国际乒乓球赛事主要有世界乒乓球锦标赛、乒乓球世界杯赛、奥运会乒乓球比赛。

乒乓球运动中球的速度快、变化多，动作富有技巧性和趣味性，设备简单，不受年龄、性别限制，运动量可大可小，因而深受广大学生的喜爱。

第二节　乒乓球运动基本技术

一、握拍法

握拍法是指运动员手握乒乓球拍的方法，有直握法和横握法两种。选用何种握拍法，因人而异，可根据个人的身体条件、兴趣爱好和技术特点选择。不同的握拍法有不同的优、缺点，从而产生各种不同的打法。

1. 直握法

直握法（图 10-1）的特点是正、反手都用球拍的同一面击球，出手较快；正、反手攻球快速有力，攻斜、直线球拍面动作变化不大，对方不易判断。反手攻球因受身体阻碍，较难掌握；防守时，照顾面积较小，但中国创造的直拍横打能弥补其不足之处。

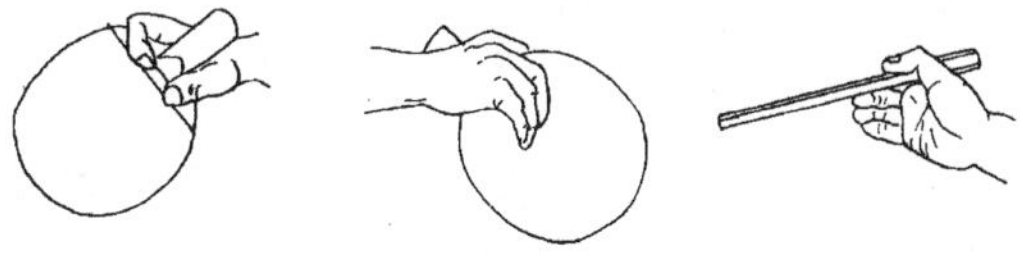

图 10-1

2. 横握法

横握法照顾面积比直握法大，攻球和削球时手法变化不大；反手攻球便于发力，也便于拉弧圈球。但还击左右两面来球时，需要转动拍面；攻直线球时动作变化明显，易被对方识破；台内正手攻球较难掌握。

二、基本站位与准备姿势

（一）基本站位

应当根据不同类型打法及个人特点来决定基本站位，这样才有利于技术特长的发挥。擅长不同类型打法的运动员其基本站位略有不同。擅长左推右攻打法运动员的基本站位在近台中间偏左；擅长两面攻打法的运动员的基本站位在近台中间；擅长弧圈球打法的运动员的基本站位在中台偏左；擅长横板攻削结合打法运动员的基本站位在中台附近；擅长以削为主打法运动员的基本站位在中远台附近。

（二）准备姿势

1. 准备姿势的特点与作用

准备姿势是指击球员准备击球时或还击时身体各部位的姿势。合理的姿势有利于脚、腿蹬地用力，以及腰、躯干各部位的协调配合与迅速起动；同时，制造出最大的击球力量。保持合适的击球姿势，能提高击球的命中率。

2. 准备姿势的动作要点

（1）下肢。两脚左右分开，约与肩同宽。身体稍向右侧，面向球台，两膝自然弯曲稍内收并内旋；前脚掌内侧着地，提踵，重心置于两脚之间。同时，两脚不停地小幅度、小范围地交换着重心以随时准备起动，便于发挥腿部力量。

（2）躯干。稍含胸收腹，上体略前倾，下颌微收，两眼注视来球。要收腹提气，便于腰、髋的转动和发力。

（3）上肢。执拍手和非执拍手均应自然弯曲，置于身体前侧方，保持相对的平衡状态。执拍手肩关节的三角肌放松，肘关节外张。前臂、手腕、手指肌群放松，自然握拍，使拍面稍前倾，成半横状，置于身体腹部右侧前方。

三、基本步法

（一）步法的特点与作用

步法是指击球员为选择合适的击球位置所采用的脚步移动方法。世界冠军庄则栋指出，每一个击球动作之起始力量，无不来自脚和腿。步法是运动的基础。日本的世界冠军长谷川信彦说，步法是乒乓球运动员的生命。步法的要求是：起动快、移动快、频率高。

（二）步法的种类与动作要点

1. 单步

单步的特点是移动简单，范围小，重心移动平稳，当来球离身体较近时使用。做动作时以一只脚为轴心，另一只脚向前、后、左、右移动一步，身体重心也随之落到移动腿上，挥臂击球。

2. 滑步

滑步的特点是移动范围较大，重心转换迅速，当来球离身体较远时使用。移动后两脚距离基本不变，适合连续快速回击来球。做动作时两脚几乎同时向来球方向蹬地、同时离地，来球异方向脚先落地，同方向脚紧随着地，挥臂击球。

3. 跨步

跨步的特点是移动范围比单步大，移动速度快，多用于借力回击，当来球离身体较远时使用。但由于跨步动作幅度大，常会降低身体重心，不宜连续使用。做动作时来球异方向脚蹬地，同方向脚向来球方向跨出一大步，身体重心随即移至该脚（攻球时可落脚、击球同时进行），另一只脚迅速跟上。

4. 交叉步

交叉步的特点是移动范围比其他步法大，当来球离身体较远时使用，适用于主动发力进攻。动作过程中要求上肢、腰、髋、下肢密切配合。做动作时来球同方向脚蹬地，异方向脚向来球方向跨出一大步，两脚在身前呈交叉状，然后蹬地脚迅速跟上，解除交叉。

5. 结合步

当使用一种步法仍不能获得最佳击球位置时，可用结合步来实现，它的移动范围比任何一种单一步法都要大。在完成一次击球时，将两种或两种以上单一步法的动作结合起来进行移动。

四、发球

（一）平击发球

平击发球是一种上旋与速度都较快的发球。它是初学者最基本的发球方法，也是掌握其他复杂发球技术的基础。

动作要点：站位近中间偏左处。将球置于不执拍手掌心，抛球的同时向右（左）侧上方引拍，上臂带动前臂向前平行挥动，拍形稍前倾或接近垂直，在球的下降期轻击球的中上部或中部偏上，使球的第一落点在球台中段区域。

（二）正（反）手发急球

正（反）手发急球是指击球员发球时，用快速有力的动作挥拍，使击出的球成上旋，且飞行速度快、弧线低、落点长（图 10-2）。

图 10-2

1. 发上旋球

抛球的同时执拍手向右（左）后方引拍，拍形稍前倾。当球下降时，持拍手以肘关节为轴做内（外）旋，向左（右）前方挥拍用力，触球后拍面前倾，快速摩擦球的中上部。球的第一落点应在本方台面端线附近。执拍手迅速放松，立即还原。

2. 正手发奔球

抛球后，执拍手向后上方引拍。击球时运用手腕的弹击力量，拇指用力压在球拍左肩部位，沿球体的右侧中部向中上部摩擦，使球具有较强的右侧上旋力量，并向对方右角偏斜运行，以增大对方还击球的角度和难度。

（三）正手发左侧上、下旋球

发球员在正手位由右向左挥拍摩擦球，球速较慢但左侧上（下）旋转力较强。对方平挡回接时，若球向发球员的左侧上方（即接发球员的右侧上方）飞出，叫作正手发左侧上旋球；若球向发球员的左侧下方（即接发球员的右侧下方）飞出，叫作正手发左侧下旋球。

动作要点：正手发左侧上旋球时，手臂自右上方向左下方挥摆，球拍从球的右侧中部向左侧面摩擦。正手发左侧下旋球时，手臂自右后上方向左前下方挥摆，球拍从球的右侧中上部向左侧下部摩擦。拍触球的一瞬间，以小臂发力为主、手腕发力为辅，增强球的旋转力度。

（四）反手发右侧上、下旋球

发球员在反手位由左向右挥拍摩擦球，球速较慢，但右侧上（下）旋转力较强。对方平挡回接时，若球向发球员的右侧上方（即接发球员的左侧上方）飞出，叫作反手发右侧上旋球；若球向发球员的右侧下方（即接发球员的左侧下方）飞出，叫作反手发右侧下旋球。

动作要点：反手发右侧上旋球时，执拍手由左上方经前向右下方挥摆，触球的拍面从球的左侧中下部向左侧上部摩擦。反手发右侧下旋球时，执拍手由左后上方向右前下方挥摆，触球时拍面从球的左侧中下部向右侧下部摩擦。同时，应注意配合转体动作，使腰、臂协调用力，以利于增大发球的力量，加快发球的速度，增强球的旋转力度。

（五）正手发转与不转球

发球员正手用相似的动作发出下旋强弱差异较大的球。在比赛中，以旋转变化迷惑对方，破坏对方接发球战术，如发加转下旋短球，控制对方进攻；发不转球，造成对方判断错误，击出高球或失误，发球员伺机抢攻或直接得分。

动作要点：抛球的同时持拍手向后上方引拍。发加转球时，手臂由后上方向前下方挥摆，前臂做旋外转动，使拍面后仰，手腕用力使球拍下部靠左的一侧去摩擦球的底部。发不转球时，前臂做旋外转动应稍慢，使拍面的后仰角度小些，用球拍下部偏右的一侧碰击球的中下部。因击球作用力线与球的重心（即球心）的垂直距离即力臂短，球的旋转力度较弱。

（六）发短球

发短球是发球员将球发至对方距球网 40 cm 左右的台面区域内，且第二跳不出台面的技术，具有动作小、出手快、落点短的特点，在比赛中和发长球技术交替使用，具有较好的突然性和隐藏性，起到控制对方或破坏其接发球抢攻的作用。

动作要点：发球时，击球瞬间主要以手腕发力为主。摩擦球的部位与发力方向，与发左（右）侧上、下旋球及下旋长球相同。但是应控制向前的力量，结合回收制动立即放松。球的第一落点应在本方球台靠近球网的中区附近。

五、接发球

（一）接发球的两大要素

1. 站位的选择

接发球站位是否合理，主要根据该站位能否有效顾及对方来球的任一落点，能否为本方直接进攻创造一定的有利条件。一般来讲，对方站在球台左半台，本方也应站在左半台；对方站在球台右半台，本方也应相应调整至球台中间偏右位置。离球台的远近距离视来球的落点而定，为了有利于前后移动接长、短球，一般离球台 30～40 cm。

2. 对来球的判断

判断对方发球的旋转性质、旋转程度或缓急、落点的变化，主要依据对方球拍在接触球的一瞬间的挥动方向、球拍触球的部位与用力方向。判断球的旋转强弱，主要由球拍在触球瞬间手臂和手腕动作的快慢、动作幅度大小、摩擦球的力臂长度（即厚与薄）决定。一般来讲，在摩擦击球瞬间，挥臂动作愈快、幅度愈大、力臂愈短（要适度“吃”住球），则球的旋转愈强。

（二）接发球的方法

接发球的方法包括点、拨、带、拉、攻、推、搓、削、摆短、撇侧等，由各种技术综合组成，但也可根据自己的技术、擅长的打法及战术的需要，打破一般接发球的规律去接对方任何来球。所以说，要提高接发球的能力，必须提高各种基本技术。

六、推挡球

推挡球包括平挡球、快推球、加力推球、推挤球、推下旋球、推侧旋球、减力挡球等。它是直拍打法的基本技术之一，特别对采用左推右攻打法的选手，是其反手位的重要技术，也是普通初学者容易掌握的技术。下面简单介绍平挡球和快推球。

（一）平挡球

平挡球是指击球队员用球拍借助对方来球的反弹力进行挡击的一种技术，具有球速慢、力量轻的特点。由于动作简单，容易掌握，是初学者的入门技术。练习平挡球能熟悉球性，体会击球时间、击球拍形和发力方向，有利于提高控制球的能力。在对方进攻时平挡球也可作为防御的一种手段。

动作要点：两脚平行或左脚稍前站立。身体离球台 40 ~ 50 cm，两脚开立，约同肩宽，两膝微屈。将球拍置于腹前，上臂带动前臂沿台面做平行挥动。击球时拍形成半横状，约与台面垂直，在击球的上升期击球的中部，以借助对方来球的反弹力量将球击回（图 10-3）。

图 10-3

（二）快推球

快推球是指击球员在反手位借对方来球的反弹力量，结合本身的击球推击力量进行还击的一种技术，具有动作小、球速快、变化多的特点。在比赛中，可变化击球落点，控制对方，起到助攻作用，也可直接推压空当得分。

动作要点：两脚平行站立或左脚稍前。击球前手臂适当向后引拍，击球时上臂带动前臂迅速迎前，重心前移，在来球的上升期，拍形前倾，击球中上部。击球一刹那，前臂稍外旋，并配合手腕的外展向前方发力，同时稍微向上辅助用力摩擦球。球拍顺势前送、迅速还原（图 10-4）。

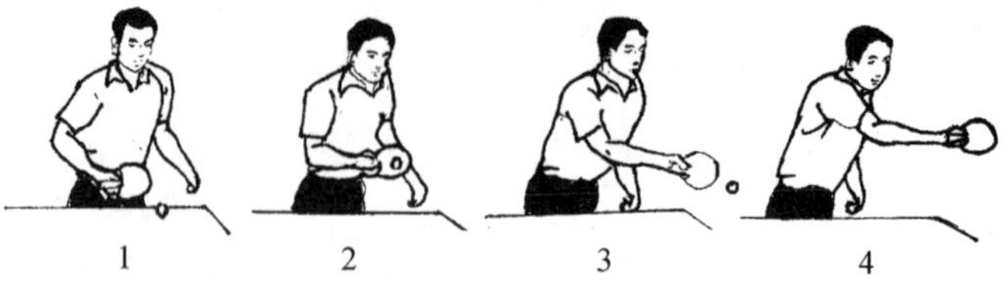

图 10-4

七、攻球

乒乓球的攻球分为正手攻球和反手攻球两类。每种技术又可细分为快攻、快点、快带、快拨、快拉、突击、扣杀、杀高球、中远台攻等各种技术。

攻球技术是乒乓球重要的基本技术，是进攻型选手争取主动、克敌制胜的重要手段，同时也是攻、削结合型选手发球抢攻、削中反攻的必备技术。这里仅介绍正手快攻技术。

正手快攻是指击球员在正手位利用正手迅速用力挥拍积极进攻的一种技术，具有站位近台、动作小、球速快、有一定进攻力量等特点，在比赛中可直接得分；或结合落点变化调动对方，伺机进行扣杀。

正手快攻的动作要点：站位近台，离球台约 40 cm，引拍于身体右侧方。上臂与身体约成 45°角，与前臂成 100° ~ 110°角，拍形垂直或稍前倾，成半横状。击球时，右脚前脚掌内侧用力蹬地，以前脚掌为轴，转动腿、髋、腰各部位并向前移动重心至左脚。同时，上臂带动前臂向前向左上方挥拍，手腕配合前臂内转做内收，食指放松，拇指稍用力压拍使拍形前倾，在来球的上升期击球的中上部。击球后，执拍手及身体各部位迅速放松，随势挥拍至前额，立即还原（图 10-5）。

直拍正手快攻

横拍正手快攻

图 10-5

八、弧圈球

弧圈球是一种上旋非常强的进攻性技术，击球员通过制造适当的弧线，回击低而强烈的下旋球。与攻球相比，它有更多的发力击球时机，这可以体现出它的稳健性。弧圈球质量高，无论是对攻球还是削球，“杀伤力”均很大，能直接得分。但它的技术性较强，不易掌握。下面以正手拉前冲弧圈球为例说明。

正手拉前冲弧圈球是指击出的球的弧线低、速度快、上旋强、着台后球的前冲力大并急剧下沉的技术。

动作要点：两脚左右开立，右脚在后，两膝微屈。引拍手向右后方引拍，引拍位置比拉加转弧圈球稍高，比攻球稍低，身体重心移至右脚，眼睛看准来球方向和落点，执拍手向前上方挥拍，挥拍速度逐步加快。根据来球的旋转控制好拍面角度，在球的高点期或下降期擦击球。身体重心逐步移至左脚，右脚蹬地，转体用力，上臂带动前臂收缩，球拍前倾，触球瞬间，通过手腕发力加快摩擦击球（图 10-6）。

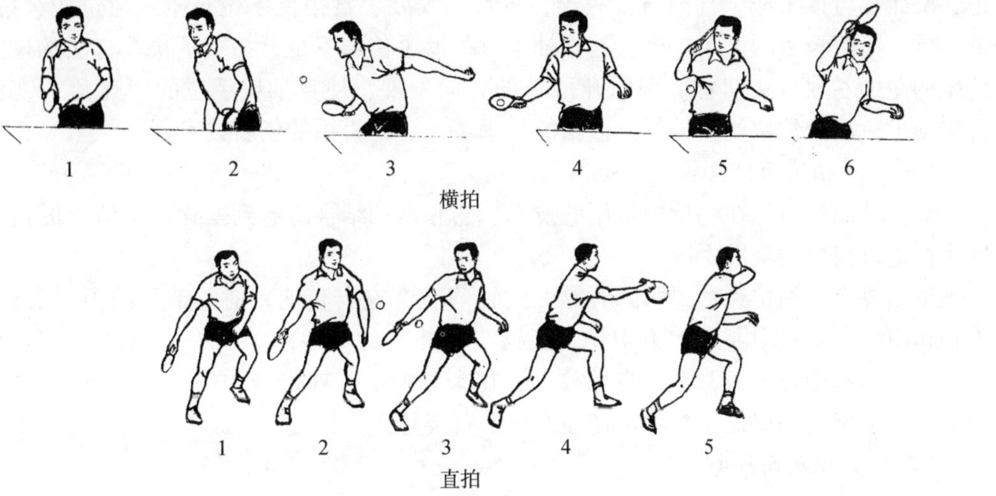

图 10-6

九、搓球

搓球是近台还击下旋球的一种基本技术，由于回球线路较短，多在台内，因而可造成对方回球困难。搓球比较稳健，旋转和落点变化也较多，故可用作过渡技术以寻找进攻机会。搓球分为快搓、慢搓、搓转与不转、搓侧旋等技术。以下以慢搓为例进行说明。

慢搓是指击球员用反手或正手在来球的下降前期或高点期搓击球的动作，因为回球时间晚，利于增强球的旋转，所以具有击球动作稍大、回球速度较慢、稳健性强的特点。在比赛中，配合快搓可变化搓球的节奏，控制对方争取主动。

动作要点：站位近台，两脚左右开立。反（正）手搓球时，向左（右）上方引拍，拍形稍后仰。正手搓球时，身体稍向右转。击球时，前臂内旋，由上向前下方挥拍。拇指用力，食指自然放松，使拍形后仰，手腕配合用力，在来球的下降前期或高点期摩擦球的中下部。为保证击出合适的弧线，身体重心应向前移动。击球后，手臂立即放松，随势前送，再迅速还原（图 10-7）。

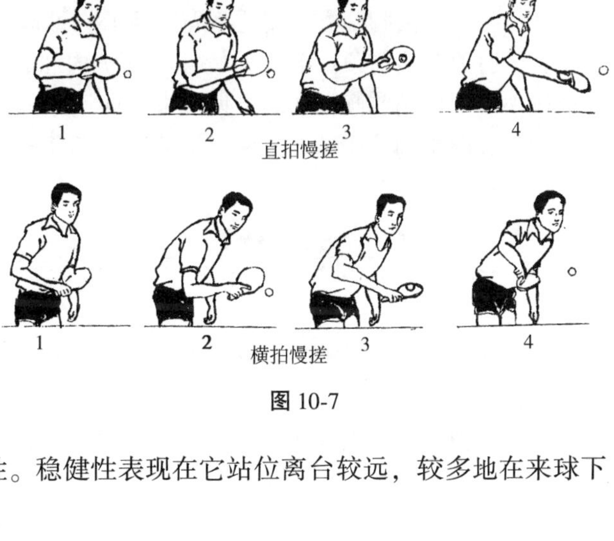

图 10-7

十、削球

削球有两大特点：稳健性和积极性。稳健性表现在它站位离台较远，较多地在来球下降后期击球，这就使得队员有比较充分的准备时间；积极性表现在它的旋转变化和落点变化上，运用加转或不转的削球，结合落点变化，常会使对方难以攻击，造成被动或失误。削球分为削攻结合和攻削结合两大技术。

十一、直拍横打

直拍横打改变了原有直拍单面击球的状况，它是在球拍的另一面粘上覆盖物，使球拍正、反面都可以击球。直拍横打完善、丰富、发展了直拍反手位技术，通过拨、拉、打、带、挑、撕等技术的运用，极大地弥补了直拍反手位的不足，拓宽了快攻打法的球路，使传统的左推右攻打法朝着“两面开弓”的方向发展，使直拍反手位的“死角”变活，并且带动了一场全方位的直拍对抗横拍的技术革命，是直拍的创新技术。

（一）直拍反面快拨

直拍反面快拨是在相持中常用的技术。它和推挡结合能起到变化击球节奏的目的，是反手位进攻得分的辅助手段。

动作要点：站位近台，两脚开立，约比肩宽，左脚稍前，肘关节稍前顶，前臂外旋，手腕稍内屈，自然向左后上方引拍，上臂与身体间的夹角约为45°。击球时拍形稍前倾，主要用拇指和中指发力，食指自然放松，在来球的上升期击球的中上部，拍向前方挥动。击球后，手臂随势前送，然后迅速还原成准备姿势。

（二）直拍反面弹打

直拍反面弹打具有动作小、速度快、突然性强等特点，是直拍运动员在相持中转为主动进攻的重要手段，也是必须掌握的主要技术之一。

动作要点：站位近台，两脚开立，比肩稍宽，左脚稍前。上臂抬起，身体重心略高。肘关节稍前顶，前臂外旋，手腕稍内屈，拇指压拍，食指放松，使拍形前倾。身体前迎，在来球的上升后期或高点期击球的中上部，触球瞬间的发力要短促有力，以撞击为主，向前下方用力弹压。向下的力量越大，旋转越强；向前的力量稍大，旋转就稍弱。击球后，手臂随势前送的动作不宜过大，然后迅速还原成准备姿势。

（三）直拍反面拉弧圈球

直拍反面拉弧圈球具有身体发力充分，球的旋转较强，并带有侧上旋的性质等特点，是直拍对付反手位下旋搓球的比较有效的进攻技术。

动作要点：两脚开立，略比肩宽，重心在两脚之间，含胸收腹，身体重心下降。腰略向左转，肘关节略前顶。前臂外旋，手腕稍内屈，手臂下沉引拍至腹前下方。拇指压拍，食指放松，拍形稍前倾，在高点期或下降前期摩擦球的中部偏上位置，向前上方挥拍。击球后，随势挥拍的动作稍大一些，然后迅速还原成准备姿势。

第三节　乒乓球运动基本战术

乒乓球运动基本战术一般有以下几种。

一、发球抢攻战术

它是一种先发制人的战术。特别是以攻为主的运动员，常以此作为一种主要手段。

二、对攻战术

它是进攻型打法互相对垒时常用的一项重要战术。对攻是选手在互相对抗时，利用球的速度、旋转、落点的变化和轻重力量来争取主动的重要手段。

三、拉攻战术

它是以进攻为主打法的运动员对付削球类打法的主要战术。要使拉攻战术运用得好，第一，要拉得稳，并有落点、旋转和轻重力量的变化，这样才能创造较多的战机；第二，要有拉中突击或拉、冲结合和连续扣杀的能力。

四、搓攻战术

它是进攻型运动员的一项辅助战术。搓攻主要利用搓球的旋转变化和落点变化为进攻创造机会，借此达到攻击对方的目的。

五、削攻战术

它是削球类打法赖以得分的主要战术。利用削球的旋转变化和落点变化，迫使对方回球偏高，我方可伺机进行反攻。

六、接发球战术

它是与发球抢攻相抗衡的一项战术，其目的在于破坏对方发球抢攻战术的运用，争取形成相持或主动的局面。

七、拦、攻、削结合战术

拦、攻、削结合是攻守结合型打法的一项综合性战术，直拍攻守结合型的运动员运用得较多。

第四节　乒乓球竞赛主要规则

一、场地与器材

（一）场地

乒乓球场地应为长方形，比赛标准场地长 14 m，宽 7 m，球场上空 4 m 以内不得有障碍物，场地应为坚实不滑的硬木或塑胶地板，不能为白色，地面不能反光，以避免影响运动员的视线。比赛区域由高度 75 cm 的深色挡板围起，挡板应轻便稳妥，在运动员冲撞挡板时不会受伤，挡板宽度为 1.4 m。在正式比赛中，场地周围不能有明亮的光源。比赛场地仅限于室内，风速不宜大于 0.2 m/s。

（二）球台

（1）球台的上层表面叫作比赛台面，应为与水平面平行的长方形，长 2.74 m、宽 1.525 m，离地 76 cm。

（2）比赛台面不包括球台台面的垂直侧面。

（3）比赛台面可用任意材料制成，应具有一致的弹性，即当标准球从离台面 30 cm 的高处落至台面时，弹起高度应约为 23 cm。

（4）比赛台面应呈均匀的暗色，无光泽。每个比赛台面边缘各有一条 2 cm 宽的白色边线。

（5）双打时，各台区应由一条 3 mm 宽的白色中线，将台面分为两个相等的“半区”。

中线与边线平行，并应视为右半区的一部分。

（三）球网装置

（1）球网装置包括球网、悬网绳、网柱及将它固定在球台上的夹钳部分。

（2）球网应悬挂在一根绳子上，绳子两端系在高 15. 25 cm 的直立网柱上，网柱外缘离边线外缘的距离为 15. 25 cm。

（3）整个球网的顶端距离比赛台面 15. 25 cm。

（4）整个球网的底边应尽量贴近比赛台面，其两端应尽量贴近网柱。

（四）乒乓球球拍

乒乓球球拍由底板、海绵、胶皮组成，用无机胶水将它们黏合在一起。

乒乓球球拍的种类很多，从黏合来看，主要分为海绵拍和胶皮拍，海绵拍黏合的层次安排为底板、海绵、胶皮；胶皮拍黏合的层次安排为底板、胶皮。国际乒联对乒乓球球拍有很多相关的要求，这些要求主要体现在大小和质量、覆盖物的颜色、底板的材质、胶皮和海绵的种类等上。

1. 大小和质量

乒乓球球拍的大小、形状、质量是没有限制的，可以根据个人意愿来设计。只要使用者拿得动、握着舒服、打球好使即可。

2. 覆盖物的颜色

乒乓球球拍的两面不论是否有覆盖物，都不能有光泽，颜色一面为鲜红色，另一面为黑色。

乒乓球球拍两面覆盖物的最外层只能是胶皮，胶皮可以颗粒向内，也可以颗粒向外。

3. 底板的材质

乒乓球球拍底板以木质为主，配上一些纤维、碳素等材料；底板有硬、软之分。底板要平整、坚硬，边缘上的包边不能有光泽，而且不得为白色。

规则规定，底板厚度至少要有 85%的天然木料。加强底板的黏合层可用诸如碳纤维、玻璃纤维或压缩纸等纤维材料，每个黏合层不得超过底板总厚度的 7. 5%或 0. 35 mm。

底板厚度一般以 6. 5 mm 左右为宜，若底板加有碳纤维等质量轻、硬度高、弹性大的材料，即便底板厚度小于 6. 5 mm，也可以保证球拍在触球时不震手。进攻型运动员一般选用木质稍硬、弹性略好的底板，削球运动员一般选用木质稍软、弹性较弱的底板。

4. 胶皮

（1）正胶。正胶也叫短颗粒胶皮，特点是弹性好、速度快、击球稳、不吃转，适合近台快攻，尤其是左推右攻型打法，是直板快攻型选手最常用的胶皮类型之一。

（2）反胶。反胶的特点是击球旋转力强、击球稳定、易控制，适合弧圈型或弧圈结合快攻型打法。由于其击球稳定、控制球好，是初学者首选的类型。对专业选手而言，又有多种不同性能的反胶海绵拍供选择，如胶皮黏合性强、配套的海绵软而厚，就有很好的“咬”球及“裹”球特性。反胶海绵胶皮是直拍、横拍选手目前最常用的胶皮，几乎 100%的欧洲选手均采用此种胶皮，亚洲也有近 80%的选手使用，因为这种胶皮比较好地兼顾了速度与旋转的要求。

（3）生胶。生胶就是颗粒向上、直径大于高度的胶皮。其特点是击球下沉，搓球旋转弱。由于生胶有减转的作用，因此特别容易控制球。目前一批横拍两面攻选手，为求得击球的变化，采用了正手反胶（拉弧圈）和反手生胶（快拨及摆短）的搭配方法。这种性能的胶皮可作为直拍反打（反面贴胶）的一种选择。

（4）长胶。长胶是一种胶粒细而长的胶皮，它覆盖在一层薄海绵上，是我国在20世纪60年代发明的。这种胶皮会使球在拍面产生反常的旋转现象，典型的变化是：对方搓来下旋球，己方用长胶对搓时，将以上旋飞回；对方攻来上旋球，己方用长胶推挡后以下旋飞回；用削球回击对方拉来的弧圈球时球会更旋，而回削一般拉球时回球则不旋。这些反常的变化常令对方失误或回出高球，对付不熟悉长胶性能的人常可轻易取胜。用这种胶皮的球拍打球，虽然导致对方失误多，但是己方也不易掌握，会降低乒乓球的观赏性和娱乐性。

（5）防弧胶皮。这种叫“防弧胶皮”的反胶海绵胶皮专门对付弧圈球。这种胶皮拍面无黏性，表面较光滑且轻微发涩，击出球的运行速度较慢、弧线较短，着台后下沉飘忽，令对方难以按常规判断，对付弧圈球尤为奏效。

5. 海绵

海绵是一种微孔橡胶制品，经过发泡工艺而产生的无数个密闭小孔布满其内，从而形成众多的微型气室。当受到球的撞击时，与接触点邻近的气室受力收缩，海绵因此产生形变，为运动员调节来球创造了条件，同时积蓄相应的弹性势能，随即转变为出球时球的动能。海绵的软硬、厚度与击球时的弹力大小有密切的关系。

（五）乒乓球

乒乓球原来是由赛璐珞材质制作的空心圆球体，是由两个半圆黏合在一起的。2012年伦敦奥运会后改为一个整体的圆球。从2014年7月1日开始，乒乓球启用全新塑料球，使用百年以上的赛璐珞球彻底成为历史。

球的颜色有两种，即白色和橙色，并且没有光泽。球的直径为40 mm，质量为2.7 g，球的上面一般印有生产厂家的商标和球的星级质量标识。

二、主要竞赛规则

1. 合法发球

（1）发球时，球应停放在不执拍手的手掌上，手应静止、张开、伸平，四指并拢，拇指不限。

（2）发球时，不执拍手与球接触应在比赛台面的水平面之上，并在发球员的台面端线之后。

（3）从球在不执拍手掌上静止的最后一瞬间起直到击球，整个球拍应始终高于比赛台面。

（4）发球员须用手把球几乎垂直地向上抛起，不得使球旋转，并使球在离开不执拍手的手掌之后上升不少于16 cm。

（5）发球员在球抛起后从最高点下降时，方可击球。

（6）运动员发球时，有责任让裁判员或副裁判员看清他是否按照合法发球的规定发球。

（7）发球时，球拍与球的接触点、球的位置必须在发球员台区的端线或假设延长线之后。

2. 合法还击

对方发球或击球后，本方运动员必须击球，使球直接越过或绕过球网装置，或触及球网装置后，再触及对方台区。

3. 失 1 分

回合中出现重发球以外的下列情况，应判失 1 分。

（1）未能合法发球。

（2）未能合法还击。

（3）拦击或阻挡。

（4）连续两次击球。

（5）球两次触及本方台区。

（6）用不符合规定的拍面击球。

（7）运动员或其穿戴的任何物品移动了比赛台面。

（8）不执拍手触及比赛台面。

（9）运动员或其穿戴的任何物品触及球网装置。

4. 一局比赛

在一局比赛中，先得 11 分的一方为胜方。但打到 10 平后，先多得 2 分的一方为胜方。

5. 一场比赛

一场比赛应由奇数局组成。

思考题

1. 简述乒乓球技术中的基本脚步动作。
2. 乒乓球运动有哪些发球和接发球技术？
3. 乒乓球运动有哪些基本战术？

第十一章 羽毛球运动

羽毛球运动是一项在室内外均可进行的小型球类运动。比赛时，在一块6.10 m×13.40 m的场地内，一人或两人为一方，中隔一网，用球拍经网上空往返击球，使球落在对方场地上或使对方击球失误而得分。经常进行羽毛球运动，能加强练习者的力量、速度和耐力素质，提高心肺功能。

第一节 羽毛球运动概述

一、羽毛球运动的起源与发展

（一）世界羽毛球运动的起源与发展

据英国《大不列颠百科全书》记载，在2 000年前的中国、日本、印度、泰国等地就已经流行原始的羽毛球这项游戏活动了。而根据《民族体育集锦》记载，中国在远古时期就有类似羽毛球游戏活动的存在，这种活动主要分布在我国的西南地区。由此可以佐证，在距今2 000年前或更早，羽毛球游戏活动已经在我国民间流传了。早期羽毛球运动所用的球类似我国民间的毽子，其活动形式是用木板击打毽子球，因此，被人们称为“毽子板”游戏。19世纪60年代，一批退役的英国军官把印度孟买的“普那”（Poona，球用圆形硬纸板插上羽毛制成，板是木质的，一种类似羽毛球运动的游戏）带回英国，于是在英国出现了用弦穿的球拍击打用羽毛和软木制成的球的活动。

现代羽毛球运动诞生于英国。1873年，在英国伯明顿镇，有一位鲍弗特公爵在他的庄园里举办游园活动。由于下起了大雨，便改在室内进行，应邀来宾中有好几位是英国驻印度的退役军人，他们建议进行“普那”游戏。当时室内场地呈葫芦形，他们在中间狭窄处拉了根绳子代替球网，每局比赛只能有两人参加，有一定的分数限制。由于这项游戏的趣味性强，参与者个个尽兴而归，这项游戏活动便逐渐风行起来，并以“伯明顿”命名。英语中羽毛球运动名称“Badminton”便由此而来。

1899年，英国羽毛球协会举办了首届全国羽毛球锦标赛——“全英羽毛球锦标赛”。此后，每年3月在伦敦举办一次，一直沿袭至今。1934年，成立国际羽毛球联合会（以下简称“国际羽联”）。首届世界男子团体锦标赛（汤姆斯杯赛）和世界女子团体锦标赛（尤伯杯赛）分别于1948年和1956年举办。1972年和1988年，羽毛球作为表演项目出现在慕尼黑和汉城奥运会上，1992年，羽毛球在巴塞罗那奥运会上被列为正式比赛项目，1996年，亚特兰大奥运会上羽毛球混双被列为比赛项目。从此，羽毛球运动进入新的发展时期。

（二）我国羽毛球运动的发展

现代羽毛球运动于20世纪初传入我国，最初在上海流行。广州、天津、北京等城市的教会组织的青年会和大学、中学里都开展过羽毛球运动。中华人民共和国成立前，由于参加此项活动的人数较少，也没进行过重大比赛，因而，当时我国羽毛球运动的水平很低，更谈不上普及。中华人民共和国成立后，在党和政府的重视和关心下，我国羽毛球运动得到蓬勃发展，其中经历了四个发展阶段。

1. 学习起步阶段

20世纪50年代初期，羽毛球运动首先在全国各大城市开展起来。1953年，在天津举行了全国篮球、排球、网球、羽毛球四项球类运动会，羽毛球为表演项目。虽然当时羽毛球的技术水平很低，但为其后的发展奠定了良好的基础。1956年，中国羽毛球协会（以下简称“中国羽协”）成立，标志着我国羽毛球运动新纪元的到来，在羽毛球协会的组织下我国每年都举办全国羽毛球比赛，使羽毛球比赛逐渐制度化、规范化。在1959年第1届全运会上，羽毛球被列为正式比赛项目，共有21个省、市派选手参加了比赛，这对羽毛球运动的普及和羽毛球技术水平的提高起了促进作用。

2. 赶超世界先进水平阶段

20世纪60年代初期，印尼华侨青年相继回国，如汤仙虎、侯加昌、陈玉娘等。在中国羽协的重点培养下，在教练们的精心指导下，这些羽毛球优秀选手成了我国羽坛的中坚力量，他们以快速、灵活、准确的技术特点闻名于世界羽坛。与世界冠军队的互访比赛，表明了我国羽毛球运动水平已达到世界先进水平。1964年，第一次全国羽毛球训练工作会议及时总结了经验，明确提出了我国羽毛球“快、狠、准、活”的技术风格和“以我为主、以快为主、以攻为主”的指导思想，以理论指导促进训练比赛实践。我国羽毛球技术风格的形成和训练指导思想的建立，为促进羽毛球运动的发展做出了巨大贡献。

3. 调整、恢复阶段

1978年，国家体委、羽毛球协会联合召开了第二届全国羽毛球训练工作会议，总结了经验教训，重申了我国羽毛球的技术风格和指导思想，制定了赶超世界先进水平的新的规划和具体措施，我国羽毛球运动的发展出现了新的生机。

4. 全面夺取世界冠军阶段

根据全国羽毛球训练工作会议提出的奋斗目标，全国羽毛球界同心同德，掀起了刻苦训练、拼搏奋进、再攀世界羽坛高峰的热潮。自从1996年第26届奥运会上中国羽毛球队获得了首枚奥运金牌，在之后20多年里，中国羽毛球队均取得了辉煌的成绩。

二、国际羽毛球比赛简介

（一）汤姆斯杯赛

汤姆斯杯赛即世界男子羽毛球团体锦标赛，1948年举行首届比赛，现为两年一届，在偶数年举行。比赛由三场单打、两场双打组成。

（二）尤伯杯赛

尤伯杯赛即世界女子羽毛球团体锦标赛，1956年举行首届比赛，两年一届，在偶数年举行。比赛由三场单打、两场双打组成。

（三）世界羽毛球锦标赛

世界羽毛球锦标赛设有男单、女单、男双、女双和混双五个比赛项目。1977年起为三年一届，1983 年改为两年一届，在奇数年进行。2005 年改为每年一届，但奥运年不举办。

（四）苏迪曼杯赛

苏迪曼杯赛即世界羽毛球男女混合团体赛。1989 年开始举办，两年一届，在奇数年举行，比赛由男单、女单、男双、女双、混双五个单项组成。

（五）全英羽毛球锦标赛

全英羽毛球锦标赛由英格兰羽毛球协会于 1899 年创办，是世界上历史最悠久的羽毛球赛事。最初由英国和英联邦国家的选手参加，现在已成为全球性的羽坛大会战。

（六）奥运会羽毛球比赛

羽毛球于 1992 年成为奥运会正式比赛项目。当时只设 4 个单项比赛，无混双比赛。自 1996 年亚特兰大奥运会起增设混双项目。

（七）中国羽毛球大师赛

中国羽毛球大师赛创办于 2005 年。大师赛的参赛人数、媒体关注程度、观众人数逐年增加。大师赛作为世界羽联超级系列赛之一，比赛级别仅次于奥运会和世界锦标赛，是世界羽坛的第三大顶级赛事。大师赛全年共有 12 站比赛，其中，中国羽毛球大师赛是世界羽联唯一以“大师赛”命名的分站赛，现赛事更名为“中国羽毛球公开赛”。

三、羽毛球运动的特点

（一）它是一种全身运动项目

无论是进行有规则的羽毛球比赛还是将其作为一般性的健身活动，运动员都要在场地上不停地进行脚步移动、跳跃、转体、挥拍，合理地运用各种击球技术和步法将球在场上往返对击，因此增大了上肢、下肢和腰部肌肉的力量；加快了运动员的全身血液循环，增强了心血管系统和呼吸系统的功能。据统计，从事高强度羽毛球运动的运动员的心率可达到 160 ~ 180 次/分；从事中强度羽毛球运动的运动员的心率可达到 140 ~ 150 次/分；即使从事低强度羽毛球运动，运动员的心率也可达到 100 ~ 130 次/分。长期进行羽毛球锻炼，可使心跳强而有力，肺活量加大，肌肉耐久力提高。此外，羽毛球运动要求运动员在短时间内对瞬息万变的球路做出判断、果断地进行反击，因此，它能提高人体神经系统的灵敏性和协调性。

（二）可调节运动量

羽毛球运动适合男女老幼，运动量可根据个人年龄、体质、运动水平和场地环境的特点而定。青少年可将其作为促进生长发育、提高身体机能的有效手段。运动宜为中强度，活动时间以 40 ~ 50 min 为宜。适量的羽毛球运动能促进青少年增长身高，能培养青少年自信、勇敢、果断等优良的心理素质。老年人和体弱者可将其作为保健康复的方法进行锻炼，运动量不宜大，活动时间以 20 ~ 30 min 为宜，达到出出汗、弯弯腰、舒展关节的目的，从而增强心血管系统和神经系统的功能，预防和治疗老年人心血管系统和神经系统方面的疾病。儿童可将其作为活动性游戏，让他们在阳光下奔跑跳跃，并要求他们能击到球，培养他们不畏困难、不怕吃苦、不甘落后的品质。

（三）简便性

1. 不受场地的限制

羽毛球活动对设备的要求比较简单，只需两个球拍、一个球和一条绳索即可。平时进行羽毛球活动只要有平整的空地就可以了。在风不大的情况下，可以在户外进行活动，只要把球网架起来，就可以在一定长度和宽度的空地上画上几条线，让双方对练。因此，它不仅可以在正规室内运动场上进行，也可以在公园、生活小区等地广泛地开展。当它作为户外运动时，还可使锻炼者吸入新鲜空气，受到阳光照射，并改善人体的血液循环和新陈代谢，同时使人感受大自然的美丽，在运动中怡心健体。

2. 集体、个人皆宜

羽毛球运动既可单兵作战（两人对练），又可集体会战（双列练习或三人对三人对练）。两人对练时，练习者可以随心所欲地打出任何弧线、远度、力量、速度及落点的球来；集体会战时，则可以使练习者养成相互配合的习惯，培养集体主义精神。

3. 不受年龄、性别的限制

羽毛球运动游戏性较强，运动量可大可小。身强力壮的年轻人可以将球打得又刁又重，拼尽全力扑救任何来球，尽情散发青春气息；年老体弱的练习者可以把球轻轻地击来打去，根据自己的要求来变换击球节奏，从而达到锻炼身体、延年益寿的功效，既活动了身体，又娱乐了心情。不同年龄、不同性别及不同体质的人都能在羽毛球运动中找到乐趣。

第二节　羽毛球运动基本技术

羽毛球运动技术是指运动员在羽毛球比赛中所采取的合理动作的总称。随着羽毛球运动的日益发展，羽毛球技术不仅内容更加丰富，而且动作难度也在不断加大。当今羽毛球比赛要求运动员在快速、激烈的对抗条件下，准确地完成发球、接发球、击球、起动和步法移动等技术动作。因此，运动员只有熟练地掌握羽毛球技术，才能在比赛中有目的地采取行动和正确、合理地处理球。当前羽毛球运动的基本技术大致可以分为手法和步法两大类。

一、手法

（一）握拍法

1. 正手握拍法

正确的方法是先用左手（以右手握拍为例）拿住拍杆，使拍面与地面垂直，然后张开右手，使手掌下部靠在球拍把柄底端，虎口对着拍柄窄的一面，小指、无名指、中指自然并拢，食指与中指稍分开，自然弯曲并贴在拍柄上。握拍时掌心不要贴紧拍柄，要使掌心与拍柄之间保留一定的空隙（图 11-1）。正手发球、身体右侧的放网前球、击肩下球、击肩上球及头顶击球一般都采用正手握拍法。

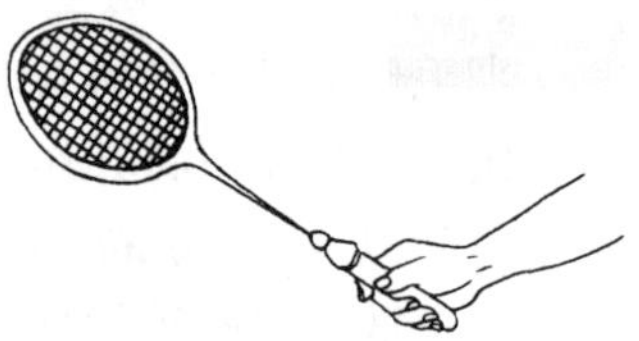

图 11-1

2. 反手握拍法

在正手握拍的基础上，将球拍稍外转，拇指伸直贴在拍柄宽面上，其余四指并拢，手心留有空隙，以便能充分利用手腕力量和大拇指的内侧压力击球（图 11-2）。反手发球、身体左侧的击肩下球和击肩上球等一般都采用反手握拍法。

图 11-2

随着羽毛球技术日益发展，形成了另一种反手握拍法：将大拇指第一指节内侧自然贴在拍柄的窄面上，握拍手心与拍柄留有一定间隙。这种握拍法能充分发挥各手指的力量和灵活性，击球时技术动作小，爆发力强，球速快，同时能运用手指力量来控制球，使球的落点更佳。

（二）发球和接发球

羽毛球发球种类按球在空中的飞行弧线可分为发高远球、发平高球、发平快球、发网前球（图 11-3）。下面介绍正手发高远球与发网前球。

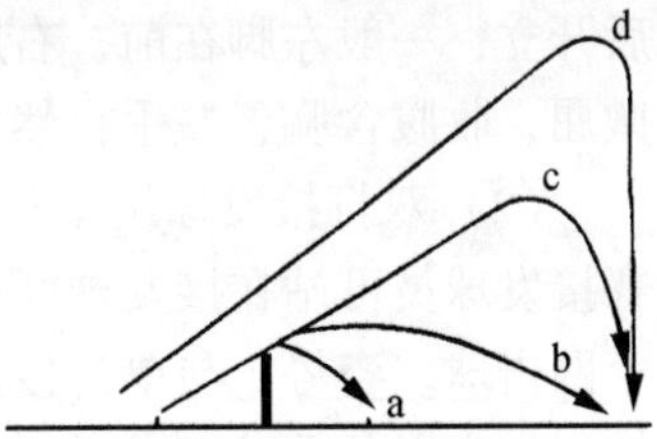

a—网前球；b—平快球；
c—平高球；d—高远球。

图 11-3

1. 发球

（1）发高远球。身体左肩侧对球网，左脚在前，右脚在后，站在离前发球线 1.2～1.5 m 靠近中线处。右手持拍向右后侧举起，肘部微屈，左手拇指、食指、中指夹住球托与羽毛连接处并举在身体右前侧。发球时左手将球自然放下，同时右手持拍由上臂带动前臂，从后沿身体向前挥动，并用手腕爆发力向前上方将球击出，随后球拍顺势挥向左上方缓冲（图 11-4）。

图 11-4

（2）发网前球。

① 正手发网前短球。发球前的准备动作同发高远球。击球时，握拍要放松，上臂动作要小，主要靠前臂带动手腕向前“切送”。用力要轻，拍面角度要控制好，以使发出的球尽量贴网而过并落在前发球线附近（图 11-5）。

② 反手发网前短球。站位与准备姿势如前。准备击球时手腕内屈，击球瞬间利用小臂带动手腕、手指的力量向前横切推送，将球击出。发球时，挥拍较慢，力量较轻，球的落点近网，当球贴网而过后即往下坠，落在对方前发球线附近（图 11-6）。

图 11-5

图 11-6

2. 接发球

（1）单打接发球站位和姿势。站位：在右发球区接发球时，运动员应站在靠中线离前发球线约 1.5 m 处接发球，主要是防备对方利用发平快球直接进攻反手部位，避免被动接发球；在左发球区接发球时，运动员应站在该发球区内的中间位置接发球。姿势：两脚前后开立，一般左脚在前、右脚在后，身体侧身对网，重心在前脚，后脚脚跟稍离地，双膝微屈，收腹含胸，左手自然抬起屈肘，右手持拍于右身前，思想集中，两眼注视对方。

（2）双打接发球站位和姿势。站位：由于双打比赛多半采用发网前短球，所以双打比赛接发球员可站在接发球区内离前发球线较近的位置，以对付对方的网前球，或利用快速上网击球。姿势：与单打接发球准备姿势基本相同，身体重心可随意放在任一只脚上，球拍要举高以争取主动。在右发球区接发球时要注意防备运动员采用发平快球突袭反手部位。

（三）击球

根据击球点与人体的不同位置，击球方法可分为高手（上手）击球、低手（下手）击球和网前击球。高手击球有击高远球、平高球、扣杀球；低手击球有挑（拉）球、抽球、接杀球；网前击球有放网前球、搓球、平推球及扑球等。每一种技术又可分为正手击球和反手击球。下面介绍后场高空击球与前场网前击球。

1. 后场高空击球

后场高空击球也称后场上手击球，即在尽可能高的击球点上，还击对方向底线击来的高球。它具有主动性强、击球力量大等特点，可给对方造成较大威胁，是初学者必须首先学会的技术。

（1）击高远球。击高远球可以用正手、反手、头顶等技术来完成。下面介绍正手击高远球的技术要点。

判断来球方向和落点后，侧身后退（后退步法请参阅后文中“步法”的内容）至球下，左肩对网，左脚在前，右脚在后，重心在右脚上。右手持拍，手臂自然弯曲举至右肩上方。击球时，上臂后引，随之肘关节上提至明显高于肩部，将球拍引至头后，自然伸腕，然后在后脚蹬地、转体和腰腹协调用力下，以肩为轴，上臂带动前臂快速向前上方甩腕，在手臂伸直的最高点击球。随后球拍顺惯性往前下方挥动并收拍于体前。与此同时，左脚后撤，右脚向前迈出（图 11-7）。

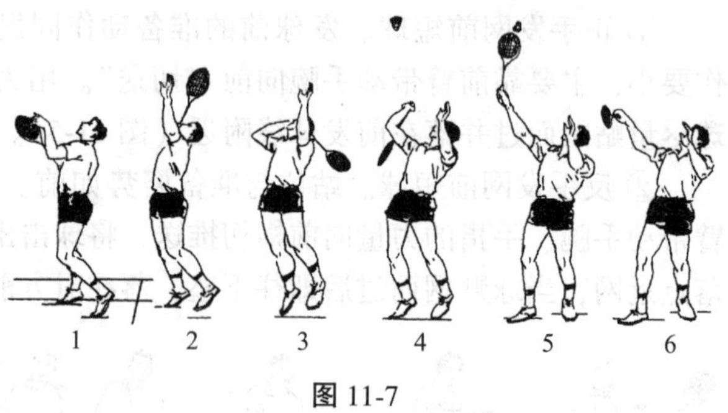

图 11-7

（2）吊球。吊球可以用正手、反手、头顶等技术来完成。初学者先要学好正手吊球，再学反手及头顶吊球技术。下面介绍正手吊球的技术要点。

击球前期动作同正手击高球。吊球时，拍面正面向内倾斜，手腕做快速切削下压动作，用力要轻。若吊斜线球，球拍切削球托的右侧；若吊直线球，拍面正对前方向前下方做切削球。

（3）杀球。杀球是进攻的主要技术，它可用正手、反手、头顶等技术来完成。下面介绍正手杀球的技术要点。

击球前的准备姿势和击球动作与正手击高远球一样，不同的是最后用力的方向朝下，而且要充分利用蹬地、转体、收腹及手臂和手腕的爆发力全力将球向下击出。击球刹那要紧握球拍。

2. 前场网前击球

网前击球是调动对方、寻找战机的重要手段。因它的技术动作轻松而细巧，力量要控制适度，所以在学习时，除注意动作规范之外，还应细心体会击球时手腕、手指的感觉。

（1）搓球。击球前的准备姿势为侧身对网，右腿跨出成弓步（上网步法请参阅后文中“步法”的内容），左脚在后自然拉开，上体略前倾。击球时，拍面稍前倾，利用手腕和手指力量向前“切削”球托底部或向后“提拉”，使球击出后旋转或滚动过网。搓球一般在对方来球较靠近网上时运用。正、反手搓球除握拍不同外，其他要领相同。

（2）勾对角球。准备姿势同上。击球时，拍面斜向对方右（左）网前。正手勾对角球时，击球托右侧，手腕和手指带动球拍向左内勾动；反手勾对角球时，击球托左侧，同时手腕和手指带动球拍向右内勾动。

（3）扑球。击球时，拍面前倾，上臂带动手腕和手指快速闪动发力，击球后立即收拍，以免触网犯规。

二、步法

（一）上网步法

判断准来球后，左脚掌内侧用力蹬地并向来球方向迈出，接着右脚也向前迈出一大步，落地后，右膝关节弯曲缓冲并成弓步，紧接左脚自然向前脚靠上小半步。击球后，右脚蹬地用小步或并步退回中心位置（图 11-8）。

（二）后退步法

判断准来球后，右脚蹬地先向后撤一小步，同时上体右转，左肩对网，接着左脚用并步靠近右脚（或从右脚后交叉后撤一步），右脚再向后撤，左脚再跟上，一直移至球下。在移动过程中，必须完成挥拍击球前的引拍动作。击球后，身体重心随右脚前移，迅速用小步回到中心位置（图 11-9）。

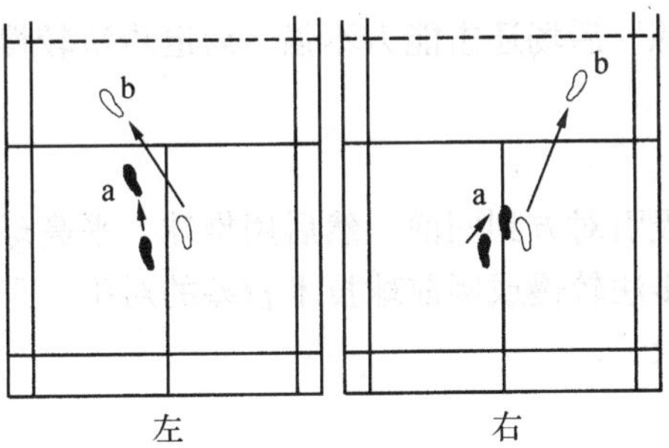

图 11-8

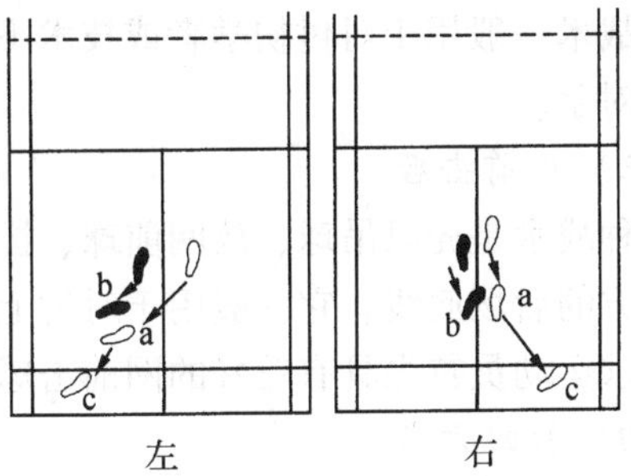

图 11-9

（三）两侧移动步法

向右侧移动步法：两脚左右开立，脚跟稍提起，根据来球调整重心，上体稍倒向左侧，左脚掌内侧用力起蹬，右脚同时向右侧转跨大步。若距来球较远，左脚向右垫一小步再起蹬，右脚同时向右侧转跨大步（图 11-10）。

向左侧移动步法：根据来球，调整重心，上体稍倒向右侧，右脚掌内侧用力起蹬，左脚同时向左侧转跨大步。当来球较远时，左脚先向左侧垫半步，上体向左转身的同时右脚向左前交叉跨大步（图 11-11）。

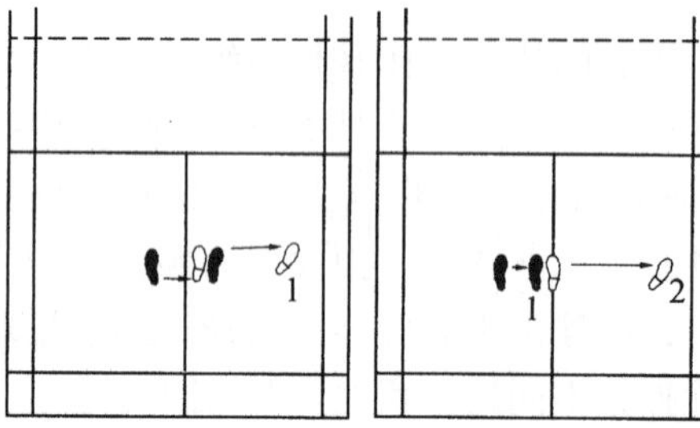

1. 右侧蹬跨步　　2. 右侧垫步（两步）

图 11-10

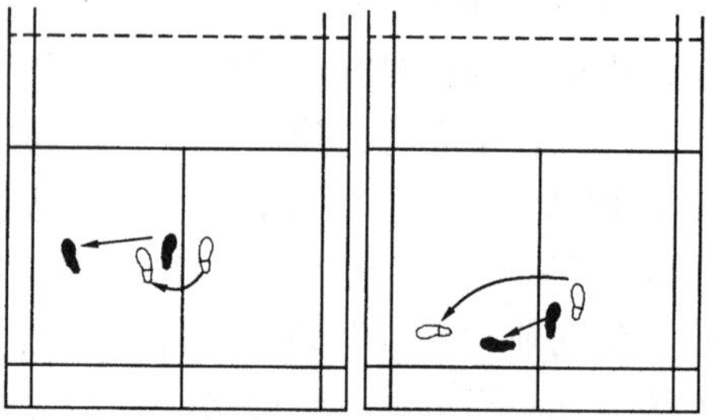

1. 左侧蹬跨步　　2. 左侧垫步（两步）

图 11-11

第三节　羽毛球运动基本战术

一、单打战术

（一）发球抢攻

发球抢攻战术是指运动员利用发球使对方陷入被动，为自己创造进攻机会的一种战术。这种战术一般用发网前低球结合平快球、平高球，争取第三拍的主动进攻。尤其对付防守能力较差或临场经验不足的对手，采取此战术较为有效。在比赛进入关键时刻实施此战术突袭对方，可打乱其接发球的准备节奏，争取主动权。

运用此战术时，要求运动员具有高质量的发球，否则难以成功。

（二）攻后场

这种战术一般通过击高球、重复压对方底线两角，使对方陷入被动，然后寻找机会进攻。此战术一般用于对付初学者或技术不熟练、后场还击能力不强、后退步法较慢和急于上网的对手。

（三）攻前击后

这种战术是先以吊球、放网前球、搓球吸引对方到网前，然后用推球、平高球或杀球突击对方的后场底线。它一般用于对付上网步法较慢或网前球技术较差的对手。采用此战术，要求运动员首先具有较好的网前击球技术。

（四）打四方球

这种战术是以快速、准确的落点攻击对方场区的四个角落，调动对方前后、左右奔跑，伺机向空当进攻。它用于对付体力差、反应和步法移动慢的对手。

（五）打对角线

这种战术无论是进攻还是防守均以打对角线为主。它用于对付身体灵活性差、转体较慢的对手。由于对方灵活性差、转体慢，在其来回奔跑左右两侧时能使其重心不稳而被动失误，为我方创造进攻机会。

二、双打战术

双打两方都是两人协同作战，在进攻与防守上较单打得到了加强。然而，双打比赛不仅是比赛双方技术、战术、体力上的较量，还是双方同伴间相互配合程度的较量。因此，双打运动员技术上要能攻善守，发球、接发球、平抽快打、连续扣杀和接杀球等关键技术要过硬；身体素质上要速度快、力量强；战术上要统一行动、配合默契；思想上要团结一致。总之，双打比赛对配对的两人各方面的要求比较高。

下面简单介绍双打战术。

（一）攻人

攻人战术即“二打一”，又称避强击弱战术。双打比赛中，对方两个队员的技术水平一般是不均衡的，集中力量攻击对方较弱的队员，尽量使对方的特长得不到发挥，充分暴露对方的弱点，是此战术的目的。攻人战术要灵活运用。若对方有意保护其弱者，则以两个人对付对方的强者，消耗其体力，减弱其进攻威力，伺机突击空当，这也是“二打一”战术。

（二）攻中路

当对方队员分边站位时，要尽可能将球攻到对方两人之间的空隙区，以造成对方争夺回击或相互让球而出现失误。这是对付配合较差的对手的有效办法。

攻半场战术是攻中路战术的另一种形式。当对方成前后站位时，将球还击到两人之间靠边线的位置上。这是对付配合欠佳、动作不灵活、接半场球技术较差的对手的有效战术。

（三）软硬兼施

这种战术先用吊网前球或推半场球迫使对方被动防守，而后大力扣杀进攻。若硬攻不下，则重吊网前球，待对方挑球欠佳时，再度强攻。此时，攻击对象最好选择对方两人中刚后退而立足未稳者。

（四）挑、拉反击

这种战术是通过挑、拉对方两底角高远球，诱使对方在左右移动中进攻，我方伺机反击，后发制人。它用于对付后场进攻能力较差的对手，或用于消耗对方体力。运用此战术必须具有较强的防守能力，顶得住对方的连续攻杀。

（五）后杀前封

当我方取得主动、欲采取攻势时，站在后场者见高球则强攻杀球或吊网前球，迫使对方被动还击；站在前场者则应立即积极移位，准备封网扑杀。

第四节 羽毛球竞赛主要规则

一、场地与器材

（一）球场

羽毛球球场为一块长方形场地，长 13.40 m、宽 6.10 m（单打场地宽 5.18 m），球场上各线宽均为 4 cm，丈量时要从线的外沿算起（图 11-12）。球场各条界线最好是白色、黄色或其他易于辨别的颜色。

所有场地线都是它所确定区域的组成部分。理想的羽毛球比赛场地是用弹性木材拼接而成的，目前国际比赛已采用化学合成材料做成可移动的球场。按国际比赛规定，羽毛球场上空 12 m 以内、球场四周 2 m 以内（含相邻的两个球场）不得有任何障碍物。球场四周的墙壁最好为深色，同时避免风的干扰。

若由于客观条件的限制，达不到上述要求，经有关部门批准，可以制定出切合实际的补充规定。

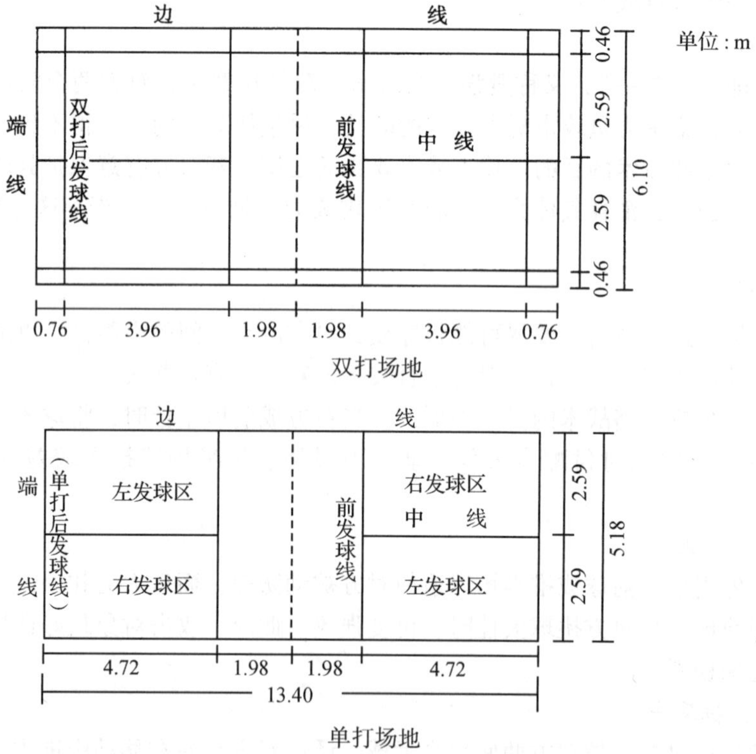

图 11-12

（二）球网

羽毛球球网长 6.10 m、宽 76.00 cm，用深色优质的天然或人造纤维细绳制成。网孔为方形，边长为 15～20 mm，网的上沿缝有 75 mm 宽的双层白布，把细钢丝绳或尼龙绳从白布夹层穿过，然后牢固地张挂在两根网柱之间。球场中央网高为 1.524 m，球网两端高为 1.55 m。球网的两端必须与网柱系紧，它们之间不应有缝隙。

（三）网柱

从球场地面起，网柱高为 1.55 m，网柱必须稳固地与地面垂直，并使球网保持紧拉状态，网柱应放置在双打边线中点上。

（四）球

羽毛球可用天然、人造材料或两者混合制成。一般式样的羽毛球应有 16 根羽毛固定在半球形的软木托上，木托直径为 25～28 mm，球托底部为圆球形，包有一层白色薄羊皮。羽毛长 64～70 mm，羽毛顶端围成圆形，直径为 58～68 mm，在球托上部 1.25 cm 和

2. 50 cm 处用线料将羽毛扎牢。羽毛球的质量为 4. 74～5. 50 g，每次比赛必须使用一种牌号且经大会检验过的比赛用球，运动员对使用此球没有否定权。

当运动员从场地一侧端线将球用低手充分向前上方击球，使球沿边线的平行线向前飞出并落在另一端线内 53～99 cm 处，则应认为该球的飞行速度正常。

（五）球拍

球拍拍面应为平面，以拍弦穿过框架十字交叉或以其他形式编织而成。球拍的框架包括拍柄在内总长度不超过 68 cm，宽度不超过 23 cm。球拍框一般为椭圆形，拍框长度不超过 29 cm，弦面长不超过 28 cm，宽度不超过 22 cm。球拍质量为 90～120 g（不含弦的质量）。球拍不允许有附加物和突出部分，不允许改变球拍的规定式样。

二、主要竞赛规则

目前，国际、国内羽毛球竞赛大多数采用循环制、淘汰制和混合制等竞赛制度。

（一）竞赛的计分方法及规则

（1）采用 21 分制，即分数先达 21 分的一方胜，三局两胜。每局双方打到 20 平后，一方领先 2 分即算该局获胜；若双方打成 29 平后，一方领先 1 分，即算该局获胜。

（2）每球得分，除特殊情况（如地板湿了，球打坏了，拍子或拍弦断裂）外，球员不可再提出中断比赛的要求。在一局中，当一方以 11 分领先时，比赛应进行 1 min 的技术暂停，让比赛双方擦汗、喝水等。

（3）得分者方有发球权，若本方得单数分，从左边发球；若本方得双数分，从右边发球。在第三局或只进行一局的比赛中，当一方分数达 11 分时，双方交换比赛场区。

（二）竞赛中的站位

1. 单打

（1）当发球员的分数为 0 或双数时，双方运动员均应在各自的右发球区发球或接发球。

（2）当发球员的分数为单数时，双方运动员均应在各自的左发球区发球或接发球。

（3）如“再赛”，发球员应以该局的总的分数来确定站位。若总分为 15 分（单数），双方运动员均应在各自的左发球区发球或接发球；若总分为 16 分（双数），双方运动员均应在各自的右发球区发球或接发球。

（4）球发出后，双方运动员就不再受发球区的限制，可自由击到对方场区的任何位置，运动员的站位可以在自己这方场区的界内或界外。

2. 双打

（1）一局比赛开始和获得发球局的一方，都应从右发球区开始发球。

（2）只有接发球员才能接发球；如果其同伴去接发球或被球触及，发球方得 1 分。

（3）每局开始首先发球的运动员，当该局本方得分为 0 或双数时，都必须在右发球区发球或接发球；当得分为单数时，则应在左发球区发球或接发球。

（4）每局开始首先接发球的运动员，当该局本方得分为 0 或双数时，都必须在右发球区接发球或发球；当得分为单数时，则应在左发球区接发球或发球。

（5）上述两条相反形式的站位适用于他们的同伴。

（6）运动员不得有发球错误和接发球的错误，或在同一发球中有两次发球。

（7）在上一局为胜方的任一运动员可在下一局先发球，负方中任一运动员可先接发球。

（8）球发出后，运动员就不再受发球区的限制了。运动员可在本方场区自由站位和将球击到对方场区的任何位置。

（三）交换场区

（1）以下情况运动员应交换场区：第一局比赛结束时、第三局比赛开始前、在第三局或只进行一局的比赛中进行至一方达 11 分时。

（2）运动员未按以上规则交换场区，已经发现立即交换，已得分数有效。

（四）合法发球

（1）发球时任何一方都不允许非法延误发球。

（2）发球员和接发球员都必须站在斜对角线发球区内发球和接发球，脚不能触及发球区的界限；两脚必须都有一部分与地面接触，不得移动，直至将球发出。

（3）发球员的球拍必须先击中球托，与此同时，整个球必须低于发球员的腰部。

（4）击球瞬间球杆应指向下方，从而使整个拍框明显低于发球员的整个握拍手部。

（5）发球开始后，发球员的球拍必须连续向前挥动，直至将球发出。

（6）发出的球必须向上飞行过网，如果不受拦截，应落入接发球员的发球区。

（五）羽毛球的违例

（1）发球不合法。

（2）发球员发球时未击中球。

（3）发球时，球过网后挂在网上或停在网顶。

（4）比赛时：

① 球落在球场边线外。

② 球从网孔或从网下穿过。

③ 球不过网。

④ 球碰屋顶、天花板或四周墙壁。

⑤ 球碰到运动员的身体或衣服。

⑥ 球碰到场地外其他人或物体。

⑦ 球拍或球的最初接触点不在击球者网的这一方（击球者击球后，球拍可以随球过网）。

（5）比赛进行中：

① 运动员球拍、身体或衣服触及网或网的支撑物。

② 运动员的球拍或身体以任何程度侵入对方场区。

③ 妨碍对方，如阻挡对方紧靠球网的合法击球。

④ 运动员故意分散对方注意力的任何举动，如喊叫、故作姿态等。

⑤ 击球时，球夹在或停滞在拍上，紧接着又被拖带。

⑥ 同一运动员两次挥拍连续击中球两次。

⑦ 同一方两名运动员连续各击中球一次。

⑧ 球碰球拍继续向后场飞行。

（6）重发球。

① 遇到不能预见或意外的情况，应重发球。

② 除发球外，球挂在网上或停在网顶，应重发球。

③ 发球时，发球员和接发球员同时违例，应重发球。

④ 发球员在接发球员未做好准备时发球，应重发球。

⑤ 比赛进行中，球托与球的其他部分完全分离，应重发球。

⑥ 司线员未看清球的落点，裁判员也不能做出决定时，应重发球。

⑦ 重发球时，最后一次发球无效，原发球员重发球。

（7）死球。

① 球撞网并挂在网上，或停在网顶上。

② 球撞网或网柱后在击球这一方落向地面。

③ 球触及地面。

④ 违例或重发球。

（8）发球区错误。

① 发球顺序错误。

② 在错误的发球区发球。

③ 在错误的发球区准备接发球，且对方球已发出。

（六）羽毛球三对三比赛介绍

所谓三对三，顾名思义就是三个人对三个人。因此，在发球、站位及一些打法等方面有特别的规定和要求。

1. 竞赛规则

采用中国羽协审定的最新《羽毛球竞赛规则》和国际羽联公布的最新规则。

2. 胜负判定方式

（1）比赛采用计时方式，即在规定时间内分数高的一方获胜。

① 比赛时间共 20 min，上、下半场各 10 min（中间有 2 min 间歇），时间由计时器显示。

② 在规定时间结束时，如果比赛仍在进行中，则打完这一回合后结束比赛；如果此时双方比分相同，须加赛一球决胜。

③ 从下半场比赛时间还剩 30 s 时开始，每回合死球至下一球发出前计时停止，当球重新发出时计时开始。

④ 比赛赛事组织方可根据报名参赛队伍数量调整比赛时间。

（2）按计分方式进行，规则与目前双打比赛规则一致。

3. 场地有效区域

（1）以国际羽联规则规定的双打比赛区域为准。在一场比赛中，运动员未经裁判员允许，不得离开场地。

（2）在 2 min 间歇时，运动员在裁判员允许的情况下，可以短时间离开场地，但不得延误比赛。

4. 发球、接发球规则

（1）每队 3 名队员中，只能有 2 名指定的选手参与发球与接发球（依照羽毛球双打发球规则），另外 1 名队员为自由选手，不能发球，也不能接发球。

（2）发球时有效区域以双打比赛规则为准，接发球方只允许 1 名选手位于接发球区域内。发球结束后，选手站位不限，发球员的同伴（包括自由选手）的站位不限，但不能阻挡接发球员的视线。

（3）对于发球时间的规定：从上一回合结束到发球员将球发出，这段时间不得超过10 s。

5. 比赛弃权

（1）比赛进行中凡因伤病或其他原因不能继续比赛者按本场比赛弃权处理。

（2）未按照比赛规定的时间到达场地，迟到超过 5 min 的运动员，其所在方按本场比赛弃权处理。

6. 比赛因伤暂停、技术暂停的规定

（1）在全场 20 min 比赛中，一方运动员因伤病处理暂停比赛不得超过一次，处理时间不超过 5 min。因伤暂停时，受伤一方教练员和大会医生可以进入场地。伤停时间内，比赛计时停止；伤停结束，运动员回到场内，计时重新开始。

（2）在上半场比赛中，一方运动员的得分为 15 分时，双方进入技术暂停阶段，暂停时间为 30 s。

（3）在下半场比赛中，双方运动员各有一次暂停机会，暂停时间为 30 s。该次暂停须由运动员提出，并经过裁判员允许，方可进行。

（4）如果采用计分方式比赛，其暂停方式参照目前双打比赛规则。

7. 其他规定

本赛规之外的规则均采用中国羽协审定的最新《羽毛球竞赛规则》和国际羽联公布的最新规则。

思考题

1. 当今国际羽毛球比赛主要有哪些？根据我国羽毛球现状谈谈其发展趋势。
2. 试述羽毛球握拍法、脚步的动作要领及如何掌握正确的握拍法和步法。

第十二章　网球运动

第一节　网球运动概述

网球运动起源于13世纪的法国。当时的宫廷出现了一种叫作“掌游戏”的游戏项目，活动时两人戴上手套，中间隔一条绳子，双方将球打来打去，球外面用布包裹，里面塞满头发。裹球的布以埃及坦尼斯镇所产的布最为著名，因此在欧洲人中，网球被称为Tennis（坦尼斯）。目前世界上网球运动的管理机构是成立于1913年的国际网球联合会。当今最著名的四大网球比赛是英国（温布尔登）网球锦标赛、法国网球公开赛、美国网球公开赛和澳大利亚网球公开赛，全满贯是指一位选手获得四大赛事的冠军，金满贯则是在全满贯的基础上再获得奥运会网球项目的金牌。

1885年前后，网球运动传入我国。从1910年第1届全运会开始，我国虽也举办了多次全国及国际网球比赛，但参加人数较少，故技术水平较低。中华人民共和国成立后，我国的网球运动不断发展，技术水平迅速提高。近年来，参加网球运动的人数迅猛增加，高校网球运动呈现蓬勃发展态势，许多高校都面向大学生开设了网球选修课。可以说，高校大学生是未来网球运动的最佳传播者、消费者和继承者。

值得关注的是近年来中国女选手在国际大赛中的出色表现。女子双打组合李婷、孙甜甜在2004雅典奥运会上获得了冠军。2011年6月，我国女子运动员李娜夺得法国网球公开赛冠军，创造了亚洲女运动员在世界网球公开赛中的最好成绩，2014年，获得澳大利亚网球公开赛女子组冠军，世界排名第二。2014年9月，李娜正式退役。这些运动员的出色表现极大地推动了网球运动在我国的发展。2024年，郑钦文获得巴黎奥运会网球女单冠军。

网球比赛可以在两个人或四个人之间进行，其目的是把网球打过网，使球落地不出界，并尽可能使对手不能把球击回我方半场。现代网球运动的基本技术包括正、反手的平击球，上旋球，削球，正、反手的截击球，高压球，接球和发球技术。这些技术又都是建立在正确、合理的脚步移动基础上完成的。从打法上大致分为底线型和上网型，每一种打法在网球发展的不同时代都有杰出的代表人物。近年来，由于高科技和新型材料在场地、器材上的应用和成熟的商业运作，现代职业网球运动有了新的发展。同时，作为健身、休闲、娱乐的手段，网球运动深受大众的喜爱，打网球已成为现代人的生活时尚。

因为网球运动是一项依赖设备进行的运动项目，所以我们在学习打网球时，应注意对这方面常识的了解，这对掌握网球技术和提高网球运动水平有很大帮助。

第二节 网球运动基本技术

一、握拍法

学习打网球，首先要掌握握拍法。握拍法有东方式、西方式、大陆式。使用哪种握拍法最好，没有一定的标准。初学者常采用东方式握拍法，高水平运动员则多采用西方式握拍法。

(一) 东方式握拍法

1. 正手握拍法

手掌虎口的“V”字形部位在拍柄上平面偏右，拇指扣住拍柄前平面，食指则握住拍柄右侧至下平面，中指、无名指和小指合拢与拇指接触（图 12-1 之 1）。

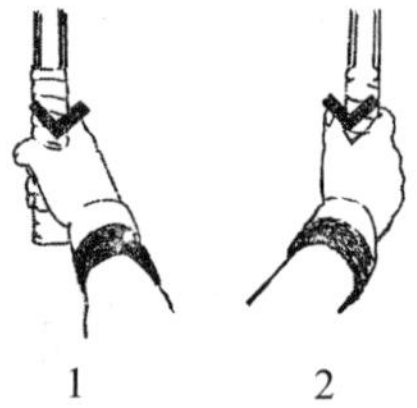

东方式

图 12-1

2. 反手握拍法

手掌虎口的“V”字形部位偏左边，在左平面与上平面间的左上倾斜面，食指关节在右上倾斜面（图 12-1 之 2）。

(二) 西方式握拍法

1. 正手握拍法

手掌虎口“V”字形部位于拍柄的上平面和右上斜面的交接处，手掌中心握住拍柄的右平面，手腕稳固地贴紧拍柄后侧的右平面，大拇指关节在拍柄的右上倾斜面的位置（图 12-2 之 1）。

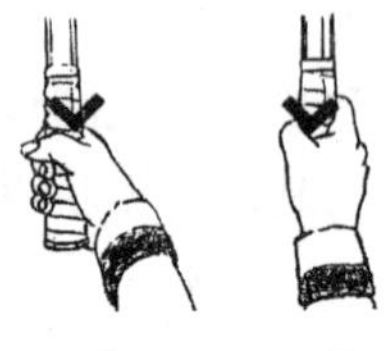

西方式

图 12-2

2. 反手握拍法

手掌虎口“V”字形部位于拍柄的上平面和左上斜面的交接处，拇指第一指节贴紧拍柄的左平面（图 12-2 之 2）。

(三) 大陆式握拍法

1. 正手握拍法

手掌虎口“V”字形部位正对拍柄的左上斜面的交接处，大拇指扣压住左平面，食指关节握住拍柄的上平面边缘和右上倾斜面的位置（图 12-3 之 1）。

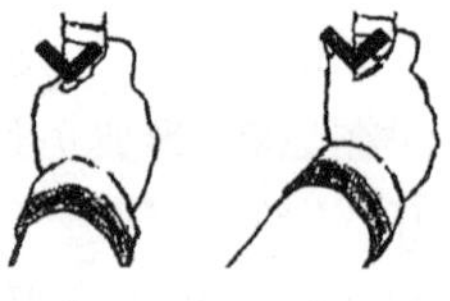

大陆式

图 12-3

2. 反手握拍法

手掌虎口“V”字形部位的位置与大陆式正手握拍法相同，不同之处在于拇指略放松一些，而非紧紧地扣压拍柄（图 12-3 之 2）。

二、基本动作

准备姿势：面向对方，两脚自然分开约与肩同宽，两脚尖朝前，屈膝，重心下降，重心落在两脚的前脚掌之间，左手扶着拍颈，右手握着拍柄，使拍头朝前方，放置于体前，两眼注视对方的来球（图 12-4）。

图 12-4

1. 正、反手击球步法

(1) 原地正手击球步法。从准备姿势开始，左腿向前方跨出，同时转体转肩，左肩对网，有向前迎击来球的感觉。

（2）原地反手击球步法。从准备姿势开始，右腿向左前方跨出，同时转体转肩，右肩对网。

（3）滑步移动。它是向左、右移动的步法，脚步与篮球防守的移动步子一样。向左移动时，右脚先向左蹬地，左脚依次向左跨出，动作协调连贯。向右移动时，动作基本同向左移动，唯方向相反。脚移动时重心上下的幅度不宜太大。

2. 正、反手击球的基本动作

网球技术动作多种多样，不论你采用哪种方法去击球，它的击球动作一般都分为引拍、迎球挥拍、球拍触球、随挥动作四个主要环节（图 12-5）。

图 12-5

（1）引拍。它是迎球挥拍前的准备工作，决定着回球的力量、旋转的性质。及时的引拍为合理、有效地击球提供了条件。

（2）迎球挥拍。它是指从引拍开始向前挥动至击中来球的这段过程，它决定着回球的速度和方向。

（3）球拍触球。它是指球拍击中球时的一刹那动作，它是击出好球的保证。球拍触球时，拍面朝向就是球的飞行方向。

（4）随挥动作。它是指球拍击球后继续向前上方送出的一段技术动作。这一段的感觉好像把球送向目标一样，只有这样，才能够保持击球动作的稳健性，有利于整个击球动作的准确发挥。

三、击球

（一）正手击球

1. 正手平击球

（1）站在底线中央标记处，摆好准备姿势，把球拍放在身体的正前方。

（2）转肩和胯，使身体侧对球网，成侧站位，持球拍手将球拍后拉。此时应放松持球拍手腕。

（3）膝关节弯曲，为击球时转身发力做准备。

（4）在开始向前挥拍时，握紧球拍以固定手腕，击球点的高度在身体的腰部上下，拍面在击球时与地面垂直，由下向上挥动。

（5）在击球后继续挥动时，球拍随球挥动，由低到高，肘关节接近肩的高度，手臂完成动作后继续往前延伸，随后移动、收回，恢复原准备姿势。

2. 正手上旋抽球

正手上旋抽球是正手平击球的一种变化，其差别在于击出的球呈上旋飞行。

（1）在准备位置时，使球拍后引至体后侧，拍头略翘起。

（2）转动肩，并利用左手臂保持平衡，直到左肩对准来球为止。

（3）将重心完全放在后脚，然后较大弧度地挥动球拍。

（4）平行于来球路线，移动左脚，当膝盖快伸直时，对准来球向上挥拍。

（5）当拍面接触球时，将重心完全移至前脚。

（6）结合手腕和小臂的动作，带动拍面继续向前上方挥动。

（7）当球拍在后续动作中越过身体时，要伸直身体，并转身面向球网。

3. 正手切球

正手切球时，须从高往低向前挥拍击球，并调整拍面的角度，以获得所产生的下旋力。

（1）后引球拍时，应将球拍面稍微后仰，手腕翘起。

（2）当向下挥拍时，踏出左脚，方向与来球的路线平行。

（3）在体前侧腰部高度击球，切击球下缘。

（4）向上挥拍击球后，向出球方向稍高位置继续挥拍。

（二）反手击球

1. 反手平击球

初学者在最初开始打反手平击球时可采用东方式反手握拍法。

（1）站在底线中点处，摆好准备姿势。

（2）转动左脚，换成东方式反手握拍法，并将球拍后引。

（3）适当转动双肩，并将重心完全移至左脚。

（4）稍微挥动拍头，并跨右脚，方向与来球方向平行。

（5）将重心完全移到前脚，向上挥拍时，必须紧握拍柄。

（6）在身体侧面击球，并随出球方向继续挥拍。

（7）在头顶前上方伸展持拍手臂来完成后续动作（图 12-6）。

图 12-6

2. 反手上旋抽球

反手上旋抽球是反手平击球的一种变化形式，是将球击成上旋飞行，反手上旋抽球的技术要领主要有以下几点。

（1）转动肩和胯，侧对球网。身体重心移至左脚，右手持拍向左后方挥拍，左手握拍颈并将球拍向后拉，球拍后摆并低于来球的高度，球拍底托正对来球，屈膝。

（2）在挥拍开始前，运动员的右脚向击球方向迈步，击球点在右腿前腰部高度，击球时拍面垂直于地面，挥拍轨迹朝目标方向由下向上。

（3）击球后，球拍应沿目标方向继续挥出，由下向上，保持身体平衡。

3. 反手切球

准确判断来球，向左转体时要转变为反手握拍法，然后轻松自然地由上向下、向前挥拍。

(三) 拦网截击

在拦网截击中，运动员是在球落地前拦截，通常在球网和中场之间做拦截。拦截分正手拦截和反手拦截两种。

(四) 挑高球

挑高球通常被用于防守中将球挑过网前的对手。虽然挑高球同一般的底线击球方法近似，但拍面略开放，后摆动作小；向前挥动时，向上较多，向前较少。

(五) 高压球

挥拍上举超过头顶，击打落地前或落地后的挑高球，它与发球动作相似，但后摆准备动作要比发球小。

四、发球

发球是比赛开始的第一个动作，发球是进攻的开始。一个好的发球具有攻击性，并使发出的球在速度、力量、旋转和落点上有变化。要发好球，动作要连贯、简单，具有良好的平衡和能准确地抛球，合理、正确地握拍。

(一) 发球方法

1. 握拍法

发球时一般采用东方式反手握拍法。另外，握拍手尽可能向拍柄的后端握，这样可以提高发球的击球点，也便于发出不同类型的球。

2. 持球法

可采用一只球持球法，用拇指和四个手指抓住要发的球。也可采用两只球持球法，用拇指和食指、中指抓住一只球，再用无名指和小拇指抓住另一只球。

3. 抛球法

抛球位置应在左肩的偏右侧，当伸直抛球手臂时，放开球；当球上抛到顶点时，就可以向上挥拍击球。

(二) 发球动作

从准备姿势开始，两臂外展引拍的同时抛球。右手由前向下、向后、向上抬起，使球拍高于肩，左手向上伸展把球抛出，同时两腿弯曲，重心下降。右手把球拍摆过肩后，要尽可能地放松肩部和持拍手，使之产生做鞭打动作的感觉，也就是形成“挠背”姿势。当将球抛送至最高点时，两腿蹬伸，转体、转肩，利用腰、臂的力量，充分伸展全身和拍子，向上挥拍击球。球拍击球时手稍加扣腕的动作，击球后继续随挥，使球拍在身体的左侧下方完成动作（图 12-7）。

图 12-7

（三）常见错误及纠正方法

1. 抛球高度不够或抛球过高

抛球的适宜高度应在击球侧手臂充分伸展能够到的高度上方 20~50 cm 的范围，这样的高度可以使身体充分伸展，同时击球时球下落的速度不至于过快，有利于击球的准确性。

纠正方法：练习时可以侧身对网球场的围网，在围网上标记出合理的抛球高度，把球抛在这个高度范围内。这一练习既可以解决抛球高度不准确的问题，也可以纠正抛球方位偏离击球点位置的问题。

2. 发球时击球的时机掌握不好

发球时击球点不准确，击球点偏高或偏低，影响发球的成功率。

纠正方法：在发球的击球点的高度处悬挂一网球，反复练习挥拍击球动作，体会身体击球时的转体及身体的向上伸展和击球时手腕的发力方式，同时注意拍面击球的位置。

3. 发球无力

发球无力的原因有挥拍轨迹过短，身体转动不充分，动作不协调，等等，所以我们在练习中要从这些方面来改进。

纠正方法：做引拍击球动作时，拍头后摆要充分，形成“挠背”姿势，增加挥拍距离，加快挥拍速度；引拍的同时要注意屈膝、挺髋，为下一步的蹬地转身做准备，可以在底线反复练习转身抛球的动作，体会转身的发力，通过这一练习也可以增强动作的协调性。

第三节 网球运动基本战术

战术是比赛战略指导思想的具体实施办法。战术可以在正常的比赛中不断变化，以便适应并破坏对方的战略战术。在战术应用中，针对不同类型打法的运动员，善于发现对方的弱点，再根据自身的技术特点，及时地调整并合理地运用战术。

一、单打战术

（一）上网型打法

上网型打法是指在网球比赛中根据场上情况，适时采取上网截击、高压球等技术攻击对方，以获取胜利的一种战术打法。这一战术的指导思想就是利用网前进攻作为主要得分手段。这一战术主要包括发球上网、随球上网、接发球上网、偷袭上网等。

（二）底线型打法

底线型打法是以底线正、反手抽击球为基础而组成的一种战术。这一战术的特点是要用速度、旋转、落点的变化来创造进攻机会。底线型打法的主要战术有对攻战术、拉攻战术、侧身攻战术、紧逼战术、防守反击战术等。

（三）综合型打法

综合型打法的特点是技术比较均衡，没有明显的技术短板，基本功扎实，在场上任何位置都能处理好球，能灵活地变换战术打法。综合型打法攻守平衡，符合积极主动、机动灵活的战术原则。

(四) 单打战术在比赛中的应用

1. 连贯性与冒险性

在比赛中，击球的目的是使对方无法回击，有两种方法达到这种目的：

(1) 连贯加稳定，即保持打球时不失误。

(2) 冒风险，即设法去进攻，使对方失误或置对方于“死”地。

初学者应坚持以稳定为主，避免和减少失误，保持击球的成功率，逐步提高连贯性和稳定性。当逐步入门以后，信心和技能有所提高，则应开始把注意力集中在击球的落点上，并逐步提高控制打或接各种球的变化能力，目的是减少自己失误，使对方失误增多。

2. 把球击深

将球击深（发球线后，接近底线）有许多好处：

(1) 迫使对手向后移动。

(2) 迫使对手回击过来的球落地后起跳较高。

(3) 与浅球相比，回击深球不易使对手打出角度。

(4) 使对手远离底线，可降低对手回球精确度。

(5) 回击深球常可使对手回球较浅，这样可以使自己有更多的进攻角度。

3. 抓住对手弱点

若能真正地抓住对手的弱点，则无需把球打得角度太大，或打出置对手于“死”地的球，便可收到很好的效果。一般对方容易出现的弱点是：

(1) 正手或反手击球水平不一致。

(2) 对于初学者来说，处理高而深的球往往非常困难。

(3) 一般在移动时比静止时击球要困难。

4. 提高击球的安全性

在初学阶段，要求击球过网稍高和击球的落点在场地线内 1 m 左右的地方，以提高击球的安全性，击出的球不要离线太近。逐步连贯熟练后，再打难度球。

5. 及时回位

击球后回位好的选手，则不易被对手逼至防守的地步。回位时，在对手回球前设法回到靠近场地中间的位置上，或回到对手击球角度范围的中间角度处。回击球的选择在很大程度上影响着回位的距离。

二、双打战术

双打需要两个人的密切配合，需要根据自身的特点、队友的特点及对手的特点来制定合理的战术。通常把双打战术分为发球战术与接发球战术两种。发球战术又包括发球上网战术、发球上网抢网战术、澳大利亚式网球战术；接发球战术又分为接发球双上网战术、接发球抢网战术、接发球双底线战术。

双打战术在比赛中的应用，主要体现在如下几个方面。

1. 提高一发的成功率与发球的角度

(1) 良好的发球能给对方接发球造成一定的压力。

(2) 良好的发球能给网前队友创造直接得分的机会。

2. 提高接发球的质量

(1) 当对方发球质量不高或对方二发时，要采取接发球主动进攻，给对方压力。

（2）当对方一发时，尽量接斜线球或挑过对方的头顶，避免对方网前截击。

3. 积极抢网

在双打过程中，网前队员要积极地抢网，给对方底线队员压力，逼迫对方球员位置变化，在对方球员守双底线时，把球打到两人的中间位置，使其在接球时犹豫而失误。

第四节　网球竞赛主要规则

一、场地与器材

（一）场地

一片标准网球场地的占地面积不小于36.6 m（南北长）×18.30 m（东西宽），这一尺寸也是一片标准网球场地四周围挡网或室内建筑内墙面的净尺寸。在这个面积内，有效双打场地的标准尺寸是23.77 m（长）×10.97 m（宽），在每条端线后应留有余地不小于6.40 m，在每条边线外应流有余地不小于3.66 m。在球场安装网柱，柱间距是12.80 m，网柱顶端距地面是0.914 m。

如果是两片或两片以上相连而建的并行网球场地，相邻场地边线之间的距离不小于4.00 m。如果是室内网球场，端线6.40 m以外的上空净高不小于6.40 m，室内屋顶在球网上空的净高不低于11.50 m。网球场地的尺寸如图12-8所示。

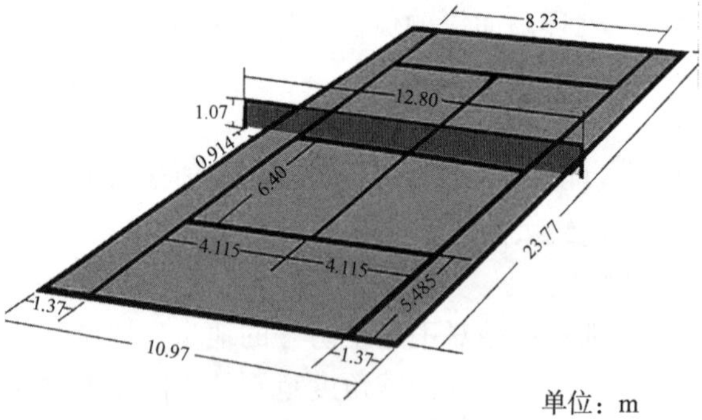

图 12-8

（二）球拍

拍头尺寸决定了击球面的球拍弦线部分的面积，并且拍头尺寸是弦线连接拍框内径的面积。一般习惯用平方英寸或平方厘米来作为拍头面积的计算单位。传统型拍头面积为380～510 cm^2，大型拍头面积为619～740 cm^2，超大型拍头面积为750 cm^2或更大。

二、主要竞赛规则

（1）开始比赛前，双方用掷硬币或旋转球拍来决定谁先发球。猜对的一方可以选择发球、接发球、挑选场地或者让对方来选择。如果你选择发球，那么对方将决定第一局接发球的场地。第一分从右边场地开始，在自己一方端线后发球；第二分从左边场地开始。

（2）发球时，发球人站在底线外的中线右方，面对对方，然后抛球，在球落地前击球，球在过网落地时应该落在对方对角的发球区内。发球者每一分有两次发球机会。如果两次发球都失败，叫作“双误”，失一分。如果发球后对方未能抵挡，叫作“发球得分”。如果发球时球擦网，但仍然过网落地，叫作“球触网”，发球方要重发一次。如果发球人在击球前脚触到了底线或进入了场地，叫作“脚失误”。每一分的发球要以场地的中线为界，把球发到对方对角的场地中。

（3）每局比赛结束后，接发球人变成发球人。

（4）一个接发球人能站在场地的任何位置接发球，但不能截击发球或让球反弹两次。当一局比赛结束，双方局数的比分之和是奇数（如1∶0或者3∶2）时，选手交换场地。

（5）报分。比赛报分时总是先报发球人的分数。没有得分被叫作“零分”，比赛时得一分呼报15，再得一分呼报30，得第三分则呼报40。因此，如果发球人失掉一分，比分称为0∶15。如果再失掉第二分，则为0∶30，以此类推。如果比分是40∶40，叫作“平分”。平分之后得的一分是得分方的“领先分”。如果再得一分，得分方就赢了该局；但如果失掉了一分，则计分又回到平分。一方必须净得两分才算赢了该局比赛。比赛双方，先胜六局为胜一盘，但必须净胜两局才算取胜。比赛通常是三盘两胜制或五盘三胜制。

（6）决胜局。决胜局用于一盘中分数比为6∶6时，记分采用数字记分制，先抢到7分一方获胜。先发球的人是第一分的发球人，随后对方选手是第二分及第三分的发球人，然后交替，每次每名选手发2个连续分球。每当遇到6分的倍数时，选手们交换场地。

（7）其他规则。

① 落在线上的任何球都算作界内球。

② 除了发球以外，触网和触网后又落入球场正确区域的球均有效。

③ 球员在回击球时，可把球击在网和固定物周围，甚至低于网的最上方。只要球最终着地在对方球场的适当位置，均为好球。

④ 发球时，对方必须在球落地一次后才能击球，而其他时候回球时，则可在落地一次或未落地时进行。

⑤ 在每一盘的奇数局结束后，双方运动员可以进行短暂的休息，然后交换场地继续比赛。

⑥ 以下几种情况发生时，均会被判失分：球击中身体、过网击球、队员的手或身体的任何一部分触网或过网。

思考题

1. 简述网球常见的错误发球动作及其纠正方法。
2. 简述网球竞赛主要规则。

第十三章　武术运动

第一节　武术运动概述

一、武术运动的起源与发展

中华武术源远流长，始于原始社会狩猎劳动和部落之争。从原始社会至封建社会，石木兵器变为“五兵”“五刃”“十八般兵器”和各种兵器；简单的射、砍、刺、击发展为规范的刺、劈、崩、点、撩、挂、扎、斩、扫、缠、穿、架、踢、打、摔、跌等。明代武术专著出现后，各拳种、流派泾渭分明，理论、技术自成体系。1927 年，在南京建立了“中央国术馆”。1928 年和 1933 年，两次举行武术国考。1936 年，组队赴柏林参加第 11 届奥运会武术表演。中华人民共和国成立后，武术成为我国体育事业的组成部分。国家体委设立武术研究室，并将武术列为体育院、系专业课。1956 年，成立中国武术协会。1957 年，国家体委将武术列为体育竞赛项目。1978 年，武术被列入大学生体育课教学计划。20 世纪 80 年代以后，我国通过专家出访、国际武术邀请赛、世界武术锦标赛等，同 40 多个国家和地区进行友好往来。1990 年，成立了国际武术联合会。在北京举行的第 11 届亚运会中武术被列为正式比赛项目。2001 年，国际武术联合会向国际奥委会正式递交了武术进入奥运会的申请。2008 年，北京奥运会上武术作为“特设项目”的身份现身。随着中华武术文化向世界的传播和发展，有越来越多的人喜欢和热爱武术运动。2020 年 1 月 8 日，在瑞士洛桑举行的国际奥委会执委会会议上通过了武术列入第 4 届青年奥林匹克运动会正式比赛项目的申请，这是武术首次成为奥林匹克系列运动会正式比赛项目。2021 年，教育部经研究，决定成立教育部中国武术教育指导委员会。2023 年，国际世界运动会协会在西班牙马德里公布武术被定为 2025 年成都世界运动会正式比赛项目。

二、武术运动的形式

武术运动的内容丰富多彩，按其运动形式可分为两大类：套路运动和搏斗运动。

（一）套路运动

中国武术一个比较显著的特点就是有许多套路。套路就是一连串含有技击和攻防含义的动作的组合，是武术动作以攻守进退、动静疾徐、刚柔虚实等矛盾运动的规律编成的整套练习形式，主要内容包括拳术、器械、对练、集体表演。

1. 拳术

拳术是徒手练习的套路运动。它的种类很多，主要有长拳、太极拳、南拳、形意拳、通背拳、象形拳等。

2. 器械

器械的种类很多，分为长器械、短器械、双器械、软器械。刀、枪、剑、棍是长短器械的代表。目前，在武术竞赛中，刀、枪、剑、棍也是重点竞赛项目。

3. 对练

对练是在单练基础上，两人或两人以上在预定的条件下进行攻防的假设性实战练习。其中包括徒手对练、器械对练、徒手与器械的对练。

4. 集体表演

集体表演是六人以上的徒手或器械集体演练，可变换队形与图案，采用音乐伴奏，要求队形整齐，动作协调一致。

（二）搏斗运动

搏斗运动是两人在一定条件下按照一定的规则进行斗智较力的对抗练习形式，目前武术竞赛中正在开展的有散打、推手两项。

1. 散打

散打是两人按照一定的规则使用踢、打、摔、拿等方法制胜对方的竞技项目。

2. 推手

推手是两人遵照一定的规则，使用挤、按、采、挒、靠等手法，通过感觉来判断对方劲路，然后借劲发劲将对方推出，以此决定胜负的竞技项目。

三、武术的特点与作用

武术在长期的历史演变中逐渐形成了自己的运动规律，它以独特的技术风格和多方面的社会功能享誉于世。

（一）武术的特点

1. 寓技击于体育之中

武术最初作为军事训练手段，与古代军事斗争紧密相连，技击的特性是显而易见的。在实用中，其目的在于杀伤、制服对方，它常常以最有效的技击方法，迫使对方失去反抗能力。这些技击术至今仍在军队、公安中被采用。

武术作为体育运动，技术上仍不失攻防技击的特性，而且将技击寓于搏斗运动与套路运动之中。

搏斗运动集中体现了武术攻防格斗的特点，在技术上与实用技击基本上是一致的，但是从体育的观念出发，它受到竞赛规则的制约，以不伤害对方为原则。例如，散打对武术中有些传统的实用技击方法做了限制，而且严格规定了击打部位和保护护具；短兵中使用的器具也做了相应的变化；而推手则是在特殊的技术规定下进行竞技对抗。因此，可以说武术的搏斗运动具有很强的攻防技击性，但又与实用技击不完全相同。

套路运动是中国武术的一个特有的表现形式，不少动作在技术规格、运动幅度等方面与技击的原形动作相比已有所变化，但是动作方法仍然保留了技击的特性。即使因连接贯串及演练技巧上的需要，穿插了一些不一定具有攻防技击意义的动作，就整套技术而言，主要的动作也仍然是以踢、打、摔、拿、击、刺诸法为主，攻防是套路的技术核心。它的攻防技击特性是通过一招一式来表现的，汇集百家；它的技击方法是极其丰富的，在散打、短兵中不宜采用的技术方法，在套路运动中仍有所体现。

2. 内外合一，具备形神兼备的民族风格

既讲究形体规范，又追求精神传意、内外合一的整体观，是中国武术的一大特色。所谓内，指心、神、意等心志活动和气息的运行；所谓外，即手、眼、身、步等形体活动。

在中国武术中，内与外、形与神是相互联系、相互统一的整体。

武术“内外合一，形神兼备”的特点主要通过武术功法和技法来体现。“内练精、气、神，外练筋、骨、皮”是各家各派练功的准则。例如，太极拳主张身心合修，要求“以心行气，以气运身”；形意拳讲究“内三合，外三合”；少林拳要求精、力、气、骨、神内外兼修。此外，武术套路在技术上往往要求把内在精、气、神与外部形体动作紧密相合，完整一气，做到“心动形随”“形断意连”“势断气连”，以“手眼身法步，精神气力功”即手法、眼法、身法、步法、精神、气息、劲力和功夫八法的变化来锻炼心身。这一特点反映了中国武术作为一种文化形式在长期的历史演进中备受中国古代哲学、医学、美学等方面的渗透和影响，形成了独具民族风格的练功方法和运动形式。

3. 具有广泛的适应性

武术的练习形式、内容丰富多样，有竞技对抗性的散打、推手、短兵，有适应演练的各种拳术、器械和对练，还有与其相适应的各种练功方法。不同的拳种和器械有不同的动作结构、技术要求、运动风格和运动量，分别适应不同年龄、性别、体质的需求，人们可以根据自己的条件和兴趣爱好进行选择。同时，它对场地、器材的要求较低，俗称“拳打卧牛之地”，练习者可以根据场地的大小决定练习内容和方式，即使一时没有器械，也可以徒手练拳、练功。武术练习受时间、季节限制也很小，较之不少体育运动项目，它具有更为广泛的适应性。武术能在民间经久不衰，与这一特点不无关系，利用这一特点可以为现代群众性体育活动提供方便，使武术进一步社会化。

（二）武术的作用

武术具有健身、防身、修身养性、娱乐观赏等多方面的作用，是人们增强体质、振奋精神的一种好手段。

1. 改善和增强体质

武术运动具有强体健身的作用，它不仅使形体得到锻炼，而且使人的身心得到更全面的锻炼，对外能利关节、强筋骨、壮体魄，对内能理脏腑、通经脉、调精神。尤其是武术中的许多功法注意调息行气和意念活动，对调节内环境的平衡、调养气血、改善人体机能、增强体质是十分有益的。

2. 提高防身自卫的能力

武术具有技击的特点，通过习武，可以掌握各种踢、打、摔、拿、击、刺等技击方法，提高身体的灵活性和反应能力，持之以恒地练功，还能增长劲力，抗击摔打，克敌制胜，具备防身自卫的能力。若系统地训练，掌握技击术，可以为国防、公安建设服务。

3. 磨炼意志，培养道德情操

学习武术，不仅要有吃苦耐劳的精神，还需要常年不懈，持之以恒。学习武术不仅是培养坚忍不拔、勇敢无畏的意志品质的良好方法，也是一种修身养性的良好手段。

武术在长期的延绵中，一向重礼仪、讲道德。“未曾学艺先学礼，未曾习武先习德”，培养武德是武术的传统。通过练武习德可以培养尊师重教、讲礼守信、见义勇为、不凌弱逞强等良好的心理素质和高尚的道德情操，有益于社会主义精神文明建设。

4. 娱乐观赏，丰富文化生活

武术具有很高的观赏价值，无论是赛场上两人斗智较勇的对抗性搏斗，还是显现武术功力与技巧的套路演练，都会引人入胜，给人以美的享受，丰富人们的文化生活。此外，群众性的武术活动，可以成为人们切磋技艺、交流思想、增进友谊的良好形式。随着武术在世界上的广泛传播，武术将会在世界各国人民的友好交往中发挥更大的作用。

第二节 武术基本动作

一、武术的基本手型与手法

(一) 武术的基本手型

拳：四指并拢卷握，拇指紧扣食指和中指的第二指节（图 13-1）。

掌：四指并拢伸直，拇指弯曲，紧扣于虎口处（图 13-2）。

勾：五指第一指节捏拢在一起，屈腕（图 13-3）。

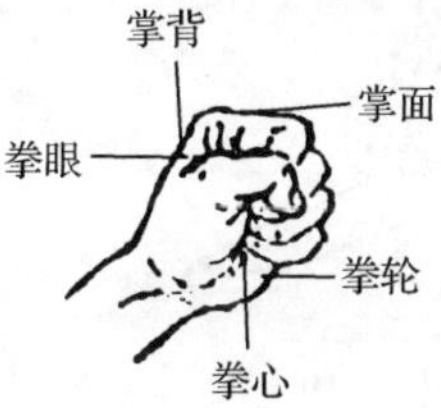

图 13-1

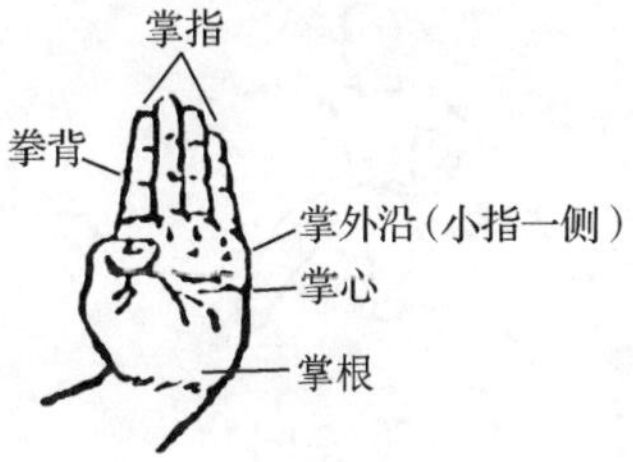

图 13-2

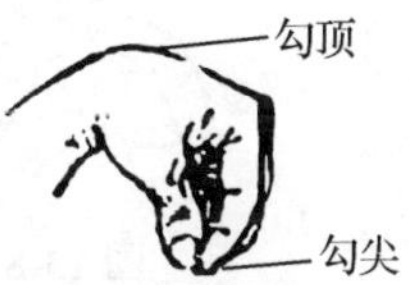

图 13-3

图 13-4

(二) 武术的基本手法

1. 冲拳

分平拳和立拳。平拳拳心向下，立拳拳眼向上。

冲拳时挺胸、收腹、直腰，右拳从腰间向前猛力冲出，转腰、顺肩，在肘关节过腰后，右前臂内旋，力达拳面（图 13-4）。臂要伸直，高与肩平，同时左肘向后牵拉。练习时，左右可交替进行。

2. 架拳

右拳向下、向左、向上经头前向右上方划弧架起，拳眼向下，眼看左方（图 13-5）。练习时，左右可交替进行。

3. 推掌

右拳变掌，前臂内旋，并以掌根为力点猛力推击（图 13-6）。推击时要转腰顺肩，臂要伸直，高与肩平，同时左肘向后牵拉。练习时可左右交替进行。

图 13-5

图 13-6

二、武术的基本步型与步法

(一) 武术的基本步型

1. 弓步

左脚向前一大步，脚尖微内扣，左腿屈膝半蹲（大腿接近水平），膝与脚尖垂直；右腿挺膝伸直，脚尖内扣（斜向前方），两脚全脚着地；上体正对前方，眼向前平视，两手抱拳于腰间（图 13-7）。弓右腿为右弓步，弓左腿为左弓步。

2. 马步

两脚平行开立（约为本人脚长的三倍），脚尖正对前方，屈膝半蹲，膝部不超过脚尖，大腿接近水平，全脚着地，身体重心落于两脚之间，两手抱拳于腰间（图 13-8）。

3. 虚步

两脚前后开立，右脚外展 45°，屈膝半蹲，左脚脚跟离地，脚面绷平，脚尖稍内扣，虚点地面，膝微屈，重心落于后腿上；两手叉腰，眼向前平视（图 13-9）。左脚在前为左虚步，右脚在前为右虚步。

4. 仆步

两脚左右开立，右腿屈膝全蹲，大腿和小腿靠紧，臀部接近小腿，右脚全脚掌着地，脚尖和膝关节外展，左腿伸直平仆，脚尖里扣，全脚着地；两手抱拳于腰间，眼向左方平视（图 13-10）。仆左腿为左仆步，仆右腿为右仆步。

图 13-7

图 13-8

图 13-9

图 13-10

5. 歇步

两腿交叉靠拢全蹲，左脚全脚掌着地，脚尖外展，右脚前脚掌着地，膝部贴近左腿外侧，臀部坐于右腿接近脚跟处，两手抱拳于腰间，眼向左前方平视（图 13-11）。左脚在前为左歇步，右脚在前为右歇步。

6. 坐盘

两腿交叉，右膝屈膝，大小腿均着地，脚跟贴近臀部，左腿在身前横跨于右腿上方，左大腿贴近胸部，两手抱拳于腰间，眼向左前方平视（图 13-12）。左腿在前为左坐盘，右腿在前为右坐盘。

图 13-11

图 13-12

图 13-13

7. 丁步

并步站立，两腿屈膝半蹲，右脚全脚掌着地，左脚脚跟掀起，脚尖里扣并虚点地面，脚面绷直，贴于右腿脚弓处，重心落于右腿上；两手叉腰，眼向前平视（图 13-13）。左脚尖点地为左丁步，右脚尖点地为右丁步。

（二）武术的基本步法

1. 击步

上体前倾，后脚离地提起，前脚随即蹬地前纵，在空中时，后脚向前碰击前脚。落地时，后脚先落，前脚后落，眼向前平视（图 13-14）。

2. 垫步

后脚离地提起，脚掌向前脚处落步，前脚立即以脚掌蹬地向前上方跳起，将位置让于后脚，然后再屈膝提腿向前落步，眼向前平视（图 13-15）。

3. 弧形步

两腿略屈，两脚迅速连续向侧前方行步，每步大小略比肩宽，走弧形路线，眼向前平视（图 13-16）。

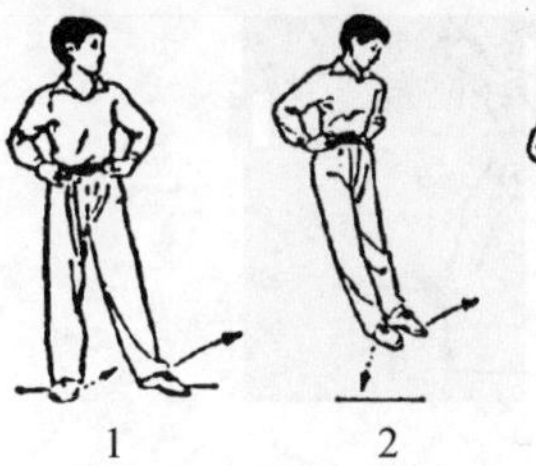

图 13-14

图 13-15

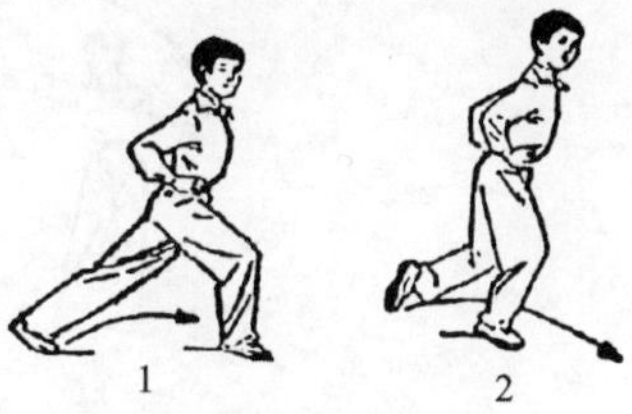

图 13-16

三、武术的基本动作

（一）腾空飞脚

右脚上步，左脚向前、向上摆踢，右脚蹬地跃起，身体腾空，两臂向下、向前、向头上摆起，右手臂迎接左手掌。在空中，右腿向前上方弹踢，脚面绷直，右手迎击右脚面；同时左腿屈膝，左脚收控于右腿侧，脚面绷直，脚尖向下。左手在击响的同时摆至左侧方变勾手，勾尖向下，略高于肩。上体微前倾，两眼平视前方（图 13-17）。

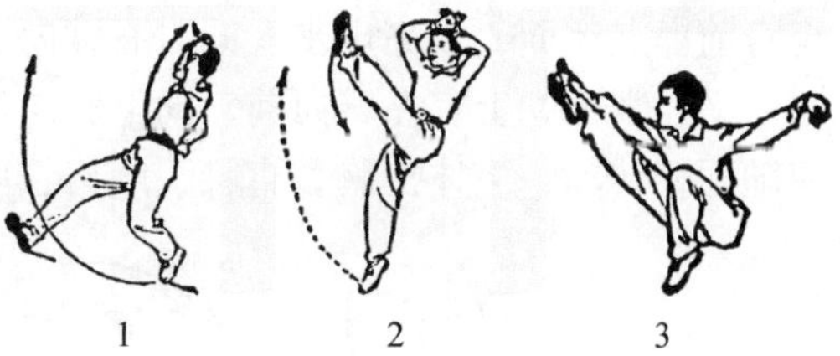

图 13-17

（二）旋风脚

1. 高虚步亮掌

右臂向前上方弧形摆掌，同时左臂屈肘，左掌收于左腰间，上体微左转，目随右掌。右掌经体前向左、向下、向右、向头上抖腕亮掌，掌心向前，掌指朝左；同时左掌从右臂内穿出，经胸前向上、向左摆至左侧，掌指朝上，高与肩平。左脚在右臂抖腕亮掌的同时收于体前，脚尖虚点地面，成高虚步。头部左转，两眼随右掌抖腕亮掌转视左侧（图 13-18）。

图 13-18

2. 旋风脚

左脚向左上步，同时右手向前、向上摆起，左臂伸直向后、向下摆动。右脚随即上步，脚尖内扣，准备蹬地踏跳。右臂向下摆动并屈肘收至右胸前，同时左臂向上、向前抡摆，上体向左旋转前俯。重心右移，右腿屈膝蹬地跳起，左腿提起向左上方摆动，上体向左上方翻转，同时两臂向下、向左上方抡摆。身体旋转一周，右腿做里合腿，左手在面前迎击右脚掌，左腿自然下垂（图 13-19）。

图 13-19

（三）腾空摆莲

1. 高虚步挑掌

右脚后撤一大步，同时右臂向前、向上挑掌，左臂后摆至体后。重心后移，左脚回收至身前虚点地面，成高虚步。同时右臂向上、向后、向下、向前绕环一周于身前挑掌，高与肩平，掌指朝上；左臂向前、向上、向后绕环摆至身后与肩齐平的部位，掌指上挑。两肩随两臂转动，上体挺胸、直腰、顺肩，两眼随右掌转视前方（图 13-20）。

图 13-20

2. 弧形步上跳

左脚向前进半步。右脚随之向前进一大步，脚尖外展，屈膝略蹲。在上右脚的同时，右掌弧形回收至腰间，左臂向后经上摆至头前上方。右腿蹬深上跳，左腿屈膝提起收扣于身前，身体腾空。右臂在跳起的同时，经左臂内侧向上弧形斜上举，左臂顺势摆向身后，两眼随右掌转视左侧，头部左转，右肩前顺。右脚落地，左脚随之在身前落步，右脚再进一步，脚尖外展；身体右转，同时右臂顺势下落，左臂前摆（图 13-21）。

图 13-21

3. 腾空摆莲

右脚蹬地跳起，同时左腿向右上方里合踢摆，两手于头上击响，上体向右旋转，身体腾空。右腿外摆，两手先左后右地拍击右脚面，左腿屈膝收控于右腿侧。上体微前倾，两眼随视两手。在空中击响时，左腿可伸直分开摆动，控于体侧（图 13-22）。

（四）燕式平衡

右腿屈膝提起，两掌在身前交叉，掌心向内。然后两掌向两侧直臂分开平举，上体前俯，右脚向后蹬伸，成燕式平衡（图 13-23）。

1　2　3

图 13-22

1　2

图 13-23

第三节　二十四式简化太极拳

一、动作名称

第一段	1. 起势	2. 左右野马分鬃	3. 白鹤亮翅	
第二段	4. 左右搂膝拗步	5. 手挥琵琶	6. 左右倒卷肱	
第三段	7. 左揽雀尾	8. 右揽雀尾		
第四段	9. 单鞭	10. 云手	11. 单鞭	
第五段	12. 高探马	13. 右蹬脚	14. 双峰贯耳	15. 转身左蹬脚
第六段	16. 左下势独立	17. 右下势独立		
第七段	18. 左右穿梭	19. 海底针	20. 闪通臂	
第八段	21. 转身搬拦捶	22. 如封似闭	23. 十字手	24. 收势

二、套路技术

（1）起势（图 13-24）。

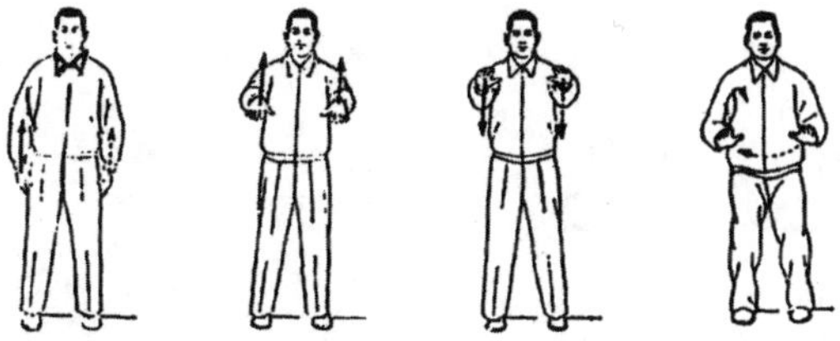
1　2　3　4

图 13-24

（2）左右野马分鬃（图 13-25、图 13-26、图 13-27）。

图 13-25

图 13-26

图 13-27

（3）白鹤亮翅（图 13-28）。

图 13-28

（4）左右搂膝拗步（图 13-29、图 13-30、图 13-31）。

图 13-29

图 13-30

图 13-31

（5）手挥琵琶（图 13-32）。

图 13-32

（6）左右倒卷肱（图 13-33、图 13-34、图 13-35、图 13-36）

图 13-33

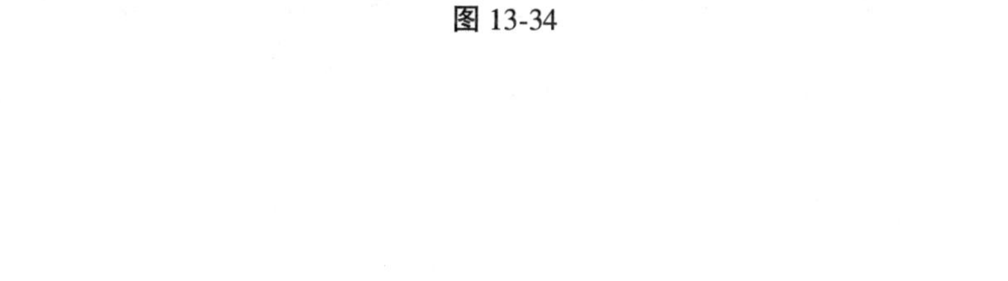

图 13-34

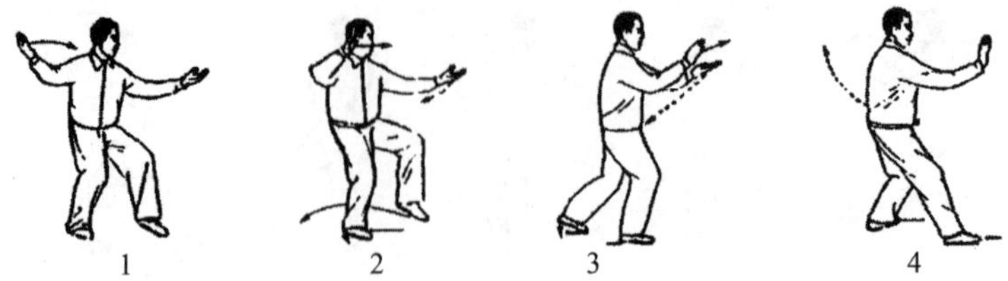

图 13-35

图 13-36

（7）左揽雀尾（图 13-37）。

图 13-37

（8）右揽雀尾（图 13-38）。

图 13-38

（9）单鞭（图 13-39）。

1　2　3　4　5　6

图 13-39

（10）云手（图 13-40）。

1　2　3　4　5

6　7　8　9　10

11　12　13　14　15

图 13-40

（11）单鞭（图 13-41）。

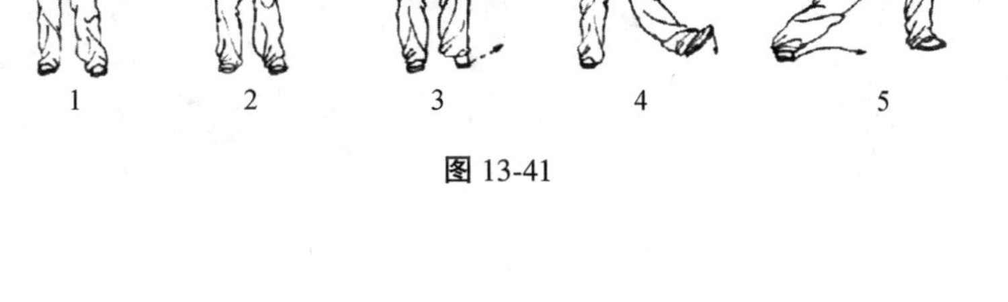

1　2　3　4　5

图 13-41

（12）高探马（图 13-42）。

图 13-42

（13）右蹬脚（图 13-43）。

图 13-43

（14）双峰贯耳（图 13-44）。

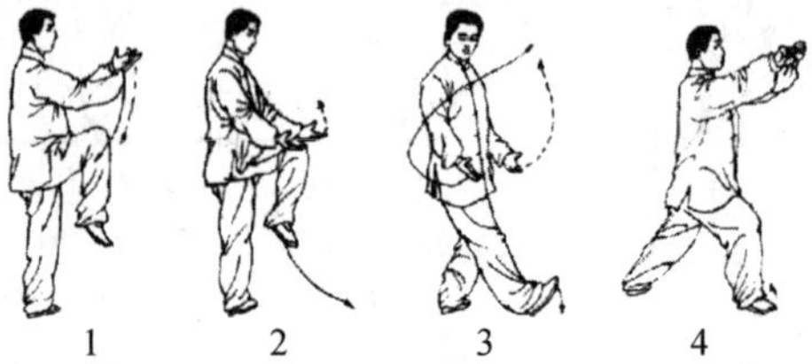

图 13-44

（15）转身左蹬脚（图 13-45）。

图 13-45

（16）左下势独立（图 13-46）。

图 13-46

(17) 右下势独立（图 13-47）。

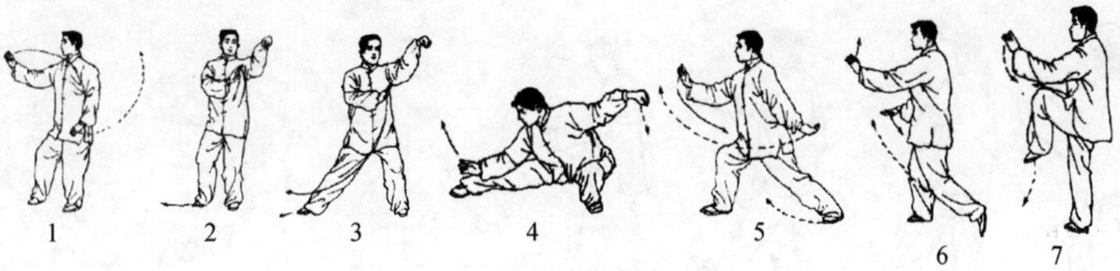

图 13-47

(18) 左右穿梭（图 13-48）。

图 13-48

(19) 海底针（图 13-49）。

图 13-49

(20) 闪通臂（图 13-50）。

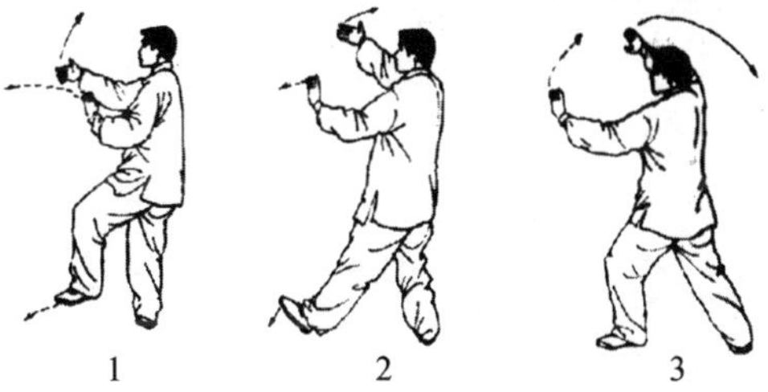

图 13-50

（21）转身搬拦捶（图 13-51）。

图 13-51

（22）如封似闭（图 13-52）。

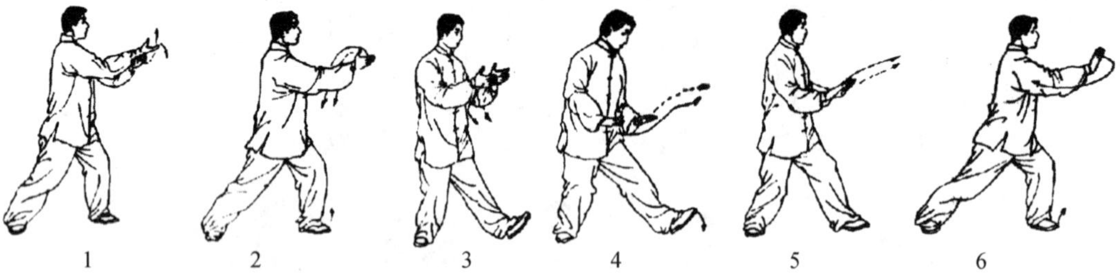

图 13-52

（23）十字手（图 13-53）。

（24）收势（图 13-54）。

图 13-53

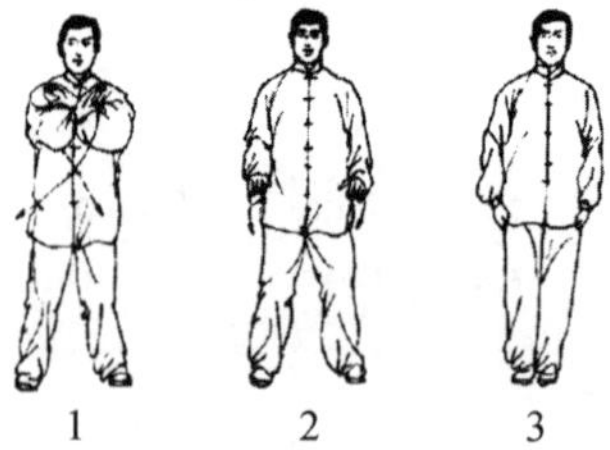

图 13-54

思考题

1. 武术的基本手法和基本步法有哪些？
2. 简述二十四式简化太极拳的动作名称。

第十四章 体操 健美操 啦啦操

第一节 体 操

“体操”一词，来源于古希腊语“Gymnastike”，即赤膊的意思。在公元前5世纪，希腊人把锻炼身体的一切活动，诸如跑、跳、投掷、攀登、摔跤、舞蹈、骑马、军事游戏等健身手段统称为体操。这种概念被沿用了许多个世纪。古希腊哲学家柏拉图曾在他的奴隶主教育体系中把体操作为教学内容。当时他们把体操作为训练身体的手段，利用木马等体操器械来训练骑马技术。到中世纪，某些体操被视为军事训练和竞技之前的准备运动。文艺复兴时期，欧洲一些国家把希腊体操用于教育实践。16世纪后半叶，意大利医生美尔库里亚利斯编写了《体操术》一书，详细论述了各种形式的人体动作。18世纪70年代，德国的体育教育家古茨穆茨出版了他的著作《青年体操》，此书对体操游戏和器械练习的教学方法做了全面论述。

进入19世纪，体操有了新的发展，一些欧洲国家创造、改进了许多体操器械。

1881年，欧洲体操联合会成立。1896年，国际体操联合会成立。同年，在希腊雅典举行的第1届现代奥运会上，体操被列为竞技项目之一。在1928年的第9届奥运会上和1934年的第10届世界体操锦标赛上开始设立女子竞技体操。1975年，在英国伦敦举行了第1届世界杯体操比赛。

体操在我国有着悠久的历史。据考证，早在两千多年前的春秋战国时期就有用类似的现代体操的“导引术”来健身治病的记载。1840年鸦片战争以后，现代体操逐渐传入我国。1956年，我国加入国际体操联合会。在世界大赛上我国体操运动员取得了不俗的成绩，在我国的体操史上写下了辉煌的一页。

体操运动根据练习的特征可划分为队列、队形的练习，徒手体操，轻器械体操，专门器械体操，器械体操，技巧运动，跳跃，艺术体操，实用性体操，健美体操，等等。体操根据目的和任务可划分为基本体操、实用性体操、团体操和竞技性体操。竞技性体操比赛常被人称为体操比赛，男子有单杠、双杠、跳马、吊环、鞍马、自由体操6个项目，女子有跳马、高低杠、平衡木、自由体操4个项目。本节介绍体操的一些简单动作。

一、前滚翻

由蹲立开始，两手撑地，重心前移至两手上，同时提臀，低头屈臂，用力蹬地，顺势经肩、背着地向前滚动，紧接起肩跟上体、手抱小腿蹲立姿势（图14-1）。

图 14-1

技术要点：提臀的同时低头屈臂。两脚蹬地后，两腿伸直，保持屈体姿势经背、腰、臀依次着地向前滚动。起肩跟上体时，迅速抱腿起立。

动作规格：蹬地后，腿要伸直，滚动圆滑。

二、鱼跃前滚翻

由半蹲臂后举姿势开始，重心前移，两脚用力蹬地，同时两臂向前摆伸，两手撑地，顺势屈臂，低头、含胸、稍屈髋向前滚动，随即团身、屈膝、抱腿成蹲立姿势（图 14-2）。

图 14-2

技术要点：跳起后，眼看前下方，身体保持含胸和稍屈髋姿势。屈臂缓冲，经肩、背、腰、臀依次着地。屈膝抱腿，紧跟上体，滚翻起立。

动作规格：有明显腾空，滚动圆滑。

三、后滚翻

由蹲撑开始，含胸低头，快速后倒，团身经臀、腰、背、颈、后脑依次向后滚动。当滚动至后脑着地时，臀部上翻，两手同时用力推离成蹲撑姿势（图 14-3）。

图 14-3

技术要点：当背部着地时，积极翻臀。当颈部着地时，尽量低头、夹肘，用力伸直两臂。

四、经单肩屈体后滚翻成单腿跪撑平衡

由直角坐撑开始，上体前屈，接着向后滚动，当收腹举腿翻臀时，头向左侧倒，当臀部翻至支点垂直面时，右臂经侧伸与左臂及时用力推地，经右肩向后滚翻，右腿下落屈膝跪地成单腿跪撑姿势。

技术要点：上体后倒，举腿翻臀的同时头侧屈。当臀部翻至支点垂直面时，抬头，两腿前后分开。经右肩后滚翻时左手用力。

动作规格：圆滑、协调、方向正。

五、肩肘倒立

由直角坐撑开始，向后滚动，举腿，翻臀。当小腿超过头部时，向上伸髋，挺直身体，同时手撑腰部两侧，成肘、颈、肩支撑的倒立姿势（图 14-4）。

图 14-4

技术要点：向后滚动，同时举腿翻臀。两臂伸直在体侧用力压地，同时向上伸腿、伸髋。手撑腰部两侧，含胸、立腰、低头，眼视脚尖。

动作规格：身体挺直，与支撑面保持垂直姿势。

六、一脚蹬地、一腿后摆成头手倒立

由蹲立姿势开始，上体前倾，两手撑垫与头部形成正三角形。随即蹬地、摆腿，成头手倒立姿势（图 14-5）。

图 14-5

技术要点：头手撑垫成正三角形，两肘内夹。当腿摆至倒立部位时，蹬地腿应主动与摆动腿并拢。身体重心始终保持在支点垂直范围内。

动作规格：身体伸直并与支撑面垂直。

七、头手倒立前滚翻

由头手倒立开始，重心前移，低头含胸，经肩、背依次着地向前滚动，两手抱小腿成蹲立姿势（图 14-6）。

技术要点：重心前移时，两手用力推地，低头前滚，紧腰，髋关节保持稍屈姿势。臀部着地时，迅速抱膝团身。

动作规格：滚动圆滑，方向正，节奏明快。

八、俯平衡（燕式平衡）

由单腿站立、另一腿前举、两臂侧上举姿势开始，前脚向前一步，上体前倾，两臂前举或颈前绕至侧平举，抬头、挺胸，支撑腿膝关节绷直，另一腿经后向上逐渐抬起，同时上体下压与地面平行，成后举腿高于头部的俯平衡姿势（图 14-7）。

图 14-6

图 14-7

技术要点：上体挺胸抬头下压，同时后腿向后上方举起。支撑腿翻直，用全脚掌控制平衡，后举腿尽量高，两腿夹角不小于 135°。

动作规格：动作舒展，髋正，脚高于头。

九、跪跳起

由跪立、两臂侧举开始，臀部后坐，迅速向前上方摆臂，同时伸髋、立腰，脚背和小腿用力压地，身体向上腾起。接着收腰提膝，成半蹲姿势。

技术要点：两臂由后举向前上方挥摆时速度要快，制动要及时。配合摆臂，脚背及小腿压地要干脆有力，收腹、提膝要协调配合。

动作规格：膝起高，落地稳。

十、侧手翻

由右脚站立、左腿侧举、两臂侧举的姿势开始，上体向左侧倒，左脚落地，接着右腿向侧上方摆起，左手外旋撑地，左脚蹬地侧摆，然后右手撑地，经分腿手倒立姿势后，依次推离。落下成两腿侧举的分腿站立姿势。

技术要求：两手依次撑地时要顶肩、含胸、立腰、手稍外展。推手、蹬地应快速有力。

动作规格：手脚落点在一条直线上，身体伸直成一个面。

十一、一脚落地、一腿后摆成手倒立

由左腿前举、右腿站立姿势开始，上体前倾，屈髋，左腿落下，两臂撑地，接着右腿向后上方摆起，左腿跟上并拢，成手倒立姿势。

技术要点：两手撑地同肩宽，手指稍屈，并自然分开。右腿向后摆起，当身体重心接近支点垂直面时，左腿主动跟上并拢，顶肩、立腰，成手倒立姿势。

动作规格：腕、肩、臀、足保持在垂直面上。

十二、单杠卷身上

预备姿势，起跳悬垂，卷身上时，屈臂向上引体，同时含胸、收腹、屈髋上举大腿，上体后倒，在屈臂引体时，腿向后上方伸出过杠，使腹部贴杠，身体绕单杠转动成杠上直臂正撑动作；下落时，身体后倒，两臂用力缓慢下放伸直，还原成预备姿势，下杠。

技术要点：两手与肩同宽，身体保持垂直姿势，肩部放松，迅速发力引体、屈臂，下颌过杠后，引体时身体、膝关节、脚尖伸直，顺势收腹举腿过杠头向后仰，上杠后手臂成支撑姿势，下杠双臂用力缓慢下放。

动作规格：发力引体，收腹举腿，动作衔接协调。

第二节　健　美　操

健美操是在音乐伴奏下，以身体练习为基本手段，以有氧运动为基础，达到增进健康、塑造形体和娱乐目的的一项体育运动。它体现了人体在力量、柔韧、协调、节奏感、审美及表现力等诸多方面的综合能力。

健美操起源于传统的有氧健身运动，是有氧运动的一种。它通常采用徒手或轻器械进行练习，是在氧气供应充足的情况下，由人体有氧系统提供能量的一种运动形式，其运动特征是持续一定时间的、中低强度的全身性运动，主要锻炼练习者的心肺功能，是有氧耐力素质的基础。

健美操是在音乐伴奏下集健身、娱乐于一体，同时吸收了很多其他项目的健身特性，普及性、趣味性极强的运动。虽然健美操运动发展历史不长，但已深受广大群众的喜爱。健美操除了突出动作“健”和“力”的特点外，还强调“美”，它将人体肢体语言和体育美学融为一体，是一个极具观赏性的体育运动项目。在长期的实践过程中，健美操已从单纯的健身运动逐步发展成具有独立体育竞赛的项目，在运动形式、动作技术特征及竞赛组织等方面有其鲜明的特点。

一、健美操的分类

健美操可分为健身健美操、竞技健美操和表演健美操三大类。

健身健美操（通常称大众健美操）练习的主要目的是锻炼身体、保持健康，通常适用于健身房的健身课程。健身健美操的动作简单，实用性强，音乐速度可控制，且为了保证一定的运动负荷和锻炼的全面性，动作多有重复并均以对称的形式出现。健身健美操在练习时可以根据个体情况及时调整，严格遵循健康、安全的原则，防止运动损伤的出现，在保证安全的基础上，达到锻炼身体的目的。健身健美操按练习形式可分为徒手健美操、器械健美操和特殊场地健美操。

竞技健美操是运动员在音乐伴奏下，通过难度动作的完美完成，来展示运动员连续表演复杂和高强度动作的能力。竞技健美操起源于传统的健美操，是在传统健美操的基础上发展起来的。竞技健美操以成套动作为表现形式，必须展示连续的动作组合、柔韧性、力量及七种基本步伐，并结合一定难度动作。竞技健美操的主要目的是竞赛、取胜，在动作的设计上更加多样化，并严格避免重复动作和对称性动作。

竞技健美操按比赛的规模可分为国际比赛和国内比赛。国际比赛主要有健美操世界锦标赛、国际健美操冠军赛、健美操世界杯赛。国内比赛主要有全国健美操锦标赛、全国健美操冠军赛、全国大学生健美操比赛、全国体育大会健美操比赛及各省市的比赛。竞技健美操按项目可分为男子单人操、女子单人操、混合双人操、三人操（性别任意搭配）、六人操（性别任意搭配）5个项目。竞技健美操按参赛年龄可分为成人组和少年组。

表演健美操是根据所参加的表演的目的预先设计、编创和排练的成套健美操，人数不限，时间不等。表演健美操注重表演的效果，所以对音乐效果、动作设计、队形变化、表演者的动作质量及表现力等要求较高。通常表演健美操的动作较健身健美操动作难度大，而比竞技健美操动作难度小，更强调动作风格、表现与音乐风格的协调统一。为了保证一定的表演效果，可在成套动作中加入更多的队形变化和集体配合的动作。在表演健美操中一切元素都必须通过表演者的身体语言、表情及眼神表现出来，所以表演健美操更强调表演者的表现力。表现力是表演者将编者思想、刚柔相间的肢体语言、音乐的情绪和节奏及同伴之间的默契配合进行综合运用的一种能力，这种综合运用的能力可达到烘托气氛、感染观众、增加表演效果的目的。

二、健美操运动的功能

（一）增进健康美

健康美是一种积极的健康观念和现代意识，是机体最有效发挥其机能的状态。

一个具有健康美的人应该具备良好的心肺耐力、肌肉力量、平衡性、灵敏性和柔韧性。心肺耐力的发展使心脏与循环系统有效运作，将机体所需的营养物质、氧气及生物活性物质运送到肌肉和各组织器官，并把代谢产物运走，在机体的生命活动中发挥重要作用。肌肉力量的发展不仅塑造强健的体魄，而且具备强大的活动能力。身体柔韧性和灵敏性的发展可增大肌肉与关节的活动能力，减缓肌肉与附着组织的退化和衰老过程，使身体动作机敏、灵活、富有朝气。

（二）塑造形体美

形体分为姿态和体型。姿态是我们平时的一举一动表现出来的行为习惯，受后天因素的影响较大。体型则是我们身体的外形。虽然体育锻炼可适当改善体型、外貌，但相对来说遗传因素起着决定性的作用。

良好的身体姿态是形成一个人气质风度的重要因素。健美操练习的姿态要求与我们日常生活中良好姿态的要求基本一致，因此，长期的健美操练习有益于肌肉、骨骼、关节的匀称与和谐发展，有利于改善不良的身体姿态，形成优美的体姿，从而在日常生活中表现出一种良好的气质与修养，给人以朝气蓬勃、健康向上的感觉。

参加健美操锻炼还可以消除体内和体表多余的脂肪，塑造健美的体形。例如，通过力量练习，可使骨骼粗壮，肌肉围度增大，从而弥补先天的体型缺陷，使人变得匀称健美。

（三）缓解精神压力，娱乐身心

随着时代的发展和社会的进步，人们在享受科学技术所带来的舒适生活和各种便利的同时，也受到来自各方面的精神压力。研究证明，长期的精神压力不仅会引起各种心理疾患，还会引起许多躯体疾病，如高血压、心脏病等。科学研究表明：体育运动可缓解精神压力，预防各种疾病的产生。而健美操作为一项体育运动，以动作优美、协调，全面锻炼身体，同时有旋律优美的音乐伴奏为特点，是缓解精神压力的一剂良方。在轻松活跃的健美操锻炼中，练习者获得内心的安宁，从而具有更强的活力和最佳的心态。

另外，健美操锻炼增强了人们的社会交往。目前，无论国内外，人们参加健美操锻炼的主要方式是去健身房，在健美操指导员的带领和指导下集体练习。参与健美操锻炼的人来自社会的各阶层，这种形式扩大了人们的社会交往面，把人们从工作和家庭的单一环境中解脱出来，可接触和认识更多的人，眼界也更开阔，从而为生活开辟了另一个天地。大家一起跳、一起锻炼，共同欢乐、互相鼓励，有些人因此成为终生的朋友。因此，健美操锻炼不仅能强身健体，而且具有娱乐功能，可使人在锻炼中得到精神享受。

(四) 具有医疗保健功能

健美操作为一项有氧运动，其特点是强度低、密度大，运动量可大可小，容易控制，除对健康的人具有良好的健身效果外，对一些患者、残疾人和老年人也是一种医疗保健的理想手段。例如，下肢瘫痪的病人，可做地上健美操和水中健美操，以保持上体活力，并促进下肢功能的恢复。只要控制好运动范围和运动量，健美操练习就能在预防损伤的基础上达到医疗保健的目的。

三、健美操专门术语

(一) 健美操概念术语

1. 有氧练习

有氧练习即由人体有氧系统供能的、运用大肌肉群的、持续的和有节奏的练习。有氧健美操是有氧练习的一种。

2. 冲击力

人体运动时对地面产生一定作用力的同时，地面也给予人体相应的反作用力，即冲击力。这种冲击力随着每一个动作自下而上通过人体向上传递并逐渐消失。

3. 无冲击动作

无冲击动作即两只脚都接触地面的动作或不支撑体重的动作，如半蹲、弓步、提踵等。

4. 低冲击动作

低冲击动作即总有一只脚接触地面的动作，如踏步、漫步、点地、“V”字步、后屈腿、交叉步、并步等。

5. 高冲击动作

高冲击动作即两只脚都离开地面，有腾空的动作，如开合跳、弹踢腿跳、点跳等。

6. 核心部位

核心部位指腰腹部位，保持身体稳定的主要肌群，包括腹直肌、腹外斜肌、腹内斜肌、腹横肌和竖脊肌。

(二) 健美操基本步法术语

健美操基本步法的分类方式有多种，按其冲击力的大小可分为低冲击、高冲击和无冲击动作；按其动作完成形式的不同又可以分为以下五类。

1. 踏步类

踏步、走步、“一”字步、“V”字步、曼巴步、桑巴步、恰恰步、跑步、小马跳。

2. 迈步类

并步、交叉步、迈步点地、迈步吸腿、迈步后屈腿、迈步踢腿、滑步、迈步吸腿跳、踏步跳。

3. 点地类

脚尖点地、脚跟点地。

4. 抬起类

踢腿、摆腿、吸腿、弹踢腿跳、摆腿跳、吸腿跳、钟摆跳。

5. 双腿类

并腿跳、开合跳、弓步跳、弹动、半蹲、弓步、提踵、弓箭步。

四、健美操基本动作

健美操基本动作是健美操运动的基础，是最小的健美操运动元素，所有健美操的组合都是在基本动作的基础上发展和变化起来的。健美操基本动作简单易学，是健美操初学者的必修课。

健美操基本动作主要由下肢动作、上肢动作和躯干动作组成。下肢动作包括基本步法、下肢的动作伸展。基本步法是健美操最为基础的组成部分，是健美操学习的基本内容。上肢动作是根据健身器械练习、体操、艺术体操、舞蹈中的动作演变而来的，但与体操及艺术体操的基本动作存在根本的不同。上肢动作包括手臂和手型。躯干部分是基于一些常见的肩及髋等的动作，在健美操中它可以作为动作的组成部分，也可以将其看成修饰性动作。

（一）基本步法

1. 无冲击步法

无冲击步法动作是指两脚始终接触地面的动作，身体重心在两脚之间，没有腾空的动作。

（1）弹动：膝关节有弹性地屈伸。

（2）半蹲：两腿分开或并拢，屈膝。

（3）弓步：一腿向前（侧、后）迈步屈膝，另一腿伸直。

（4）提踵：脚跟向上提起，然后还原。

（5）箭步蹲：一腿向前、一步屈膝；另一腿屈膝，大腿垂直于地面，脚跟向上；重心在两脚之间。

2. 低冲击步法

低冲击步法是指在做动作时始终有一只脚接触地面，根据它的完成形式分为以下四类：

（1）踏步类：踏步类动作为两脚交替落地的动作。

① 踏步：单拍完成的动作。两脚在原地交替抬起和落地。

完成要领：前脚先落地，过渡至全脚掌，从踝关节、膝关节、髋关节依次缓冲，保持腰腹肌肉收紧。

②“一”字步：4 拍完成的动作。两脚依次向前迈一步，并拢；再依次退一步，还原。

完成要领：每次落地，下肢关节依次顺势缓冲。

③“V”字步：4拍完成的动作。以右脚为例，右脚向右前方迈一步，屈膝缓冲，左脚向左前方迈一步，成屈膝半蹲，两脚运动轨迹成“V”字形；然后从右脚开始依次退回原位。

完成要领：迈出的脚以脚跟落地，过渡至全脚掌，并注意关节的缓冲及动作的弹性。可加入不同的手臂动作。

④ 漫巴步：4拍完成的动作。漫巴步简称“漫步”。以右脚为例，右脚向前或向侧迈一步，屈膝缓冲，重心前移，左脚稍抬起；重心后移，右腿后撤一步，左脚稍抬起。

完成要领：动作过程中重心移动不要过大，以免失去对节奏的控制。完整的漫巴步需要4拍，但经常被分为前后二分之一漫步以连接其他步法。

⑤ 小漫巴步：6拍完成动作。小漫巴步简称“小漫步”。以右脚为例，右脚向左前方做二分之一漫步后还原，然后左脚再向右前方再做二分之一漫步后还原。

完成要领：注意每一拍落地时的缓冲，手臂动作比较随意，也可做拉丁的动作；可做向后的小漫步动作。

⑥ 桑巴步：6拍完成动作。以右脚为例，右脚向右踏一步，左脚向右脚后做后二分之一漫步，然后左脚向左踏一步，右脚向左脚后再做一个后二分之一漫步。

完成要领：注意每一拍落地时的缓冲，手臂动作比较随意，也可做拉丁动作；可做向前的桑巴步，还可变换节奏完成。

⑦ 恰恰步：2拍完成。以右脚为例，右脚迈一步，后半拍左脚在右脚后方快速跟进一步或跳起并步，然后右脚再向前一步。

完成要领：注意节奏的掌握，第一拍两动，第二拍一动；通常和漫步连用。

⑧ 三步点地：4拍复合动作。以右脚为例，右脚向前或向后走三步，左脚点地；然后接做反方向动作。

完成要领：自然走步完成动作，4拍时可跳起，可屈肘摆臂或做其他动作。

⑨ 三步抬膝：4拍复合动作。以右脚为例，右脚向前或向后走三步，左脚吸腿；然后接做反方向动作。

完成要领：自然走步完成动作，4拍时可跳起，可屈肘摆臂或做其他动作。

（2）迈步类：指一脚先迈出一步，同时移重心，另一腿做点、抬、并等动作。

① 并步：2拍完成的动作。以右脚为例，右脚向右侧迈一步，左脚前脚掌并向右脚，稍屈膝下蹲；然后接反方向。

完成要领：落地时膝部应顺势向下屈膝缓冲，动作过程中保持腰腹的稳定。

② 交叉步：4拍完成的动作。一腿向侧迈出，另一腿在其后交叉，稍屈膝，随之再向侧一步，另一脚点地并拢；然后接反方向。

完成要领：交叉步是向侧移动的主要步法之一，应尽可能增大完成动作的幅度。落地时膝部应顺势向下屈膝缓冲，动作过程中保持腰腹的稳定。

③ 迈步后吸腿：2拍完成的动作。一脚向右侧迈一步，膝稍屈，另一腿小腿后屈；然后接反方向。

完成要领：第一拍迈一步落地时有一个两腿都屈的过程，接着重心应控制在支撑腿上，保持关节的弹动控制，另一腿后屈，脚跟尽量靠近臀部。

④ 迈步吸腿：2 拍完成的动作。一脚向前或向侧迈一步，另一腿屈膝抬至水平，然后还原。

完成要领：保持关节的弹性控制，屈膝抬起的腿可根据能力尽量抬高，腰腹收紧，上体稍前倾靠向大腿。

⑤ 滑步：2 拍完成的动作。以右脚为例，右脚向右侧迈一大步屈膝站立，左脚侧点地滑行至右脚，上体稍侧屈。

完成要领：此动作为舞蹈动作，故身体控制及姿态要求较高。保持重心在支撑腿上，上体侧屈并先行引领四肢动作。

⑥ 迈步前踢腿：2 拍完成的动作。一脚向前迈一步，另一脚向前下弹踢，然后两脚依次还原。

完成要领：弹踢时关节不要强直，保持重心稳定，腰腹收紧。

（3）点地类：一腿稍屈膝站立，一腿向前、侧、后点地，还原。

① 脚跟前点地：2 拍完成的动作。一腿稍屈膝站立，另一腿脚跟前点地，然后还原。

完成要领：重心始终在支撑腿上，保持支撑腿的弹动，腰腹保持稳定。

② 侧点地：2 拍完成的动作。以右脚为例，左腿稍屈膝站立，右脚脚尖侧点地，然后还原。

完成要领：重心始终在支撑腿上，腰腹保持稳定，动力腿尽量伸远，脚跟向上。有一定训练基础的人，也可将脚跟压向地面成全脚掌着地，此时重心在两脚之间。

③ 后点地：2 拍完成的动作。一腿稍屈膝站立，另一腿脚尖向后点地，然后还原。

完成要领：重心始终在支撑腿上，腰腹保持稳定，动力腿尽量伸远，脚跟向上。有一定训练基础的人，也可将脚跟压向地面成全脚掌着地，此时重心在两脚之间。

（4）抬起类：一腿支撑地面，另一腿以直腿或屈腿形式向上抬起。

① 吸腿：2 拍完成的动作。一腿支撑地面，另一腿屈膝向上抬起，还原。

完成要领：保持支撑腿的弹性缓冲及身体稳定，可吸腿跳起。

② 踢腿：2 拍完成的动作。一腿支撑地面，另一腿向前或向侧弹踢，还原。

完成要领：保持支撑腿及身体稳定，弹踢时关节不要强直。

③ 摆腿：2 拍完成的动作。一腿支撑地面，另一腿向前或向侧摆踢，还原。

完成要领：保持支撑腿及身体稳定，动力腿应根据个人情况调整踢腿高度。通常在健身健美操中不建议踢腿超过水平位置。

3. 高冲击步法

（1）迈步跳起类：一脚迈出，重心移动，单脚跳起或双脚落地。

① 并步跳：以右脚为例，右脚迈一步的同时蹬地起跳，左脚并向右脚，两脚同时落地。

完成要领：单脚起跳，双脚落地，空中保持身体肌肉适度紧张，落地时屈膝缓冲。

② 上步吸腿跳：右脚迈一步的同时蹬地起跳，另一腿吸起，单脚落地。

完成要领：单脚起跳，单脚落地，落地时屈膝缓冲，空中保持身体肌肉适度紧张。

（2）双脚起跳类。

① 并腿纵跳：两腿并拢，稍屈起跳，腾空时，两腿伸直，两脚同时下落。

完成要领：双脚起跳，双脚落地，落地屈膝缓冲，空中保持身体肌肉适度紧张。

② 开合跳：4 拍完成的动作。两腿并拢屈膝向上起跳，落地成开立，然后向上跳起，

两腿并拢还原落地。

完成要领：双脚起跳，双脚落地，落地后两脚尖稍外开，膝向脚尖方向屈膝缓冲，空中保持身体稳定及肌肉适度紧张。

③ 并腿滑雪跳：2 拍完成的动作。两腿并拢，跳起后落向左侧，再跳起后落向右侧，如此反复。

完成要领：双脚起跳，双脚落地，落地时屈膝缓冲，控制重心，保持身体平衡、稳定及肌肉适度紧张，尤其是腰腹部。

④ 弓步跳：单拍完成的动作。两腿并拢起跳，落成一腿在前、一腿在后的弓步或半侧面的弓步。

完成要领：双脚起跳，双脚落地，落地时成弓步，重心稍偏前，缓冲主要靠前腿的膝、踝和后腿的踝关节完成，保持身体稳定及肌肉适度紧张。

（3）单腿起跳类：指动作过程中先抬、屈、摆起一条腿，另一条腿再跳起的动作。

① 弹踢腿跳：2 拍完成的动作。右脚抬起后屈，左脚起跳的同时将右膝伸直向前（侧、后）踢出，然后右脚落地，同时左脚后屈，接反方向或下一次动作。

完成要领：弹踢腿时大腿先发力，小腿再弹伸，膝关节不要强直，要有控制地向前下方伸。

② 钟摆跳：单拍完成的动作。右脚直腿向侧摆起，同时左脚起跳，下落时右脚着地的同时左脚摆起，两腿像钟摆一样来回摆动。

完成要领：运动关节在髋关节，腿部肌肉收紧，注意保持身体稳定及腰腹肌肉的紧张。

③ 踏步跳：一脚向前或向侧迈步蹬地跳起，另一腿侧举或后举。

完成要领：单腿起跳，单腿落地，落地经屈膝缓冲，控制并保持身体姿态。

（4）后踢腿跑类：两腿依次蹬离地面，交替跳起。

① 后踢腿跑：两脚经过腾空后，一脚落地，另一腿小腿后屈，然后依次交替进行。

完成要领：单腿起跳，单腿落地，落地经屈膝缓冲，空中保持身体姿态。

② 小马跳：2 拍完成的动作。右脚抬起，左脚蹬离地面向侧跳一步，右、左脚依次落地并交换腿小跳，至右脚站立、左脚前脚掌点地。

完成要领：单腿起跳，依次落地，第一拍 2 动，第二拍 1 动，不要跳起来，只需实现交换腿动作即可。

（二）上肢动作

上肢动作包括基本手型和常用的上肢动作，它既能使动作变化多样，又能改变动作的强度和难度，提高观赏价值。

1. 常用的上肢动作（图 14-8）

（1）摆动：以肩关节为轴，屈臂（直臂）在 180°以内同时或依次运动。

（2）屈：关节角度减小，如肘关节屈、肱二头肌收缩。

（3）伸：关节角度增大，如肘关节伸、肱三头肌收缩。

（4）上提：屈臂或直臂由下提至上举或体侧（屈臂提拉、直臂提拉）。

（5）下拉：屈臂或直臂由上拉至胸前或体侧（上举下拉、侧上举下拉）。

（6）冲拳：屈臂握拳由腰间同时或依次冲至某部位。

（7）推：手掌由肩侧同时或依次推至某位置。

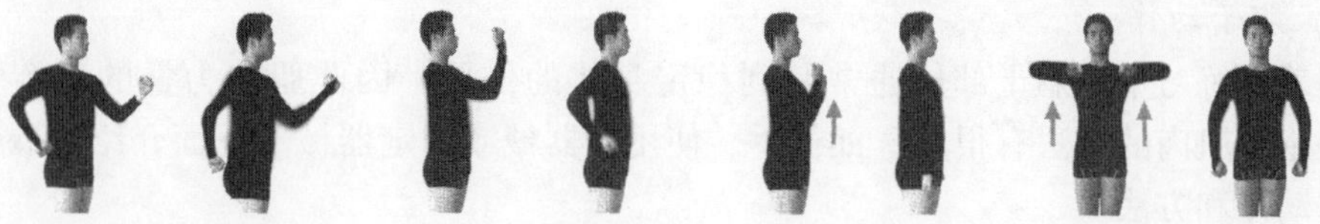

单臂前后摆动　双臂前后摆动　臂屈伸　屈臂提伸

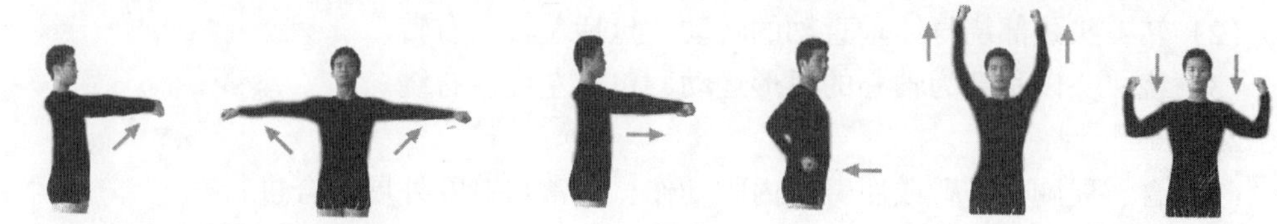

向前直臂提拉　向侧直臂提拉　向前冲拳　向上冲拳

前推　上推

图 14-8

2. 基本手型

健美操手型主要有掌、拳和指三种（图 14-9）。

（1）掌：包括并掌、开掌、立掌、花掌、屈指掌。开掌为五指用力分开，手腕保持一定的紧张程度。并掌为五指并拢伸直。

（2）拳：五指弯曲紧握，大拇指压在食指弯曲部位。拳分为立拳和平拳。

（3）指：有一指、二指、三指等。

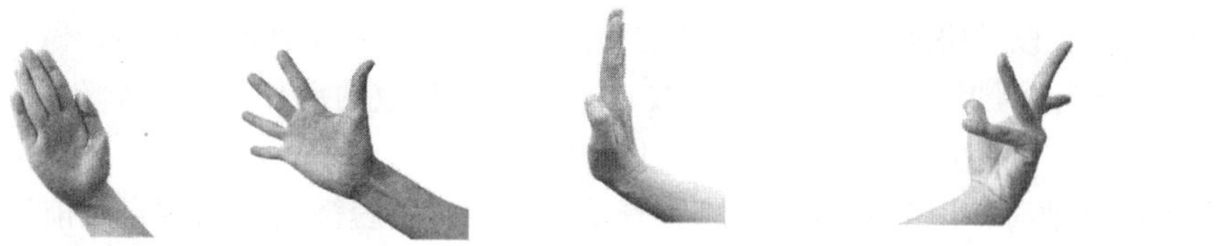

并掌　开掌　立掌　花掌

屈指掌　拳　一指　二指　三指

图 14-9

（三）躯干动作

在健美操练习中，躯干部位通常起到稳定身体的作用，因此肌肉力量的平衡尤为重要。发展躯干肌肉的方法有很多，如徒手、使用轻器械或固定器械。下面介绍发展躯干肌肉的基本动作和方法。

1. 头颈部

（1）屈：头颈关节角度的弯曲，包括前屈、左屈、右屈。

（2）转：头颈部绕身体垂直轴的转动，包括左转、右转。

（3）绕：头以颈部为轴心的弧形运动，包括左绕、右绕。

2. 胸部

（1）含、展胸：直臂或屈臂做内收动作，通常与臂的外展结合进行。

（2）左右移胸：两臂侧平举，胸部左右水平移动。

3. 肩部

（1）提肩：肩胛骨做向上的运动。

（2）沉肩：肩胛骨做向下的运动。

（3）绕肩：以肩关节为轴做小于360°的运动。

（4）肩绕环：以肩关节为轴做360°的运动。

4. 背部

（1）外展：屈臂或直臂做外展动作，通常与臂的内收结合进行。

（2）上举下拉：两臂由侧上举下拉至髋侧。

5. 腰腹部位

（1）腰屈：髋部不动，上体前屈或后屈。

（2）屈髋：上肢不动，髋向前或侧屈。

（3）转腰：下肢不动，上体沿垂直轴扭转。

（四）健美操基本步伐

竞技健美操比赛套路始终保持了传统有氧操的特点，规则规定成套动作必须包括7种健美操步伐，但动作规格上稍有别于健身健美操，对关节和四肢的位置要求更高，在完成上强调准确地控制，以及协调、灵活、流畅的动作变化。下面将7种健美操步伐做一介绍。

（1）踏步：两脚交替，不间断地做屈膝上提、踏地的动作。包括脚尖不离地的踏步、脚离地的踏步、高抬腿的大幅度踏步（图14-10）。

要求：落地时，由脚尖过渡到脚跟着地；屈膝时，胯微收。两臂自然前后摆动。

（2）吸腿跳：单腿跳起，同时另一腿屈膝向前、侧上提（图14-11）。

要求：大腿用力上提，小腿自然下垂。

（3）踢腿跳：单腿跳起，同时另一腿直腿向前、侧方向踢出。包括小幅度和大幅度的踢腿（图14-12）。

要求：踢腿时，须加速用力，上体保持正直，立腰。

（4）后踢腿跳：两腿交替，有短暂腾空过程（类似跑步），小腿向后屈（图14-13）。

要求：髋和膝在一条线上，小腿叠于大腿。

（5）侧弹踢腿跳：单腿跳起，同时另一腿经屈膝向前、侧方向弹踢（图14-14）。

要求：大腿抬起至一定角度后，小腿自然伸直，膝关节稍有控制。

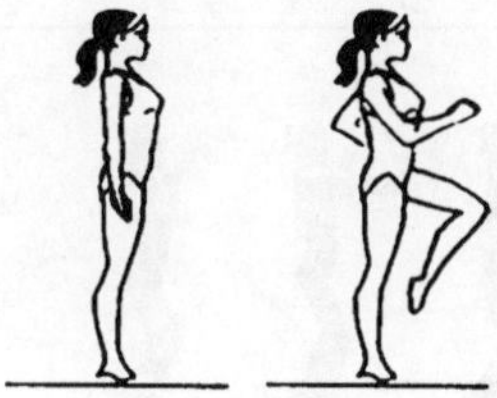
踏步

图 14-10

吸腿跳

图 14-11

踢腿跳

图 14-12

后踢腿跳

图 14-13

侧弹踢腿跳

图 14-14

（6）开合跳：并腿跳至开立，分腿跳至并立（图 14-15）。

要求：分腿时，两腿自然外开，膝关节沿脚尖方向弯曲；跳起与落地时，屈膝缓冲。

（7）弓步跳：并腿跳起，落地时成前（侧、后）弓步（图 14-16）。

要求：跳成弓步时，把握住身体重心。

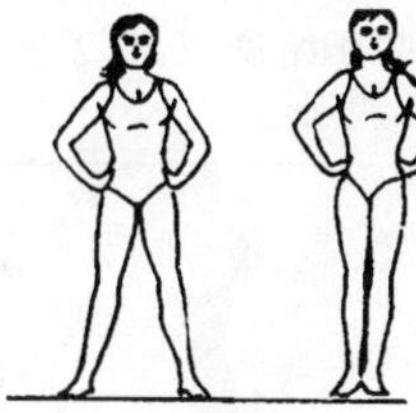
开合跳

图 14-15

弓步跳

图 14-16

五、大众健身操成套动作组合

下面介绍的是全国健美操大众锻炼标准第三套规定动作中的三级，这是健美操大众锻炼标准的初级套路。

（一）组合一

动作		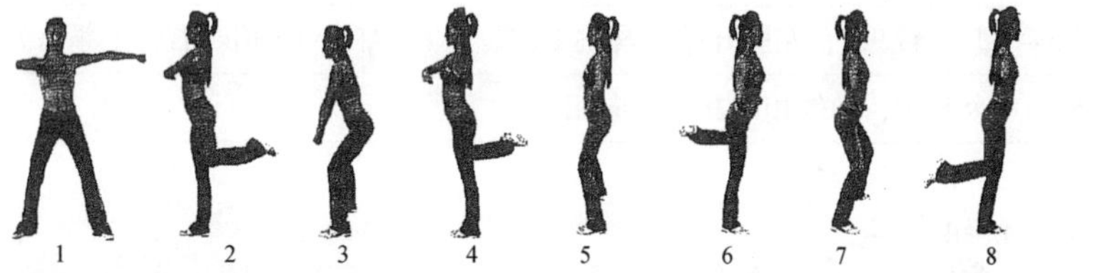	
节拍		下肢步伐	上肢动作
预备姿势		站立	
一	1～4	右脚开始向侧迈步后屈腿 2 次，2 拍时右转 90°	1～2 拍时左臂侧平举，右臂摆至胸前平屈，3～4 拍同 1～2 拍，唯方向相反
	5～8	向右迈步后屈腿 2 次，6 拍时右转 180°	双手叉腰
动作			
节拍		下肢步伐	上肢动作
二	1～2	1/2“V”字步	1 拍时右臂侧上举，2 拍时左臂侧上举
	3～8	6 拍时漫步，8 拍时右转 90°	随脚的动作自然前后摆动

续表

动作	 1 2 3 4 5 6 7 8		
节拍		下肢步伐	上肢动作
三	1～8	右脚开始交叉步 2 次，左转 90°，成“L”字形	1 拍时双臂前屈，2 拍时胸前平屈，3 拍同 1 拍，4 拍时击掌，5～8 拍同 1～4 拍
动作	 1 ~ 2 3~4 5~6 7~8		
节拍		下肢步伐	上肢动作
四	1～4	右脚开始恰恰，1/2 后漫步	1～2 拍时双臂侧上举，3～4 拍时右臂摆至体前，左臂摆至体后，握拳
	5～8	左转 90°，左脚开始小马跳 2 次	5～6 拍时右臂上举，7～8 拍时左臂上举
第五至第八个 8 拍，动作相同，唯方向相反			

（二）组合二

动作	 1 2 3 4 5 ~ 6 7 8		
节拍		下肢步伐	上肢动作
一	1～4	左脚向右前上步吸腿 2 次	双臂自然摆动
	5～6	右脚向后交换步	双臂随下肢动作自然摆动
	7～8	右脚向右前上步吸腿	双臂自然摆动

续表

节拍		下肢步伐	上肢动作
动作			
节拍		下肢步伐	上肢动作
二	1～4	左脚开始向右侧交叉步	双臂随步伐向反方向臂屈伸
	5～8	右转 45°，左脚做漫步	5～6 拍时双臂、肩侧屈外展，7～8 拍时经体前交叉摆至侧下举
动作			
节拍		下肢步伐	上肢动作
三	1～4	左脚开始“十”字步，同时 2 拍时左转 90°，3 拍时转身 90°	双臂自然摆动
	5～8	左脚开始向侧并步跳 2 次	双臂自然摆动
动作		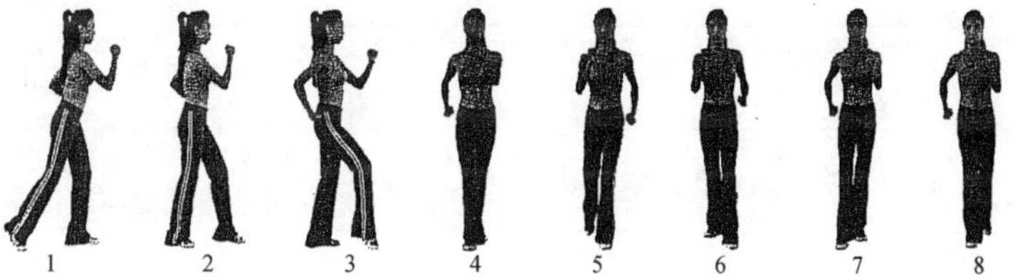	
节拍		下肢步伐	上肢动作
四	1～8	1～4 拍时左脚漫步 2 次，5～8 拍时右转 90°	双臂自然摆动
第五至第 8 个八拍，动作相同，唯方向相反			

（三）组合三

<table>
<tr><td colspan="2">动作</td><td colspan="2">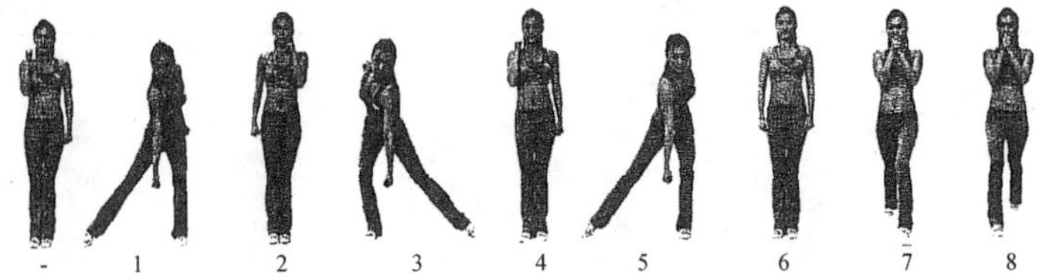</td></tr>
<tr><td colspan="2">节拍</td><td>下肢步伐</td><td>上肢动作</td></tr>
<tr><td rowspan="2">一</td><td>1～6</td><td>右脚开始做侧点地 3 次</td><td>1～2 拍时右臂向下臂屈伸，3～4 拍时左臂向下臂屈伸，5～6 拍同 1～2 拍动作</td></tr>
<tr><td>7～8</td><td>左脚开始向前走 2 步</td><td>击掌 2 次</td></tr>
<tr><td colspan="2">动作</td><td colspan="2">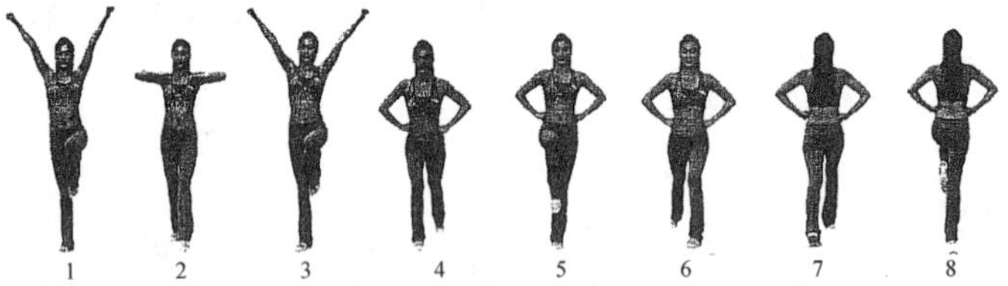</td></tr>
<tr><td colspan="2">节拍</td><td>下肢步伐</td><td>上肢动作</td></tr>
<tr><td rowspan="2">二</td><td>1～4</td><td>左脚开始吸腿跳 2 次</td><td>1 拍时侧上举，2 拍时双臂胸前平屈，3 拍同 1 拍，4 拍时双手叉腰</td></tr>
<tr><td>5～8</td><td>吸右腿跳，向后落地，转体 180°，吸右腿跳</td><td>双手叉腰</td></tr>
<tr><td colspan="2">动作</td><td colspan="2">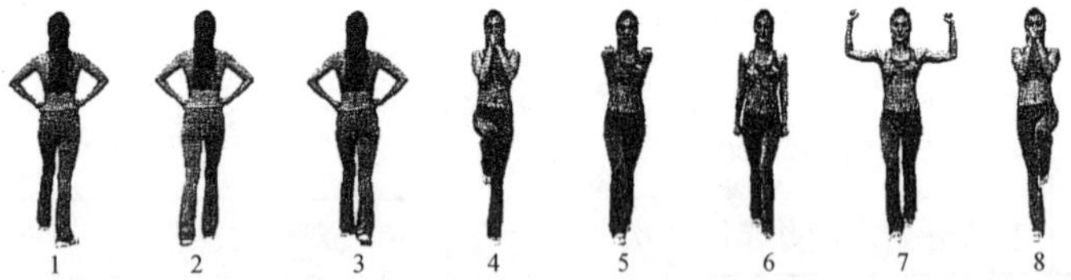</td></tr>
<tr><td colspan="2">节拍</td><td>下肢步伐</td><td>上肢动作</td></tr>
<tr><td rowspan="2">三</td><td>1～4</td><td>左脚开始向前走 3 步吸腿跳，同时左转体 180°</td><td>1～3 拍时叉腰，4 拍时击掌</td></tr>
<tr><td>5～8</td><td>右脚开始向前走 3 步吸腿跳</td><td>5～6 拍时手臂同时经前向下摆，7～8 拍时经肩侧屈外展至体前击掌</td></tr>
<tr><td colspan="2">动作</td><td colspan="2">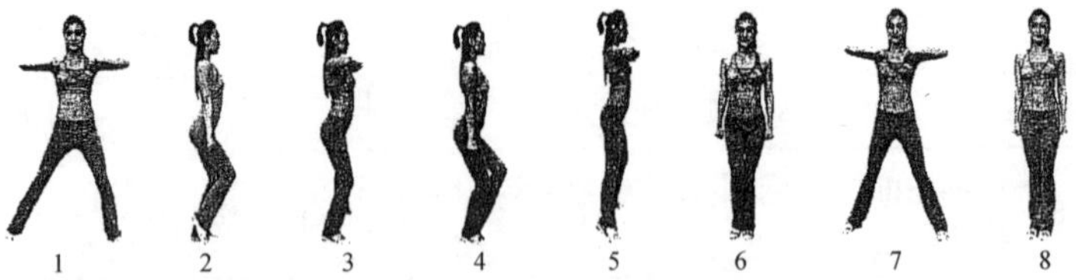</td></tr>
<tr><td colspan="2">节拍</td><td>下肢步伐</td><td>上肢动作</td></tr>
<tr><td>四</td><td>1～8</td><td>左脚开始侧并步 4 次，成“L”字形</td><td>双臂做屈臂提拉 4 次</td></tr>
<tr><td colspan="4">第五至第八个 8 拍，动作相同，唯方向相反</td></tr>
</table>

（四）组合四

节拍		下肢步伐	上肢动作
动作		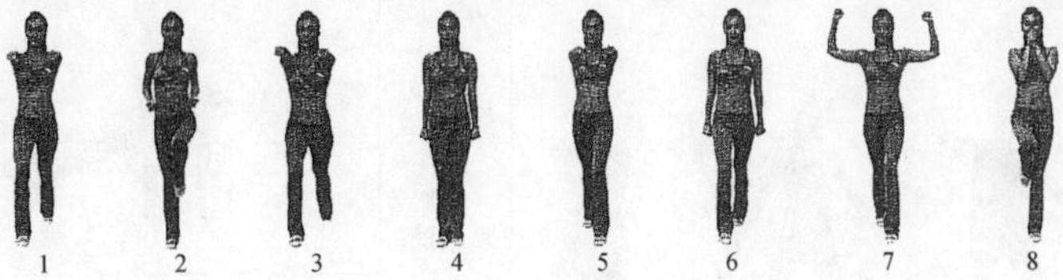 	
节拍		下肢步伐	上肢动作
一	1～4	右腿上步吸腿	双臂做向前冲拳，后拉 2 次
	5～8	左脚向前走 3 步吸腿	手臂同时经前向下摆，经肩侧屈外展至体前击掌
动作		 	
节拍		下肢步伐	上肢动作
二	1～4	1 拍时右脚向侧迈步，2～3 拍时向前做 1/2 漫步，4 拍时左脚向左侧迈步	1 拍时侧上举，2～3 拍时随脚的动作自然摆动，4 拍同 1 拍动作
	5～8	右脚向左漫步	双臂自然摆动，7、8 拍时转身
动作		 	
节拍		下肢步伐	上肢动作
三	1～6	右脚开始上步吸腿 3 次	1 拍时肩侧屈外展，2 拍时击掌，3～6 拍同 1～2 拍动作
	7～8	左脚前 1/2 漫步	双臂自然摆动
动作		 	
节拍		下肢步伐	上肢动作
四	1～8	左转 90°，向左做侧交叉，转体 180°，接侧交叉步	1～4 拍时双臂做外展、内收、外展、击掌，5～8 拍同 1～4 拍动作
第五至第八个 8 拍，动作相同，唯方向相反			

（五）力量训练部分

开始动作（1×4）

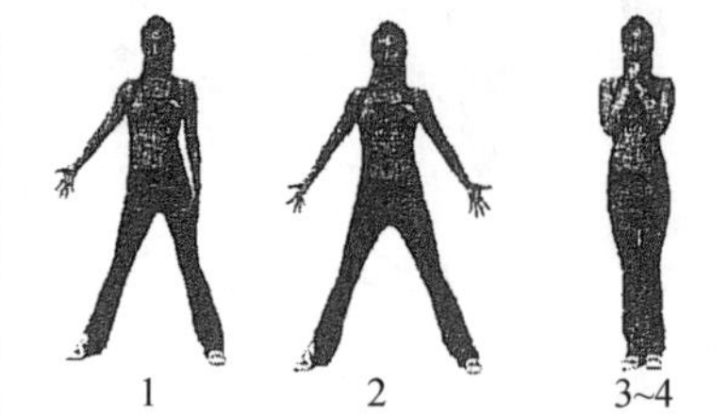

过渡动作一（1×8）

节拍分段			动作描述
开始动作	4 拍	1～2	右腿向右一步成并立同时右臂侧下举，左臂侧下举，掌心向前
		3～4	击掌 2 次
过渡动作	一	1～2	向右转体 90°，右腿后伸成大弓步，右手撑地，左臂侧举向上
		3～8	3～4 拍时左转 180°成屈膝坐，5～6 拍时双手前上举，后倒成仰卧，7～8 拍时双臂经体侧至头后

腹肌练习二（1×8）

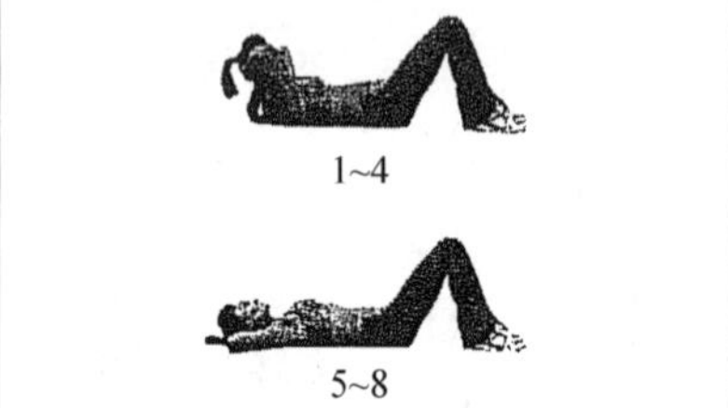

腹肌练习三（1×8）

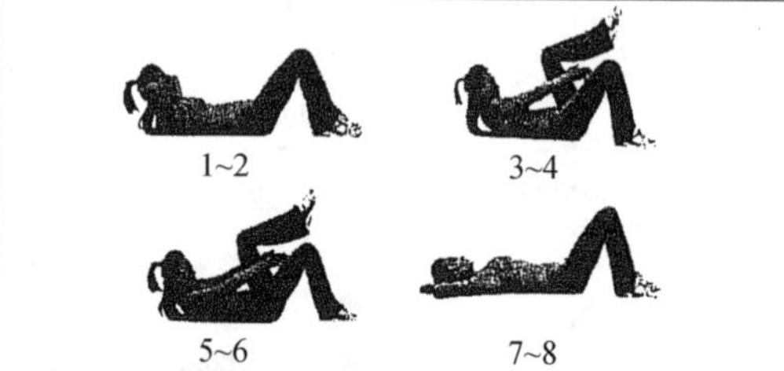

节拍分段			动作描述
核心力量练习	二	1～8	1～4 拍时收腹抬起上体，5～8 拍时还原
	三	1～8	1～2 拍时抬起上体，3～4 拍时双手右腿后击掌，5～6 拍时双手左腿后击掌，7～8 拍时还原
	四至五	1～8	动作同第二至第三个八拍

过渡动作六（1×8）

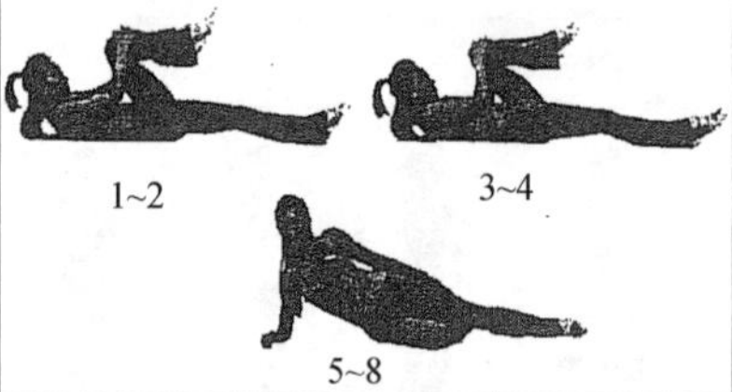

过渡动作七（1×8）

节拍分段			动作描述
过渡动作	六	1～2	抬起上体，双手抱右腿膝
		3～4	同 1～2，抱左膝
		5～8	右转 90°成侧卧，左腿后屈，左小臂撑地
腹肌练习	七	1～8	1～4 拍时搬左侧腿，5～8 拍时左转 90°成屈腿做，双手体后撑地，指尖向前

续表

腹背练习八（1×4）		过渡动作九（1×8）	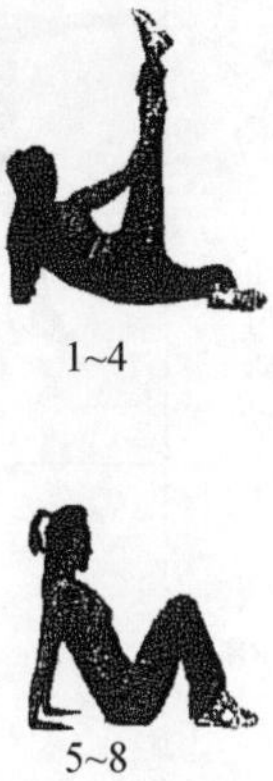	腹背练习十（1×8）	

节拍分段			动作描述
腹背练习	八	1～8	1～2 拍时抬起髋部，右腿水平伸直，3～4 拍时还原，5～8 拍时换另一条腿
过渡动作	九	1～8	1～4 拍时左转 90°成左腿后屈侧卧，小臂撑地，搬右侧腿，5～8 拍时还原成屈腿坐
腹背练习	十	1～8	动作同八，唯方向相反

过渡动作十一（1×8）	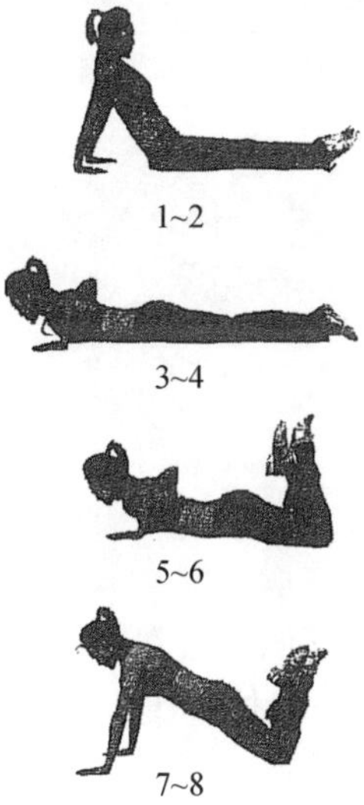	俯卧撑练习十二至十五（1×8）	

节拍分段			动作描述
过渡动作	十一	1～8	1～2 拍时双腿伸直，3～4 拍时右转 180°成俯撑姿势，双手于体侧撑地，5～6 拍时屈腿，7～8 拍时双手伸直撑起成跪撑姿势
俯卧撑练习	十二至十五	1～8	1～4 拍时屈臂，身体保持稳定，5～8 拍时还原

续表

过渡动作 十六 （1×8）	 1 2~4  5~8	过渡动作 十七 （1×8）	 1~2 3~4  5~6 7~8	结束动作	

节拍分段			动作描述
过渡动作	十六	1～8	左转 180°，左脚向前迈步，左手撑膝站起
	十七	1～8	右脚向侧迈步成并立，1～2 拍时右臂经肩侧屈至侧平举，3～4 拍时左臂经肩侧屈至侧平举，5～6 拍时双臂上举，双手互握，7～8 拍时双手握拳至胸前
结束动作	一拍	1	右脚向左前方迈步，屈膝，上体右转，双臂侧下举

六、教育部中国学生健身健美操竞赛评分规则

（一）竞赛性质

（1）全国大学生运动会健身健美操比赛。

（2）全国中学生运动会健身健美操比赛。

（3）中国学生健身健美操锦标赛。

（4）中国学生健康活力大赛。

（二）参赛资格

我国全日制大学、中学、中专，民办及私立大（中）学的在校在籍学生。参赛运动员必须遵守学校的有关规定，文化课考试合格，并经医院检查身体健康。

（三）竞赛项目

（1）规定套路。中国学生健美操艺术体操协会审定的由一定动作组成的成套动作。

（2）徒手自编套路。根据规则及规程要求由各队自己创编的成套动作。

（3）轻器械自编套路。轻器械是指在成套动作中运动员能轻松持握或搬动的器械。无论借助什么样的轻器械创编健美操动作，都应依据该器械的特质，充分发挥其器械特点，体现该器械的健身价值。

（四）成套动作时间

自编套路的时间为 2 分 30 秒（±10 s）（从第一个可听见的声音开始，到最后一个声音结束，不包括提示音）。

（五）参赛人数与更换运动员

（1）每队参赛人数为 6～12 人，性别不限。

（2）若有特殊情况，须更换运动员，持有效证明，经组委会同意方可更换。

（六）竞赛场地

（1）赛台。赛台高于地面 80～90 cm，后面有背景遮挡，赛台不得小于 14 m×14 m。

（2）竞赛区域。比赛场地可为地板或地毯，要清楚地标出 12 m×12 m 的比赛区域。标志带为 5 cm 宽的醒目色带，标志带是场地的一部分。

（七）竞赛程序

（1）比赛分为预赛和决赛。

（2）赛程分为片区赛和总决赛。

（八）出场顺序

预赛和决赛出场顺序由抽签决定，抽签在赛前一天进行。

（九）评分及计分方法

（1）评分方法。比赛采用公开示分的方法。评判员评分精确到 0.1 分，运动员最后得分精确到 0.01 分。

（2）计分方法。成套动作的得分为艺术得分与完成得分之和，艺术分和完成分各为 10 分，成套动作满分为 20 分。各组评判员评分去掉一个最高分和一个最低分，中间两名评判员评分的平均数为该组评判得分，两组评判得分相加，减去评判长扣分，即为最后得分。

（3）最后得分高者名次列前，若得分相等，名次排列顺序取决于最高完成分、最高艺术分；若成绩再相等，则名次并列，无下一名次。

（4）不接受对评分结果的抗议。

（十）音乐

（1）音响设备。音响设备应基本达到专业水准，常规放音设备必须包括数码放音机及调音台等设备。

（2）特定要求。音乐的质量应达到专业水准；音乐速度为每分钟 136～156 拍；可使用一首或多首乐曲混合的音乐，可加入特殊音效，音乐节奏应明快、清晰，风格应热情、奔放、动感，具有震撼力。音乐必须录制在数码记录器的开头，自备两份比赛音乐。

（十一）服装及仪容

（1）外表。运动员应保持整洁与适宜的外表，女运动员的头发须梳系于头后，头发不得遮挡脸部。

（2）着装。服装整体以紧身为主，材质和款式不限，但必须适宜运动。运动员必须穿白色运动鞋和运动袜，可穿短裤或长裤，连体式或分体式皆可。可根据成套动作的整体风格选择服装，服装上可有简单修饰，但不允许使用悬垂饰物，禁止佩戴饰物（含首饰、手表等），禁止穿以战争、暴力、宗教信仰和性爱为主题的服装。化妆应适度。

（十二）特别奖项

（1）特设“最佳编排”“最佳完成”“最佳表现”特别奖。

（2）特评“最佳教练”“最佳男女运动员”特别奖。

（十三）奖励

根据比赛规程的规定而确定奖励办法。

第三节　啦　啦　操

啦啦操起源于美国，至今已经有100多年的历史。20世纪80年代初，啦啦操由最初的为美式足球呐喊助威的活动演变为体育赛事中很有活力的组成部分。目前，啦啦操开始向全世界传播，她独特的魅力和价值迅速赢得了很多国家和人民的喜爱。

啦啦操运动于1998年传入我国，最初在我国广东、广西等地区得到了推广与发展，在2008年北京奥运会、2010年广州亚运会及2014年南京青奥会上，啦啦操都作为体育表演项目进行了现场展示；2009年，在国家体育总局体操运动管理中心的扶持下，啦啦操运动开始了快速增长；2013年，教育部和国家体育总局合作推广普及啦啦操，短短几年的时间，啦啦操以其特有的青春、活力和团队精神，得到了大、中、小学生及幼儿园孩子们的喜爱和追捧，如今已经发展成为最受学生关注和喜爱的校园体育项目之一。

啦啦操作为体育竞赛项目，其竞赛内容包括舞蹈啦啦操、技巧啦啦操两个方面：舞蹈啦啦操包括爵士舞蹈啦啦操、花球舞蹈啦啦操、街舞舞蹈啦啦操和自由舞蹈啦啦操；技巧啦啦操包括集体技巧啦啦操、五人配合技巧啦啦操和混双配合技巧啦啦操。

下面介绍花球舞蹈啦啦操的基本动作。

1. 预备造型（图14-17）

预备　1~4　5~7　8

图14-17

预备：左手扶臀，右臂侧平举，两腿屈膝外开，右脚点地，面向1点方向。

手臂动作：1～4拍时双臂成下“V”字；5～7拍时双臂向上呈上“V”字；8拍时双手握持花球于胸前，两腿并拢站立。

步法：1～4拍时脚上前锁步；5～7拍时双腿开立；8拍时双腿跳成并步。

手型：握花球。

面向：1点方向。

2. 第一个 8 拍（图 14-18）

1～3　1～3侧面示范　4　5～6　7～8

图 14-18

手臂动作：1～3 拍时手臂垂于大腿前方；4 拍时双臂成上“H”字；5～6 拍时双手抱于胸前；7～8 时双臂成上“V”字，两拍一动。

步法：1～3 拍时右、左、右脚依次向前上步；4 拍时并步提踵；5～8 拍时上左脚成弓步，右膝微屈，脚跟提起。

手型：握花球。

面向：1 点方向。

3. 第二个 8 拍（图 14-19）

1～3　1～3侧面示范　4　5～6　7～8

图 14-19

手臂动作：1～3 拍时手臂垂于大腿前方；4 拍时双臂成上“H”字；5～6 拍时双手抱于胸前；7～8 拍时双臂成下“V”字，两拍一动。

步法：1～3 拍时左、右、左脚依次退步；4 拍时并步提踵；5～8 拍时左脚后退成弓步，左膝微屈，脚跟提起。

手型：握花球。

面向：1 点方向。

4. 第三个 8 拍（图 14-20）

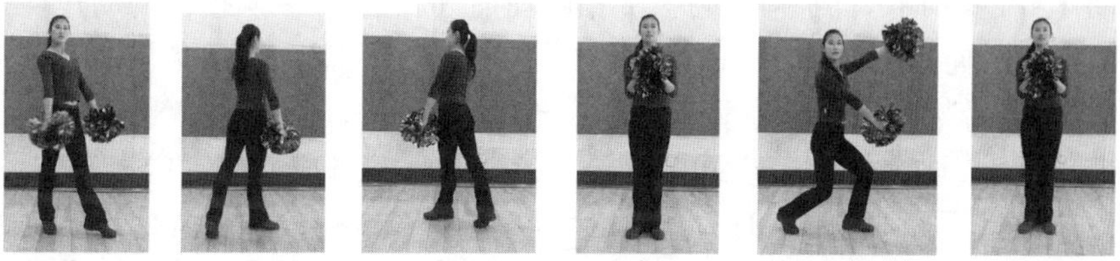

1　2　3　4　5～6　7～8

图 14-20

手臂动作：1～3 拍时双臂垂于大腿前方；4 拍时双臂屈肘于胸前；5～6 拍时双臂成“K”字；7～8 拍时双臂屈肘于胸前。

步法：1～3 拍时左、右、左脚依次踏步，同时向左转体 360°；4 拍时双脚成并步；5～6 拍时迈左脚成屈腿弓步；7～8 拍时收左脚，并腿站立。

手型：握花球。

面向：1～3 拍时向 7 点方向转 360°；4 拍时面向 1 点方向；5～6 拍时面向 7 点方向；7～8 拍时面向 1 点方向。

头位：5～6 拍时身体面向 7 点方向，头部面向 1 点方向。

5. 第四个 8 拍（图 14-21）

1　2　3　4　5~6　7~8

图 14-21

手臂动作：1～3 拍时双臂垂于大腿前方；4 拍时双臂屈肘于胸前；5～6 拍时双臂成“K”字；7～8 拍时双臂屈肘于胸前。

步法：1～3 拍时右、左、右脚依次踏步，同时向右转体 360°；4 拍时双腿成并步；5～6 拍时迈右腿成屈腿弓步；7～8 拍时收右脚，并腿站立。

手型：握花球。

面向：1～3 拍时向 3 点方向转 360°；4 拍面向 1 点方向；5～6 拍时面向 3 点方向；7～8 拍时面向 1 点方向。

头位：5～6 拍时身体面向 3 点方向，头部面向 1 点方向。

6. 第五个 8 拍（图 14-22）

1　2　3　4　5　6　7　8

图 14-22

手臂动作：1 拍时双臂成“L”字；2 拍时屈肘于胸前；3～4 拍时的动作与1～2 拍时的动作相同，唯方向相反；5 拍时右臂向前成“L”字；6 拍时双臂成上“H”字；7 拍时左臂向前成“L”字；8 拍时双臂垂于大腿前方。

步法：1 拍时左脚向左侧迈步同时半蹲；2 拍时收左脚成并步；3～4 拍时的动作与 1～2 拍时的动作相同，唯方向相反；5 拍时左脚上步成前弓步；6 拍时并步双脚提踵；7 拍时左脚向左侧迈步同时半蹲；8 拍时双脚跳成并步。

手型：握花球。

面向：1 点方向。

7. 第六个 8 拍（图 14-23）

手臂动作：1～2 拍时手臂成右上斜线；3～4 拍时手臂成左上斜线；5～6 拍时手臂含胸，双手收于胸前；7～8 拍时两手并拢前伸，双臂前举。

1～2　3～4　5～6　5～6侧面　7～8

图 14-23

步法：1～2 拍时迈右脚成右弓步；3～4 拍时重心左移成左弓步；5～6 拍时跳成屈膝并步；7～8 拍时前迈左腿，成屈腿弓步，右脚跟提起。

手型：握花球。

面向：1 点方向。

头位：5～6 拍时低头。

8. 第七个 8 拍（图 14-24）

1　2　3～4　5　6　7　8

图 14-24

手臂动作：1～2 拍时右臂成高冲拳；3～4 拍时点头再抬头一次；5 拍时斜下冲拳；6 拍时由右下方摆至左上方成左侧上冲拳；7～8 拍时的动作与 5～6 拍时的动作相同，唯方向相反。

步法：1～4 拍时左脚向左侧迈出成分腿站立；5～8 拍时保持不动。

手型：握花球。

面向：1 点方向。

9. 第八个 8 拍（图 14-25）

1、3、5　2、4、6　7～8

图 14-25

手臂动作：1～6 拍时双臂垂于大腿前方；7～8 拍时双手抱于胸前（成加油手位）。

步法：左右脚依次踏步，7～8 拍时成并步。

手型：握花球。

面向：1 点方向。

10. 第九个 8 拍（图 14-26）

手臂动作：1～2 拍时双手上举成上“A”手位；3～4 拍时双手向下成“H”手位；5 拍时双臂平行向右上方斜冲拳；6 拍时双手下压扶右膝；7 拍时双手垂于大腿前方；8 拍时屈臂收于腰间。

1~2　3~4　5　6　7　8

图 14-26

步法：1～2 拍时双腿成大分腿站立；3～4 拍时屈膝俯身；5 拍时身体右转后靠，两腿分立半蹲，重心移至左脚，同时左脚跟提起；6 拍时保持体位重心在两腿之间；7 拍时跳成并步直立；8 拍时右脚在前成锁步。

手型：握花球。

面向：5～6 拍时面向 2 点方向；7 拍时面向 7 点方向。

头位：1～5 拍时眼随手走；6 拍时低头；7 拍时面向 7 点方向；8 拍时面向 1 点方向。

11. 第十个 8 拍（图 14-27）

1　2　3～7　8

图 14-27

手臂动作：1 拍时双手上举成上“H”字；2 拍时双臂经体侧由上向下压；3～7 拍时扶右膝；8 拍时双臂垂于大腿前方。

步法：1 拍时右脚支撑，左腿向侧摆腿；2 拍时左腿成前锁步；3～7 拍时身体右转前俯身，两腿分立半蹲，保持重心在两脚之间，同时左脚跟提起；8 拍时双腿并立。

手型：握花球。

面向：1 拍时面向 1 点方向；2 拍时面向 2 点方向；3～7 拍时面向 3 点方向；8 拍时面向 1 点方向。

头位：1、2、8 拍时面向 1 点方向；3～7 拍时低头。

12. 第十一个 8 拍（图 14-28）

第一组　第二组

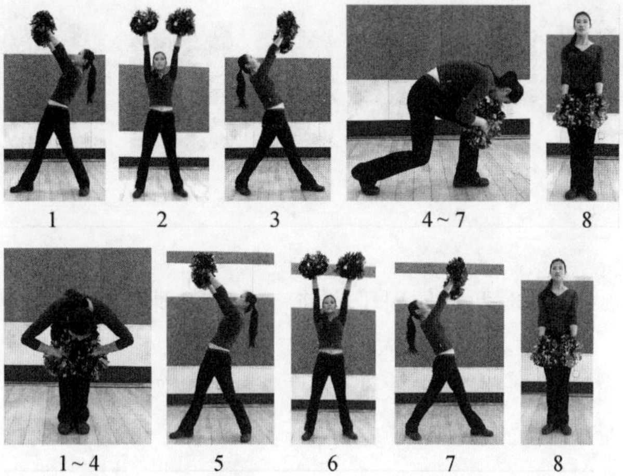

图 14-28

第一组动作说明：

手臂动作：1～3 拍时双臂成“H”字上举，分别于右前、正前、左前三个方位各敲击一次；4 拍时双臂由左前上方垂直下压扶膝；5～7 拍时保持双手扶膝；8 拍时双臂垂于大腿前方。

步法：1～3 拍时分腿站立；4 拍时身体左转前俯身，两腿分立半蹲，使重心在两脚之间，同时右脚跟提起；5～7 拍时的动作同 4 拍时的动作；8 拍时双腿并步直立。

手型：握花球。

面向：1 拍时面向 2 点方向；2 拍时面向 1 点方向；3 拍时面向 8 点方向；4～7 拍时面向 8 点方向；8 拍时面向 1 点方向。

头位：1～3 拍时眼随手走；4～7 拍时低头；8 拍时面向 1 点方向。

第二组动作说明：

手臂动作：1～4 拍时两手放于膝部；5～7 拍时的动作同第一组 1～3 拍时的动作；8 拍时的动作同第一组 8 拍时的动作。

步法：1～4 拍时并步半蹲；5～7 拍时的动作同第一组 1～3 拍时的动作；8 拍时的动作同第一组 8 拍时的动作。

手型：握花球。

面向：1～4 拍时面向 1 点方向；5～7 拍时同第一组 1～3 拍时，面向相同方向；8 拍时的动作同第一组 8 拍时的动作，面向相同方向。

头位：1～4 拍时低头；5～7 拍时的头位与第一组 1～3 拍时的头位一致；8 拍时的头位与第一组 8 拍时的头位一致。

13. 第十二个 8 拍（图 14-29）

1 2 3 4 5 6 7～8

图 14-29

手臂动作：1～4 拍时两臂屈肘于胸前（成“加油”手位）；5～6 拍时两臂屈肘成短“T”型手位；7～8 拍时双臂垂于大腿前方。

步法：1～6 拍时左、右脚依次踏步；7～8 拍时双脚成并步。

手型：握花球。

面向：1 点方向。

14. 第十三个 8 拍（图 14-30）

1 ～ 2 3 4 5 6 7 ～ 8

图 14-30

手臂动作：1 拍时两臂由体侧摆至腹前，两臂屈肘收于腰侧；2 拍时两臂向前冲；3 拍时屈肘成短“T”型手位于胸前；4 拍时右手斜上冲拳，左手贴于腰际，身体稍向左倾斜；5 拍时左手斜上冲拳，右手贴于腰际，身体稍向右倾斜；6 拍时双臂侧下举，同时身体右转向前俯；7～8 拍时向前震胸两次，同时抬起上体。

步法：1 拍时右腿经地面向前踹，屈膝收腿；2 拍时双腿成马步；3～5 拍时保持马步小跳三次；6～8 拍时两腿分立半蹲，保持重心于两腿之间，同时左脚跟提起。

手型：握花球。

面向：1～5 拍时面向 1 点方向；6～8 拍时面向 2 点方向。

头位：除 6 拍时低头外，其余拍时均面向 1 点方向。

15. 第十四个 8 拍（图 14-31）

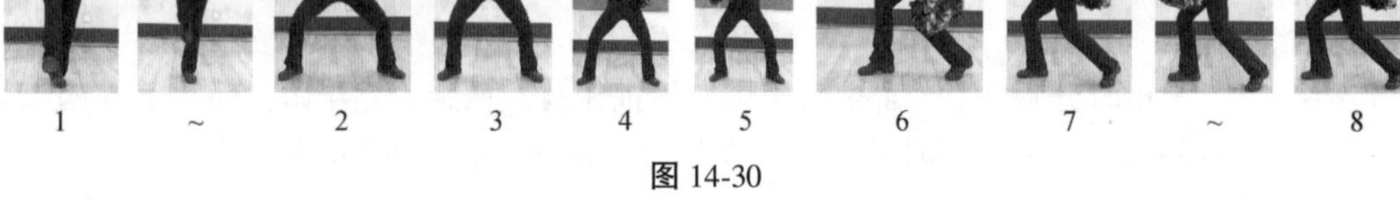

1 2 3 4 5～6 7 ～ 8

图 14-31

手臂动作：1 拍时右手扶臀，左臂侧平举；2 拍时左手扶臀；3 拍时双臂斜下举；4 拍时两臂交叉于胸前；5～6 拍时两臂分开于身体两侧；7～8 拍时双臂前举平移于胸前。

步法：1 拍时分腿半蹲，左脚尖点地；2 拍时的动作与 1 拍时的动作相同，唯方向相反；3 拍时的动作同 1 拍时的动作；4 拍时两腿分立，右脚屈膝起踵；5～6 拍时身体左转前俯身，两腿分立半蹲，保持重心于两脚之间，同时右脚跟提起；7～8 拍时分腿开立。

手型：握花球。

面向：1～4 拍时面向 1 点方向；5～6 拍时面向 8 点方向；7～8 拍时经过 8 点、1 点方向后最后面向 2 点方向。

头位：3 拍时向右侧斜；4 拍时向左侧斜。

16. 第十五个 8 拍（图 14-32）

图 14-32

手臂动作：1 拍时左臂下伸，右臂屈肘于胸前，再右臂下伸，左臂屈肘于胸前；2 拍时双臂成“加油”手位，再成“H”手位；3 拍时的动作同 1 拍时的动作，唯方向相反；4 拍时的动作同 2 拍时的动作；5～6 拍时小臂上举内绕环，经右侧平移至左侧；7 拍时含胸低头，双臂屈于胸前；8 拍时双臂成上“A”型手位。

步法：1 拍时双腿分立，重心移至右脚；2 拍时重心在两脚之间，分腿站立；3 拍时双腿分立，重心移至左脚；4 拍时重心在两脚之间，分腿站立；5～6 拍时分腿站立；7 拍时屈膝前俯身；8 拍时跳成并步。

手型：握花球。

面向：1 拍时面向 2 点方向；2 拍时面向 1 点方向；3 拍时面向 8 点方向；4 拍时面向 1 点方向；5 拍时面向 2 点方向；6 拍时面向 8 点方向；7～8 拍时面向 1 点方向。

头位：1～4 拍时面向 1 点方向；5～6 拍时眼随手走；7 拍时低头；8 拍时面向 1 点方向。

17. 第十六个 8 拍（图 14-33）

手臂动作：1、3、4 拍时右手屈肘扶于右胯，左手屈肘外摆于体侧；2 拍与 1 拍时的动作相同，唯方向相反；5～7 拍时手臂成下“M”型手位；8 拍时屈肘于胸前。

步法：1～4 拍时左、右脚依次向前走锁步；5～7 拍时右、左脚依次上步；8 拍时并步。

1 2 3 ~ 4 5 6 7 8

图 14-33

手型：握花球。

面向：1 点方向。

18. 第十七个 8 拍（图 14-34）

1～2 3～4 5～6 7～8

图 14-34

手臂动作：1～2 拍时手臂侧下举；3～4 拍时屈肘于胸前，成“加油”手位；5～6 拍、7～8 拍时的动作分别同 1～2 拍、3～4 拍时的动作。

步法：1～4 拍时直立；5～8 拍时的动作同 1～4 拍时的动作。

手型：握花球。

面向：1 点方向。

19. 第十八个 8 拍（图 14-35）

1 2 3 4 5 6 7 8

图 14-35

手臂动作：1 拍时左臂上举，右臂下垂；2～7 拍时左臂带动右臂做风火轮动作；8 拍时屈臂于胸前重叠。

步法：1～7 拍时屈膝并腿弹动，一拍一动；8 拍时站立。

手型：握花球。

面向：1 点方向。

20. 第十九个 8 拍（图 14-36）

手臂动作：1～6 拍时双臂垂于大腿前方；7～8 拍时手臂侧平举。

步法：1～6 拍时左、右脚依次踏步向左转体 360°；7～8 拍时双腿并立。

手型：握花球。

面向：1～6 拍时逆时钟转 360°；7～8 拍时面向 1 点方向。

1 2 3 4 5 6 7~8

图 14-36

21. 第二十个 8 拍（图 14-37）

1 2 3 4 5 6 7 8

图 14-37

手臂动作：1～8 拍时手臂侧平举。

步法：1 拍时左吸腿跳；2 拍时并腿跳；3 拍时左踢脚跳；4 拍时并腿跳；5 拍时右踢脚跳；6 拍时并腿跳；7 拍时左踢脚跳；8 拍时双腿并立。

手型：握花球。

面向：1 点方向。

22. 第二十一个 8 拍（图 14-38）

1~2 3~4 5~6 7~8

图 14-38

手臂动作：1～2 拍时双手扶髋；3～4 拍时向前抛花球（3～4 拍时两臂向前平举）；5～6 拍时接花球（5～6 拍时向后递花球）；7～8 拍时上举花球（7～8 拍时俯身捡花球）。

步法：1～4 拍时分腿站立；5～8 拍时的动作同 1～4 拍时的动作。

手型：拿花球，递花球。

面向：7 点方向。

头位：1～2 拍时面向 1 点方向；3～4 拍时低头（面向 7 点方向）；5～6 拍时面向 7 点方向；7～8 拍时面向 7 点方向（低头）。

23. 第二十二个 8 拍（图 14-39）

1 2 3 4 5 6 7 8

图 14-39

手臂动作：1～4 拍时右、左臂轮流高冲拳；5～8 拍时左手叉腰，右手随胯左、右依次摆动（一拍一动）。

步法：1、3 拍时左腿上步；2、4 拍时右脚上步；5 拍时左脚向左移动成开立姿势，双腿屈膝，右脚点地；6～8 拍时脚跟随髋部左、右摆动。

手型：握花球。

面向：1 点方向。

24. 第二十三个 8 拍（图 14-40）

1 2 3 4

5 ～ 6 7 8

图 14-40

手臂动作：1～4 拍时双臂依次向左斜下、右斜下、左斜上、右斜上推动；5 拍时双臂侧平举，再屈肘外绕环；6 拍时双臂侧平举；7 拍时双臂垂于体侧；8 拍时双臂成“X”形手位。

步法：1～4 拍时左脚迈出“十”字步；5～6 拍时左侧身并步走；7 拍时迈右脚向右后转体 180°；8 拍时左脚在前成弓步。

手型：握花球。

面向：1～2 拍时面向 1 点方向；3 拍时面向 8 点方向；4 拍时面向 2 点方向；5～6 拍时面向 1 点方向；7 拍时面向 6 点方向；8 拍时面向 7 点方向。

头位：1～2 拍时面向 1 点方向；3～4 拍时眼随手走；5～6 拍时面向 1 点方向；7 拍时面向 6 点方向；8 拍时面向 7 点方向。

25. 第二十四个 8 拍（图 14-41）

1　～　2　3　4　5　6　7　8

图 14-41

手臂动作：1 拍时双臂上举成高“V”字，再屈臂于胸前；2 拍时双臂下举成倒“V”字；3～6 拍时双臂垂于大腿前方；7 拍时双手握持花球于胸前；8 拍时双臂上举。

步法：1～2 拍时右腿侧并步走；3～6 拍时向左后方迈步转体 180°；7 拍时并步团身半蹲；8 拍时并步提踵。

手型：握花球。

面向：1～2 拍时面向 1 点方向；3～8 拍时面向 5 点方向。

头位：1～3 拍时面向 1 点方向；4～8 拍时面向 5 点方向。

26. 结束动作（图 14-42）

手臂动作：右臂伸直于斜前下方，左臂屈肘于头部后方。

步法：分腿站立并屈膝，左脚前脚掌点地、屈膝外开。

手型：握花球。

面向：7 点方向。

头向：1 点方向。

结束动作

图 14-42

思考题

1. 健美操的概念是什么？竞技健美操和健身健美操的区别是什么？
2. 健美操的基本步伐主要有哪几种？
3. 健美操基本动作分哪几类？试举例说明。
4. 简述啦啦操的基本动作。

第十五章　游泳运动

第一节　游泳运动概述

一、世界游泳运动的起源与发展

古代游泳，根据现有史料的考证，国内外较一致的看法是起源于居住在江、河、湖、海一带的古代人。他们为了生存，必然要在水中捕捉水鸟和鱼类作为食物，通过观察和模仿鱼类、青蛙等动物在水中游动的动作，逐渐学会了游泳。游泳是人们凭借自身肢体的动作在水中进行运动的技能。

17 世纪 60 年代，英国不少地区的游泳活动开展得如火如荼。1828 年，英国在利物浦乔治码头修建了第一个室内游泳池，此后这种游泳池在英国各大城市相继出现。1837 年，第一个游泳组织在英国伦敦成立，同时举办了英国最早的游泳比赛。1869 年，大城市游泳俱乐部联合会（英国业余游泳协会前身）在伦敦成立，并把游泳作为一个专门的运动项目正式固定下来。游泳运动随之传入英国各殖民地，继而传遍全世界。随着游泳运动的发展，游泳被分为实用游泳和竞技游泳两大类。实用游泳分为侧泳、潜泳、反蛙泳、踩水、救护。竞技游泳分为蛙泳、爬泳（自由泳)、仰泳、蝶泳。

在 1896 年的雅典第 1 届奥运会上，男子游泳被列为 9 个比赛项目之一（包括 100 m、500 m 和 1 200 m 自由泳)。在 1908 年的伦敦第 4 届奥运会上，国际业余游泳联合会成立，并审定了当时的世界纪录，制定了国际游泳规则。在 1912 年的斯德哥尔摩第 5 届奥运会上，正式设立了女子比赛项目。

第二次世界大战后，游泳运动在全世界飞速发展。1952 年，正式将游泳分成蛙泳和蝶泳两个姿势进行比赛，确立了竞技游泳的四种姿势。现游泳已成为奥运会上最受人瞩目的大项之一。国际泳联每四年举行一次世界游泳锦标赛，每两年举行一次世界杯赛。当今世界欧美体育强国的游泳仍处于领先地位。

二、我国游泳运动的发展

我国历史悠久，水域辽阔，据记载，我国的游泳始于五千年前，但游泳作为一个体育项目得以发展还是中华人民共和国成立以后的事。1952 年，毛泽东题词“发展体育运动，增强人民体质”。我国泳坛健儿吴传玉早在 1953 年布加勒斯特第 1 届国际青年友谊运动会上，就取得过 100 m 仰泳冠军的优异成绩，中国的五星红旗第一次升起在国际泳坛上。中国游泳真正起步于 1982 年印度新德里第 9 届亚运会，来自广东的叶润成获得 100 m 蛙泳金牌，这是中国游泳项目在亚运会上获得的首枚金牌。在 1988 年汉城（今首尔）第 24 届奥运会上，中国游泳选手首次打破奥运会游泳奖牌“零”的纪录，夺得 3 银 1 铜。在 1992 年的巴塞罗那第 25 届奥运会上，游泳比赛第一天的第一个项目女子 100 m 自由泳，庄泳就勇夺中国游泳史上的首枚奥运游泳金牌。杨文意和庄泳双双在女子 50 m 自由泳夺得金牌和银牌。此次奥运会游泳比赛，中国女泳将收获了 4 金 5 银的骄人战绩。1994 年，在罗马第 7 届世界游泳世锦赛中，中国女子游泳选手一举夺得 16 个女子项目中的 12 个冠军，并打破了 5 项世界纪录，成为世界女子泳坛新霸主。乐靖宜更是荣膺国际泳联颁发的“最佳运动员”荣誉称号。中国男子游泳运动员孙杨在2012 年的伦敦奥运会上获得男子 400 m 自由泳和 1 500 m 自由泳冠军。2013 年 12 月 1 日，孙扬获美国《游泳世界》评选的年度环太平洋最佳男运动员和世界最佳男运动员称号。2016 年，在里约奥运会上获男子 200 m 自由泳冠军。孙扬是世界泳坛历史上唯一一位男子 200 m、400 m、1 500 m 自由泳的奥运会和世锦赛大满贯得主。2024 年巴黎奥运会上潘展乐获得男子 100 m 自由泳冠军，并打破自己保持的世界纪录。

第二节　熟悉水性

一、利用浮力作用

人体的相对密度为 0. 96 ~ 1. 05 kg/m^3，各人相对密度的大小取决于骨骼、肌肉和内脏器官的组成和比例。女子的肌肉、皮下脂肪比例大于男子，相对密度比男子的相对密度小。每个人肺通气量的大小也直接影响个人的相对密度。因下肢较上身相对密度大，故人的浮心靠近上身，重心靠近下肢。为了使身体保持平衡，初学者都是从学习腿部动作开始的，因腿部动作掌握后能帮助下肢上浮。要充分利用浮力的作用，做空中移臂时路线要近，时间要短。吸气时头部不能过高，时间也不能太长，要做到快而充分，使身体始终保持较大的浮力。

二、克服怕水心理

初学游泳者都有一个共同的心理特点——怕水，主要受心理和人体感受两个因素的影响。对于心理因素，应采用心理训练方法消除这种心理障碍。人体感受因素主要有：由于水的固有特性，人在水里是一个浮体或半浮体，没有固定的支撑点，晃晃悠悠，心里发慌；不习惯新的呼吸方法，水的密度又是空气的 820 倍，对胸部有压力，造成呼气不足、吸气量少，氧债增大，呼吸困难；因一时不能适应这种新的特定环境，喝水或呛水又增加了恐惧感；对水刺激敏感部位（如眼睛、耳朵、鼻子）一时不能适应。其实，只要初学者认识到这是学会游泳的一个过程，随着学习时间的延长，这种畏惧的心理障碍很快就会被克服，每个人都能适应在水中移动。

三、过好呼吸关

初学者一开始应紧紧抓好呼吸这一关键环节。有人说，不会呼吸就等于不会游泳，游泳可以称为呼吸运动，这是有一定道理的，这也说明呼吸对游泳的重要性。从第一次下水至学会游泳，其间的每次学习都要用一定的时间反复练习呼吸的基本动作，特别要做到水下呼得干净，水面上吸得充分。

四、熟悉水性

熟悉水性是游泳教学的一个重要环节，目的是使初学者了解和适应水的特性，掌握呼吸、俯卧、漂浮、滑行、站立、走动等基本动作，为学习竞技游泳技术打下基础。重点应抓好呼吸和滑行两个动作，练习时最好站在水齐腰深处进行。

1. 水中行走和游戏

（1）转圈。初学者手拉手组成内、外两圈，两圈人以相反方向走或跑动转圈，听信号后，又各自以反方向转圈。

（2）撒网。先由一人或两人当“渔夫”，其余的人在水中四散分开，被“渔夫”抓（拍）到的人，则拉手结网，直至所有人都被“捕获”。

2. 浸水和呼吸

（1）浸水。手扶池槽，深吸气后闭气下蹲，脸浸入水中，停留片刻后起立，在水中换气（图 15-1）。

（2）睁眼。手扶池槽，或双人扶肩，吸气后闭气下蹲，呼气睁眼看自己或同伴吐出的水泡，呼完气后起立。如此反复练习（图 15-2）。

图 15-1

图 15-2

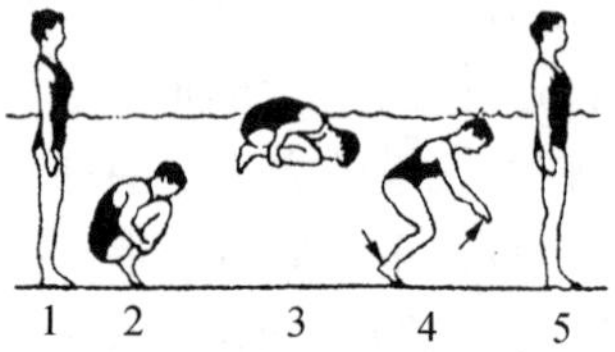

图 15-3

3. 浮体

（1）抱膝浮体。站立深呼吸后，下蹲低头，抱膝团身，闭气放松，使身体自然漂浮起。然后松开双手，使双脚下垂，双手前伸向下轻压水，抬头站起（图 15-3）。

（2）漂浮展体。抱膝浮体后，臂、腿伸直成俯卧姿势，站立方法同上（图 15-4）。

4. 蹬边滑行

背向池壁，肩浸入水中，左臂前平举，右臂拉住池壁（图 15-5）。右脚蹬住池壁，左脚屈膝站立，深吸气后低头，收左脚成两腿屈膝，臀部靠近池壁，右臂前伸，将头浸入水中，两脚蹬池壁向前滑行。

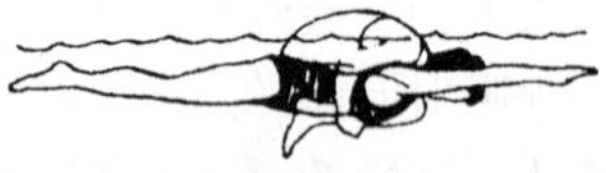

图 15-4

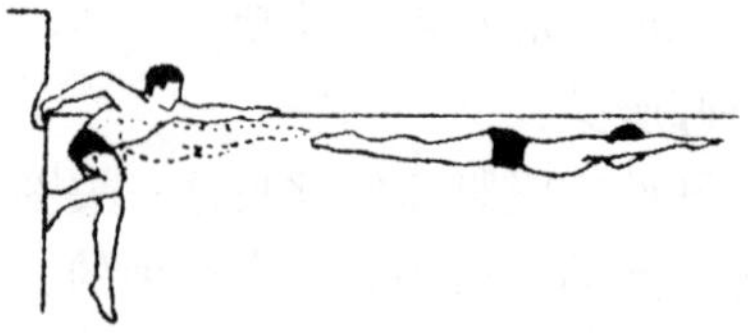

图 15-5

第三节　蛙　泳

一、动作结构与技术要点

蛙游技术动作如图 15-6 所示。

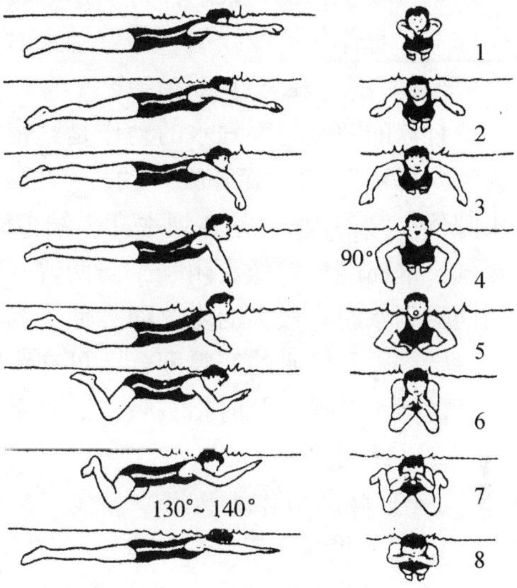

图 15-6

（一）身体姿势

蛙泳时身体水平地俯卧在水面上，两臂向前伸直并拢。头略低，水齐前额，脸下部浸入水中。稍收腹、微塌腰，身体纵轴与前进方向成 5°～10°角，保持身体的流线型。

（二）腿部动作

腿部动作是推动身体前进的主要动力。可分为滑行、收腿、翻脚和蹬水四个不可分割的动作阶段。

1. 滑行

蹬水结束后借助惯性力向前滑行，两腿（包括脚尖）并拢向后伸直，臀肌、大腿股四头肌和腓肠肌稍紧张，身体成水平姿势，为收腿做好准备。

2. 收腿

收腿是接滑行开始的，腿由于本身的重量而开始下沉，这时两腿稍内旋，使脚跟分开，小腿和脚尽量靠近臀部，膝关节随腿的下沉向前边收边分。收腿结束时，大腿和躯干之间成 130°～140°角。要求收腿路线要短，阻力要小，又要为蹬水创造有利条件。

3. 翻脚

翻脚是收腿的继续、蹬水的开始。随着收腿的结束，两脚继续向臀部收紧，大腿内旋使膝内压的同时，小腿向外翻，脚尖也同时向两侧外翻，使脚掌内侧正对蹬水方向。

4. 蹬水

蹬水是翻脚后由髋部发力，带动膝、踝相继伸直，以大腿、小腿内侧和脚掌向后做急速有力的蹬夹动作。在蹬夹过程中，当两腿逐渐并拢时略向下压，以形成最后的鞭打动作。

（三）臂部动作

蛙泳臂部动作可分为抓水、划水、收手和伸臂四个不可分割的动作阶段。

1. 抓水

紧接滑行，肩保持前仰，两臂内旋，使两臂和掌心转向外斜下方，屈腕，两手分开向侧斜下方压水。当手掌和前臂感到有压力时，就开始划水。

2. 划水

紧接抓水的是加速划水，划水的方向是向侧下、后内方。划水时肘部保持较高的部位，前臂和上臂屈的角度在整个划水过程中是不断变化的，划水时肘关节弯曲度接近 90°。

3. 收手

收手是划水的继续，能产生上升力和前进力。两臂向里、向上快速收到下颌的前下方，掌心由后转向内。肘低于手，上臂不超过两肩的延长线，尽量把臂收在身体的投影之中，使其发挥划水造成的推进惯性，减少水对伸臂动作的阻力。

4. 伸臂

紧接收手，继续推肘伸臂。掌心转向下，两臂放松，先伸肩后伸臂，两臂先向前上再向前伸，身体保持流线型。伸臂结束时，两臂恢复滑行姿势。

（四）臂、腿与呼吸的配合技术

蛙泳的呼吸与手划水的动作是紧密配合的，一般一个动作周期呼吸一次。呼吸方法分为“早呼吸”和“晚呼吸”两种。“早呼吸”是在两臂开始划水时即抬头吸气，划完臂低头呼气。“晚呼吸”是在划水几乎结束时才开始抬头，两臂划到胸前使身体达到最高点时吸气，继而随伸臂低头闭气，当两臂开始外划时逐渐呼气。初学者用“早呼吸”较有利，因两臂划水时有较大的支撑面，使头露出水面进行吸气。

臂、腿和呼吸的完整配合，可在蹬腿结束后，两臂前伸和两腿伸直并拢滑行，再开始手臂的抓水动作，此时抬头吸气。收手的同时收腿，伸臂的同时做蹬腿动作。

二、练习方法

（一）腿部动作练习

1. 陆上模仿练习

（1）坐姿蹬水。坐在池边或凳上，上体稍后仰，两手后撑，做收腿、翻脚、蹬夹、停的动作。

（2）卧姿蹬水。俯卧在凳上，做同上练习（图 15-7）。

2. 水中练习

（1）手扶池槽成仰卧和俯卧姿势，做腿部动作（图 15-8）。

（2）手扶池槽成仰卧和俯卧姿势，由同伴抓住脚，体会翻脚、蹬腿动作（图 15-9）。

（3）蹬池壁滑行做腿部动作。

（4）手扶打水板做腿部动作。

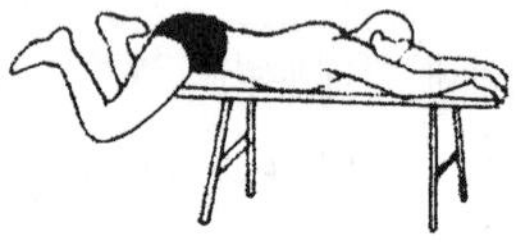

图 15-7

图 15-8

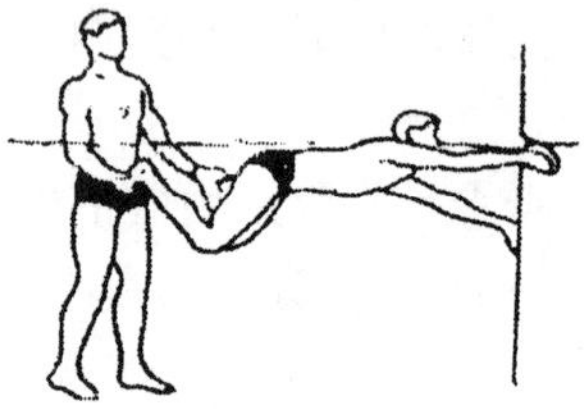

图 15-9

（二）臂与呼吸的配合练习

1. 陆上模仿练习

站立，上体前倾，两臂前伸，做抓水、划水、收手、伸臂动作。划水时抬头吸气，伸臂时低头呼气，体会臂部动作与呼吸的配合。

2. 水中练习

（1）两脚开立，站在齐胸深的水里，上体前倾，两臂前伸，做臂部动作。划水时不要用力，主要体会划水路线和收手的动作（图 15-10）。

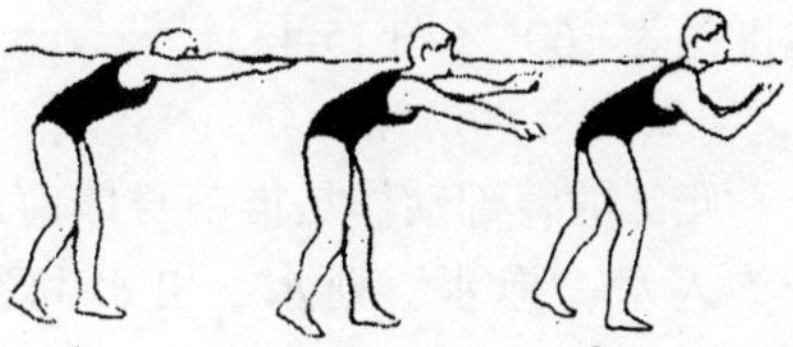

图 15-10

（2）同上练习，配合呼吸，臂划下时抬头吸气，收手时低头闭气，臂前伸时吐气。借助划水前进力，两脚可在水中向前走动。

（3）双人练习，练习者俯卧水面上，同伴站在练习者两腿之间，抱住练习者的腰部或大腿，做臂部动作和呼吸配合练习。

（三）臂、腿与呼吸的完整配合练习

1. 陆上模仿练习

（1）原地站立，两臂上举并拢伸直，做两臂划水分向两侧的动作。与此同时，以单腿站立，另一腿做收腿动作，收腿结束时立即翻脚；臂向上，将伸直时，翻脚的一腿向下做弧形蹬夹动作，还原成预备姿势（图 15-11）。

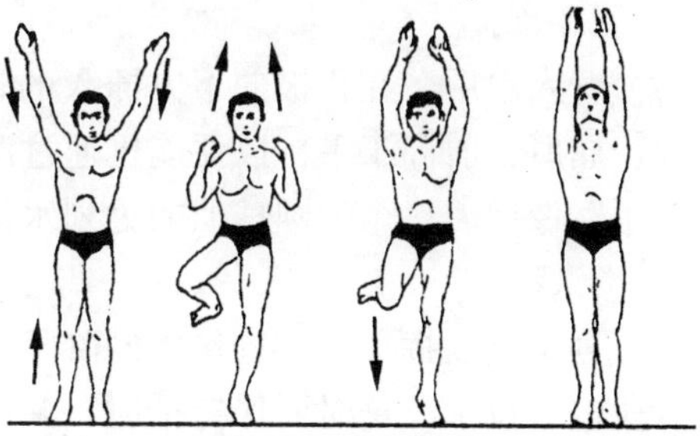

图 15-11

（2）同上练习，配合抬头呼吸动作。

2. 水中练习

（1）臂与腿的分解配合练习。在蹬壁滑行中，先做一次划臂动作，再做一次腿的收、翻、蹬夹动作。手臂和腿交替进行，以建立臂先腿后的技术概念。

（2）在上述练习的基础上，逐步过渡到连贯的配合练习，练习时可闭气进行。

（3）在上述练习的基础上，加之抬头呼吸的动作，呼吸次数可由腿和臂配合两次、呼吸一次，过渡到腿和臂配合一次、呼吸一次的完整练习。

第四节 爬 泳

爬泳也称为自由泳，其动作结构比较合理，省力、阻力小，是当前速度最快的一种游泳姿势，目前自由泳比赛中都采用爬泳技术。

一、动作结构与技术要点

（一）身体姿势

爬泳时身体俯卧在水面成流线型，背部和臀部的肌肉保持适当的紧张度，在游进中保持头部平稳，躯干围绕身体纵轴有节奏地自然转动 35° ~ 45°（图 15-12）。

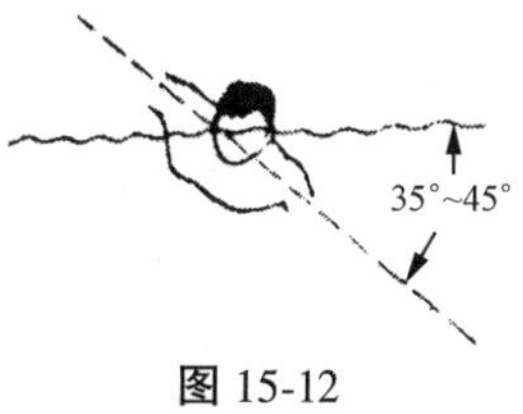

图 15-12

（二）腿部动作

爬泳时，腿部动作虽有一定的推进力，但主要起平衡作用，以保持身体的稳定。要求两腿自然并拢，脚稍内旋，踝关节放松，以髋关节为轴，由大腿带动小腿和脚掌，两腿交替做鞭打动作，两脚尖上下最大幅度为30 ~ 40 cm，膝关节最大屈度约为 160°（图 15-13）。

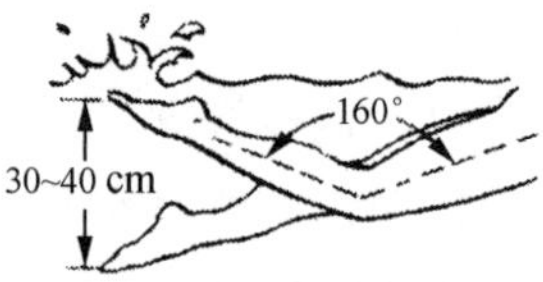

图 15-13

（三）臂部动作

爬泳的臂部动作是推动身体前进的主要动力，一个周期可分为入水、抱水、划水、出水和空中移臂五个不可分割的阶段。

1. 入水

完成空中移臂后，手在控制下自然放松入水。手的入水点一般在身体纵轴和肩关节的前方延长线之间。入水时手指自然伸直并拢，臂内旋，使肘关节抬高处于最高点，掌心斜向外下方，使手指首先触水，然后是小臂，最后是上臂自然插入水中。

2. 抱水

臂入水后，在积极向下方插入的过程中，手掌从向斜外下方转向斜内后方并开始屈腕、屈肘，肘高于手，以便能迅速过渡到较好的划水位置。肘关节屈至 150°左右，此时整个手臂像抱着一个大圆球似的为划水做好准备。

3. 划水

划水是发挥最大推进作用的阶段，其动作过程可分为拉水和推水两个部分。紧接抱水阶段进入拉水，这时要保持抬肘，并使上臂内旋，同时继续屈肘，使手的动作迅速赶上身体的前进速度，能使划水动作形成合理的动作方向和路线，也使主要肌肉群在良好的工作条件下进入推水动作。拉水至肩的垂直平面后，即进入推水部分，这时肘的屈度为 100°左右。上臂要保持内旋姿势，带动小臂，用力向后推水。同时，使肩部后移，以加长有效的划水路线。向后推水有一个从屈臂到伸臂的加速过程，手掌以从内向外、从下向上的动作路线加速划至大腿旁。整个划水动作，手的轨迹始于肩前，继而到腹下，最后到大腿旁，成“S”形（图 15-14）。

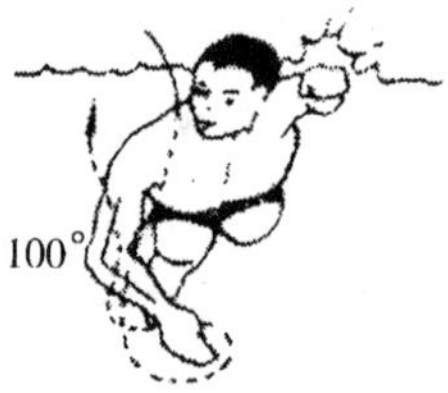

图 15-14

4. 出水

划水结束时，掌心转向大腿，出水时小指向上，手臂放松，微屈肘。由上臂带动肘部向外上方提拉，带动前臂和手出水面，掌心转向后上方。出水动作必须迅速而不停顿，同时应该柔和、放松。

5. 空中移臂

出水后紧接着进行空中移臂。移臂时，肘高于手，由肘带动前臂和手向上、向前移动准备下水。动作应放松、连贯（图 15-15）。

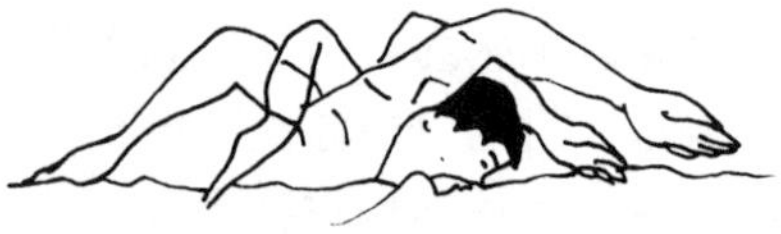
图 15-15

6. 两臂配合

爬泳时两臂划水发生的交叉有前交叉、中交叉和后交叉三种类型。前交叉是指一臂入水时，另一臂已前摆至肩前方，与水平面成 30°左右（图 15-16 之 1）。前交叉有利于初学者掌握爬泳动作和呼吸。中交叉是指一臂入水时，另一臂处在向内划水阶段，与水平面成 90°（图 15-16 之 2）。后交叉是指一臂入水时，另一臂划至腹下，手与水平面成 150°左右（图 15-16 之 3）。

图 15-16

（四）臂、腿与呼吸的配合技术

爬泳时，一般是在两臂各划水一次的过程中进行一次呼吸，以向右边吸气为例（图 15-17）：右手入水后，嘴和鼻开始慢慢呼气。右臂划水至肩下，开始向右侧转头和增大呼气量。右臂推水即将结束，则用力呼气。右臂出水时，张嘴吸气，至空中移臂的前半部为止，并开始转头还原。然后，直至手臂入水结束，有一个短暂的闭气过程，脸部转向前下。头部稳定时，右臂入水，再开始下一个慢慢呼气的过程。

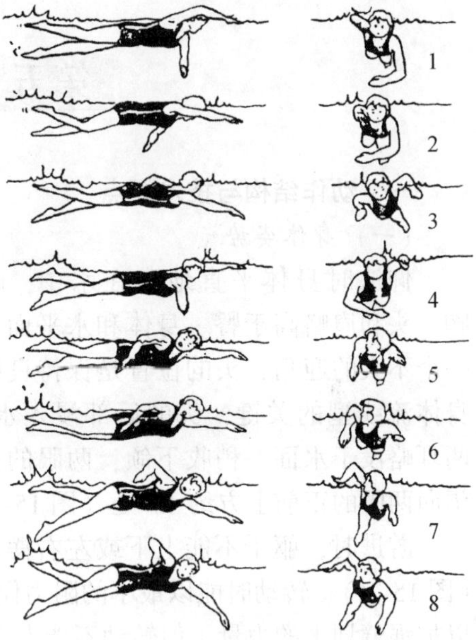

图 15-17

爬泳的呼吸应与臂、腿动作配合，初学者一般都采用 1∶2∶6 的方法，即呼吸 1 次、臂划 2 次、腿打 6 次，这种配合方法易保持身体平衡和协调掌握爬泳技术。

二、练习方法

（一）腿部动作练习

1. 陆地模仿练习

（1）坐姿打水。坐在池边或地上，两手后撑，两腿伸直，腿内旋，使脚尖相对，脚跟分开成“八”字形。两腿放松，以髋为轴，大腿带动小腿，上下交替打水（图 15-18）。

（2）卧姿打水。俯卧在凳上，两腿上下交替打水，要求同上（图 15-19）。

图 15-18

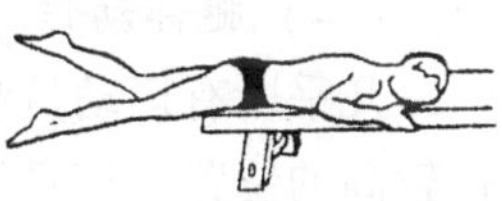

图 15-19

2. 水中练习

（1）俯卧打水、手握池槽，或由同伴托其腹部，成水平姿势，两腿伸直，做直腿或屈腿打水。

（2）仰卧打水。仰卧姿势，手抓池槽，或由同伴帮助托其背部，做两腿交替打水，注意膝盖不要露出水面。

（3）滑行打水。练习时要求闭气，两臂伸直并拢，头夹于两臂之间。

（4）扶板打水。两臂伸直放松，扶板，肩浸入水中，手不要用力压板，呼吸自然。

（二）臂与呼吸的配合练习

（1）陆上模仿练习。原地两脚开立，上体前屈，做臂划水的模仿练习。

（2）水中练习。

① 站立水中，上体前倾，肩浸入水中，做臂划水，边做边走，同时转头呼吸。

② 蹬边滑行后闭气，做两臂配合动作。

③ 腿夹打水板，蹬边滑行后，做两臂划水，结合转头呼吸。

（三）臂、腿与呼吸的完整配合练习

（1）站立水中，上体前倾做划臂与呼吸配合的练习，用力划水向前移动，然后蹬离池底，两腿打水形成完整配合。

（2）蹬边滑行，打水漂浮 5～10 m，做爬泳臂划水与呼吸配合练习。

第五节 仰 泳

一、动作结构与技术要点

（一）身体姿势

仰泳时身体平直地卧在水中，略挺胸，头和肩略高于臀。身体和水平面形成一个不大的迎角，头的位置是保持良好的身体流线型的关键，头的后部浸入水中，两耳略没于水面，稍收下颌，两眼的视线望向两眼的正前上方约 45°处（图 15-20）。

图 15-20

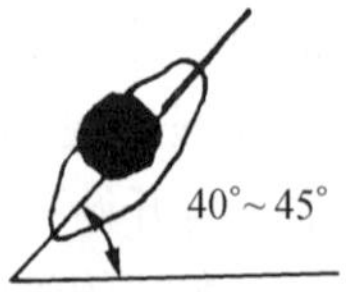

图 15-21

游进时，躯干不能上下或左右摆动，但肩带可以绕身体纵轴向左右各转动 40°～45°（图 15-21）。转动时能以最小的阻力做空中移臂动作，另一臂因肩部下沉有利于屈臂划水，以加强臂划水的力量。但转动不能太大，否则会减少身体的支撑面积，减少浮力。

头部位置对仰泳的身体姿势影响很大。头部过高会造成臀部下沉，形成坐在水中游的状态，增大阻力；头部后仰浸在水中，易呛水，呼吸困难，移臂时阻力增大，腿踢水易踢空。

（二）腿部动作

几乎所有运动员都采用 6 次打水的腿部技术。仰泳打腿和爬泳一样，主要是使腿部保持较高的位置，使身体处于平直状态。同样以髋为轴，由大腿带动小腿，小腿带动脚掌做鞭状踢水，向下打水时直膝下压。

仰泳臂划水所产生的推进力小于爬泳产生的推进力，为了提高腿部的推进力，无论是打腿幅度（约 45 cm）还是屈膝的程度（最小可至 135°）都要比爬泳大。

仰泳腿和爬泳腿动作形式相似，两腿配合是“下压上踢”，向上踢水时由弯曲到伸直，向下压水时腿几乎是伸直的。为便于理解，把“下压上踢”连续动作分开讲解。

1. 下压

下压是向下打水，也称“下鞭”动作，从腿和水面平行时开始。直腿下压到整个腿部移动路线的三分之二时，大腿停止下压并准备上踢，后三分之一则是利用腿继续下压的惯性屈膝来完成的。下压动作结束时大腿和小腿约为 135°角，小腿与水平面约为 45°角。

2. 上踢

上踢也称“上鞭”，仰泳时两腿的推动力是靠上踢产生的。上踢动作大约是在腿下压到后三分之一时，大腿用力向上，股四头肌用力收缩开始，这时大腿继续向上，刚好超过髋关节水平线结束，小腿下压至最低点时，在大腿带动下开始向上踢水，到腿完全伸直为止。

踢水时脚背应内旋以加大对水面，踝关节放松，这是仰泳踢水前进力的关键。

两腿踢水振幅以 45 cm 左右为宜，过小只能起平衡作用，过大增大阻力面，影响动作节奏和频率。

仰泳腿打水应注意膝盖不要露出水面，防止大腿屈伸打水。

(三) 臂部动作

仰泳时臂划水是产生前进力的主要因素。一个臂的周期动作可分为入水、抱水、划水、出水和空中移臂五个阶段。

1. 入水

入水时手臂自然伸直，手掌平展，小指领先入水，入水点在肩的延长线上。手掌与前臂夹角为 150° ~ 160°（图 15-22），同时臂内旋，手掌上缘与水平面约成直角，入水顺序是小指、上臂，手掌和前臂几乎同时入水，为加长划水路线，应做适当的伸肩动作。

错误入水手型

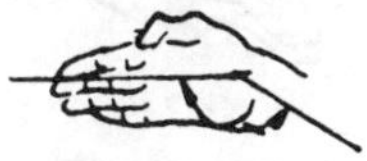

正确入水手型

图 15-22

2. 抱水

手臂入水后，躯干向入水同侧方向自然转动，并做转腕入肩内旋动作，同时开始屈臂，使手掌和前臂处于最有利的划水位置，形成有利的划水面。

3. 划水

由屈臂抱水开始，以肩为中心，划至大腿侧下方止。在划水的前半部要保持手臂的“倒高肘”姿势屈臂划水。

当手划至一半时屈肘的最大角度为 90° ~ 110°，手离水面约 15 cm（图 15-23），肩轴与水面的夹角约为 45°。当手划水过肩以后应充分利用拉水的速度和划水面，使手掌、前臂和上臂同时用力向后下方做推压动作。

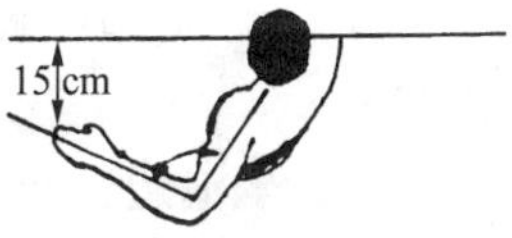

图 15-23

假如在水下从侧面观察，划水不是沿直线，手指在不同位置所处的深度是不一样的，其划水轨迹是近似横着的“S”形路线。手掌是划水的压力中心，手掌能否对准水直接影响划水效果，故在仰泳划水过程中掌形要不断地变化，使手掌保持有效的划水截面，也就是保持手掌的最大水压感，以获得最有效的划水效果。

4. 出水

当划水结束时手掌做扣腕鞭水后提肩，由肩带动上臂、前臂和手依次出水。

5. 空中移臂

臂出水后，经同侧肩的正上方直臂前摆，当臂移至后半程，应尽量拉展肩部。

仰泳的两臂应采用连贯式的配合技术，当一臂划水结束时，另一臂已入水，两臂几乎处于相对位置，这样能保持动作的连贯性和速度的均匀性。

（四）臂、腿与呼吸的配合技术

仰泳时脸部一直露出水面，呼吸技术简单，只要保持有节奏的用嘴吸气、用嘴鼻呼气即可。在划水阶段应短暂地闭气，以加强臂的划水力量。

绝大多数人采用呼吸1次、两臂各划水1次、腿打水6次的1∶2∶6配合方式，也有个别人采用1∶2∶4的配合方式。

当前仰泳的先进技术特点是（图15-24）：

（1）身体平稳，保持良好的流线型。

（2）手的入水点远、下滑深、抱水早、划水路线长。

（3）注意每次划水的实效性。

（4）移臂时手臂与水面垂直，入水时迅速切入，严防手背打水。

（5）两腿做强有力的打水，幅度大于爬泳。

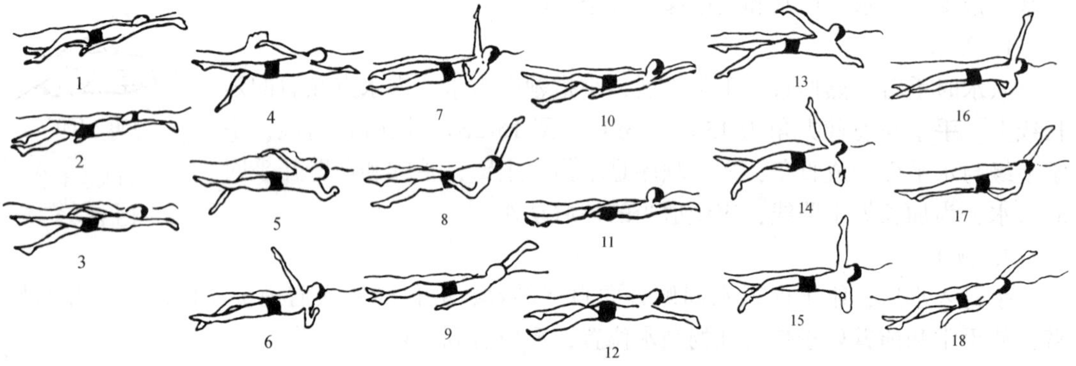

图15-24

二、练习方法

（1）坐池边，做两腿打水练习（图15-25之1）。

（2）坐池边，两脚浸入水中做两腿打水练习（图15-25之2）。

（3）仰卧，两手反拉水槽，做仰泳腿打水练习，要求脚和膝不露出水面（图15-25之3）。

（4）两人一组，一人扶另一人后脑做漂浮练习（图15-25之4）。

（5）蹬池壁或池底做仰泳打腿练习。练习时两手在体侧做拨压水动作以增加浮力（图15-25之5）。

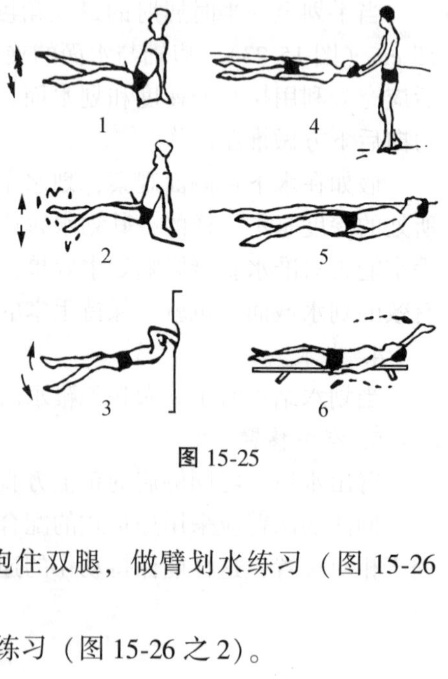

图15-25

（6）做手臂动作模仿练习，可先卧在池边或凳上做划水动作（图15-25之6）。

（7）仰卧水中，稍低颌，水齐腰深，由帮助者抱住双腿，做臂划水练习（图15-26之1）。

（8）仰卧，两脚蹬离池壁，做单臂或双臂的划水练习（图15-26之2）。

图 15-26

第六节　游泳卫生与急救

一、游泳卫生知识

（1）在江河湖泊游泳前，应了解水域的情况，选择水底平，无淤泥、碎石、水草、桩柱，无急流、漩涡等的水域，并结伴进行，以便相互照顾，防止发生意外事故。

（2）空腹或饭后一小时之内不宜游泳。空腹时游泳，由于血糖浓度降低，反应迟钝，四肢乏力，容易引起低血糖症。饭后游泳不仅加重心脏负担，影响消化系统的功能，而且容易发生呕吐、食物呛进呼吸道，甚至溺水等事故。

（3）凡患有精神病、癫痫病、严重心脏病、皮肤病、中耳炎及其他传染病者不能游泳。女生月经期间也不宜游泳。

（4）下水前必须做好充分的准备活动，并且可用水冲淋身体，以防止温度骤变而引起身体不适。游泳时如遇雷雨，应迅速上岸，切不可在大树底下躲避或更衣。

二、急救

（一）自我保护和自救

初学者由于误入深水区或漩涡等险区，因心慌造成呛水现象时，首先要保持镇定，放松漂游，力争自如呼吸。如在漩涡中，要保持平卧姿势，逆漩涡方向游出险区或向人呼救。准备活动不充分，天气较冷，容易引起大腿、小腿或脚掌等部位发生痉挛，消除方法是使身体仰浮水面，用痉挛腿对侧的手拉住痉挛腿的脚趾，用力向身体方向扳拉，另一手压痉挛腿膝盖，使小腿伸直。大腿痉挛，可用两手用力抱住小腿贴近大腿，反复振压直至解脱。如发生身体痉挛，应向人呼救。

（二）水中救护

实施救护时尽量使用救生圈、竹竿、木板等器材进行间接救护，在没有任何救生器材的情况下，必须实施徒手的直接救护。救护者入水前应观察周围环境，辨别水流方向、水面宽窄，选择入水地点。对熟悉的水域或游泳池可跳入水，对不熟悉的水域应脚先入水。当游到离溺水者 3～5 m 处时，深吸气潜入水中，从溺水者背后进行拖带。当游到溺水者前面时，为防止被溺水者抓住，可在水下扶住其髋部，将其转为背向自己，然后进行拖带。拖带时必须让溺水者口鼻露出水面，一手拉（拖）溺水者，另一手划水，两腿做蛙泳或侧泳动作，将溺水者拖运上岸。若被溺水者抓住、抱住，应设法解脱，可深吸气做翻滚动作，将溺水者压没于水中，溺水者为了向上呼气容易松手。

（三）岸上急救

救护者将溺水者救上岸后，首先检查其呼吸和心跳，如心跳未停，应立即清理呼吸道，将口打开，进行倒水。对呼吸和心跳已停止者，切不可因倒水延误抢救时间，应立即进行口对口人工呼吸与胸外心脏按压。

1. 口对口人工呼吸

先将溺水者移至空气新鲜的地方，解开领口和胸腹部衣服，但不能使其受凉，同时取出口、鼻中的异物，拉出舌头，以保证呼吸道畅通。然后使溺水者仰卧，救护者两手在耳垂下托住溺水者的下颚骨，使头部尽量后仰，使下颚尖部、颈前部与胸前部几乎保持在同一水平线上，使呼吸道畅通。然后救护者一手托住溺水者的下颌，另一手捏紧他的鼻孔，救护者深吸气后以口紧贴溺水者之口向内吹气，然后松开鼻孔，如此反复进行。吹气应保持规律，均匀地每分钟做 15 次左右，不得漏气，如有效，则可见胸部起伏。

2. 胸外心脏按压

救护者立或跪在溺水者的胸侧，两手相叠，用掌根部置于溺水者胸骨的 1/3 处偏下搏动窝的上方，手指放松，手臂伸直，上体前倾，掌根用力下压，使胸骨下端下陷 3 ~ 4 cm，两手松压（掌根不离位），使胸骨下端恢复原位。下压时要慢，放松时要快，一压一松反复进行，节律为每分钟 60 ~ 80 次。胸外心脏按压与口对口人工呼吸同时进行。若单人操作，其比例为 15 : 2；若双人操作，其比例为 4 : 1。

第七节　游泳竞赛主要规则

一、场地

1. 游泳池

（1）标准游泳池长 50 m，短池长 25 m。游泳池宽 21 m 或 25 m。以上规格必须经国家承认的测绘单位测量并提供书面证书。

（2）水面至池底的深度应在 2 m 以上，两端池壁必须垂直。两端自水面上 30 cm 至水面下 80 cm 的池壁必须结实、平整、防滑。

（3）池水水温为 26 ℃（±1 ℃），室外游泳池水温不得低于 25 ℃。比赛时，池水必须保持正常水位。水面要平稳。如采用循环换水，池水不得有明显的流动或漩涡。池水必须达到使运动员能看清池底和池壁标志线的清晰程度。

（4）整个游泳池的灯光强度不得小于 1 500 lx。

2. 泳道、分道线

（1）游泳池内设 8 条泳道，由 9 条分道线构成。每条泳道宽 2. 50 m。第 1、第 9 分道线距池边 0. 50 ~ 2. 50 m。

（2）分道线必须拉至水池两端。固定分道线的拉钩应安装在池壁内。分道线必须拉紧。分道线由直径为 0. 05 ~ 0. 15 m 的单个浮标连接而成。从分道线两端开始至 5. 00 m 处的全部浮标的颜色必须与其他浮标不同。每两条泳道之间必须有一条分道线。

3. 出发台

出发台应正对泳道的中央，其前缘应高出水面 50 ~ 70 cm。出发台的表面面积至少为

$0.5\ m\times0.5\ m=0.25\ m^2$。台面向前倾斜不超过 10°，以不滑为准。出发台必须坚固，没有弹性，并保证运动员出发时能在前缘和两侧抓住出发台。

二、出发的规定

（1）进行自由泳、蛙泳、蝶泳、个人混合泳及自由泳接力的比赛时，运动员必须从出发台出发。总裁判发出长哨声信号后，运动员应站到出发台上；当发令员发出“各就位”的口令后，运动员应至少有一只脚置于出发台的前沿，做好出发姿势。当所有运动员都处于静止状态时，发令员发出出发信号。

（2）进行仰泳比赛、混合泳接力的第 1 棒比赛时，运动员必须从水中出发。总裁判发出第一声长哨声信号后，运动员应立即下水；总裁判发出第二声长哨声信号后，运动员应迅速游回池端；当所有运动员都做好出发准备时，发令员发出“各就位”的口令；当所有运动员都处于静止状态时，发令员发出出发信号。

（3）在 50 m 池进行 50 m 项目的比赛时，在哪一端出发由组委会决定，并在赛前通知运动员。

三、出发犯规的判罚规定

（1）任何运动员如在出发信号发出前出发，将被判犯规。如果在出发信号发出后发现运动员抢跳，总裁判应让比赛继续进行，然后在该组比赛结束后取消抢跳运动员的比赛资格。如果在出发信号发出前有运动员抢跳，发令员将不再发出发信号。取消抢跳运动员比赛资格后，总裁判以长哨声（仰泳为第二声长哨）重新组织其余运动员出发。

（2）因裁判员的失误或器材失灵而导致运动员抢跳时，发令员应将运动员召回重新出发，不作为抢跳犯规。

四、比赛和犯规

（1）运动员必须在自己的泳道内按竞赛规则游完全程，否则即算犯规。

（2）游出本泳道或用其他方式干扰、阻碍其他运动员者应取消其比赛资格。

（3）由于某运动员犯规而影响了被干扰、阻碍的运动员获得优良成绩时，裁判应准许被干扰、阻碍的运动员补测成绩或直接参加决赛。如决赛中发生上述情况，裁判应令该组重新决赛（犯规运动员除外）。

（4）比赛中，运动员转身时必须使身体某一部分触及池壁。转身必须从池壁蹬出；不得在池底跨越或走动，否则即算犯规。

（5）在自由泳项目和混合泳项目的自由泳段比赛中，运动员可在池底站立，但不得行走，否则即算犯规。

（6）运动员不允许拉分道线，否则即算犯规。

（7）比赛中，运动员不得使用和穿戴任何有利于其速度、浮力、耐力的器具（如手蹼、脚蹼等）和泳装，但可戴游泳镜。不允许在身上使用任何胶带，除非得到组委会指定的医疗机构的同意。

（8）比赛中不允许陪游、带游，不允许速度诱导及采用任何能起速度诱导作用的装置与方法。

（9）在一项比赛进行过程中，当所有比赛的运动员尚未游完全程时，如果未参加比赛的运动员下水，裁判应取消其原定的下一次的比赛资格。

（10）接力比赛中，如本队的前一名运动员尚未触及池壁，后一名运动员的脚已蹬离出发台，应被判犯规。

(11) 接力比赛中，当各队的所有运动员尚未游完时，除了应游该棒的运动员之外，接力队的任何其他队员如果进入水中，都应被判犯规。

(12) 运动员抵达终点后或在接力比赛中游完自己的距离后，应尽快离池，如妨碍其他游进中的运动员，该运动员或接力队将被判犯规。

(13) 接力项目如果有预赛，奖牌和证书应授予获名次接力队中参加了预赛和决赛的所有运动员。

(14) 只有赛事组委会设置的录像设备才能作为判断运动员犯规和名次的依据之一。

思考题

1. 熟悉水性的练习方法有哪几种？
2. 简述蛙泳腿部动作的技术要点。
3. 简述水中自救的方法。

第十六章 跆拳道运动

第一节 跆拳道运动概述

一、跆拳道运动的起源与发展

跆拳道中的跆（TAE），意为以脚踢、摔撞，是指与脚及腿部相关的各种技术的攻击与防守；拳（KWON），即拳打，以及与手臂相关的各种技术的攻击、防守；道（DO），是方法、规律，指在“跆”和“拳”修炼过程中的精神要求及搏击的艺术方法和取胜规律。跆拳道是一种利用拳和脚击打的艺术方法。它是以腿法为主的功夫，其腿法占70%。跆拳道的套路共有25套，另外还有兵器、擒拿、摔锁、对拆自卫术及10余种基本功夫等。跆拳道是融入了东亚文化的一项武术，继承了悠久传统。跆拳道练习要求“以礼始，以礼终”。练习者身穿白色的跆拳道服，腰系代表不同级位和段位的腰带进行比赛或训练。由于跆拳道是练习者精神和身体的综合修炼，能使练习者在艰苦的磨炼中培养出理想的人格和体魄，并掌握防身自卫的本领，因此在练习者精神锻炼这一环中，就必须包括礼仪的教育和熏陶。礼仪是跆拳道运动必不可少而且十分重要的组成部分。跆拳道以其刚劲优美的技术动作和独特的实战作用得到广泛传播，被公认为“世界第一搏击运动”。

跆拳道形成和发展的历史久远。它以中国的太极和八卦为原理，融入朝鲜的花郎道功夫，体现了阴中有阳、阳中有阴的宇宙之理，在拳击脚踢中攻中有守、守中有攻，动作敏捷、节奏分明、迅速有力、准确灵活，经历千年的洗礼和锤炼后，演变成现代的跆拳道。

（一）古代跆拳道

跆拳道起源于1 500年前的朝鲜民间武术。公元688年，新罗王国统一朝鲜半岛，这是朝鲜半岛发展建设的黄金时代。新罗国王为抵御外强，招募爱国青年组成一支民军。他们所练习的武术被称为“花郎道”，其宗旨是“事君以忠，事亲以孝，事友以信，临阵无退，杀身有择”，以此磨炼人的意志，锻炼人的体魄，培养造就一批又一批忠君孝亲、英勇顽强、无所畏惧的战士。在那个时代跆拳道得到了大力推广。至公元935年，新罗王国被推翻，高丽王朝建立。高丽军队骁勇善战，士兵们常以拳撞击墙壁或木块，以磨炼手部的攻击能力。最后，勇敢过人的士兵进宫廷参加格斗比赛，使跆拳道的威望达到了极点。500年后，高丽王朝灭亡，跆拳道随之衰落。取代高丽王朝的李朝重文轻武。武功及跆拳道得不到重视。但在民间，跆拳道这一活动始终没有停止。1790年汇编成书的《武艺图谱通志》中收入了“手搏”“跆根”等武艺的技术方法，并将很多攻击性很强的武功技艺融会到跆拳道的技法之中。

（二）现代跆拳道

1910年，日本侵占朝鲜半岛，李朝灭亡。殖民政府停止一切朝鲜文化活动，只有部分人在民间秘密修炼。很多人被迫远离国土，流亡海外，到中国或日本谋生，同时把跆拳道延续了下来，更为重要的是，将其与中国武术和日本武道交融，孕育了新的技术体系。第二次世界大战后，朝鲜半岛解放，国家的政治、经济、社会面貌发生了新的变化，自卫术再度兴起。从异国他乡回归故土的朝鲜半岛人也将各国的武艺带回本国，将其与跆拳道融为一体，从而形成了现代跆拳道体系。

在朝鲜，古代典籍中没有跆拳道一词，各种徒手技击的名称是手搏、跆肩、角牴、托肩、摔跤、唐手等。1955 年，朝鲜半岛的自卫术被正式命名为“跆拳道”。1961 年 9 月，韩国成立了唐手道协会。后唐手道协会更名为跆拳道协会，并成为全国运动会正式竞赛项目。1966 年，第一个跆拳道国际组织——国际跆拳道联盟成立。1973 年 5 月，汉城（今首尔）成立了世界跆拳道联合会（以下简称“世界跆联”）。1973 年，世界跆拳道协会成立，第 1 届世界跆拳道锦标赛举行。1975 年，世界跆联被国际体育联合会接纳为正式会员。1980 年，国际奥委会正式承认了世界跆联，使跆拳道运动得以进入国际奥运会大家庭，开始向成为正式奥运会比赛项目努力。在 1986 年的第 10 届亚运会上，跆拳道被列为正式比赛项目。1986 年，第 1 届跆拳道世界杯赛在美国举行。1988 年和 1992 年，跆拳道两次被列为奥运会表演项目。1994 年，在法国巴黎召开的国际奥委会第 103 届会议通过决议，将跆拳道项目列为 2000 年奥运会正式比赛项目，设 8 枚金牌，男、女各 4 枚。1996 年，世界青年跆拳道锦标赛举办。从此，跆拳道被列入许多世界重大赛事，成为世界大学生运动会、世界军人运动会、亚运会、全非洲运动会、泛美运动会、东亚运动会、世界锦标赛、奥运会等的比赛项目。

（三）我国跆拳道运动的发展

我国自 1992 年开始有步骤、有计划地开展跆拳道运动。经过 30 多年的发展，中国跆拳道运动已建立了科学的训练、竞赛、管理和组织体制，积极参与了重要的跆拳道比赛和活动，取得了可喜的成绩。1998 年 5 月，在越南举办的第 13 届亚洲跆拳道锦标赛上，贺璐敏为中国赢得了第一枚亚洲跆拳道比赛金牌。1999 年 6 月，在加拿大埃德蒙顿举行的世界跆拳道锦标赛上，王朔战胜多名世界跆拳道高手，获得女子 55 公斤级冠军。接着，在法国里昂举行的跆拳道世界杯赛上，我国选手贺璐敏、孔繁桃各获一枚金牌。2000 年 9 月，在澳大利亚悉尼举行的第 27 届奥运会上，陈中获得女子 67 公斤以上级金牌，成为我国第一位奥运会跆拳道冠军获得者。2004 年 8 月，在希腊雅典奥运会上，罗薇为我国赢得 67 公斤级的金牌，陈中在 67 公斤以上级比赛中卫冕成功。在 2008 年北京奥运会和 2012 年伦敦奥运会上，我国选手吴静钰均获得 49 公斤级金牌。在 2016 年里约奥运会上郑姝音获得女子 67 公斤以上级金牌，赵帅获得男子 58 公斤级金牌。

目前，跆拳道在我国高校也已经迅速发展起来，部分高校开设了跆拳道运动的专业课或公共体育课，跆拳道社团也成为学校热门社团之一。

二、跆拳道运动的特点与礼仪教育

（一）跆拳道运动的特点

1. 以腿为主，手足并用

跆拳道技术方法中占主导地位的是腿法，腿法技术在整体运用中约占 3/4，因为腿的长度和力量是人体中最长、最大的。腿的技法有很多种形式，可高可低，可近可远，可左可右，可直可屈，可转可旋，威胁力极大，是比赛时得分和制敌的有效方法。其次是手法。手臂的灵活性很好，可以自如地完成防守和进攻动作。同时手法也可以变化为拳、掌、肘、肩的多种用法，进行实战。在竞赛规则以外的跆拳道实战中，人体的一些主要部位也可以用来做进攻的武器或防守的盾牌，如人体的手、肘、膝、脚等都是跆拳道实战中最常用、最有效的击打武器。

2. 方法简练，刚直硬打

不论是在比赛时还是在实战中，跆拳道的进攻方法都是十分简捷而有实效的。对抗时双方都是直接接触，以刚制刚，用简练、硬朗的方法直接击打对方，或拳或腿，速度快，变化多；防守的动作也是以直接的格挡为主，随即是连续的反击动作。防守时很少使用躲闪防守法，追求刚来刚往，硬拼硬打，尽可能保持或缩短双方间的距离，以增加击打的有效性，在近距离拼斗中争取比赛或实战的胜利。

3. 内外兼修，攻法独特

跆拳道理论认为，经过专门训练，人的关节部位能产生不可思议的威力，特别是手、肘、膝和脚四个部位，尤以脚和手为甚。长期专门练习跆拳道，可以使人达到内外合一的程度，即内功和外力达到统一的巅峰。由于无法确定人体关节部位武器化的威力和潜力到底有多大，练习者只有通过对木板、砖瓦等物体的击打来测试功力水平，以此显示出跆拳道独特的功法和特点。

4. 以击破为测试功力的手段

跆拳道在向外推广时，大多以击破的方式向人们展示其威猛无比的一面。这种方式是用拳、掌或脚分别击碎木板、砖瓦，从而检验和测试练习者的功力程度。这种独特的方法现已成为跆拳道训练、晋级升级、表演比赛的一个主要内容。

5. 强调气势，发声扬威

无论是品势还是竞技跆拳道，都要求在气势上给人以威严之感，多以发出洪亮并带有威慑力的声音来显示自己的能力。尤其在竞技跆拳道比赛中，双方练习者都会以规则允许的发声来提高自己的斗志，借以在气势上压倒对手，甚至在出击时配合击打效果使裁判认可，争取在心理上战胜对方。所以，跆拳道练习者都要进行专门的发声练习。

6. 严格的段位晋升制度

跆拳道用不同的级和段来表明练习者的修炼层次。跆拳道的段位晋升制度分为晋级和晋段。具体分为十级九段。不同级的练习者要佩戴不同颜色的腰带。练习者入段后将系黑色的腰带。跆拳道的晋升制度非常严格。只有在一定的年龄段，练习足够的时间，经过规定内容考试且合格后，练习者才可以晋级或晋段。这种制度不仅能使练习者长期保持练习兴趣，不断追求更高的目标，而且能使初学者按部就班地进行学习和锻炼，从而使跆拳道功夫循序渐进。这无疑会使跆拳道练习者打下比较扎实的功底，同时还可以有效地避免练习者好高骛远与贪多冒进。

（二）“以礼始，以礼终”，培养良好的道德品质

跆拳道给人们留下的较深的印象是，跆拳道练习者始终是在不同的场合行礼鞠躬。这是因为跆拳道始终把“礼”作为训练内容，强调“以礼始，以礼终”，即练习活动都要从敬礼开始，以敬礼结束，并突出爱国主义。要求跆拳道练习者在练习技术的同时，在道德修养方面也要不断提升自己，通过行礼的方式向教练、队友鞠躬施礼，养成发自内心的行礼习惯，养成恭敬谦虚、友好忍让的态度和互相学习的作风，并培养坚韧不拔的意志

品质。

跆拳道中的礼仪是跆拳道基本精神的具体体现。跆拳道虽然是以格斗的形式进行的，但是不管它怎样激烈，由于双方都以提高技艺和磨炼品质为目的，都持有向对方表示敬意和向对方学习的心理，因此，在练习或比赛前后都一定要向对方敬礼。跆拳道是练习者精神和身体的综合修炼。练习者在艰苦的磨炼中能培养出理想的人格和体魄，并能够真正掌握防身自卫的本领，因而练习者精神锻炼这一环中就必须包括礼仪的教育和熏陶。

礼仪是跆拳道运动必不可少且十分重要的组成部分。守礼节是跆拳道练习者必须具备的行为规范。练习跆拳道的人要持正确的练习方法和认识态度，对跆拳道的历史、内容、特点、作用及教育意义有全面的了解和认识。

跆拳道练习者练习时应衣着端正、头发整洁，对教练要体现出恭敬、服从的态度，对同伴则要抱持谦虚、互助互学的心态。谦逊和正确的言语、谦让和友好的态度、虚心和好学的作风是跆拳道练习者必须遵循的重要礼仪。礼仪不只是形式上的表现，跆拳道练习者在长期练习和比赛过程中应逐渐将礼节形式转化为心理动力。最常用的礼节表示方式是向教练、同伴敬礼。

敬礼动作的具体要求是：面向对方直体站立，身前屈 30°，头部前屈 45°，此时两手紧靠两腿，两脚跟并拢。训练时，跆拳道练习者进入体育馆后，以端正姿势向国旗敬礼，然后按馆长、教练和长辈的顺序依次向他们敬礼，始终在肃静的气氛中行动；妥善保管好自己的服装及其他物品；运动过程中服装松开，应停止运动，转身背向国旗、会旗、教练、同伴整理，整理完好后再转回原来方向。

训练之余，无论是在学校或家中谈话、用餐、打电话、介绍他人还是访问亲友，跆拳道练习者都应按一定的礼节进行，将礼仪意识带到练习者生活、学习及工作的各个方面，培养克己礼让、宽厚待人和恭敬谦逊的道德品质。

跆拳道运动既是一项能强身健体、防身自卫的传统搏击术，也是一项新兴的集健身、竞技和娱乐为一体的现代竞技体育运动项目。跆拳道运动的鲜明特点是以腿为主，以手为辅，主要关节武器化。另外，跆拳道还具有内外兼修、方法独特、以功力验水平等特点。参加跆拳道运动能够强体防身，练就健康的体魄。跆拳道运动紧张激烈，对抗性极强，可使人筋骨强壮，增强各关节的灵活性及肌肉的伸展性和收缩能力，提高人的速度、灵敏度、力量和耐力素质，增强人体内脏器官的机能和人体神经系统的灵活性，增强人体的击打和抗击打能力。

(三) 跆拳道运动中蕴含的哲理

跆拳道运动中蕴含着东方古朴的哲学原理。这种哲学原理首先体现在道服和道带的颜色不是任意选用的。

道服蕴含着特有的哲学和色彩学的知识体系。道服的武道哲学思想要求跆拳道练习者整洁地保管道服，并要求将道服视为修炼身心时穿着的“道衣”。

修炼跆拳道的人身穿道服，并以丹田为中心缠绕两圈道带，意味着将气集中于阴和阳相会的丹田之中。道带的三角形结象征着人的意志。

跆拳道的修炼要求有非常严格的秩序。跆拳道的上、下级是基于东方哲学的 5 种色彩来划分的。道服的白色代表忠诚，代表无私之心、冰清玉洁的心智。白色道服象征对神圣、高贵、纯洁、和平、胜利、完美的向往和追求。道带的颜色以白、黄、蓝、红、黑五种颜色区分。其中白色在古代代表无色，意味着开始；黄、蓝、红是色彩学的三原色，意味着变化和多样性；黑色是各种颜色混合后的颜色，意味着完善。

三、跆拳道的级别与段位

跆拳道根据练习者的水平分为十级九段。初学者从十级逐渐升至一级，然后再入段。段位越高表明水平也越高，最高段位为九段。从十级到一级的等级标准中，十级至一级所对应的道带的颜色依次为白、白黄、黄、黄绿、绿、绿蓝、蓝、蓝红、红、红黑，晋段后道带都是黑色。一至三段被认为是黑带新手的段位，称为“副师范”。四至六段为高水平段位，称为“师范”。七至九段被授予具有很高学识造诣的人或对跆拳道运动有杰出贡献的人。七段和八段称为“师贤”，九段则称为“师圣”。黑带的段位是通过黑带上的特殊标记来区分的。

（一）晋级考试的内容

十至九级考核跆拳道的基本知识和基本技术；八至四级考核太极一章至太极五章的品势和较难的基本技术；三至一级考核太极六章至太极八章的品势、腿法、击破、素质及相对应的实战。考核通过，经省级跆拳道协会审批后，由中国跆拳道协会统一颁发级位证书。

（二）升段的要求及考核内容

升段考核的要求：一至三段的晋升考核，须由国家跆拳道协会或竞赛委员会进行；四至八段的晋升考核须由世界跆拳道晋升委员会或其委托的组织进行；晋升九段须由世界跆联组成特别委员会进行审批。

升段考核内容：主要通过技术水平、功力检测和体能考核来进行。

升段年限要求：在顺利升上一段后升二段需要一年的时间，由二段升三段需两年的时间，由三段升四段需三年的时间，以此类推。七至九段只授予极其优秀和杰出的人，鲜有人可达到。

第二节 跆拳道运动的基本技术及组合技术

一、基本手型、手法

（一）正拳

除拇指以外的四指并拢，内收握拳，拇指紧压于中指与食指上。可用拳心向下的冲拳或拳心向内的勾拳攻击对方。

拳进攻是跆拳道比赛中较为常用的动作之一，但往往很难得分，不是运动员得分的主要技术，它主要用来防守和配合腿的进攻，竞技跆拳道主要采用后手拳（图 16-1）。

1　　2

图 16-1

1. 动作要点

蹬地、转腰，臂前伸，拳内旋，力达拳面。

2. 实战运用

用拳击打对方胸部、腹部。

(二) 冲拳

(以右手冲拳为例) 站好马步，双手握拳抱于腰间，拳心朝上，目视前方；右臂由屈到伸，臂内旋，以右手正拳向前平冲。

(三) 手刀

四指并拢伸直，中指稍弯，和无名指指端平齐，拇指弯曲，贴于食指跟节之下。手刀的使用部位是小指侧的掌外沿。

二、基本步型、步法

(一) 基本步型

1. 准备姿势

准备姿势（图 16-2）也称实战姿势或预备姿势，是跆拳道比赛中双方开始时的基本站立姿势，分高位和低位两种。实战姿势应便于进攻、防守反击和移动。实战姿势是进攻的起点和终点，左脚在前称为左势实战姿势，右脚在前称为右势实战姿势。

(a) (b)

图 16-2

以右势高位为例，两脚前后分开，与肩同宽，右脚尖内扣约 45°，斜向前方；左脚略偏左，脚跟抬起，重心落于两脚之间；双手握拳，右拳高与肩平，左拳置于胸前；肘关节自然下垂。

2. 开立步（并排步）

两脚左右开立，与肩同宽；两脚尖正对前方，双脚成平行线，两臂自然下垂，双手握拳置于腿侧。

3. 走步

两脚前后开立，前、后脚相距三脚的距离；后脚脚尖外撇 30°，双腿伸直，重心在两脚中间。

4. 马步

两脚左右开立，脚内侧左右相距两脚到三脚的距离；两腿膝关节弯曲，正向前方，大、小腿折叠至 110°；上体中正，低头向下看时膝关节与脚尖在一条直线上，膝关节扣紧，不能向外。

5. 弓步

两脚前后开立，前、后脚相距四脚半的距离，左右宽度为一拳；上体中正，前腿膝关节弯曲，低头向下看时膝关节与前脚尖在一条直线上；后脚尖与正前方成 30°角，后腿膝关节伸直，重心的 2/3 放在前腿。

6. 三七步

双脚左右开立，前、后脚相距三脚的距离；脚内侧成 90°角；身体重量的 30%在前腿，70%在后腿。

7. 虎步

两脚前后开立，身体中正，后脚尖与正前方成 30°角；重心在后腿，前腿膝关节与前脚尖在一条直线上；前脚跟离地，前脚掌轻轻点地，双腿膝关节弯曲，身体重量的 90%或100%放在后腿，前、后脚相距两脚长。

（二）基本步法

在跆拳道运动中，运动员能够合理运用腿法准确和强有力地击打对方，主要是通过机动、灵活、稳固的步法来实现的。

1. 前滑步与后滑步

（1）前滑步（图 16-3）。保持实战姿势，后脚脚掌蹬地发力，前脚掌轻擦地面向前滑行 10～20 cm，后脚随即跟上相同的距离。

动作要点：后脚蹬地发力，前脚轻擦地面前滑，后脚随即跟上，滑步后步型不变。

（2）后滑步（图 16-4）。

1 2 3

图 16-3

1 2 3

图 16-4

动作要点：同前滑步，方向相反。

2. 上步与撤步

（1）上步（图 16-5）。保持实战姿势（以左势为例），以左脚掌为轴，右脚沿直线离地 2～3 cm 向左脚前方迈上一步，左脚掌自然转动 90°左右，成为右势。

动作要点：以前脚掌为轴，脚尖外转，后脚蹬地，拧腰转胯上步。

（2）撤步。撤步动作同上步动作，唯方向相反。

1 2

图 16-5

1 2 3 4

图 16-6

3. 侧移步

保持实战姿势（以左势为例），第一种步法是以左脚为轴，右脚向右侧方向移动，用以改变对手的站位方向（图 16-6 之 1、2）；第二种步法是右脚向左侧方向移动，左脚跟着迅速向左侧移（图 16-6 之 3、4）。

动作要点：前脚或后脚向左或右移动，重心要平稳。

4. 前跃步与后跃步

两脚蹬地，同时向前或向后跃一步（图 16-7）。

1 2 3 4

图 16-7

动作要点：身体重心起伏不要太大。

5. 换跳步

保持实战姿势，双脚同时轻轻蹬地，身体有轻微腾空感，双脚沿直线前后交换，落地时前脚变后脚，后脚变前脚，即左势变右势，右势变左势。

动作要点：两足前后变换幅度宜小，两手与身体协调配合。

三、基本腿法

跆拳道以其变幻莫测、优美潇洒的腿法闻名于世，被称为腿的艺术。腿法是竞技跆拳道得分的关键技术，主要的腿法有前踢、横踢、下劈、侧踢、后踢、后旋踢、双飞踢、旋风踢等。

（一）前踢

以左势实战姿势开始。右脚蹬地屈膝提起，左脚以脚掌为轴外旋约90°，同时右腿伸膝、送髋、顶髋，小腿快速向前踢出，力达脚背；踢击目标后迅速收回，成左势实战姿势（图16-8）。

图16-8

1. 动作顺序

蹬地、提腿、送髋、踢小腿、绷脚、收腿、还原。

2. 动作要点

（1）膝关节上提时大腿折叠，膝关节夹紧，小腿和踝关节放松。

（2）踢击时顺势往前送髋，高踢时往上送髋。

（3）小腿收回要与前踢一样快。

3. 实战运用

前踢主要攻击对方的腹部、肋部、胸部、下颌。

（二）横踢

以左势实战姿势开始。右脚蹬地夹紧向前、向上提膝，左脚以脚掌为轴外旋约135°，右膝关节抬至水平状态，小腿迅速向前踢出，踢击目标后迅速收小腿，重心落下，成左势实战姿势（图16-9）。

图16-9

1. 动作顺序

蹬地、提膝、转髋、转脚、扣膝、横踢、收腿、还原。

2. 动作要点

（1）膝关节夹紧向前提膝，尽量走直线。

（2）支撑脚外展约135°，使身体转向另一侧。

（3）髋关节往前上方送，上体与右腿成直线，在同一个平面内。

（4）腰部发力，髋关节展开，大腿带动小腿，踝关节放松。

3. 实战运用

横踢主要攻击对方的腹部、头部、肋部、胸部。

（三）下劈

以左势实战姿势开始。右脚蹬地，重心前移，右脚上举至头部上方时，迅速向前下方劈落，用脚后跟或脚掌踢击目标后，放松落地，成右势实战姿势（图 16-10）。

图 16-10

1. 动作顺序

蹬地、提腿、送髋、举腿、绷腿、劈压、落地。

2. 动作要点

（1）腿尽量往高、往后举，身体重心尽量上移。

（2）起腿要快速、果断。支撑脚脚跟离地，尽量向前上方送髋。

（3）踝关节放松，脚向前下方劈落。

（4）落地要有控制，放松。

3. 实战运用

劈腿主要攻击对方的面部。

（四）侧踢

以左势实战姿势开始。右脚蹬地起腿，屈膝上提，左脚以脚掌为轴外旋 180°，脚跟正对前方，右腿快速向右前上方直线踢出，力点在脚跟，放松收腿，成左势实战姿势（图 16-11）。

图 16-11

1. 动作顺序

蹬地、提膝、转脚、扣膝、勾脚、踹腿、落地还原。

2. 动作要点

（1）起腿时，大、小腿夹紧，直线向上提起。

（2）提膝、转体、踢击要协调连贯；踢击时要转体、展髋，上体略前倾。

（3）踢击目标的瞬间，头、肩、腰、髋、膝、腿、踝要在同一平面内。

3. 实战运用

侧踢主要攻击对方的胸腹部、头部、肋部。

（五）后踢

以左势实战姿势开始。左脚以脚掌为轴内旋成脚跟正对对方，上身旋转，右膝向腹部靠近，大、小腿折叠，右腿用力向攻击目标直线踢出，重心前移落下，成右势实战姿势（图 16-12）。

1. 动作顺序

向后转身，拧腰、提膝、踢腿、还原。

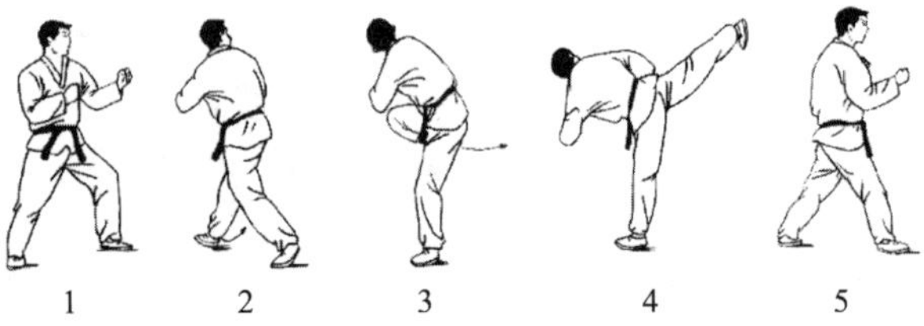

图 16-12

2. 动作要点

（1）起腿后上体和大、小腿收紧。

（2）脚向后上方踢出后，力量随动作延伸，通过脚跟沿出腿方向直线击出。

（3）转身、提腿、出腿、发力等动作要连贯快速，一次性完成，不能停顿。

3. 实战运用

后踢主要攻击对方的胸腹部、头部和肋部。

（六）后旋踢

以左势实战姿势开始。左脚以前脚掌为轴外旋 90°，上身旋转，重心前移，屈膝收腿，右腿向后方最高点伸出并用力向左屈膝击打，重心在原地旋转，身体继续转动，脚落于原来位置，恢复成左势实战姿势（图 16-13）。

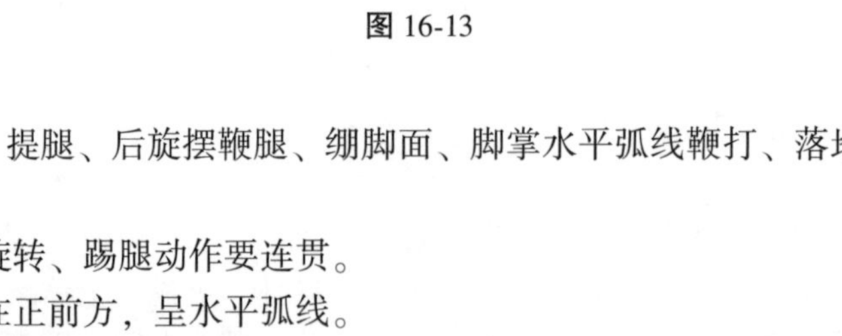

图 16-13

1. 动作顺序

拧腰、转胯、提腿、后旋摆鞭腿、绷脚面、脚掌水平弧线鞭打、落地、还原。

2. 动作要点

（1）转身、旋转、踢腿动作要连贯。

（2）击打点在正前方，呈水平弧线。

（3）屈膝起腿的旋转速度要快。

（4）蹬地、转腰、转上体、摆腿要依次发力。

3. 实战运用

后旋踢主要攻击对方的头部和胸部。

（七）双飞踢

两人从闭势实战姿势开始。攻方居右，先用右横踢攻击对方左肋部，随即左脚蹬地起跳，身体腾空右转，用左横踢迅速踢击对方胸部或腹部，左脚横踢目标后迅速前落，成左势实战姿势（图 16-14）。

图 16-14

1. 动作顺序

提腿横踢、扭转髋、腾空、提腿横踢、落地还原。

2. 动作要点

（1）右腿横踢目标的同时左脚蹬地起跳。

（2）左脚起跳后迅速随身体右转，并用左脚横踢目标。

（3）两腿在空中完成交换动作后，右脚先落地。

3. 实战运用

双飞踢主要攻击对方的胸腹部、肋部和面部。

（八）旋风踢（360°横踢）

以左势实战姿势开始，右脚上前一步，重心移至右腿，左脚略提起，身体以右脚为轴向左后旋转 360°，右腿利用身体旋转产生的力量迅速提膝，拧髋扣膝，小腿由屈到伸快速向前横击，力达脚背，上体略后仰，迅速落下成还原姿势。

1. 动作顺序

上步、提腿、转体、腾空、踢击、落地还原（图 16-15）。

图 16-15

2. 动作要点

（1）起跳时头部向上顶，重心要平稳。

（2）身体后转约 360°，转体要快速。

（3）动作流畅，中间无停顿。

（4）攻击的腿在发力前要充分折叠，踢击要有力。

3. 实战运用

旋风踢主要攻击对方的头部、胸腹部及两肋。

四、跆拳道基本防守技术

在跆拳道实战中，防守的基本形式是格挡防守。高质量的防守是反击对方的条件。只有在有效完成防守技术的前提下，才能尽快转入反击，变被动为主动，为战胜对方创造有利条件。根据身体姿势和防守位置，防守技术可分为上段、中段和下段防守技术。

（1）上段防守如图 16-16 所示。

（2）中段防守如图 16-17 所示。

（3）下段防守如图 16-18 所示。

图 16-16

图 16-17

图 16-18

五、跆拳道组合技术

组合技术是跆拳道技术体系中的重要组成部分，是实现实战格斗和比赛的必不可少的重要条件。它是由步法、进攻技术、防守技术、反击技术及假动作等基本技术，根据比赛实战的要求串联组合而成的。大量实战比赛证明：使用单一的技术和战术并不能取得预期的攻击效果；单一动作的攻击，会让对方轻易地摆脱而转入反击，使自己丧失主动权而受制于对方。只有在瞬息万变的比赛实战中，将各种不同技术和战术有序地串联组合，视情况运用，才能保证攻击的效果。

跆拳道组合技术的种类很多，按攻防性质分为五大类，即进攻技术连接进攻技术组合，进攻技术连接防守技术组合，进攻技术连接防守技术再连接进攻技术组合，进攻技术连接进攻技术再连接防守技术组合，防守技术连接进攻技术组合。

（一）进攻技术连接进攻技术组合

左横踢→右横踢、右前横踢→左横踢、左下劈→右横踢、左右双飞踢→右横踢、左右双飞踢→右下劈、左横踢→右下劈、右前横踢→左右双飞踢、右下劈→左右双飞踢、右横踢→左右双飞踢。

（二）进攻技术连接防守技术组合

右横踢→左后踢、右前横踢→左横踢、右下劈→左后踢、右下劈→左后旋踢、左右双飞踢→左后踢、左右双飞踢→左后旋踢、右前横踢→左下劈、右横踢→右侧踢、右下劈→左下劈。

（三）进攻技术连接防守技术再连接进攻技术组合

右横踢→左后踢→右横踢、右横踢→左后旋踢→右横踢、左横踢→左侧踢→右横踢、左前横踢→右后踢→左横踢、右前横踢→左后旋踢→左横踢、左右双飞踢→左后踢→右横踢、左右双飞踢→左后旋踢→右横踢、右下劈→左后踢→右横踢、左前横踢→左侧踢→右下劈。

（四）进攻技术连接进攻技术再连接防守技术组合

左横踢→右横踢→左后踢、左横踢→右横踢→左后旋踢、右前横踢→左右双飞踢→左后踢、左右双飞踢→左横踢→右后踢、左右双飞踢→左右双飞踢→左后踢、左右双飞踢→左横踢→右后踢、右横踢→左横踢→右下劈、左右双飞踢→右横踢→左后旋踢、右前横踢→右下劈→左后旋踢。

（五）防守技术连接进攻技术组合

左后踢→右横踢、左后旋→右横踢、左侧踢→右横踢、左后踢→右下劈、左后旋踢→右下劈、左后踢→左右双飞踢、左后旋踢→左右双飞踢、左横踢→右横踢、左横踢→右下劈。

第三节 跆拳道品势

所谓品势（又称为型），是以技击动作的攻防进退为素材，通过特定运动的规律变化而编排的整套练习形式，是进行跆拳道格斗的基本训练形式和基础。它类似于中国武术套路。跆拳道品势是将各种攻防动作按照一定规律组合在一起的固定套路，它既包含了最基本的技术动作，又蕴含着变化无穷的技击技巧。跆拳道品势约有11型25套，初学者套路是太极一章到八章（1～8型）。练习者通过品势练习可促进身体各部位的全面发展，达到强身健体、磨炼意志的目的，为接下来的实战打下良好的格斗对抗基础。由于篇幅所限，本书仅选最基础的内容——太极八章的前四章进行简单介绍。

一、太极一章

太极一章（图16-19）的含义是八卦中的“乾”，指天、父（阳）。“乾”象征着万物的根源，意味着初始，它是跆拳道品势当中的第一套品势。特点是以站姿和简单的走步为主，动作由基础动作中的下格挡、中格挡、上格挡、冲拳、前踢组成。太极一章适合跆拳道8级修炼者练习。

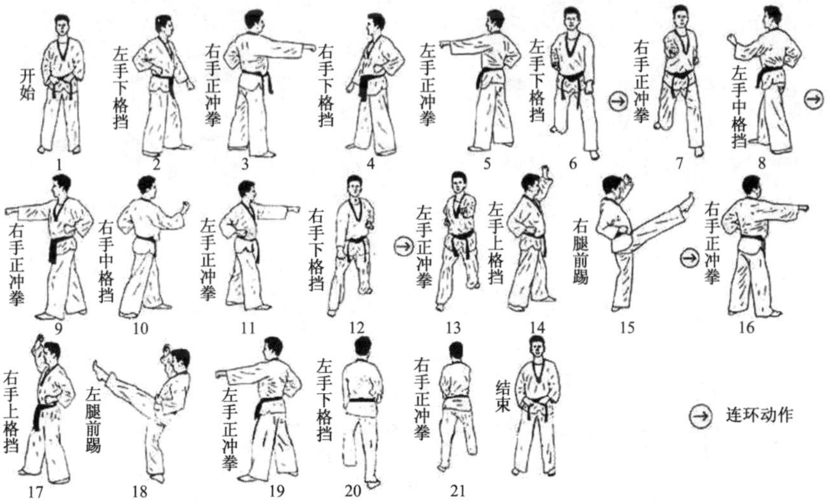

图16-19

二、太极二章

太极二章（图 16-20）的含义是八卦中的“兑”，指外柔内刚。修炼太极二章后，可以完成基本的挡和踢的动作。动作包括上位直拳和前踢。修炼太极二章是以进一步修炼身体协调性为目标的，特别是对身体重心的起伏有较为严格的要求。太极二章适合跆拳道七级修炼者练习。

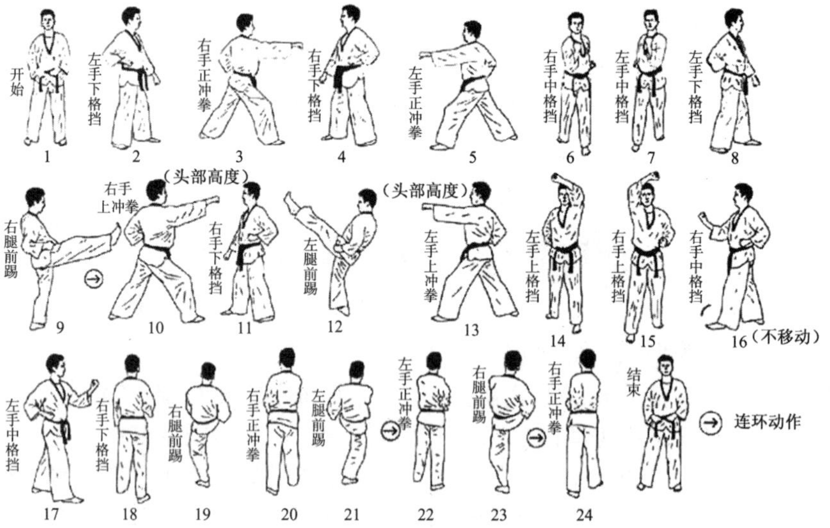

图 16-20

三、太极三章

太极三章（图 16-21）的含义是八卦中的“离”，指火、热情与光明。通过修炼，人能培养正气和修炼欲望。动作有单手刀颈部攻击、单手刀中外格挡。站姿是三七步，技术特点是连续两次直拳，然后迅速格挡对方的进攻。太极三章适合跆拳道六级修炼者练习。

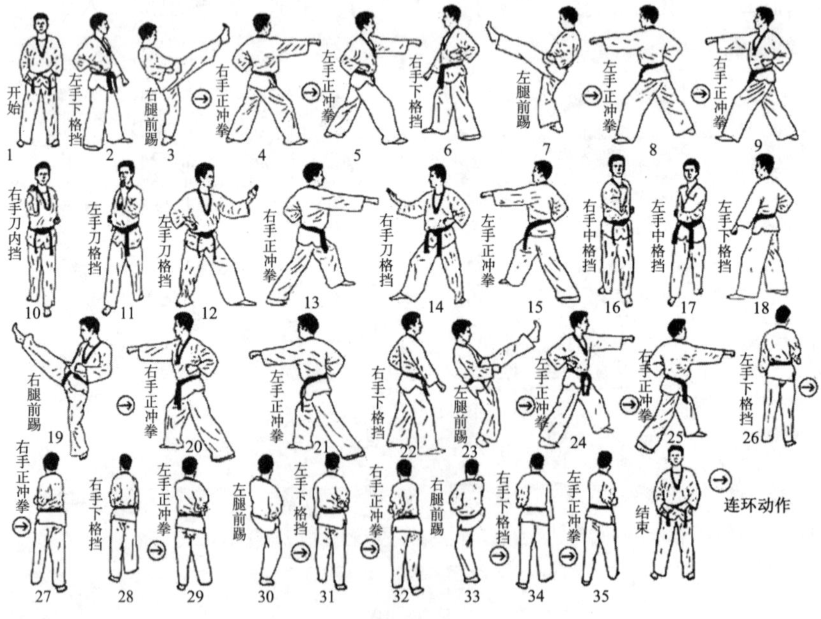

图 16-21

四、太极四章

太极四章（图 16-22）的含义是八卦中的“震”，指雷、威严和力量。太极四章中上位的技术动作和准备实战前的各种动作及站姿比较多。动作包括手刀格挡、燕子手刀颈部攻击、平手尖刺击、中外格挡、背拳前击。腿法是侧踢等。太极四章适合跆拳道五级修炼者练习。

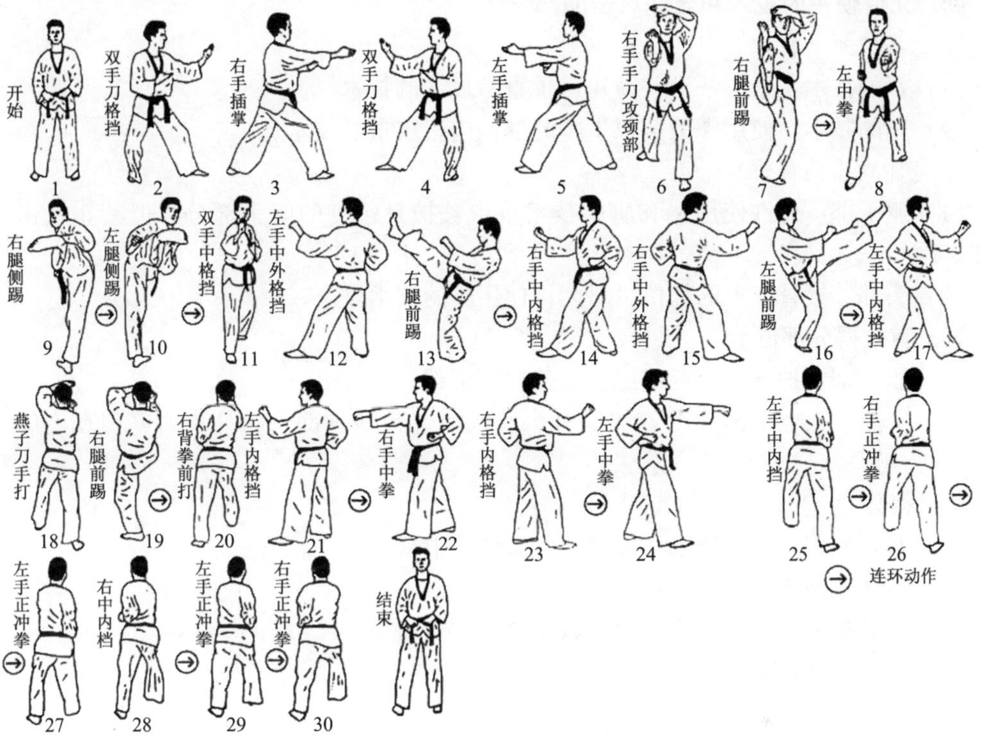

图 16-22

第四节　跆拳道竞赛主要规则

一、场地

跆拳道比赛场地是 12 m×12 m 的正方形，比赛区域为 8 m×8 m 水平的、无障碍的正方形场地或直径为 8 m 的八角形场地。比赛区域上面铺有弹性不打滑的垫子。场地的外围线和竞赛区的边界线之间为安全区，边界线宽度为界内。

二、竞赛种类和方法

（1）竞赛种类：分为个人赛和团体赛两种。比赛采用单败淘汰赛和循环赛两种方式。

（2）竞赛时间：2 min 三回合制，局间休息 1 min。根据实际情况，比赛时间和回合可以调整。

三、竞赛服装

（1）运动员必须穿戴联盟所指定的跆拳道服装及防护用具。

（2）运动员比赛时须佩戴护具，包括护胸、头盔、护裆、护臂、护腿、护齿、手套、感应脚套（使用电子护具时）。其中，护裆、护臂、护腿应戴在道服内；除了头盔外，头部不得佩戴其他物品。

四、允许使用的技术和允许攻击的部位

1. 允许使用的技术

（1）拳的技术：紧握拳头并使用后手直拳攻击的技术。

（2）脚的技术：使用踝关节以下脚的部位进行攻击的技术。

2. 允许攻击的部位

（1）躯干部：允许使用拳和脚的技术攻击被护具包裹的躯干部分，但禁止攻击后背脊柱。

（2）头部：锁骨以上的部位，只允许使用脚的技术攻击。

五、有效得分部位

（1）躯干部：护胸上蓝色或红色覆盖的躯干部位。

（2）头部：头盔下沿线上方的所有头部区域（包括颈部、双耳和后脑勺在内的整个头部）。

六、得分

（1）必须使用允许的技术，准确、有力地击中得分部位。

（2）统计三回合中所得分数。

（3）运动员使用犯规行为所得分数无效。

七、有效得分分值

（1）拳击打躯干得 1 分。

（2）用常规踢击技术击中躯干得 2 分。

（3）击中头部得 3 分。主裁判员读秒不追加分数。

（4）利用旋转技术击中躯干得 4 分。

（5）利用旋转踢技术击中头部得 5 分。

（6）一方运动员犯规一次，另一方运动员得 1 分。

八、犯规行为的判罚

（1）比赛过程中所出现的犯规行为，由场上的主裁判员执行，判罚“扣分”。

（2）判一方运动员 1 次扣分的同时，应给另一方运动员加 1 分。

（3）犯规行为的判罚。

① 越出边界线。单脚接触地面的部分完全在界外，即为“出界”。界内方打界外方，得分有效；界外方打界内方，得分无效；被对方犯规行为造成出界，出界后的得分仍有效；出界后即刻回到界内并踢击，得分无效。

② 倒地。除双脚外其他部位接触地面，即为“倒地”。由于对方犯规行为造成的倒地，判对方犯规；使用转身踢技术得分后倒地，不判罚。

双方倒地均不判罚，以下情况除外：一方在倒地前使用转身踢技术并得分，判另一方“倒地”；如果双方倒地明显是一方将对方抓倒，判罚“抓”。若一方倒在界内，一方倒在

界外，判倒在界内方“倒地”，界外方“出界”；若一方被重击头部而倒地，主裁判员读秒至“8”后仍未起，也应判罚其“倒地”。

③ 故意回避或拖延比赛。

④ 抓或推对手。抓、夹、搂、抱以控制对方；贴靠时使用“猴踢”攻击对方躯干或头部，即便没得分，也应判罚；对方正在使用进攻技术动作时，推对方；将对方推出界；持续地推（无论攻击与否）。

⑤ 不允许的犯规行为。抬腿阻碍；踢击对方腿部，阻碍对方进攻；瞄准腰部以下部位踢击，但未接触的踢击技术后未接步法及技术；抬腿至腰部以上，在空中连续踢击 4 次或以上；高于对方腰部的踢击超过 3 s 未落地；垫步一次再接踢击技术。

⑥ 攻击对方腰部以下部位。由于对方往上跳或者对方将腿抬高而导致向上踢击到对方下肢，不判罚；双方在技术交换中无意踢到下肢不判罚，但恶意攻击下肢将被判罚；双飞踢技术第一脚踢击在护具以下，第二脚在得分部位，判罚。

⑦“分开”口令后攻击对手。以主裁判手臂完全伸直的瞬间与攻击技术脚完全离地的瞬间的先后进行判定。主裁判员“继续”口令前的攻击行为，判罚“分开后攻击”；主裁判员“开始”口令前和“结束”口令后的分开后攻击行为，判罚“不良言行”。

⑧ 用拳攻击对方头部。锁骨以上都是拳不能击打的部位。由于对方下蹲导致向下打的拳，无意中打到对方锁骨以上的颈部或头部，不判罚“拳打头”。

⑨ 攻击已倒地的对手。以倒地的瞬间与攻击技术脚接触倒地运动员的瞬间先后判定。这是一个非常危险的行为，即使没有踢击到，如果被主裁判员认定为故意行为，也应判罚。

⑩ 提膝阻碍或用膝部顶撞对手。小腿有鞭打踢击动作，不视为提膝阻碍；当一方运动员准备使用技术动作，因为对方突然冲到近身位置从而造成膝盖顶撞到对方，不判罚。

⑪ 贴靠时使用足侧或足底击打躯干电子护具。

⑫ 贴靠时击打电子头盔后部。

⑬ 运动员或教练员的其他“不良言行”。运动员或教练员不遵从主裁判员的口令或决定的行为；对裁判员判定的不当抗议行为；试图妨碍或者影响比赛结果的不恰当行为，如指挥裁判员进行判罚；挑衅或侮辱对方运动员或教练员；未授权的医生/治疗师或其他运动队员坐在医生席位；运动员或教练的任何其他严重不当行为或违反体育道德的行为；每局比赛开始前，休息时间归零时，运动员仍在教练席位；被对方进攻时反复向上跳；不合理佩戴护齿或咀嚼护齿；转动护具以避开对方得分技术；因对方有推的动作，而自己故意跑/退出界外的行为；用头顶撞对方；抓住自己的脚/腿帮助踢击；用腿勾住对方脖子，致对方倒地；用腿勾对方腿；伪装受伤；第二局开始后，教练员借要求测试护具打断比赛（使用教练员审议牌），但测试结果正常，审议失败并判罚“不良言行”；教练员或运动员行为不当且不听从主裁判员指令时，主裁判员可以出示黄牌宣布处罚。

九、两局之间“扣分”判罚

每局结束 5 s 内，扣分判罚计入上一局。在局间休息中（每局结束 5 s 之后），或局间休息之后，扣分判罚计入下一局。

十、暂停和继续

主裁判员为下达“警告”或“扣分”而暂停比赛时，比赛时间根据主裁判员发出“暂停”口令的同时而暂停，直到主裁判员发出“继续”口令，比赛继续进行。

十一、获胜方式

（一）三局两胜制获胜方式

（1）最终局数胜（PTF 胜）。

（2）主裁判员终止比赛胜（RSC 胜）

（3）弃权胜（WDR 胜）（未报到、未称重，赛中弃权，扔白毛巾）。

（4）失格胜（DSQ 胜）（称重不合格、检录未到）。

（5）因对方不符合体育道德精神而被取消资格，己方获胜（DQB 胜）。

（二）每局获胜方式（PTF 胜）（四种情况）

（1）比分胜：该局时间结束，比分高者获胜。

（2）分差胜：分差达到 12 分时，该局比赛终止，领先运动员在该局获胜。

（3）对方犯规胜：一方运动员获得 5 个扣分时，对方运动员在该局获胜。

（4）平分时的判定：若同为平分，比分高者列前，净得分多者列前，扣分少者列前，抽签。

十二、击倒

运动员在比赛中受到合法的强有力攻击后，出现以下三种情况之一，将被判定为被击倒：

（1）除双脚以外的身体任何部位触地。

（2）身体摇晃，丧失继续比赛的意识和能力。

（3）主裁判员判定被攻击的运动员不能继续参加比赛。

十三、击倒后的处理程序

运动员受到合法攻击被击倒时，主裁判员将采取以下处理程序：

（1）主裁判员发出“分开”口令暂停比赛，并将进攻运动员置于远处。

（2）主裁判员大声向被击倒的运动员从“1”到“10”读秒，每间隔 1 s 读 1 次，并用手势在其面前提示时间。

（3）即使运动员在读秒过程中示意表示可以继续比赛，主裁判员也必须读到“8”，让运动员休息，并确认运动员是否恢复，如已恢复，则发出“继续”口令继续比赛。

（4）主裁判员读到“8”时，被击倒的运动员仍无法表示继续比赛，则读秒至“10”后宣布另一方击倒胜。

（5）即使一局或整场比赛结束，主裁判员也要继续读秒。

（6）如果双方运动员同时被击倒，如有任何一方尚未恢复，主裁判员将继续读秒。

（7）读秒到“10”后双方都不能恢复，应按“击倒”前的比分判定胜负。

（8）主裁判员判断一方运动员不能继续比赛，可以不读秒或在读秒过程中判另一方获胜。

十四、比赛中断的处理程序

（1）一方或双方运动员因受伤而中断比赛，主裁判员应采取以下处理程序：

① 主裁判员发出“分开”口令暂停比赛并发出“计时”口令，记录台同时开始计时

1 min。

② 允许运动员在 1 min 内进行治疗。如果医生说还需要延长治疗时间，主裁判员发出暂停，然后继续“记时”口令 1 min，计时时间结束前结束治疗，则可以继续比赛。

③ 运动员即使只受轻伤，1 min 后仍不示意再战，主裁判员就可判其负。

④ 因“扣分”犯规行为造成另一方受伤，1 min 后不能恢复比赛，判犯规者负。

⑤ 主裁判员判定一方运动员严重受伤、明显神志不清并处于危险状态时，应立即中断比赛，安排急救。如果伤害事故是由扣分犯规行为造成的，主裁判员应判犯规者负；如果攻击动作不是扣分犯规行为，主裁判员应按比赛中断之前的得分判定胜负。

(2) 如果发生除上述程序以外的、合理需要中断比赛的情形，主裁判员应先发出“分开”口令，再发出“暂停”口令，中断比赛。若要让比赛继续，则发出“继续”口令。

十五、称重

具体称重事项如表 16-1 所示。

表 16-1 具体称重事项

称重类型	常规称重	随机称重
参加人员	该级别所有参赛运动员	根据参赛人数按比例确定
技术官员	仲裁、2 名称重裁判员	同常规称重
日期	比赛日前一天	比赛日当天
时间	2 h	开赛前 30 min 完成
称重机会	2 次	1 次
合格标准	不超过且不低于	不超过
体重浮动	无	5%上浮
胶布	不允许	允许（经大会医务监督同意）
注意事项	检查指（趾）甲的长度和颜色、称重合格取回证件并签名	

第五节 跆拳道基本功的练习方法

跆拳道基本功的训练包含专项体能、基本技术和基本动作的运用训练等。从体能到动作要素再到技术要素的训练，都要围绕实战进行，只是各个环节的训练方法有着不同的实施过程而已。体能是物质基础，动作要素侧重于基本动作的规范、质量与熟练程度，技术要素侧重于实战中的运用与变化。侧重点不一样，训练内容就会随之改变。动作要素的训练内容侧重于掌握基本动作的合理性，技术要素的训练内容侧重于基本动作在比赛实战动态条件下运用的有效性。

体能是运动员在训练、比赛过程中身体形态、机体能力、运动素质的综合体现，是最基本的竞争能力。它由运动员的身体形态、身体机能、运动素质三个部分构成，其中运动素质是核心部分。三个部分既各自独立，又彼此制约、相互影响。其中任一因素的发展水平都会影响运动员体能发展的整体水平。运动素质是体能的外在表现，身体形态、身体机能的好坏最终通过运动员的运动能力表现出来。

不同的运动项目，不同的技能表现形式，对身体体能的要求存在较大的差异。只有充分而深刻地理解跆拳道专项的体能需求特点，才能克服训练的盲目性，才能有的放矢、科学合理地安排训练内容，从而保证训练的方法与手段符合跆拳道运动规律、技能表现形式和比赛实战的特点。

一、跆拳道运动的体能训练

（一）力量训练

跆拳道运动的力量素质主要体现在完成攻击动作需要的击打力量、步法移动需要的下肢力量、组合技术动作衔接转换需要的综合力量、抗击打力量四个方面。跆拳道运动需要运动员综合发展各种力量素质，而不是过分单一地发展其中某个力量素质，否则会影响和制约其他力量素质的发展。

1. 最大力量

最大力量是指人体或某一部分肌肉工作时克服最大内外阻力的能力。它取决于传入肌肉的神经冲动的强度和频率，取决于肌肉收缩的内协调能力和关节角度的变化。跆拳道项目的最大力量主要体现在相对力量上（动作击打的力量）。

2. 速度力量

速度力量是指人体在运动时以最短的时间发挥出肌肉力量的能力。它具有速度和力量的综合特征。运动员在完成动作时所用的力量越大，速度越快，所表现出来的速度力量就越大。跆拳道速度力量的训练重点是增强肌肉收缩过程中各参与工作肌肉的协调能力和快速运动能力。

3. 力量耐力

力量耐力是指人在克服一定外部阻力时，能坚持尽可能长的时间或重复尽可能多的次数的能力。跆拳道运动员的力量耐力水平取决于运动员本身的力量水平、身体能量供应系统的能力和肌肉的抗疲劳能力。发展力量耐力的练习，其练习条件应接近于跆拳道比赛，采用的练习在内外结构上应与比赛相似，并力求体现出明显的力量特征。例如，多次重复的腿法练习，除速度外应力求表现出高水平的起动力量和爆发力；多次重复的组合脚靶（护具靶）或沙袋练习，尽可能地发挥出最大力量和爆发力。

（二）速度训练

跆拳道运动的速度是指运动员快速完成动作的能力。运动员的速度能力在跆拳道比赛实战中起着至关重要、无可替代的作用。速度能力强弱决定着跆拳道技术、战术动作在比赛中能否充分发挥和获得预期效果。发展速度能力的常用训练方法有信号反应法、运动感觉法、重复训练法和变换训练法等。

（三）耐力训练

耐力素质是指人体长时间活动或抵御神经、肌肉疲劳的能力。耐力素质对跆拳道运动的影响十分显著。跆拳道比赛要求运动员在一天内必须完成参赛级别的比赛任务，必须具备完成一场三局多轮次比赛的充沛体力，确保比赛中技术、战术的发挥与运用并坚持到比赛的最后，而这些要求没有良好的耐力素质是无法达到的。

耐力训练分为有氧耐力训练和无氧耐力训练。有氧耐力训练有长时间持续训练、短时持续训练和有氧间歇训练等方法。无氧耐力训练有极强性间歇法、强化性间歇法等方法。

（四）柔韧训练

跆拳道比赛对抗激烈，动作转换迅捷，击打动作速度快、幅度大，对运动员的肩、肘、腕、腰、髋、腿、踝关节的柔韧素质有着很高的要求。柔韧素质在跆拳道的训练和比赛中意义重大。

柔韧训练的方法主要有静力性拉伸法和动力性拉伸法两种。静力性拉伸法是通过缓慢的动作将肌肉、韧带等软组织拉伸到某一限度，暂时保持动作静止，使软组织处于拉长状态的练习方法。动力性拉伸法是指有节奏地通过多次重复同一动作的练习，使软组织逐渐被拉长的练习方法。

（五）抗击打练习

抗击打是人体对外界击打的承受能力。跆拳道是一项对抗性很强的竞技格斗体育运动，是身体与身体的直接对抗，对运动员抗御击打的能力有很高的要求。

抗击打能力的训练方法有以下几种。

1. 拍打训练

（1）自我拍打。运动员可徒手对自己的要害部位、进攻“武器”（拳和脚）和易受击打部位如头部、腹部、背部、上肢、下肢等进行拍打练习或用脚踢沙袋和较硬的脚靶，来提高相应部位的承受能力。

（2）相互拍打。运动员可与队友一起进行相互拍打或撞击身体相关部位的练习。

2. 模拟实战训练

模拟实战训练规定一方结合步法运用高腿进行各种击头动作，练习具有针对性的进攻；另一方针对击头动作进行专门的防守练习，旨在增强头部的防御能力。或采用随意性的进攻，在移动中用重腿击打腹部和背部，以增强抗击打能力和应变能力。

二、跆拳道运动的技术训练

跆拳道运动的技术训练应本着从易到难，从分解到完整，从简单到复杂，从个人操控、模拟操控、条件实战到比赛实战对抗这样一个循序渐进的原则进行。

（一）自我练习

在充分了解和掌握动作要领后，运动员应多采取原地反复练习来不断强化、巩固正确的动作，重点体会动作的运行路线、方向、角度、用力技巧与击打的准确性。练习时要及时发现并纠正错误，特别要防止动作击打前出现预兆，尽量加强动作的隐蔽性，逐步加大练习的强度和密度。通过这种反复练习，不断强化动作意识，使之形成正确的动力定型。

（二）结合步法练习

在经过不断强化原地练习并掌握了动作规范之后，运动员应结合相应步法进行单个动作练习。其目的是保持动态中的平衡和增强行进间完成各种攻防动作的能力，重点就是要使身体各部位协调配合、完整一致。运动员可采用先移动再进攻，或进攻、移动再进攻等方式进行，保证快速、隐蔽、准确地完成各种攻防动作。

（三）空击练习

空击练习是假设运用某种攻防方法，从比赛实战需要出发，根据自身实际情况，选编一组或几组进攻与防守反击的打法，进行徒手空击的练习。空击练习不仅能有效地提高和巩固技术动作的熟练程度，还能使“神经传导即感觉器官→传入神经→运动中枢→传出神经→肢体运动”这一复杂的信息传递过程得到改善和加强，增强反应能力，加快动作速度。

(四) 相向空击练习

相向空击练习是指两人间隔一定的距离（以不接触为标准）面对面进行的攻防练习，要求双方要视对方的反应而做出与之相应的合理反应。采用的形式可以是一攻一防的练习，也可以是互为攻防的练习，还可以是根据训练需要而指定或自由进行的单个或组合技术动作的进攻、防守、反击的练习。无论采用哪种形式的练习，由于身体不接触，双方应按比赛实战的速度、力量标准去完成动作。

(五) 踢靶练习

踢靶练习是跆拳道技术训练中的重要方法与手段，是为增强运动员某种技术动作的运用能力，由教师或队友依照规定的方法给运动员递靶，并进行反复强化的练习方法。它要求运动员必须按照出靶的具体情况做出与之相对应的攻防动作，以提高对各种情势的反应速度并建立稳固的条件反射，直至动作技术完全自动化。踢靶练习按靶的类型可分为踢击脚靶和护具靶；按练习形式可分为踢击固定靶和活动靶；按照练习要求可分为技术靶、战术靶和素质靶。不同的类型、练习形式、练习要求都具有不同的目的。

(六) 实战练习

实战练习是指在严格地按照规则的要求，在近似比赛的条件下，运动员之间进行的实际对抗训练。实战是检验运动员一切技术和战术动作的运用能力及时效性的唯一标准，既能全面检验以往各种训练方法的成果，又能在实战环境下对运动员的智能、技能、体能、心理等各方面存在的问题进行诊断，为比赛和此后的训练提供真实详尽的第一手资料。

不同的训练方法有不同的作用。运动员应根据实际能力与水平及训练的目的、任务、内容，将各种训练方法交替进行且有机地结合，科学合理地安排，从而达到预期的训练效果。

思考题

1. 谈一谈学习跆拳道的体会，阐述跆拳道运动的价值。
2. 阐述跆拳道运动的特点。
3. 简述跆拳道级别与段位的划分。
4. 跆拳道比赛中哪几种技法击中对方得分最高，哪几种情况将被扣分？

第十七章 散打与防身术

第一节 散打概述

一、散打的起源与发展

散打是两人按照一定的规则，并运用武术中的踢、打、摔等攻防技法制服对方、徒手对抗的武术项目，是中国武术的重要组成部分。散打分为古传散手（杀伤性强）、现代散打（限制较多）两种。古传散手作为散打的最早形式，要能对抗单人和兵器或多人的格斗，用头、指、掌、拳、肘、肩、膝、腿、胯、臂等部位攻击，主要的技法为打、踢、拿、跌、摔等，其中还有肘、膝等技法，在格斗中讲究出其不意，不讲究花法，只讲究打赢、实用。现代散打就是常见的由直拳、摆拳、抄拳、鞭拳、鞭腿、蹬腿、踹腿、摔法等技法组成的踢、打、摔相结合的攻防技术。散打没有套路，只有单招和组合，见招拆招。

散打以前称为散手，是中华武术的精华，是具有独特中华民族风格的体育项目，多年来在民间流传、发展，并深受人民的喜爱。散打的起源和发展与中华民族悠久历史同步。它由先辈的生产劳动、生存斗争发展而来，又服务于此，演化至今成为中华民族灿烂文化遗产中的瑰宝。原始社会人类为了猎取食物，长期与野兽搏斗，并学会了与野兽搏斗所使用的不同方法。

现代的散打是两人按照国家体育总局武术运动管理中心制定的规则，运用武术中的踢、打、摔和防守等方法，进行徒手对抗的现代体育竞技项目，是中国武术的重要组成部分。中国武术有两种表现形式，一种是套路演练形式，一种是格斗对抗形式。散打就是格斗对抗形式的一种。

散打通过对传统技击术进行归纳、整理，舍弃它们的具体形态，找出其中带有共性的规律，即通过把中国各拳种门派的基本拳法和基本腿法进行规整，最终总结出它们的基本运动形式。经过整合，最后确立的进攻方法有两种：一种是直线型方法，另一种是弧线型方法。同时，防守技术也被划分为接触式防守和不接触式防守两种。散打从比赛形式上借鉴了中国传统的打擂台的方式，即一方掉擂出局即为输方。在竞赛方法上采用三局两胜制，评点数得分，先赢两局者即为赢家。

1979 年，随着中国武术热的兴起，国家体委按照现代竞技体育模式，首先在浙江省体委、北京体育学院和武汉体育学院进行了武术对抗性项目的试点训练，当时的散打比赛允许使用踢、打、摔等各种技法，但不允许擒拿和使用肘、膝，也不许攻击喉、眼、裆、后脑等人体要害部位。运动员分体重、穿护具，在相同的条件下平等竞争。

1979 年 5 月，在广西南宁举行的全国武术观摩交流大会上，散打做了首次汇报表演。1982 年，相关部门制定了《散打比赛规则》，自此，散打运动按照“积极、稳妥”的精神，不断试验，逐步发展。1989 年，散打被国家体委批准为正式比赛项目，并设团体锦标赛和个人锦标赛赛制。1993 年，散打比赛被列为第 7 届全运会正式比赛项目。1998 年，散打比赛被列为第 13 届亚运会正式比赛项目。2000 年，首届中国武术散打王争霸赛在湖南长沙市举行。湖南卫视对赛事做了全程报道。这是中国武术散打发展史上的里程碑，中国武术散打进入了专业赛制的时期。众多散打高手登台竞技。2001 年 3 月 27 日，中国武术散打王争霸赛在国家奥林匹克体育中心中国武术协会散打馆拉开帷幕。

2001 年的散打王争霸赛以北京为主赛区、在全国各大重点城市轮回比赛的形式进行比赛，这场赛事给越来越多的人带去新的惊喜。2001 年，中国武术散打王争霸赛在竞赛组织方面的最大突破是邀请外国选手正式组队参加常规比赛。这标志着中国武术散打王争霸赛的国际化理念将由设想变为现实。

2012 年 2 月 25 日，中国国家散打队在陕西省西安市成立，而建立一支专门的国家队在中国武术发展史上尚属首次。

二、散打的特点

散打具有很强的感染力和生命力，这是由它本身的特点和作用决定的。

（一）体育性

散打运动从初步研究到试点开展，从经验总结到全国推广，直至成为现代体育竞赛项目，曾遇到过许多困难、矛盾和阻力。其中最主要的问题是：散打与人们想象的武术徒手搏击形式截然不同，有人甚至认为散打不是武术，而只是“拳击加腿击”。因为民间流行的武术搏击，一般被看作防身自卫，一招制敌；或者像电影、电视、武打小说中描述的那样出神入化、风雨不透。这是武术在许多形式上给人以夸张的错觉而造成的误解。在现代文明社会中，我们不能让散打在狭窄的拼杀中生存，应把散打之精华融入简单易行的运动中，不仅能自卫，而且能强身，这样散打才能有广泛的生命力，才能真正走向社会、走向世界。于是，国家体委武术院经过试验、论证后，认为散打的技法是以增强体质、交流技艺、防身自卫、提高技术水平为出发点，从传统武术徒手搏击术中取舍动作，即寓技击术于体育之中。

由于决策正确、方法得当，散打运动得以顺利地开展和推广。从现在的散打运动形式来看，散打与其他运动项目基本相同，属于体育，但又突出地反映出武术的特殊本质——技击性，同时又明显地区别于使人致伤致残的技击术，不包含置人于死地的招数。散打规则严格规定了不准向对方后脑、颈部、裆部进行攻击，也不允许使用反关节动作及肘、膝的技法，但可以运用武术各种流派的技法。

（二）对抗性

散打运动的内在特点决定了它以相互对抗的形式来表现。这种对抗是双方掌握了散打的基本动作和基本技术，经过一段时间的训练，在没有固定格式的情况下，在规则规定的范围内进行较技、较勇、较智，一分上下。

（三）民族性

散打是中华民族的优秀文化遗产，是在中国特定的社会历史条件下逐渐演变发展形成的，因此具有鲜明的民族特色。

散打不同于拳击，也不同于跆拳道，更不同于用头顶、肘撞、膝击的泰拳，以及不能用脚，只能用摔、拌、擒方法的柔道等项目。由于散打设擂比试，它不同于西方国家有拦绳的自由搏击，也不同于日本的空手道、相扑、格斗术及法国的忍拳等。散打要求远踢、近打、贴身摔。它具有鲜明的时代性，其形式不是单一的，而是多变的、演进的。

作为独立于中国武术以外的另一格斗术，泰拳以凶狠的腿法在21世纪得到格斗界的广泛认可，其中蹬腿与扫腿使用频率最高。而散打中的腿法和泰拳的腿法相比可谓各有千秋，这在历届中泰拳王争霸赛中有所体现。散打中常用的侧踹和泰拳的蹬腿有着相同的作用，就是控制距离、兼顾进攻。侧踹攻击距离远，但连续性差，蹬腿的特点与之相反。散打中的鞭腿与泰拳中的扫腿的轨迹明显不同。扫腿动作幅度大、力量足，但起腿速度远不如鞭腿，用力过猛还会造成背向对方的防守大忌。相比之下，鞭腿是快速、隐蔽且连续性强的腿法，这一特点也弥补了散打拳法上的不足。

三、实战方法

（一）站立姿势

站立姿势主要是侧身朝向对方，双手保护头部，利于得分后迅速逃离。它是完成进攻和防守动作所采用的最有利的姿势，具有身体重心稳固、暴露给对方的面积较小、利于防守和启动、便于发力、利于进攻等优点。运动员两脚前后分开，前脚跟与后脚尖之间为一脚半距离，前脚与后脚间横向距离稍宽于肩，前脚尖略向内侧转，后脚尖斜朝前，脚跟稍离地面，两臂自然弯曲，左、右臂之间夹角约为90°，左拳置于体前略低于眼睛，拳面斜朝前，拳眼斜朝上，右上臂与小臂夹角应小于90°，右拳置于右肋前略高于下颚部，肘部与身体相距约一拳距离，左肩左腹部侧向着对方，胸部略含，腹部微收，上体稍前倾，头略低，下颚微收，咬紧牙齿，闭合嘴唇，目视前方（图17-1）。

图17-1

（二）基本步法

散打步法是为保持与对方间的距离，实施进攻与防守动作或破坏对方的进攻与防守意图，而进行的专门的脚步移动方法。步法有多种，如滑步、垫步等。

1. 滑步

前滑步：成基本实战势站立，后脚蹬地，前脚向前移动，落地时前脚掌先落地，随之后脚前移，落地后姿势与原基本姿势相同（图17-2）。后滑步反之。

2. 垫步

前垫步：成基本实战势站立，前脚蹬地，后脚前移，后脚在前脚里侧处落地的同时，前脚前移，落步后仍成原基本姿势（图17-3）。后垫步反之。

1 2 3

图17-2

1 2 3 4

图17-3

（三）基本拳法

拳法主要有直拳、摆拳、勾拳，还演变出刺拳、鞭拳等。

1. 直拳

左直拳：成基本实战势站立，左脚在前，右脚在后，左脚跟稍外转，重心移至左脚，上体略左转，同时左臂顺肩伸肘，使拳面向前直线冲击，力达拳面，拳心朝下，右拳至下颚处，目视前方，然后左拳压肘收回，成基本姿势（图 17-4 之 1）。右直拳反之（图 17-4 之 2）。

图 17-4

要点：要使蹬地、拧腰之力顺达拳面，整个动作要协调完整，重心不可过多前倾，击打部位的高低在于左膝屈度的大小，击拳前不可出现先收拳再击的预兆，也不可在冲拳时将右臂后拉，结合步法的击法应做到拳到步到。

2. 摆拳

左摆拳：成基本实战势站立，右脚蹬地，身体重心移向左脚，左脚跟略离地外转，并辗转脚掌，上体右转的同时左臂内旋，抬肘与肩平，使拳由左向右横击高于肩，然后恢复基本姿势（图 17-5 之 1、2）。右摆拳反之（图 17-5 之 3）。

图 17-5

要点：摆拳时身体不可向右倾斜，要边击拳边抬肘，以拳面击打目标，击打后重心偏左脚，左脚的辗转力不可忽视，要含胸收腹，不可低头。左摆拳击打前右臂不可后拉，重心落于左脚。

3. 勾拳

左勾拳：成基本实战势站立，右脚蹬地，重心移向左脚，左脚跟略向外转，脚掌碾地，上体左转略下沉后，左膝及上体瞬间挺伸并向右转体；同时，左臂外旋由下向上击拳，拳面朝上，拳心朝右内，力达拳面，右拳仍置下颚前；目视左拳，然后再恢复基本姿势（图 17-6 之 1）。右勾拳反之（图 17-6 之 2）。

图 17-6

要点：左臂外旋与击打不同时，不可外旋后再击打，上体不可过于前倾，屈臂的角度大小应根据对方的远近距离及击打的部位而定。上体左转略下沉，在蹬地、挺伸与右转瞬间要协调自然，动作不可断裂或过程太长。

（四）基本腿法

腿法主要有蹬腿、侧踹腿、鞭腿等。

腿法是散打技术中最重要的技法之一，在比赛中使用率最高。腿较手臂长，在双方距离较远时运用；腿较粗壮有力，攻击威力大，防守有效；腿的攻击面大，容易得手；腿攻击对方下盘比较隐蔽。因此，拳家常说，“手是两扇门，全凭腿打人”“三分拳，七分腿”。可见腿在散打中的地位。

腿法在散打中占有很重要的地位。武术中有四大击法，即踢、打、摔、拿。踢就是腿法，腿法在散打比赛中得分最多。腿法有四大特点。第一，腿居身体之下，每天担负着支撑身体的重大任务，再加上做了专项训练，同时腿有人体最粗大的骨骼，下肌群也是人体最发达的肌群，因此腿和臂相比力量要大得多；第二，腿法进攻距离远，因为腿比臂长；第三，腿在人体之下，距离对方眼睛较远，故有进攻隐蔽性好的特点；第四，腿法进攻变化多，高可踢面，低可踢腿，有踢、踹、扫、摆等20多种技击方法，有各种连环腿、拳腿组合，以及低配高、虚配实、左配右等连连出击、势势相承、变化莫测的打法。

1. 前蹬腿

右前蹬腿：成基本实战势站立，身体重心前移，左腿支撑蹬直，脚尖微外展；右腿屈膝、勾脚尖向上提起，随即右脚以脚跟为力点迅速向前直接蹬出，同时髋关节前送（图17-7）。前蹬后，迅速摆成实战姿势。左前蹬腿反之。

1　2　3

图17-7

要点：一条腿直立，另一条腿由屈到伸，脚尖勾起，用脚跟猛力蹬出，快速连贯，高不过胸，低不过腰，出腿时一定要注意蹬腿的路线是直线，不要做成弹腿。

2. 侧踹腿

左侧踹腿：呈基本实战势站立，重心移至后腿，膝略屈，脚尖外展，左腿屈膝上抬，膝高于腰，脚尖勾起，脚底朝外侧下，随即小腿外翻，脚底朝向攻击点挺膝踹出，力达脚底，同时后腿挺直，上体向后腿侧倾，目视脚面，腿下落，还原成基本姿势（图17-8）。右侧踹腿反之。

图17-8

要点：提膝时上体略向支撑腿侧转，脚内侧与地面近于平行，踹出时身体向支撑腿侧倾的倾斜度随攻击点的高度变化而变化，高度越高，倾斜度越大。支撑腿应用前脚掌为轴碾地，使脚跟内收。

3. 鞭腿

右侧鞭腿：成基本实战势站立，重心移至左腿，膝略屈，右腿屈膝上抬，高过腰，上体后倾，右腿侧转，同时膝略内收，小腿略外翻，踝部放松，随即挺膝，小腿从外向上、向前、向内弧形弹击，脚面绷平，使力达脚面或胫骨处，目视脚部，然后侧弹腿，下落还原成基本姿势（图17-9）。左侧鞭腿反之。

图17-9

要点：弹腿的膝部猛挺发力，但要借助拧腰切胯之力加大力度，弹腿时支撑腿膝伸直并以脚掌为轴碾地，脚跟内收，上体不可过于倾斜。

（五）基本摔法

“远则拳打脚踢，近则擒拿抱摔。”这是拳家的谚语。快摔在散打中占有重要位置。

1. 击头抱腿摔

在格斗中，我方用左直拳虚晃，右直拳重击对方脸部。对方受击后上体必后仰，露出下盘空当。我方此时应抓住时机，右脚向前上步至对方裆部，两手从外向内回抱对方膝窝，同时上体前倾，右肩前顶，将对方摔倒（图 17-10）。

要点：左右直拳连击要具有威胁，使对方上体后仰，露出下盘；上步要及时，抱腿顶肩要干脆利索，整套动作要连贯。

2. 击破别腿摔

在格斗中，对方以左直拳虚击我方胸部，我方用右手击破化解，同时左脚上步别住对方支撑脚，右手顺势箍住对方颈部，上下用力，将对方摔倒在地（图 17-11）。

要点：进步别腿与右臂箍颈要迅猛协调，发劲要协同。

1 2

图 17-10

1 2

图 17-11

3. 拉臂过背摔

在格斗中，对方以右摆拳攻击我方头部，我方速左转身并以双手挡抓其手腕，紧接着我方向前方上右脚，身体向左转 90°的同时，将对方右臂置于我方右肩上，然后两手向前拉，臀部向后顶，全身发力，将其背起摔于体前（图 17-12）。

1 2 3

图 17-12

要点：双手抓臂及时，上右步迅速，背摔前，对方与我方贴紧、发劲时，双手向下拉与臀部向后顶要相合。整套动作要协调。

4. 插裆扛摔

在格斗中，对方进左步并用右摆拳击我方头部，我方迅速用左臂由里向外、向上格挡，并顺势展指抓住其腕，速用右直拳击对方面部，紧接着上右脚于对方两脚中间，同时右手向前、向下插入对方裆下，接着左手抓其腕部向后拉，右臂抱其裆向上提，右肩扛其腹，上体抬起，将对方摔倒（图 17-13）。

要点：挡、抓及时，封其面要突然、有力，上步与插裆要迅速到位，左手拉、右手提与肩扛上提要协调。

1　2　3
图 17-13

5. 挡抓腿摔

在格斗中，对方以左腿侧踹攻击我方胸部。我方快速应变，以双手合抱破解，接着右脚右撤步，身体右转 270°，同时双手向下拉涮对方左脚，将其摔倒在地（图 17-14）。

1　2
图 17-14

要点：双手合抱有力，接腿准确，移步、转身、涮腿配合协调一致，蹬地、转腰、发力，力达双手。

第二节 防身术

防身术是将拳击、武术、摔跤、柔道、空手道、擒拿格斗等动作进行实用组合的防身与格斗技术。通过防身术学习，人们能够增强自卫防身意识、防身能力及临场应变能力，掌握自卫防身的格斗技巧，在增强自卫防身综合能力的同时，提高身体素质。

防身术是一项紧张、激烈、对抗性强的运动，有助于培养人的机智、勇敢、顽强的意志品质和气质，具有一定的锻炼价值。其特点是力气消耗少，以近距离动作为主，简单、实用、快捷。

一、防身术特点

（1）力气消耗少，人人都可以完成。

（2）以近距离和贴身动作为主，不受任何规则和条件的限制。

（3）简单、实用、快捷，数秒之内即可完成。

二、基本技术

（1）拳在防身术中的运用（图 17-15）。

直拳　勾拳　劈拳　鞭拳
图 17-15

（2）掌、爪在防身术中的运用（图 17-16）。

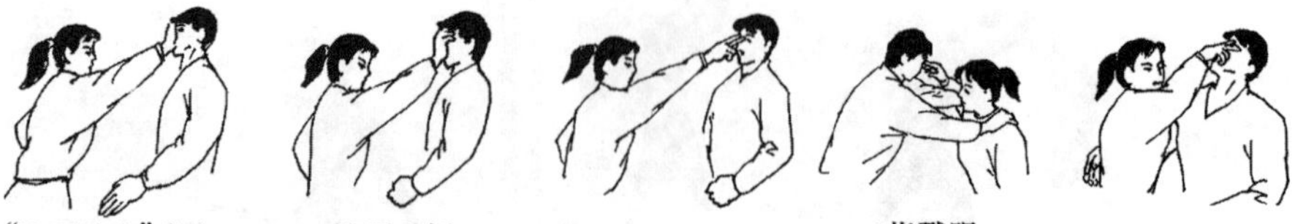

“迎面贴金”掌击　迎面爪抓　二指戳眼

图 17-16

（3）肘在防身术中的运用（图 17-17）。

顶肘　横肘　砸肘　反手顶肘　反手横肘

图 17-17

（4）膝在防身术中的运用（图 17-18）。
（5）女子适宜的腿法攻击（图 17-19）。

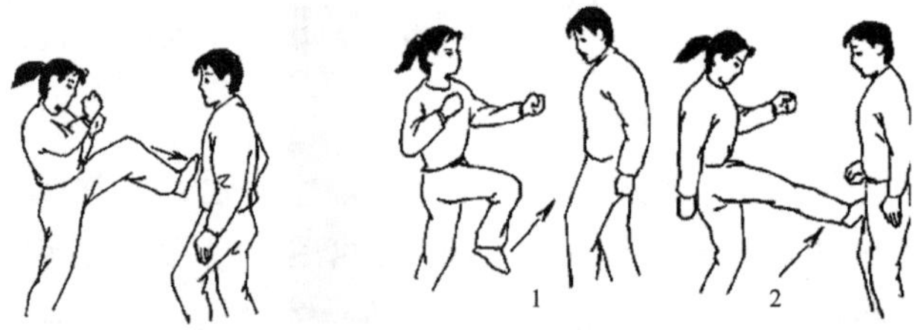

蹬腿　弹腿

击裆

图 17-18

踹腿

图 17-19

（6）用头部攻击（图 17-20）。

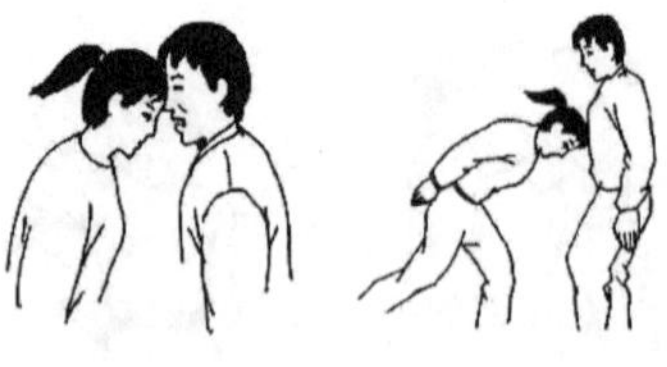

撞击面部　撞击胸部

图 17-20

图 17-21

(7) 仰卧被按时采用的技法

① 如发现对方手肘抬起，露出腋下，可猛击其腋窝（图 17-21 之 1）。

② 直接戳击对方眼睛和戳击对方咽喉（图 17-21 之 2）。

③ 如果未被压住手臂，可用肘尖横击其太阳穴（图 17-22 之 1）。

④ 如遭歹徒强行亲吻，可抓住机会咬掉其鼻尖和舌尖（图 17-22 之 2）。

⑤ 以头撞对方鼻梁，抬头要猛（图 17-22 之 3）。

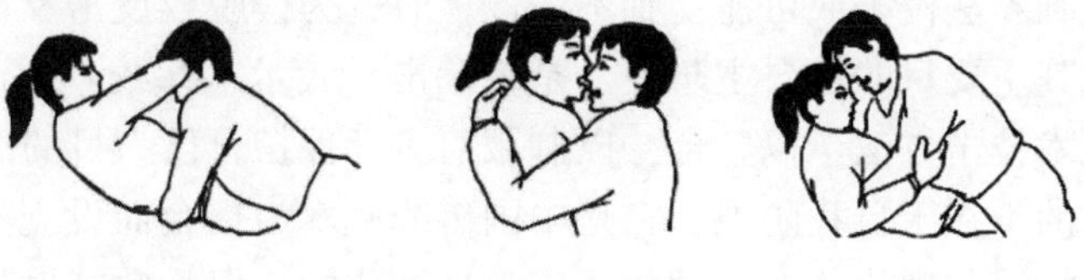

1　　2　　3

图 17-22

(8) 被抱时的技法。

① 正面被抱时采用的技法（图 17-23）。

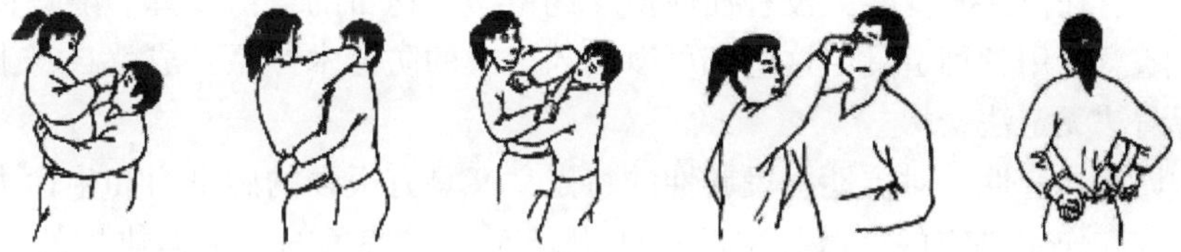

拳击面部　　右肘击　　左肘击　　戳眼　　折指

图 17-23

② 后腰被抱时采用的技法（图 17-24）。

折指　　踩脚趾　　抓裆

图 17-24

特别提醒：遇到坏人，首先应该想办法尽快脱身，然后拨打“110”报警。实在没办法，才用这套防身术，而且一定不要恋战，一旦有机会脱身，一定要毫不犹豫地逃脱。另外，平时随身携带防狼喷雾器等防身器材也是不错的办法。总之，平时提高警惕、多加防范才是最好的防身方法。

第三节　散打与防身术的区别

防身术是一项运用踢、打、摔、拿等武术技击方法，以制服对方，保护自己为目的的专门技术。防身术中的奇妙招法实质上是中华武术的精华“集锦”。它把武术中各种适合实践应用的招法分离出来，经过加工、提炼、创造、完善，使其成为一种散招，并具备简单、实用、易记、易学的特点。同时，防身术也是锻炼身心的一门运动。

散打是武术的一个主要表现形式，以中国武术的踢、打、摔、拿四大技法为主要进攻手段。另外，还有防守、步法等技术。散打也是现代体育运动项目之一，双方按照规则，利用中国武术中的踢、打、摔等攻防战术进行徒手搏击、对抗。

一、防身术与散打的目的不同

防身术是在受到不法侵害或可能受到不法侵害时，为摆脱或反击歹徒而进行防身自卫的一种防卫能力。其主要目的是自主防卫，是将拳击、武术、摔跤、柔道、跆拳道、空手道、擒拿格斗等武术技击方法予以整合，以制服对方、保护自己为目的的专门技术。

散打的主要目的不在于自我防卫，它是中国传统武术为擂台而设立的技击形式，是中国武协为了使武术能够与现代体育运动相适应整理而成的，但是散打也具有防卫的功能。

二、防身术与散打的特点不同

防身术的最大特点就是实用。防身术无招、无式、无规则、无时间要求、无特定环境，一切以杀敌、伤敌或逃跑为最终目的。使用所有可以使用的手段，对敌人实现最大程度的伤害，没有任何武术框架，没有任何搏斗约束，为达目的自由发挥。随意使用身体的各个器官，随意使用各种道具，这些都可以纳入个人的防身术体系，成就自身上乘的搏斗技术，正所谓法无定法。

散打既具有体育性、对抗性、民族性的特点，又具有很强的感染力和生命力，这是由它本身的特点和作用决定的。散打中的摔法也是有一定特色的。根据快摔的要求和“无把”的特点，把握破坏重心和抢圈的要点，人们创造出了“接招摔”和“夹打摔”的方法，使散打的摔法快速、省力且实战性强。

思考题

1. 散打的基本拳法与基本腿法有哪些?
2. 简述防身术的特点。
3. 简述散打与防身术的区别。

第十八章　校园体育拓展运动

第一节　校园体育拓展运动概述

校园体育拓展运动是一项体力与智力、心理和技能相结合的体育运动，是以学生为主体，以“先行后知”“边行边知”“愈怕愈行”等体验式的学习方式，引导参与者改变心智模式，不断完善自我，提高综合能力素质，让学生在愉快、积极、刺激的参与中学习知识、掌握技能、领悟道理。

一、校园体育拓展运动的特点

（一）时尚性

校园体育拓展运动适应了当今时代完善人格、提高素质和回归自然的需求，符合学校体育所倡导的“到阳光下，到大自然中去活动”的理念。

（二）突破性

校园体育拓展运动并非体育加娱乐，也不是魔鬼训练，而是对传统教育的一次全面提炼和综合补充。它赋予了体育新的意义。

（三）丰富性

校园体育拓展运动的所有项目都以体能活动为先导，引发出认知活动、情感活动、意志活动和交流活动等，使得短暂的训练充实而丰富。

（四）挑战性

校园体育拓展运动的项目都具有一定的难度，特别表现在心理考验上，需要队员向自己体力、能力和心理的极限挑战。

（五）团体性

校园体育拓展运动实行分组活动，强调团队合作。面对共同的困难，每一名队员竭尽全力，既增强了团队合作的意识，同时又从团队中汲取巨大的力量和信心。

（六）高峰体验

在克服困难、顺利完成课程要求以后，队员能够体会到发自内心的胜利感和自豪感，获得人生难得的高峰体验。

（七）自我教育

教师在课前把项目的内容、目的、要求及安全注意事项向学生讲清楚，活动中一般不进行讲述，也不参与讨论，充分尊重学生的主体地位和主观能动性的发挥。即使在课后的总结中，教师也只是点到为止，主要让学生自己来讲述，达到自我教育的目的。

（八）回归自然

与大自然互动，通过自然的学习方式，达到自然的个性成长。

二、校园体育拓展运动的练习流程

校园体育拓展运动课程是由多个针对不同练习目的的项目组成的，在安排项目顺序的时候，最好能够做到循序渐进，因势利导。但不管课程的设置如何，整个课程的操作都由六个标准流程组成。

（一）场景布置

按照活动项目的内容特点，合理利用活动环境，准确地布置所需器材。

（二）项目介绍

在项目开始前，教师要向学生准确描述所要开展项目的名称、目的和要求，但不要向学生提供解决问题的方法或提示。

（三）项目操作

学生根据教师提供的信息完成项目要求的任务，由于校园体育拓展运动的不确定性，每个人的体验结果不尽相同。教师可以在每次活动时安排个别学生做观察员，观察员除了保护队友的安全外，也可以帮助记录活动进程。

（四）分享回顾

让学生体验并回顾刚才经历的过程，并说出感受。教师在引导学生分享回顾时要注意以下几个原则：即时性原则、求同存异原则、密切联系原则、追求卓越原则。

（五）引导总结

教师根据学生讨论的结果，结合相关的理论知识，进行归纳总结，让学生的认知由感性上升到理性。引导总结经常会和分享回顾交叉进行。教师适时的引导、精辟的点评不仅能使课堂生动活泼，而且能让学生将知识牢记在心。

（六）指导行动

在分享回顾和引导总结后，教师运用鼓励与肯定的方式，让学生对自己的能力与潜力有一个新的认识，并将这些感悟运用于生活情景中，完成认识由实践中来，最终用来指导实践的循环上升的过程。

三、校园体育拓展运动的注意事项（安全问题）

在开展校园体育拓展运动的过程中，要时刻保持警惕，以高度负责的态度保证每一个细节绝对安全可靠，及时消除安全隐患，杜绝不安全行为。活动前，必须做好充分的思想、心理和体能准备，了解活动的目的、意义和方法，并对活动的器械和装备的安全性进行检查，做到安全可靠，万无一失。活动中，参与者的注意力必须高度集中，尤其是保护者，必须认真负责，保持严密的组织性、纪律性。

因选择的场地、器械的特殊，活动内容的未知及特有的心理挑战等，使得拓展训练具有一定的风险。让学生在身体、心理上获得安全保障，是拓展训练课程进入学校教学课程中至关重要的一环。为了消除隐患，降低风险，拓展训练安全应遵循四大原则：

1. 双重保护原则

设计课程时所有需要安全保护的训练项目都必须进行双重保护演练。

2. 器械备份原则

任何需要器械保护之处，都必须安置备份器械。

3. 重复检查原则

应合理使用所有的安全保护器械，并多次检查，消除操作失误的可能性。

4. 安全监护原则

教师应全程监护，将隐患消除在萌芽中。只有在活动过程中，认真讲解，规范操作，将安全问题很好地落到实处，才能使学生享受拓展训练带来的快乐与收获。

第二节 沟通项目

一、与你同在

人数：每个小组 15～20 人。时间：15 min。场地：校园平整的空地。器材：每组 3 个网球。

（一）项目目标

（1）每个人能迅速加入某一团队中，相互熟悉起来，改善团队人际关系。

（2）活跃团队的现场气氛。

（二）项目程序

（1）教师和队员们以小组为单位站成一圈，每人相距约一臂长。

（2）教师大声喊出自己的名字，然后将手中的球传给左边的队友，接到球的队友如法炮制，喊出自己的名字，然后把球传给左边的队友。如此继续下去，直到球重新回到教师的手中。

（3）教师重新拿到球后，改变游戏规则，即接到球的队员必须喊出另一个队员的名字，然后把球扔给该队员（扔球时不可用力过猛）。

（4）几分钟后，队员们就会记住大多数队员的名字。这时，再加一只球进来，让两只球同时被扔来扔去，活动规则不变。

（5）在活动接近尾声的时候，再加第三只球，其主要目的是让活动更加热闹有趣。

（6）活动结束后，邀请一个队员，让他报出每一个队员的名字。

（三）总结与评价

活动结束后，教师带领学生讨论本项目的感受和启示。

二、集体握手

人数：30～50 人。时间：20 min。场地：校园平整的空地。器材：无。

（一）项目目标

（1）让队员认识团队中至少一半以上的人员。

（2）体会沟通中微笑、眼神等表情因素的重要作用。

（二）项目程序

（1）请所有人围成两个同心大圆圈。

（2）内圈的人转过身来，面对外圈的人。

（3）迅速地彼此进行自我介绍，然后向右移动。

（4）外圈的人持续左移，内圈的人持续右移，直到一个圈的每个人对另一个圈的所有人都做了自我介绍。

（三）总结与评价

（1）内圈和外圈的最佳距离是多少？

（2）当你面对下一个新面孔的一瞬间，你的第一反应是什么？

（3）有多少人以微笑开场？在整个过程中你注意到自己的表情了吗？在说话或聆听时你的目光停留在哪里？

三、跨越雷区

人数：每个小组 10 人以下。时间：30 min。场地：教室或校园平整的空地。器材：大号塑料杯 3 个，A4 白纸数张，桌子，每组纸板一块（30 cm×30 cm），每人一个眼罩。

（一）项目目标

（1）让学生了解在非语言沟通方面需要用到哪些沟通方式与技巧。

（2）体会视觉线索对人的知觉的重要意义。

（二）项目程序

（1）教师在活动赛区内用白纸设置障碍。

（2）在活动区中间放置一张桌子，桌子中央放三个杯子，形成一个杯塔（底部的杯子正放，第二个杯子倒放，第三个杯子盛水放在第二个杯子上）。

（3）每组有一位已跨越雷区的“幸运队员”，他在雷区的另一边指导其他队员跨越雷区。

（4）每个小组除“幸运队员”外的队员必须蒙上眼睛，每次只能由一位“蒙眼队员”通过雷区。

（5）每个小组的全部队员通过雷区时，要将小组的纸板放在杯塔上，如果杯塔不倒，则视为完成任务。

（6）踏中雷区（杯塔倒掉）的组员视为“死亡”，退出活动，并只能在旁边观看。

（7）通过雷区的队员可以解下眼罩，参与指导。

（三）总结与评价

（1）在活动过程中，“幸运队员”是如何和“蒙眼队员”进行信息交流的？

（2）“蒙眼队员”在活动中的感受如何？

（3）我们应该用什么办法来改进沟通？

四、盲人足球赛

人数：集体参与。时间：30～60 min，参加人数越多，所需时间越长。场地：校园平整的空地，校园足球场最佳。器材：眼罩若干（两种颜色），足球 2 个（要用含气量不足的足球，这样每踢一下，球不会滚得太远），哨子 1 个，球门 2 个。

（一）项目目标

（1）建立团队成员间的相互信任。

（2）促进队员的相互沟通与交流。

（3）培养团队合作精神。

（二）项目程序

（1）留出 2～3 个人作为监护员，监护员的任务是负责安全问题，同时兼任边裁。把其他队员分成两个人数相同的小组。注意：要求每个小组的总人数为偶数。

（2）每个队员在自己的小组内找一个搭档。

（3）每对搭档中一人戴眼罩，另一人不戴（两组人员选择不同颜色的眼罩以示区别）。

（4）活动规则：只有戴上眼罩的队员才可以踢球，他的搭档负责告诉他向什么方向走、做什么。要求那些戴上眼罩的队员弯曲双肘，手掌向外，手的高度与脸平。负责指挥的队员不允许碰自己的同伴，只能通过语言发出指令。这场球赛中没有守门员，每个队踢进对方球门一个球得1分。任何一队进球后，都要把球拿回场地中间，重新开始比赛。不允许把球踢向空中，在任何时候球都应当在地面上滚动。如果某个队员踢了高球，裁判会暂停比赛，并把该队员罚下场。如果球被踢出界了，裁判将负责把球踢回场地。每节比赛时间为10 min，中场休息，交换场地。

（5）宣布完活动规则后，让两个小组用投掷硬币的方法选择场地。场地定好后，把两个球放在场地中间，然后吹哨，开始活动。

（三）总结与评价

（1）影响最终取得比赛胜利的因素有哪些？

（2）“蒙眼队员”在活动中的感受是什么？

（3）指挥者的指令清楚吗？哪些方面还有待改进？

五、进化论

人数：集体参与。时间：30 min。场地：教室或校园平整的空地。器材：无。

（一）项目目标

（1）练习活动的开场游戏，制造轻松和活跃的气氛。

（2）增加队员对后面活动参与的积极性。

（二）项目程序

（1）活动以猜拳形式进行（石头、剪刀、布）。进化程序：鸡蛋→小鸡→凤凰→人。不同层次对应的动作为：鸡蛋——蹲下；小鸡——蹲下，手模仿翅膀在身旁拍打；凤凰——站立，两手呈三角形放在头顶上；人——两手叉腰站在一旁。

（2）全体队员先蹲下且被视为“鸡蛋”。

（3）相互找同一层次的同伴进行猜拳，猜赢了便可进化为“小鸡”。

（4）活动期间各队员需不断与别人猜拳（只可跟同一层次的人猜，即“小鸡”只能和“小鸡”猜，而不能跟“鸡蛋”、“凤凰”或“人”猜），猜赢了便可升一级，猜输了便跌一级，直至变成“人”，则停止猜拳。

（5）当再没有人能变成“人”时（如只剩下一只“鸡蛋”、一只“小鸡”和一只“凤凰”），活动结束。

（三）总结与评价

（1）活动中你是否能积极地参与进去？

（2）本活动的宗旨是什么？

第三节 团队协作项目

一、坐地起身

人数：全体队员。时间：30 min。场地：校园平整的空地。器材：无。

（一）项目目标

（1）增进队员间的友谊。

（2）增强团队向心力，培养团队合作意识。

（3）增强团队成员的归属感，激发团队活力。

（二）项目程序

（1）两个队员背靠背坐在地上。

（2）两个人双手相互交叉，合力使双方一同起立。

（3）按此原理，不断增加参与人数，直至全体队员一同完成。

（三）总结与评估

（1）你能仅靠一个人的力量完成起立的动作吗？

（2）如果队员双方能够保持动作的一致性，是不是完成起立动作要容易得多？为什么？

（3）为什么4个人时相对比较容易站起来，而10个人时却那么困难？这对我们工作、生活有什么样的启发？

二、齐心协力

人数：全体队员。时间：20 min。场地：校园平整的空地或操场。器材：无。

（一）项目目标

（1）体会团队的协作及个人在团队中的重要性。

（2）体会队员间的相互支撑，提升责任心。

（二）项目程序

（1）全体队员围成一圈，每位队员将双手放在前面一位队员的双肩上。

（2）教师介绍“兔子舞”口令：“左、右、前、后、前、前、前。”并要求队员根据指令做出相应的动作：“伸左脚、伸右脚、两脚并拢向前跳一步、两脚并拢向后跳一步……”

（3）教师喊开始后，由队员自己喊口令并边喊边跳“兔子舞”，跳半圈后教师喊停，恢复队形，进入下一个环节。

（4）全体队员左手放在两腿之间伸向后面的队员，后面的队员伸出右手抓住前面队员的左手。教师鼓励大家按照刚刚的口令继续跳“兔子舞”，跳半圈后，教师予以表扬肯定，并鼓励大家进入下一个环节。

（5）全体队员围成一圈，前后间隔为“零距离”，即每位队员要用自己的脚尖抵住前面队员的脚后跟。听从教师的指令，缓缓地坐在身后队员的大腿上，教师再发出指令，让队员保持当前的队形继续完成“兔子舞”。边跳边喊口令，要鼓励队员全力以赴，不要“掉链子”。完成半圈后，训练结束，教师引导分享。

（三）总结与评价

（1）在活动过程中，自己的精神状态是否发生变化？声音是否也相继发生变化？在发现自己变化时，是否及时加以调整？

（2）是否有依赖思想，认为自己的松懈对团队的影响不大？最后出现什么情况？

（3）我们对水桶理论是否有了更深的理解？它对我们的学习、生活会有帮助吗？

三、蜘蛛网

人数：每个小组12～16人。时间：60 min。场地：选出有两棵结实大树（或杆状物）的空地。器材：用绳子（或松紧带）编成的蜘蛛网1张，用来做报警器的小铃铛1个，用来制造气氛的大橡胶蜘蛛1个。

（一）项目目标

（1）培养团队合作精神。

（2）增进队员间的沟通，体会队员协同工作的意义。

（3）让队员们体会计划的重要性，学会克服看似难以解决的问题。

（二）项目程序

（1）所有队员站在网的一边，教师致项目开场白。开场白如下：

小组陷入一片原始森林中。走出森林的唯一出路被一个巨大的蜘蛛网封锁了，你们必须从蜘蛛网中钻过去（不能绕过去，也不能从网的上面或下面过去）。蜘蛛目前正在睡觉，小组人员可乘此时逃离，但蜘蛛非常容易被惊醒。在穿越蜘蛛网的过程中，任何人一旦碰到蜘蛛网，不论轻重，蜘蛛都会立刻被惊醒，并扑过来咬人，即刻导致正在穿越的人和已经过去的人双目失明。另外，每个洞只能用一次，即不同的人必须从不同的网洞穿越过去。

（2）让已通过蜘蛛网的队员做好监护工作。

（3）可选出一名观察员记录小组在执行任务的过程中都出现过什么问题，如计划方面的问题、沟通方面的问题。

（三）总结与评估

（1）你对计划的重要性有什么认识？你认为这次活动的计划做得怎么样？

（2）该项目最困难的地方在哪里？怎样改进？

（3）完成项目的过程中有无冲突产生？你们是如何处理冲突的？

（4）在活动过程中，你感觉团队的合作精神怎样？是否有信任感？

四、有轨电车

人数：20 人左右（10 人一小组）。时间：30 min。场地：校园平整的空地。器材：“电车”一套（带多个鞋套的长木板 2 块或装有若干个绳索的长木板 2 块）。

（一）项目目标

（1）增强团队凝聚力。

（2）了解协作的一致性与指挥的作用。

（3）理解个人、小团队、大团队的相互关系。

（二）项目程序

（1）各组人员手拉绳索，脚踩木板，步调一致，按规定轨道走一圈，最终回到起点。

（2）两组比赛，所用时间少者获胜。

（3）活动过程中要保持步调一致，否则要尽快调整，如果调整不及出现摔倒的情况，手要扔掉绳子，同时大声喊停，告知同伴。

（4）不要把绳子缠绕在手上，失衡后要向两侧踏，不要向中间踏。

（三）总结与评价

（1）这个项目对团队协调有什么启发？对团队沟通又有什么启发？

（2）怎么做才能够加快小组的行进速度？

（3）这个项目的哪些方面与现实生活相通？

五、排除核弹

人数：15 人左右。时间：60 min。场地：校园相对开阔的空地。器材：25 m 长绳子 1

条（用于围成雷区），20 m 长的保护绳 2 条，纸杯 1 个，砖头 1 块，作为稀释溶液的矿泉水一瓶，眼罩 1 只，手套 4 双备用。

（一）项目目标

（1）加强团队成员的合作意识。

（2）强调团队成员之间的交流沟通，提高团队的整体运作能力。

（3）培养全体队员各尽所能，共同努力完成任务的能力。

（二）项目程序

（1）用长 25 m 的绳子拉成一个圈，用砖头把纸杯垫起来并放在圆圈的中间。

（2）教师给队员们讲下面一则故事：

在一个山村中有一枚没有爆炸的核弹头，给该地区造成了威胁，作为特工的你们将被派去该地区排除核弹头，并进行引爆。

圆圈内为辐射区域，所有人员不得进入圈中，2 条 20 m 长的绳子为防辐射物品，但不能使其碰到地面。

拆除核弹头的方法是：利用仅有的工具将一名拿着装有稀释溶液的矿泉水瓶的队员悬挂在辐射区上方（由于强辐射，该队员需要戴上眼罩），在不碰到辐射区内任何物品的情况下向圆圈中间的纸杯中倒入三分之二稀释溶液，然后队员的手才可以触碰“核弹装置”（纸杯），把“核弹装置”移出圈外以完成任务。

在完成任务的过程中，瓶子里的水和杯子里的水都不能洒出来，否则将被视为失败。如需重新开始，每人做俯卧撑 5 次。

（3）活动过程中若出现危险动作，教师应及时叫停活动。

（三）总结与评价

（1）队员们一共出了多少个主意？为什么采纳了现在所用的主意来执行任务？

（2）在全过程中你认为最佳的表现在哪里？团队的合作精神体现在哪里？

（3）团队在解决问题时经历了哪些步骤？这些步骤有什么地方可以改进？

六、贪吃蛇

人数：15 人左右。时间：60 min。场地：校园相对开阔的空地。器材：眼罩 15 只，乒乓球若干，标志桶 4 只。

（一）项目目标

（1）加强团队的合作意识。

（2）强调团队之间的交流沟通，提高团队的整体运作能力。

（3）培养全体队员各尽所能，共同努力完成任务的能力。

（二）项目程序

（1）每队在规定的范围内摸乒乓球。

（2）所有队员排成一排，双手搭在前方队员的肩膀上，除最后一名队员外所有队员佩戴眼罩。最后一名队员可以看见散落的乒乓球，但不可以发出声音提示第一名队员去摸球。

（3）活动过程中若出现危险动作，教师应及时叫停活动。

（三）总结与评价

（1）全队中信息是如何传递的？为什么采纳了现在所用的信息传递方式来执行任务？

（2）在此过程中你认为最佳的表现在哪里？团队的合作精神体现在哪里？

（3）团队在解决问题时经历了哪些步骤？这些步骤有什么地方可以改进？

第四节　基地拓展项目

一、空中抓杠

人数：10 人以上，最好不要超过 35 人。时间：90 min。场地：基地综合训练架。器材：相应的安全设备（动力绳、安全带、头盔、D 型锁、O 型锁、8 字环、手套等）。

（一）项目目标

（1）克服恐惧的心理，勇往直前，挑战自我，激发潜能。

（2）以积极的心态去争取和获得机会，掌握目标管理与控制的成功经验。

（3）面对困难时能互帮互助。

（二）项目程序

（1）全体队员列队集合，教师讲解安全注意事项，包括：安全带的使用方法，主绳与锁具、头盔等的使用要求与方法（教师应经过专业、系统的培训）。

（2）队员穿戴好保护装备，接受队友激励后，由地面通过立柱扶手爬到顶端，当在立柱顶端的圆台上站稳后两手侧平举并大声地问队友和保护人员："准备好了吗？"当听到"准备好了！"的回答后，大声喊"1、2、3"，同时奋力跃出，用手去抓前上方悬着的一根单杠（可以抓住、触摸或向单杠方面抓去而并非必须抓住），完成之后松开双手，在保护绳的保护下慢慢回到地面。

（3）队员如有严重外伤病史、严重心脑血管疾病、精神疾病、慢性病及并发症或医生建议不适合做此类挑战活动者，可以不做此类挑战项目。教师还要通观全局，当出现不合理动作时及时提醒与叫停。此外，要保证每位队员都有人鼓励和迎接。

（三）总结与评价

（1）在跳跃之前，你心里在想什么？有什么感觉？

（2）抓到单杠以后，身体漂浮在半空中时，你的感触是什么？

（3）为什么在地面上和在高空中跳同样的距离会有那么大的心理差别？

（4）不敢做是能力问题还是心理问题？

（5）在现实工作和生活中，是不是也碰到过类似的情况呢？能不能举例说明？

二、垂直天梯

人数：10 人以上，最好不要超过 35 人。时间：90 min。场地：基地组合训练架。器材：相应的安全设备（动力绳、安全带、头盔、D 型锁、O 型锁、8 字环、手套等）。

（一）项目目标

（1）全力以赴，合理分工，互相鼓励，克服心理障碍。

（2）培养队员的相互协作意识。

（3）体会阶段性目标对于实现最终目标的重要意义。

（4）珍惜别人的帮助，懂得感恩。

（二）项目程序

（1）教师讲解安全注意事项。

（2）队员穿好保护护具，经教师检查并连接主锁，接受队员激励。

（3）两人一组，向上攀登，两人共同站在第五根横木上手抱第六根横木即宣告任务完成。

（4）在攀登过程中，可以利用的只能是横木和两人的身体（可以拖拽腰间和腿间的安全带主带，但不得拖拽衣裤），不允许拉拽胸前的保护绳及两边的钢缆；需要踩踏搭档时，除了大腿根部和肩部靠里的位置外，所有部位都是禁止踩踏的。教师全程监控，及时提醒并叫停不合理的动作。

（5）保护者适当收紧保护绳，但不得提供拉力帮助队友完成任务。

（三）总结与评价

（1）你们在共同向上的过程中，碰到了什么困难？是如何克服这些困难的？

（2）对于你的伙伴，印象最深刻的是什么？

（3）体验成功的感受。

三、合力过桥

人数：35 人左右，不低于 10 人。时间：90 min。场地：基地组合训练架。器材：相应的安全装备（动力绳、安全带、头盔、D 型锁、O 型锁、8 字环、手套等）。

（一）项目目标

（1）帮助队员克服恐惧心理，鼓励队员勇往直前，挑战自我，激发潜能。

（2）培养队员之间的信任，增强团队合作意识。

（3）以积极的心态去争取和获得机会。

（二）项目程序

（1）教师讲解安全注意事项。

（2）讲解拉拽吊板下方保护绳的方法，并且尝试以上方吊索为支点寻求平衡。

（3）队员穿好保护护具，经教师检查并连接主锁，接受队员激励后，由地面通过扶梯爬到起点，做好准备，通过 2～3 块 30 cm 宽，不同长度，摇晃不平衡的吊板，其他队员分组抓住吊板垂下的绳子，掌握平衡，让高空队员顺利通过。

（4）高空队员通过后从另一侧扶梯爬下，休息，当下一位队员挑战完成后，参予保护。

（5）教师要通观全局，既关注桥上队员，也要注意拉绳人员的情况，当出现不合理动作时及时提醒与叫停。

（三）总结与评价

（1）完成这个项目最需要的是什么？

（2）当你在下面做保护时和你自己在上面挑战时感觉有何不同？

（3）当伸手够不到前面的吊锁时，你是怎么解决的？

思考题

1. 校园体育拓展运动有哪些特点？
2. 你参加校园体育拓展运动后有何感想和体会？

第十九章 定向运动

第一节 定向运动概述

一、定向运动的起源与发展

（一）世界定向运动的起源与发展

定向运动起源于北欧地区。早在1886年，定向或方位一词就已出现在瑞典的军营中。当时的定向是一个军事训练术语——借助地图和指北针穿越陌生的地带。北欧地区覆盖着一望无际的森林，森林中密布湖泊、沼泽，在这样复杂的地形中，安全地穿越莽莽林海的技术与能力就显得非常重要，定向也就成了重要的军事训练内容。

定向运动由军营走向社会始于20世纪初。

20世纪20年代，定向运动在北欧地区已有了良好的基础，并开始向外传播。1946年，瑞典、芬兰、挪威和丹麦成立了世界上第一个定向运动合作组织——北欧定向理事会。1961年，国际定向运动联合会（以下简称“国际定联”）宣告成立。瑞典已建立起比较完善的科学、教学、训练和比赛体系，平均每天有3场定向比赛，定向运动也被列入学校的课程体系，瑞典已成为世界各地定向运动员训练、比赛的胜地。

1978年，国际定联获得国际奥委会承认，使得定向运动被接纳为奥林匹克体育运动项目。1998年，在日本举行的冬季奥林匹克运动会上，定向运动成为比赛项目。2001年，定向运动成为世界运动会的比赛项目。

当前国际定向运动赛事有：瑞典五日赛（世界最大规摸的定向运动赛事）、世界定向越野锦标赛、世界滑雪定向锦标赛、定向越野世界杯赛、滑雪定向世界杯赛、世界青年定向越野锦标赛、世界青年滑雪定向锦标赛、世界老年定向越野锦标赛、世界老年滑雪定向锦标赛等。

（二）我国定向运动的发展

定向运动在中国的传播始于香港。

定向运动在中国从无到有、从普及到提高，我国的部队院校、中国测绘学会、体育系统、教育系统起了关键性的作用，为定向运动水平进入世界前列打下了坚实的基础。

1991年12月，国家体委批准成立“中国定向运动委员会”，定向运动从此作为一个体育项目在国内有了自己的组织。1992年7月，中国成为国际定联成员国。1995年，“中国定向运动委员会”更名为“中国定向运动协会”。

二、定向运动的定义

（一）定向运动的定义

国际定联2004年版徒步定向赛事规则中，徒步定向或定向越野被定义为一项参与者借助地图和指北针，以徒步越野跑的形式，在最短的时间内按照一定的顺序到达若干个被同时标记在地图上和地面上的检查点的运动。该运动既可以在风光秀丽、空气清新的森林、山地和公园中进行，也可以在校园和街区中开展。

定向运动有多种形式，按照运动模式，国际定联将定向运动项目划分为徒步定向或定向越野、滑雪定向、山地自行车定向和轮椅定向。定向越野是定向运动的典型形式，也是定向运动发展的根源。

（二）定向运动基本内容

（1）定向运动是一项使用指北针和专门绘制的布满地形细节的地图来寻找目标点的运动。

（2）定向运动就是用尽可能短的时间，找到规定路线中所有检查点。规定路线由一个起点（图中的三角形）、若干个检查点（图中的红色圆圈）和终点（图中的双圆圈）组成。

（3）定向运动的检查点放在比较明显的特征点旁，同时在地图上使用红色的圆圈表示。

（4）每一个检查点的位置上有一个点标旗，每个检查点都有一个号码，同时设置有打卡器（有电子和针式两种）。

（5）参加定向运动比赛时，参赛者会拿到地图、检查点说明表、指卡（有电子和纸张两种）。检查点说明表是用来告知参赛者每个检查点的具体点位和号码的一个列表，一般印刷在比赛的地图上。有的比赛会提前发给参赛者，也有的是在比赛现场发放。

（6）在定向运动中，参赛者的主要目的是尽可能快地找到检查点，因而点与点之间的路线选择就是为了能更快地找到检查点。体力最好的参赛者不一定能获得冠军，获得冠军的参赛者都是体能与技能结合较好的人。

第二节 定向地图与野外定向技能

一、定向地图

地形是地物和地貌的总称。地物是指分布在地球表面的固定性物体；地貌是指地表面的起伏状态。

地图原本定义是“地球表面的缩写”。地形图是将实地地形按一定的数学法则和规定，并经过综合取舍后描绘在一张平面图纸上而成的地形缩写。

了解地形图的基本知识，有利于我们读懂定向地图，有利于掌握定向越野的基本技能。

（一）定向地图概述

定向地图是地形图的一种，是根据国际定联制定的《国际定向运动图制图规范》绘制成的地图。定向地图与其他地图相比，是一种更为清晰、易读，更适合在野外行进中使用的专用地图。

定向地图具有如下特点：

（1）内容与定向运动相关。标有一条连接起点、终点和各检查点的路线，根据需要确定地图范围，图的大小适合运动员携带，等等。

（2）地图符号为国际通用符号。采用国际定联制定的《国际定向运动图制图规范》规定的地图符号；一般情况下，无诸如地名等内容的图内注记；正规的比赛用图标有检查点说明表。

（3）具有多种地图颜色。根据通行状况区分不同地图颜色，定向地图有多达6～7种颜色，而普通地形图仅有4色。

（4）具有较大比例尺和特定磁北线。标准定向地图采用1：15 000和1：10 000的地图比例尺。一些公园图采用1：5 000甚至更大的比例尺，地图上标有由南向北的磁北线，磁北线间隔通常为250 m或500 m。

（5）有一定特色图廓注记，包括图名、比例尺、等高距、赛会名称、会标、修测时间、公益性广告、赞助商要求的广告等。

（6）定向地图一般印刷质量较高，所用纸质也较好。

（二）定向地图的符号

定向地图符号，即图例符号，是一种定向专用地图的语言。这种语言全球通用。识别和理解定向地图符号，对于正确地使用定向地图是十分必要的。

定向地图的符号与普通地形图的符号的要求一样，也需完整而详细地表示地貌、水系、建筑物、道路、植被和境界，即地图的六大要素。

根据定向比赛用图的特殊需要，国际定联将定向地图的符号分成五类。

（1）地貌符号用棕色表示。这类符号还包括小丘、小洼地、土崖、冲沟、陡坡、土垣等表示地面详细形态的专门符号（图19-1）。

（2）岩石与石块符号用黑色表示。岩石与石块是地貌或天然地物的特殊形式，它们既可以为读图与确定点位提供有用的参照物，又可以向运动员表明是危险区域还是可奔跑通行的地域（图19-2）。为使它们明显地区别于其他地貌符号，这一类符号使用了黑色。

图19-1　地貌符号

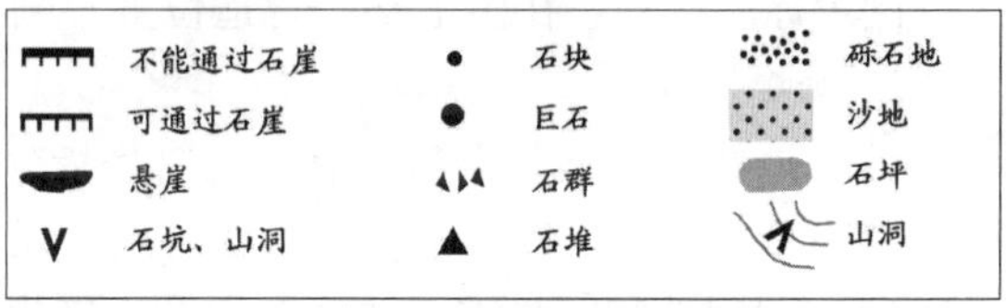

图19-2　岩石与石块符号

（3）水系与湿地符号用蓝色表示。这类符号包括所有露天的明水系（图19-3）。当伴有水生或沼泽的植物时，可与相应的植被符号配合表示。

（4）植被符号用空白、黄色和绿色表示。植被表示的基本原则是，白色（空白）指可奔跑的树林；黄色为空旷地域，分为空旷地、半空旷地及凌乱的空旷地；绿色为树林中密度较大的地域，分为慢跑区域（跑速降低20%～50%）、难跑区域（跑速降低50%～80%）和通行困难区域（跑速降低80%～100%）（图19-4）。上述区域取决于树林的生态，如树种、密度及矮树、草丛等的生长情况。

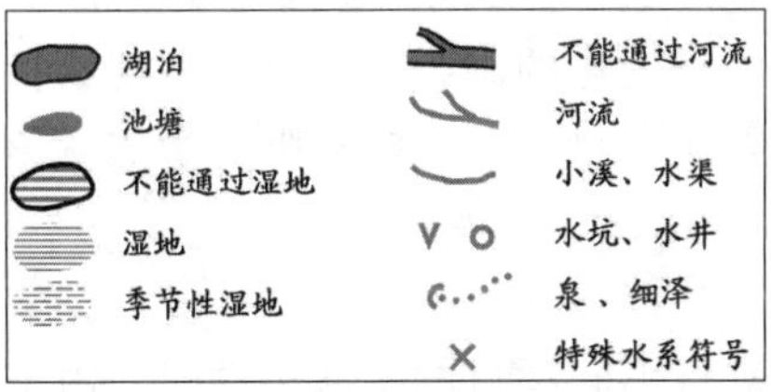

图19-3　水系与湿地符号

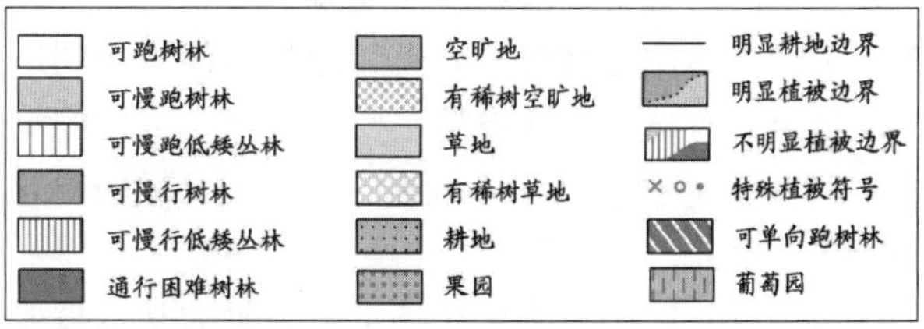

图19-4　植被符号

（5）人工地物符号用黑色表示。包括各种道路、房屋、栅栏、境界等地图符号（图 19-5）。

（6）定向专用符号用紫红色或大红色表示。包括比赛路线及其通行、障碍、危险、保障等的情况（图 19-6）。在一般的定向比赛中是用手工绘制在地图上的；但大规模的比赛则会用套印的方式将这些符号印刷在地图上。

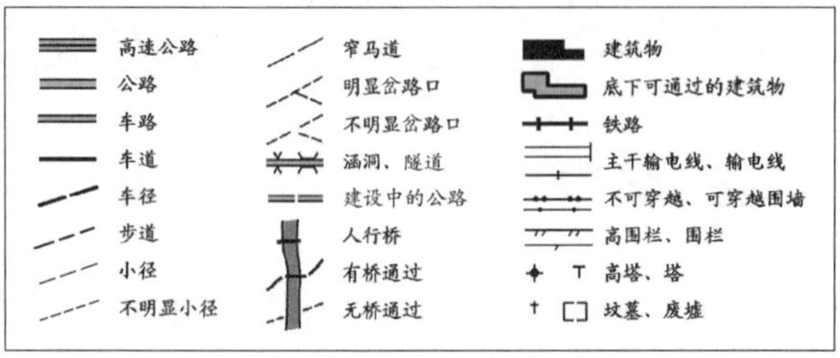

图 19-5　人工地物符号

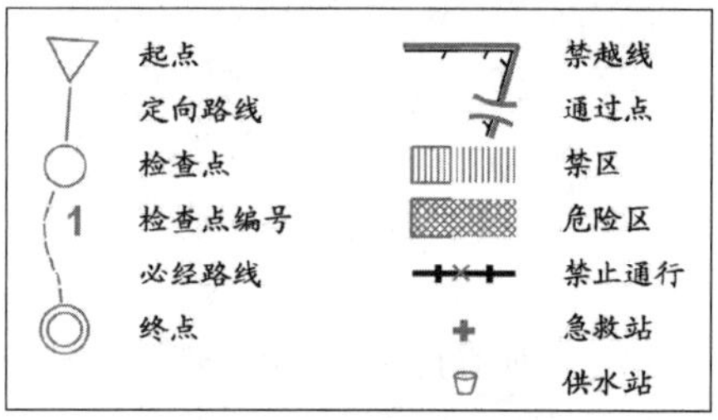

图 19-6　定向专用符号

（三）地图比例尺和地物符号

1. 地图比例尺

地图比例尺是地图最重要的参数之一。要想学会识别、使用定向地图，首先应懂得地图比例尺。

（1）地图比例尺的概念。图上某线段的长度与相应实地水平距离之比。

（2）定向地图比例尺的常用形式。

数字标注形式：直接在地图显要位置标注出“比例尺：1 : 10 000”等字样。

图示标注形式：在图上某一合适位置，画出磁北线的间隔标尺，并注上实地距离。

2. 地物符号

（1）地物符号的分类与特点。地物是指分布在地球表面的固定性物体，地物既有天然的，也有人工的。地物符号按其形状特点可以分为面状符号、线状符号和点状符号三类。

（2）识别地物符号需要注意的问题。在定向越野图上，对于一组属性相近的地物，通常只规定一个基本符号，然后根据这些符号的不同分类，分别使用不同的颜色。在识别符号时不要搞混。

为了表示某些同类地物之间的差别，一般只将它们的基本符号做一些局部改变或方向调整，在认识这些符号时应特别仔细，注意符号本身或其与周围地形之间的细微差别。

（四）地貌符号

地貌是地表面的高低起伏状态。地貌有如山地、平地、凹地、谷地等较大的地貌，也有如小丘、土崖、冲沟等较小的地貌。

定向地图采用等高线法表示地貌。熟练地运用等高线图形理解地貌是非常重要的。定向地图上的所有要素都建立在地貌的基础之上，并与地貌形成各种关系。例如，地物的分布、定向越野比赛路线的方向和距离等都要受到地表起伏与变化的制约和影响。在地物稀少的地方或森林中，地貌是主要的甚至是唯一的定向越野参照物。在定向越野的激烈竞争中，只有地貌才是最经常、最稳定、最可靠的向导。

二、野外定向技能

所谓野外定向技能，是指定向越野的基本技能。在进行不同项目的定向运动时，由于使用的装备、器材及组织比赛的方法不同，因而需要的技能也不尽相同。

（一）判定方位

在自然界，某些动物具有辨别方向的本能。而人们要在野外确定方向，主要还是依靠经验和工具。

1. 利用指北针判定

当指北针的磁针静止后，其N端（通常都有红色标志）所指的方向即为北方。利用指北针辨别方向是十分简便快捷的，也是定向越野常用的基本方法。

利用指北针判定方位需要注意的事项有：一是了解和检查指北针的灵敏程度，尽量保持指北针水平，并让磁针停稳；二是不要距离铁、磁性物质太近，不要在高压线下使用；三是要细心，不要错将磁针的S端当作北方，造成180°的方向误判。

2. 利用太阳与时表判定

利用太阳与时表判定，是在晴朗的天气里在野外常用的一种能较快地辨别出概略方向的方法。其判定要领是：时数折半对太阳，12指的是北方。为提高判定的准确性，通常适用在上午9时至下午4时之间，时间是按24小时制。在不同的地区和不同的季节，用时表与太阳来判定方位所指的方向是略有不同的。

3. 利用北极星判定

北极星位于正北天空。在夜间观察时，其距离地平面的高度与当地的纬度相关。寻找时，通常要根据北斗七星（大熊星座）或仙后星座确定。北斗七星是七颗比较亮的星，形状像一把勺子，将勺头甲乙两星连一直线向勺口方向延长，约为甲乙两星间隔的五倍处，有一颗略暗的星，即北极星（图19-7）。

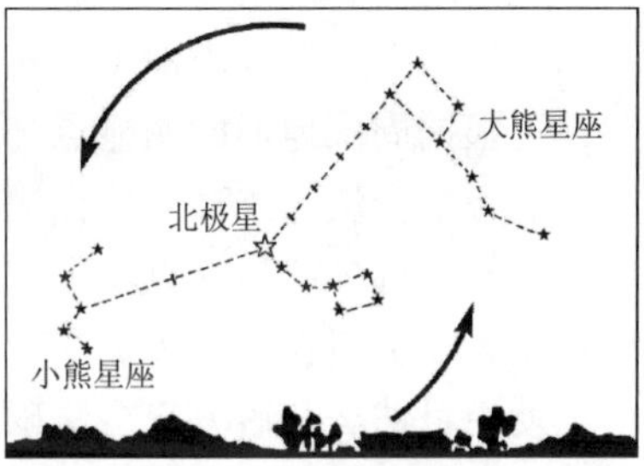

图19-7 夜间利用北极星判定方位

4. 利用地物的特征判定

有些地物的特征可以帮助我们辨别方向，作为判定概略方向的辅助。这些具有方向特征的地物有房屋、庙宇、树木、凸出地物、凹入地物。

利用地物的特征判定需要注意两点，一是利用地物的特征来判定方向不一定很准确，有些地物本身方向不规律；二是所利用的地物通常不一定是容易辨认的。所以，我们不主张定向新手按此种方法来判定方向。

（二）现地使用定向地图

现地使用定向地图，也叫现地读图，是定向越野最基本的要求。现地读图通常在运动员掌握一定的定向越野地图基础知识上进行。

1. 读图的一般规则

（1）完整理解地图。定向地图是制图工作者采用取舍、概括、夸大、移位等制图综合方法完成的。图上符号的数量、形状、大小、精确位置等与实地相应地物并不完全一致。例如，多种地物在一起时，图上只标示了对运动有价值的地物，其他通常不标示或仅象征性地标示；山背上、河岸边的细小凸凹的地貌，图上不可能全部标示，仅标示出它们的概略形状；对于公路、铁路等线状地物，其符号的宽度是夸大了的，而地物两旁其他符号就会出现移位现象，造成地物的位置不可能十分精确。

（2）有选择地了解内容。定向地图的信息通常非常多，读图时不能漫无目的，什么都看，而应有选择地把注意力集中在与如何定向和设计越野跑路线有关的地域和内容上。可以先综合看一下图上的比赛地域，而后确定需要重点看的内容，进而获取自己在越野跑时可能需要的信息。

（3）综合阅读地图。不能孤立地看待地物或地貌的单个符号，而应将它们与地貌和其他地形要素联系起来阅读。不仅要了解它们的性质，还要了解它们之间的方向、距离、高差等空间位置关系，从而明确这些要素对竞赛的综合影响。

（4）考虑现地可能发生的变化。虽然定向地图要求具有一定的现势性，但由于人工或自然的因素，造成地形变化是不可避免的，平时定向越野训练用图就是如此。因此，读图时注意测图时间，考虑图上表现内容落后于现地变化的可能性。

2. 地图与现地对照

（1）标定地图。标定地图是现地对照地图的首要步骤。标定地图就是将地图的方向与现地和方位一致起来。

（2）确定站立点。确定站立点是现地用图的关键，许多初学者就是因为无法确定站立点位置，而导致迷失在野外。确定站立点的主要方法有目估法和后方交会法。

目估法：利用明显地形点目估确定站立点，这是最常用的方法。具体要领为：如果站在明显地形点上，找出地图上相对应的符号便是；如果明显地形点就在附近，则先标定地图，再根据周围地形的明显点与站立点的相互位置关系确定自己的站立位置。

后方交会法：这种方法在周围没有明显点且视线较开阔时使用。具体要领为：先标定地图，然后选择离站立点较远的图上和现地都有的两个以上明显点，再在现地交会。交会点就是运动员所在的位置。

使用目估法和后方交会法确定站立点时应注意：仔细分析站立点周围地形，选择地形点时要找准，防止错判、错用目标；标定地图过程中，地图方位不能变更，并注意检查；采用后方交会法时，为判断准确，一般交角不小于30°或大于150°，条件允许时，用第三条方向线进行检验。

（3）对照地图和现地。对照地形通常在标定地图和确定站立点的基础上进行，而确定站立点又必须先对照地形，所以对照地图和现地与确定站立点两者交叉进行。

（三）选择定向路线

选择定向路线是定向越野的基本技能之一。运动员如果选择了一条好的越野路线，不但能很快找到检查点，而且不会迷失方向，节省体力。

1. 选择定向越野路线的一般原则

选择定向越野路线的原则，对于不同的人是不一样的，不同的地形和不同的地图（地图的精度和现势性不同）存在差异。什么是最佳行进路线？简单地说，应是省体力、省时间、最安全，便于发挥技能或体能优势的路线。对于初学者，则可以参考以下原则：

（1）有路不越野。在我国大部分地区适用该原则，尤其是南方地区，由于丛林密布，越野与在路上跑相比，在路上更好一些。在道路上容易确定站立点，使运动员更具信心；道路地面相对光滑、平坦，有利于提高奔跑速度。

（2）走高不走低。若不得不越野，应尽量在高处（如山脊、山背）行进，避免在低处（如山谷、凹地）行进。这是因为地势高，展望好，便于确定站立点和保持行进方向；高处通风、干燥，荆棘、杂草、虫害及其他危险少，人们都习惯在高处行走。因此，像在山脊这样的地方，常常会有放牧、砍柴的人踏出的小路，利用它，便于提高运动速度。

2. 选择安全越野路线并寻找目标点

依靠上述一般原则决定路线还是很不够的。即使水平很高的运动员，在同一地形选择越野路线也可能不一样。下面介绍几种较安全的方法，对初学者有一定的指导作用。

（1）借点法。当检查点旁边有高大或明显的地物点时，可以采用借点法找点。先找到高大明显地物点，再根据明显地物点与检查点的相对位置找到目标点。需注意的是，当所依据的明显地物点有多个时，一定要认清、认准，然后快速前进。

（2）借线法。当检查点位于线状地物或在线状地物附近时，可以采用借线法。使用借线法时要注意检查点与所利用线状地物的相对位置关系，当检查点不在线状地物旁时一定要注意何时离开线状地物，不要跑过头。

（3）偏向瞄准法。偏向瞄准法是按方位行进的特殊形式。当检查点处在线状地物附近而且该地物的走向与站立点到检查点的走向几乎垂直时，如果按方位角行进，由于地形影响有可能出现偏向，而偏向瞄准法是有意偏向一侧行进，当遇到线状地物时再向另一侧运动，则能很快找到检查点。

（4）导线法。导线法又称为分段运动法。首先对站立点与目标点之间的地形进行分析，找出可参照的地物或地貌，然后根据可参照地形点将路线分为若干段，分别引导，直至找到检查点。

（5）水平位移法。水平位移法通常适用于地形起伏较大、地貌判定较容易且可以穿越的地形。当从地图上判定站立点与目标点处在同一高度时，利用地图等高线在现地沿同一高度行进，则很快就会找到目标点。

运用上述选择路线的方法定向越野，要注意两点：一是地图上选定的参照点一定要与现地参照点是同一地物或地貌，由于地图是经过取舍而成的，现地的地物或地貌一般要比图上多，不能错判；二是由于行进的方向受到地形条件的影响，当选定某一方向前进时，要注意穿越或绕行给原定方向带来的变化。

3. 发现定向越野路线错误的处理方法

初学者经常会发现自己在野外走错了或者判定按正常速度应该找到检查点而没有找到。当出现这种情况时，要保持镇静，千万不能慌乱，然后调整自己越野的步骤，寻找解决的办法。解决的方法有两种：一是重新判定站立点位置。如果能确定其在地图上的位置，则重新选择越野路线，寻找下一个检查点。二是按原路返回。当无法确定站立点位置时，按原路返回先前的检查点，再选择路线行进。初学者往往会跑出路线范围，或跑出地图范围。如果出现此类情况，只好请求别人帮助或进行野外自救，以确保安全回到终点。

思考题

1. 定向图上距离的量算通常有哪两种方法？举例说明其应用及应注意的问题。
2. 简述初学者选择定向越野路线的原则与方法。

第二十章 舞龙运动

第一节 舞龙运动概述

中华民族繁衍生息的广袤土地被称为“龙的故乡”，中华儿女被称为“龙的传人”。龙是中华民族的图腾，是中华民族勤劳、勇敢、奋进、坚毅、拼搏精神的象征。中国是舞龙运动的发源地。在中国的文化中，龙有着重要的地位和影响，上下数千年，龙已渗透到中国社会生活的各个方面，成为一种文化的凝聚和积淀。千百年来，象征着吉祥喜庆、欢乐幸福的舞龙运动已经成为我国广大城乡喜庆佳节最具有代表性的民俗活动，同时也是目前我国推行全民健身计划、增强人民群众身心健康的重要大众体育项目之一。

舞龙运动是指舞龙者在龙珠的引导下，手持龙具，随着鼓乐伴奏，通过人体运动和姿势的变化，完成龙的游、穿、腾、跃、翻、滚、戏、缠、组图造型等动作和套式，充分展示龙的精、气、神、韵等内容的一项传统体育项目。

一、舞龙运动的起源

舞龙又称“龙舞”“玩龙灯”“龙灯会”等。

龙作为中国文化的重要表征，被记载于充满神秘色彩的神话里。商代已经有了关于做“土龙”求雨的明确记载。这有可能是最早的舞龙纪录之一。从商代其他祭祀舞蹈高度活跃的事实可以推测，商代也许是中国舞龙最早的酝酿期。从西周到战国时期，有关舞龙的记载比较少见。这一时期饲龙之形象在出土文物中大量出现并逐渐定型，从西周礼器上环纹、云纹烘托之龙到东周末期青铜器上简练化、抽象化的卷曲之龙，整个龙纹的发展历程昭示着其已经达到了艺术审美的较高境界。但是在舞乐领域，龙之舞蹈形式仍旧没有出现。其中的“舞人”，一般被认为是巫师。龙、凤、巫师三者和谐相处，互相照应又各自独立。汉代出现了形式比较完整的舞龙形象，并有了非常明确的记载。汉代五行思想的盛行也在舞龙祭祀中体现出来，即所谓春舞青龙，夏舞赤龙和黄龙，秋舞白龙，冬舞黑龙。董仲舒的《春秋繁露》中甚至记载了在祭祀时如果日子不同，所舞之龙的颜色就不同，而且舞者人数也不同。除了用于求雨之外，舞龙还广泛存在于汉代盛行的“百戏”中。汉代是舞龙的显性发展时期。

清代舞龙是我国舞龙发展史上的高峰，在表演上追求形神兼备，特别强调舞龙回旋婉转之态，讲究飞腾冲天之象，具有娱乐性、审美性的特征。李渔在《龙灯赋》里说：“行将飞而上天兮，旦宇宙而不夜；不则潜而入海兮，照水国以夺犀。”舞龙种类很多，除了火龙、烛龙、龙灯外，还有竹龙。

二、舞龙运动的发展

舞龙运动的形成与发展绝非随心所欲的，而是中华民族在传承过去的前提下集中智慧不断创造而成的一项民间民俗体育活动。中国的舞龙运动走过了一条漫长的道路，它是应中华民族的社会生活需要而产生的，并在中国独特的自然与文化环境中积淀。它的发生、发展、演变过程可以大致划分为四个时期，即萌芽时期、形成时期、发展时期和规范时期。

1. 萌芽时期

舞龙运动可以说是伴随着中国社会的不断变化发展和宗教活动的开展逐步发展起来的。它的每一个变化发展都带有深厚的原始而神秘的色彩，同宗教、祭祀和年节等社会活动紧密结合在一起。这一时期的舞龙运动无论是在形式上，还是在内容上，都带有深刻的原始宗教色彩，完全是求雨的祭祀活动。

2. 形成时期

到了汉代，舞龙已经相当流行了，无论是规模、种类，还是制作工艺，都具有了相当的水平。这一时期，我们可以认为舞龙运动已逐渐地步入了形成时期，具有了可观赏性，娱乐功能也越来越强。所舞的龙是用彩绸一类的纺织品缝制而成的，并且扎制及绘画的艺术也愈来愈复杂、愈来愈美观，舞龙的技巧也变得多样了。

3. 发展时期

进入唐代，舞龙运动进入了全面发展时期。这一时期的舞龙运动已经基本上摆脱了原始的宗教活动，与民间传统的节日、庆典、灯会等活动密切地结合起来，成为中华民族节日文化的重要组成部分，娱乐功能大大增强。同时人们通过舞龙表达内心的情感，将舞龙作为反映民族凝聚力、展示民族精神的一种手段。

4. 规范时期

舞龙运动一直是百姓喜爱的重要活动。随着历史的发展、人类的进步，舞龙运动逐步发展成具有强身健体功能的，有组织、有规则、有专门的裁判员和运动员参与的竞技运动项目。20 世纪 80 年代以后，“龙的传人”之说再次深入人心，全国各地的民间舞龙表演再度活跃起来。时至今日，舞龙艺术经过长期发展，形成了形形色色、各具风格的造型和舞姿。为了推广舞龙运动及其他民族传统体育的发展，1994 年 5 月，国家体委将舞龙运动列入体育竞技项目，当年在福州举办了首届“佐海杯”全国舞龙邀请赛。1995 年，中国龙狮运动协会在北京成立，国际龙狮总会在香港注册成立。1995 年，国际龙狮运动联合会成立，总部设在北京。中国龙狮运动协会自成立以来，先后出台了舞龙舞狮竞赛规则、裁判法，使中国传统的舞龙运动逐渐走向规范化、竞技化和国际化，得到了迅速的发展。

第二节　舞龙运动技术的基本要素及表现形式

舞龙运动从项目的分类来看，是技能主导类表现性项目，竞技核心应该是动作难度、创新及技术形式的艺术表现。从图 20-1 可以看出，竞技舞龙运动的技术要素体现在形、技、法、情四个方面，构成了竞技舞龙运动的主要表现形式。

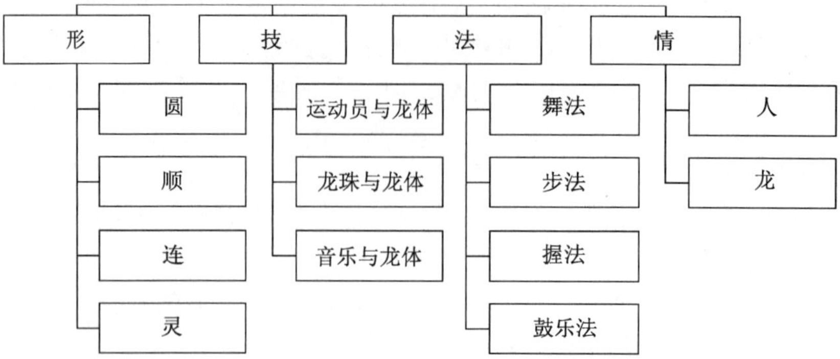

图 20-1

一、形的方面

舞龙运动的“形”，主要是指龙体在运动过程中或在静止状态时所表现出的整体形象。它要求龙体的姿势要正确。舞龙运动的“形”在整个舞龙的表演和比赛中占有十分重要的地位，是进行舞龙比赛的重要依据之一，同时也是舞龙运动教学训练的重点。

（一）龙形的“圆”

舞龙技术形态的第一要素应该是“圆”。圆是中国古代一个重要的审美特征。龙体在运动过程中，无论是横向运动还是纵向运动，其轨迹都是圆的。以“圆”为美是中国传统审美观念中的普遍认识，要求各种舞龙动作都要做到幅度大，舒展大方，最大限度地体现出龙体的盘、游、翻、腾、穿、缠、戏等动作造型。

（二）龙形的“顺”

龙形的“顺”是指龙体在运动过程中路线要顺畅，这是对舞龙技术动作的动态要求。龙体的各部位在运动过程中不能有明显的停顿，尤其是成套动作，快慢、动静、起伏等几个环节的节奏变化要求准确。转换动作时，每一名队员都要严格按照动作编排的前后顺序进行，在动作完成过程中保证龙头、龙身、龙尾协调一致，默契配合。

（三）龙形的“连”

龙形的“连”主要体现在舞龙的动作与动作之间的衔接上。舞龙运动的成套动作可以说是由许多单个的动作通过过渡动作的连接组合而成的。龙体在舞动时，最突出的效果是“线”的流动。要达到这种“线”的流动，最为关键的环节就是龙形要“连”。

（四）龙形的“灵”

通常在人们的认识中，龙具有善变的神性，因此它的出现也免不了要表现出“灵光”“灵通”。龙形的“灵”主要是指舞龙过程要体现出龙的变化无常、游舞翻腾等灵活运动的特点。所以在舞龙中人们多以游弋、起伏、翻滚、腾越、缠绞、穿插等动作，利用人体多种姿态将力度、幅度、速度、耐力等糅于舞龙技巧之中，或动或静，展现龙的精气神韵，更好地将龙的灵性充分地表现出来。

二、技的方面

这里的“技”是指技巧，主要指舞龙过程中的配合技巧。“技”主要讲究以下三种配合。这种配合构成其他各种技术的主框架。

（一）龙珠与龙体的配合

龙珠在整个舞龙比赛中起到引导和表演的作用。引导主要是指在全场比赛中引导整条龙体运动的路线和方向，有提示做各种动作造型的作用；表演是指龙珠在引导的同时自身又有各种表演。执龙珠者的表演既要突出龙珠的特性，又要与龙体运动一致。他的举手投足对龙体都至关重要，每一个动作都发给龙体一个信息。所以龙珠与龙体的配合要力求完美，天衣无缝。

（二）运动员与龙体的配合

整套舞龙动作都是由运动员执器械完成的。在比赛中，运动员在比赛规定时间内既要完成盘、游、翻、腾、穿、缠、戏等舞龙的运动形式，又要创造出高难度技术及“绝招”动作。比赛中的每一名运动员都应把自己看成是龙体的一部分，深刻地体会自己在龙体中的位置及进行下一个动作时自己的位置和表现，同时考虑与其他队员的相互配合，考虑动作顺序、方向、路线。舞龙运动的最高境界就是用“心”舞，演绎自己的故事。

（三）音乐与龙体的配合

表演中自始至终要有音乐伴奏，以烘托气氛，因此音乐的选取至关重要。音乐用于激励队员情绪。音乐常采用民族特色浓郁的吹打乐和鼓乐，旋律和节奏强弱要与舞龙动作协调一致。为了提高音乐与舞龙动作配合的质量，运动员平时要注意培养乐感。

三、法的方面

法是指完成舞龙动作的方法，一般包括步法、舞法和把法。

（一）步法

舞龙运动的步法有进步、退步、横移步、跃步等，步型则有弓步和马步等。这些步法和步型在舞龙运动中占有十分重要的地位。灵活多变的步法为舞龙运动的高难度技术动作的充分发挥奠定了坚实的基础。因此，在舞龙运动中，如果步法与舞龙动作能够协调一致，舞龙的技术水平一定能够很好地发挥出来，而且整套舞龙动作表演的效果也一定会达到较高的水准。这就要求运动员在平时训练中苦下功夫，抓好步法训练。

（二）舞法

舞法是舞龙技术水平正常发挥的关键环节，舞龙的所有技术动作都是通过舞龙者的舞法来完成的。舞法可分为原地舞法和行进间舞法两种。原地舞法是相对脚的位置而言的，脚始终在同一位置不动，而靠上体和手的动作完成龙体的运动，如原地“8”字舞龙等。行进间舞法则是在移动位置的同时，利用身体各部位的用力，完成龙体的运动。另外，从上肢的舞法上讲，舞法还可以分为两手固定舞法、两手交替舞法、换手舞法等。

（三）握法

握法是指运动员的执把方法，主要有正握法、背握法和换握法等。正握法是体前的执把方法，有左下右上握法（顺握）和右下左上握法（反握）两种。正握法多运用于高难度、快速度的技术动作中。背握法是体后的执把方法，是下手置于体后握住把端、上手在头上握住把杆进行舞动的一种方法。这种握法有难度，但表演的效果较为精彩，在进行一些原地的、速度较慢的、负荷较小的技术动作中使用得较多。换握法主要有左右手交替换握或两队员或多队员间换握，此握法多运用于一些速度较快或抛接龙杆的高难度动作中。

四、情的方面

舞龙通过龙体和人体的动作、行为来表现龙的精、气、神、韵。通常好的舞龙表演有很强的艺术表现力。在人们心目中，龙是叱咤风云的神灵，舞龙要表现出龙的游弋、起伏、翻腾、穿跃，用动或静组成优美的龙的造型。通常一场舞龙表演都有一个主题，运动员通过各种动作对其内涵加以演绎，表达出龙的盘、翻、滚、腾、穿、缠、戏等动作所表达的意象。整个过程恰似表演一出舞台剧。这就是舞龙表演的精华所在、情之所在。

第三节 舞龙运动技术动作内容分类

目前舞龙技术主要有以下几类："8"字形舞龙动作类、游龙动作类、穿腾动作类、翻滚动作类和组图造型动作类。舞龙运动的整体技术还应该包括龙珠技术和鼓乐技术。在这三个技术体系中，舞龙技术是整个竞技舞龙运动的核心。

现代竞技舞龙运动动作可划分为 A 级难度动作、B 级难度动作和 C 级难度动作。

A 级难度动作：舞龙的基础动作和技术较为简单的舞龙技巧动作。

B 级难度动作：在舞龙基础动作上有所发展、有所提高，具有一定难度，必须经过严格的训练才能完成的舞龙技巧动作。

C 级难度动作：必须具备较高的身体专项素质和专项技能才能完成的高难度的舞龙技巧动作、高难度的舞龙组合动作，并有较高的锻炼价值和审美价值。

一、舞龙技术

（一）"8" 字形舞龙动作类

过程：舞龙者将龙体在人体左右两侧交替做"8"字形环绕，可快可慢、可定位、可行进，也可利用人体组成多种姿态、多种方法做"8"字形舞龙。

要求：前后队员的距离要适中，龙体运动轨迹要圆顺，人体造型姿态要优美，要突出速度、幅度、力度，给人以力量美的感受。

主要动作：见表 20-1。

表 20-1 "8"字形舞龙动作类主要难度动作的等级分类

"8"字形舞龙动作类 A 级难度动作	"8"字形舞龙动作类 B 级难度动作	"8"字形舞龙动作类 C 级难度动作
原地"8"字形舞龙、行进间"8"字形舞龙、单跪舞龙、套头舞龙、搁脚舞龙、扯旗舞龙、靠背舞龙、横移（跳）步舞龙、起伏"8"字形舞龙	原地快速"8"字形舞龙、行进间快速"8"字形舞龙、跪步行进快舞龙、抱腰舞龙、绕身舞龙、双人换位舞龙、快舞龙磨转、连续抛接龙头横移（跑）步舞龙	跳龙接一蹲一躺快舞龙、跳龙接摇船快舞龙、跳龙接直躺快舞龙、依次滚翻接单跪快舞龙、挂腰舞龙（两人一组）、"K"式舞龙（3 人一组）、站腿舞龙（两人一组）、双杆舞龙（一人持两杆）

（二）游龙动作类

过程：舞龙者以较大幅度奔跑游走，通过龙体快慢有致、高低、左右的起伏行进，展现婉转回旋、左右盘翻屈的形体特征。

要求：龙体循着弧线的运动规律运动，人体协调地随龙体的起伏游动。

主要动作：见表 20-2。

表 20-2 游龙动作类主要难度动作的等级分类

游龙动作类 A 级难度动作	游龙动作类 B 级难度动作	游龙动作类 C 级难度动作
直线行进、曲线行进、走（跑）圆场、滑步行进、起伏行进、单侧起伏小圆场、矮步跑圆场、直线（曲线、圆场）行进障碍	快速曲线起伏行进、快速顺逆连续跑圆场、快速矮步跑圆场越障碍、快速跑斜圆场、骑肩双杆起伏行进	站肩平盘起伏（旋转两周以上）、直线后倒、鲤鱼打挺接擎龙行进

（三）穿腾动作类

过程：龙体运动的线路呈纵横交叉，表现腾云驾雾、翻江倒海的磅礴气势。龙珠、龙头、龙节依次在龙身下穿过，称“穿越”；龙珠、龙头、龙节依次在龙身上越过，称“腾越”。

要求：穿越或腾越时，龙形保持饱满，速度均匀，运动轨迹流畅，穿腾动作轻松利落，不碰踩龙体，不拖地。

主要动作：见表 20-3。

表 20-3 穿腾动作类主要难度动作的等级分类

穿腾动作类 A 级难度动作	穿腾动作类 B 级难度动作	穿腾动作类 C 级难度动作
穿龙尾、越龙尾、首尾穿（越）肚	龙穿身、龙脱衣、龙戏尾、连续腾越行进、腾身穿尾、穿尾越龙身、卧龙飞腾、穿八五节、首（尾）穿花缠身行进	快速连续穿越行进（3 次以上）、连续穿越和腾越行进（4 次以上）

（四）翻滚动作类

过程：龙体成立圆或斜圆状运动，展现龙的飞腾跳跃的姿势。龙体做立圆（或斜圆）状连续运动，当龙身运动到舞龙者脚下时，舞龙者利用跨越、跳跃迅速依次跳过龙身，称“跳龙动作”；龙体同时或依次做 360°翻转，舞龙者利用滚翻、手翻等方法越过龙身，称“翻滚动作”。

要求：跳滚动作必须在不影响龙体运动速度、幅度、美感的前提下完成，难度较大，技术要求也高；龙体运动轨迹要流畅，龙形要圆顺。

主要动作：见表 20-4。

表 20-4 翻滚动作类主要难度动作的等级分类

翻滚动作类 A 级难度动作	翻滚动作类 B 级难度动作	翻滚动作类 C 级难度动作
龙翻身	快速逆（顺）向跳龙行进（2 次以上）、连续游龙跳龙（2 次以上）、大立圆螺旋行进（2 次以上）	快速连续斜盘跳龙（3 次以上）、快速连续螺旋跳龙（4 次以上）、快速连续螺旋跳龙磨转（6 次以上）、快速左右螺旋跳龙（左右各 3 次以上）、快速连续磨盘跳龙（3 次以上）

（五）组图造型动作类

过程：龙体在运动中组成活动的图案和相对静止的龙体造型。

要求：活动图案画面清晰，静止造型形象逼真，以形传神，以形传意，与龙珠配合协调，组图造型连接和解脱要紧凑、利索。

主要动作：见表 20-5。

表 20-5 组图造型动作类主要难度动作的等级分类

组图造型动作类 A 级难度动作	组图造型动作类 B 级难度动作	组图造型动作类 C 级难度动作
龙门造型、塔盘造型、尾盘造型、曲线造型、龙出宫造型、蝴蝶盘花造型、组字造型、龙舟造型、螺丝结顶造型、卧（垛）龙造型	上肩高塔造型自转一周，龙尾高翘寻珠、追珠，首尾盘柱，龙翻身接滚翻成造型，单臂侧手翻接滚翻成造型	大横“8”字形慢行进（成型 4 次以上）、坐肩后仰成平盘起伏旋转（一周以上）

二、龙珠技术

龙珠技术也是舞龙运动必不可少的技术之一，在舞龙队伍中占有十分重要的地位，可以说是一支舞龙队的灵魂，它不仅起到引领舞龙者完成舞龙动作的作用，更为重要的是，它也蕴含着十分丰富的中国传统龙文化的内涵。

（一）龙珠的基本结构

龙珠通常由龙珠球体和龙珠杆两部分组成。

关于龙珠的规格，现代舞龙竞赛规则中有明确的规定。例如，龙珠球体的直径一般规定为 0. 33 ~ 0. 35 m，而龙珠杆的高度一般规定为不低于 1. 7 m（含龙珠球体）。

（二）龙珠基本技术

龙珠基本技术主要由基本步型、基本步法、基本握法和基本跳跃四部分组成。

1. 基本步型

（1）弓步。右脚向前上一大步（约为本人脚长的 4 ~ 5 倍），前脚尖微内扣，右腿屈膝半蹲，大腿接近水平，膝部约与脚尖垂直；左腿伸直，脚尖内扣，斜向前方，全脚掌着地；两手持龙珠举于体侧，目视前方。右腿在前为右弓步，左腿在前为左弓步。

动作要点：挺胸、塌腰、沉髋、前腿弓、后腿蹬，前脚尖与后脚跟在一条直线上。

（2）半马步。左脚向左侧横跨一步（约为本人脚长的三倍），脚尖正对前方，右脚脚尖朝外，身体侧对前方，两腿屈膝半蹲，膝部不超过脚尖，大腿接近水平，全脚掌着地，身体重心落于两腿之间，两手持龙珠抱于胸前，目视龙珠。

动作要点：挺胸塌腰，头正颈直，脚跟外撑。

（3）仆步。两脚左右开立。右腿屈膝全蹲，大小腿靠近，右脚全脚掌着地，脚尖和膝关节外展约 30° ~ 45°。左腿挺直平仆，脚尖内扣，全脚掌着地；两手持龙珠抱于胸前，目视龙珠。左腿伸直为左仆步，右腿伸直为右仆步。

动作要点：挺胸、塌腰、沉胯。

（4）提膝。右腿伸直支撑，左腿屈膝提起（过腰），脚面绷直，并垂扣于右腿前侧。两手持龙珠上举于头上，目视左前方。

动作要点：身体直立，挺胸、塌腰、收腹，平衡要稳，提膝过腰，脚尖内扣。

2. 基本步法

（1）圆场步。两手持龙珠，两脚沿圆形路线连续向前行步，脚跟先着地，然后逐步过渡到脚掌着地，两脚依次交替，连续行进间完成圆场步。

动作要点：两脚依次过渡要连贯，身体重心要平稳。

（2）矮步。两手持龙珠，两腿屈膝半蹲，两脚向前行步，脚跟先着地，然后逐步过渡到脚掌着地，两脚依次交替，连续行进间完成矮步。

动作要点：两腿微屈，两脚依次过渡要连贯，身体重心要平稳。

(3) 碾步（以向右移动为例）。两手持龙珠，以左脚脚掌和右脚脚跟为轴碾转，使左脚脚跟和右脚脚尖向右移动。然后以右脚脚掌和左脚脚跟为轴碾转，使左脚脚尖和右脚脚跟向右移动，连续行进间完成碾步。

动作要点：两脚移动的轴心要清楚，动作要连贯，身体重心要平稳。

3. 基本握法

(1) 端龙珠。两手持龙珠，手臂微屈，使龙珠杆端平，与胸同高，目视龙珠。

动作要点：挺胸塌腰，握把平稳，两肩松沉。

(2) 举龙珠。两脚并步站立，两手持龙珠上举，使龙珠竖直立于体侧，目视前方。

动作要点：挺胸收腹，两手上举，龙珠要贴紧身体。

(3) 换把。两手持龙珠，手臂微屈，使龙珠杆端平，与胸同高。随后上抬龙珠，两手滑动，交换把位，呈另一方向的端龙珠姿势。

动作要点：滑动换把时，两手要快速灵活，左右端龙珠要平稳。

4. 基本跳跃

(1) 腾空飞脚。右手后背龙珠，右脚上步，左腿向前、向上摆踢，右脚蹬地跃起，身体腾空。在空中，右腿向前上方弹踢，脚面绷直，右手向前迎击右脚面。同时左腿屈膝，左脚收控于右腿侧，脚面绷直，脚尖向下。

动作要点：身体腾空，右腿弹踢有力，右手击右脚面准确、响亮。

(2) 旋风脚。右手后背龙珠，左脚向左上步，身体随之左转。右脚随即上步，脚尖内扣，两腿微屈下蹲，重心偏右腿。随后右腿蹬地起跳，左腿提起向左上方摆动，上体向左上方翻转，右腿在空中完成里合腿动作，左手在面前迎接右脚掌，左腿自然下垂。

动作要点：身体腾空，里合腿要靠近身体，击拍动作准确、响亮，动作协调一致。

(3) 旋子。两手持龙珠，左脚向左上步，身体平俯向左甩腰摆动，随即左腿蹬地起跳，身体腾空，两腿随身体向左水平旋转，上体平俯抬头，然后右脚和左脚先后依次落地。

动作要点：身体腾空时要抬头挺胸，身体水平旋转，两腿分开。

三、鼓乐技术

鼓乐作为烘托舞龙运动气氛的重要部分，与舞龙技术和龙珠技术合称舞龙运动的三大技术主体。中国的舞龙运动的鼓乐主要以打击乐为主，乐器有鼓、锣、唢呐等。

第四节 舞龙运动竞赛的组织与裁判

一、舞龙运动竞赛的组织

舞龙运动竞赛的组织工作是搞好舞龙竞赛活动的基础，也是保证舞龙竞赛顺利进行的重要环节。舞龙运动竞赛的组织工作包括制定竞赛规程、成立竞赛组织机构、组织裁判队伍等。

(一) 制定竞赛规程

(1) 制定竞赛规程的依据：以舞龙运动的整体竞赛规划为依据，以舞龙运动竞赛活动的目的和任务为依据，以客观实际条件为依据。

(2) 确定竞赛规程的主要内容：竞赛的名称，竞赛的目的和任务，竞赛的主办单位和承办单位，竞赛日期和地点，竞赛项目，参加单位和参加办法，运动员资格，竞赛的性质和办法，报名与报到，录取名次与奖励办法，裁判员和仲裁委员会的组成，其他。

（二）成立竞赛组织机构

为了保证舞龙比赛顺利举行，有关单位通常要根据比赛规模的大小建立相应的比赛组织机构，举办大型比赛应成立组委会。组委会是由主办单位、承办单位及参赛单位的领队、总裁判长等人员组成的，决定大会的组织方案。

（三）组织裁判队伍

裁判队伍一般由主办单位确定。通常设总裁判长 1 人，副总裁判长 2～3 人；每个裁判组设裁判长 1 人，评分裁判员 5～9 人，套路检查裁判员 1～2 人，记分员 1 人，计时员 1 人，值班裁判员 1 人；编排记录长 1 人，编排记录员 1～2 人；检查长 1 人，检查员 3～5 人，宣告员 1～2 人。

二、现代竞技舞龙比赛的类型

随着竞技舞龙运动的迅速发展，全国各地的舞龙赛事举办得红红火火。现代竞技舞龙比赛的类型主要包括以下几种。

（一）舞龙规定套路比赛

舞龙规定套路是指中国龙狮运动协会根据舞龙技术发展的方向，组织舞龙技术专家从近期历次比赛众多的舞龙动作中，挑选各种最具代表性的舞龙基础动作和舞龙难度动作，精心编排的套路。

（二）舞龙自选套路比赛

舞龙自选套路是指各运动队根据比赛的要求及自身的特点和主题等因素，将舞龙运动的各类动作合理、科学、有效地串联、编排成的一个完整的且具有丰富内涵的舞龙套路。由于舞龙自选套路大多带有鲜明的地方特色，同时又能体现出各运动队的技术创新，因此，具有很强的观赏价值，最能反映出一支舞龙队的整体水平。

（三）抽签舞龙比赛

在抽签舞龙比赛中，组委会根据舞龙竞赛规则，将规定的 45 个典型动作（A 级难度动作、B 级难度动作和 C 级难度动作各 15 个）记录在签上，分别放入 A、B、C 三个不同的抽签盒中，由各参赛队领队或教练员在组委会有关人员的监督下，抽取 4 个 A 级难度动作、4 个 B 级难度动作、4 个 C 级难度动作。教练员和运动员临场就本队所抽取的分类动作进行组合编排，参加比赛。

（四）竞速舞龙比赛

竞速舞龙比赛是指运动队用娴熟的技术、规范的标准、最快的速度，在规定的场地内，完成规定的舞龙竞赛内容的一种比赛方法。它是检验一支舞龙队专项基本技术和身体素质水平高低的竞赛项目。

（五）障碍舞龙比赛

障碍舞龙比赛是指参赛队以娴熟的舞龙技术，通过舞龙动作中的游、翻、腾、穿等形式，绕过、穿过或越过场内所设障碍物，完成特定竞赛内容的一种比赛方法。

思考题

1. 简述舞龙运动技术基本要素。
2. 舞龙运动竞赛有哪些种类？

第二十一章　珍珠球运动

第一节　珍珠球运动概述

清康熙年间，满族人陆续迁入齐齐哈尔地区，其中主要是驻防齐齐哈尔城的满洲八旗兵丁及其后裔，分布于城外，自成村落，即今昂昂溪区、铁锋区、梅里斯达斡尔族区所辖的满族聚居村前身。

满族崇尚体育运动。在清代就重视具有军事性质的骑射，同时也重视角抵、赛马、打珍珠球等传统体育项目。近年来，一些满族村在每年春、秋之际，都举行“莫勒真”（体育盛会），进行赛马、摔跤、射箭、打珍珠球等比赛。珍珠球是满族的传统体育项目。珍珠球俗称“采珍珠”“投空手”，是满族中流传已久的体育项目。它又被称作“踢核”“采核”“扔核”，在满语里“核”是“尼楚赫”的约简音，即“珍珠”的意思。满族人把珍珠当作光明和幸福的象征。这一运动项目是从采珍珠人的劳动形式演变而来的。珍珠球最初是由满族儿童模仿采珍珠人劳动的情景，用内装黄豆的布包进行投接的一项游戏活动。在活动中，用“绣球”象征珍珠，竞相往网中投掷，同时要有 2 人每人手拿两片大蛤蚌壳，用以阻止珍珠进网，不让采走珍珠。于是与生产劳动紧密相连的、有攻有守的，以跑、跳、传、投为主的体育项目形成了。随着满族人进入辽、沈后分居于北京、河北、内蒙古、新疆等地，珍珠球运动随之带到了与汉族杂居的地方，之后逐渐发展为采用小球进行攻防结合的传统体育项目。珍珠球在满族不同居住地区有不同的叫法，在辽宁省称“投空手”，在北京称“采珍珠球”，在山东省称“打司令”。

根据《清朝文献通考》的记载和其他考证，珍珠球作为一项传统体育项目在民间广为流传，距今已有 300 多年的历史，现已成为全国少数民族传统体育运动会的竞赛项目之一。珍珠不仅象征着珍贵、富有，还寓意着纯洁，满族人在劳动后，为欢庆收获，举行打珍珠球比赛，投中、投多者预示着未来会采集到更多的珍珠，有更大的收获，并预示着吉祥如意。于是，以体育游戏方式模拟在水中捞取珍珠的情形便逐渐演化成有具体技术、战术且攻防兼备的体育活动。珍珠球类似篮球，又像手球，对抗性极强，要求参与者技术全面，能攻善守，精于协作配合，是一项集体性的运动项目。同时，珍珠球具有很强的实用价值，可用来健身娱乐，且便于普及，易于提高，适合在学校开展。经常参加这项运动，能提高参与者的观察、判断和反应能力，培养勇敢顽强的意志和团队合作精神。

珍珠球运动规则是在参考篮球、手球规则的基础上制定而成的。它与篮球、手球运动有一定的共性。珍珠球运动的场地面积不大，所用器材较为简单，对场地器材要求不高，除正规比赛需要标准的场地与器材外，比赛可随意在空地上进行，不受场地大小和地面质地的限制，因此该项运动具有较强的实用价值。

珍珠球运动是综合的非周期性集体运动，其技术、战术系统的实践操作与实践运用过程，是在对抗变化着的特定时间、位置、距离、场地、设施、环境条件要求下，运用跑、跳、投等手段来完成的。在这一过程中，无论是智力、生理还是心理都要承受各种复杂因素的影响。因此，科学地参加珍珠球运动，对增进健康、提高身体素质和心理修养、培养集体主义精神等都有积极的作用。

学生通过珍珠球运动，可以了解我国少数民族的文化，增强民族凝聚力，加强民族团结，弘扬民族精神。同时，通过参与珍珠球比赛，可以有效地强化拼搏意识，敢于进取，学会遵守规则，尊重对手，使竞争心态更为健康，实现生理和心理的健康发展。

第二节 珍珠球运动基本技术与战术

珍珠球技术通常分为进攻技术和防守技术两大体系。根据珍珠球运动技术的特点，我们把珍珠球技术定义为在珍珠球比赛中为达到一定攻防目的而采用的专门动作的总称，是珍珠球比赛中常见的动作类型和组合变化形式的总称，是进行珍珠球运动的基础。其内涵是以手脚运动为基础，以控制球和支配球为主要争夺手段，以一对一为基本攻守对抗形式，以投手和抄网人默契配合、投球得分为最终目的的攻守对抗性技术系统。

一、基本技术

珍珠球基本技术是指在珍珠球比赛中为达到一定攻防目的而采用的专门动作方法的总称。

（一）移动

移动是珍珠球比赛中运动员为了达到进攻和防守目的而改变位置、高度、方向和速度时所采用的各种脚步动作的总称。

移动技术是珍珠球技术的基础，它与掌握和运用各项攻守技术有着密切的关系，是教学中首先要抓好的关键环节。进攻时运用移动技术的目的是使自己或帮助同伴摆脱对方，获球完成攻击；防守时则可抢占有利位置，以便断球或阻挠对方的进攻。

1. 变速跑

变速跑是指队员在跑动中利用速度变化完成攻守任务的一种方法。由慢跑变快跑时，上体前倾，用前脚掌短促有力地向后蹬地，同时迅速摆臂，前两三步要小，以加快跑的频率。由快跑变慢跑时，上体抬起，步幅加大，用前脚掌抵地，减缓冲力，从而减慢跑速。

2. 变向跑

变向跑是指队员在跑动中利用方向的变化完成攻守任务的一种方法。以从右向左变向跑为例，最后一步用右脚前脚掌内侧用力蹬地，同时脚尖稍内扣，迅速屈膝，降低重心，腰部随之左转，上体向左前倾，移动重心，左脚向左前跨出，加速前进。

3. 侧身跑

侧身跑是指队员在向前跑动中，为观察场上情况，侧转上体进行攻守的一种方法。队员在向前跑动时，头部与上体侧向球的方向，脚尖朝向跑动的前进方向，内侧腿深屈，外侧脚用力蹬地，内侧肩在前。

4. 跨步急停（两步急停）

队员在快速跑动中急停时，先向前跨出一大步，用脚跟先着地，然后迅速过渡到全脚掌抵住地面，迅速屈膝，降低重心，身体微向后仰，后移重心，紧接着跨出第二步。脚着地时，脚尖稍向内转，用前脚掌内侧蹬住地面，两膝弯曲（如先跨左脚后上右脚，则身体向左侧转），并微向前倾，重心落在两脚之间，两臂屈肘自然张开，保持身体平衡。

5. 跳步急转

队员在中速和慢速移动中，用单脚或双脚起跳（紧贴地面跳），上体稍后仰，落地时全脚掌着地，用前脚掌内侧蹬住地面，两膝弯曲，两臂屈肘微张，以保持身体平衡。

6. 转身

转身时，重心移向中枢脚，另一只脚的前脚掌蹬地，同时中枢脚以前脚掌为轴用力碾地，上体随着移动脚转动，以肩、腰向前或后改变身体方向。在移动过程中，要保持身体重心平衡，转身后重心应转移到两脚之间。转身分前转身和后转身。移动脚向中枢脚前方跨步转动叫前转身，移动脚向中枢脚后方撤步转动叫后转身。

7. 后撤步

斜侧步站立时，前脚后撤变成后脚。撤步时前脚掌内侧用力蹬地，同时腰部用力向后转胯，前脚后撤，后脚的前脚掌碾地。当前脚后撤着地后，紧接着滑步，保持身体平衡与防守姿势。后撤步时撤步角度不宜过大。

（二）支配球

支配球分为传球和运球。

1. 传球

传球有单手肩上传球、单手胸前传球、单手体侧传球、单手低手传球、单手头上传球等。这里介绍前三种技术。

（1）单手肩上传球。单手肩上传球是一种常用的中远距离传球。以右手传球为例，双手持球于胸前，两脚平行开立，传球时，左脚向传球方向迈出半步，同时将球引至右肩上方，肘外展，上臂与躯干、上臂与前臂的夹角大于90°。右手托球，手腕后仰，左肩侧对传球方向，重心落在右脚上，右脚蹬地，转体，前臂迅速向前挥摆，手腕前屈，通过食指、中指拨球将球传出。球出手后，随着身体重心前移，右脚向前迈出半步，保持基本站立姿势。

（2）单手胸前传球。单手胸前传球是一种常用的近距离传球方法。传球手单手持球，在短促摆动小臂的同时，手腕稍向后屈，根据传球需要，急促向前扣，向内和向外旋转、摆动，同时食指、中指、无名指用力拨球，将球传出。

（3）单手体侧传球。双手胸前持球，右手传球时，左脚向左跨出一步，右手引球至身体右侧。在球传出前的一刹那，持球手的拇指向上，手心向前，手腕后屈，小臂稍向前摆，急促用力向前扣腕，手指用力拨球，将球传出。

2. 运球

运球是珍珠球运动中一项基本的技术，是持球队员在原地或移动中，用单手连续拍按从地面反弹起来的球。运球分为推进性运球和突破性运球。推进性运球是指队员在获得球的基础上，在无人防守的情况下，运球推进的一种方法。突破性运球是指队员在获得球的基础上，利用各种脚步动作和运球手法，力求突破防守队员的各种运球过人的方法。

（1）运球急停。在快速运球中，突然急停时，手拍按球的前上方。运球急起时，要迅速起动并拍按球的后上方，要注意用身体和腿保护球。

（2）体前变向换手运球。运球队员想从对方右侧突破时，先向对方左侧变向运球，然后突然改变方向向右侧运球。变向时，右手拍按球的右后上方，把球从自己的右侧拍按到左侧前方，同时，右脚向左前方跨出，上体左转，用肩保护球，然后换左手运球加速前进。

（三）投球

投球技术是珍珠球运动中重要的进攻技术，是得分的唯一手段，是进攻队员为将球投入抄网而采取的各种专门动作的总称。常见的投球技术一般有原地投球技术、行进间投球技术和跳起投球技术三种。

1. 原地投球

持球于肩上，下肢蹬地的同时，胸部舒张，前臂向后移动，呈弓形，在腰腹协调用力的配合下，上臂带动前臂，利用前臂和手腕的力量，向前将球投出。

2. 行进间投球

以右手为例，当球接近身体时，左脚蹬地，右脚向前跨出一大步，身体在腾空时接球。右脚落地后，左脚向前跨一小步，并用力蹬地向上起跳。同时，抬腿举球，当身体接近最高点时，右腿自然下落，右臂向前上方伸直，手腕前屈，通过指端将球投出。

3. 跳起投球

在移动或运球中跨步或跳步持球的同时，重心下降，两腿弯曲，脚尖指向抄网方向呈基本站立姿势，接着快速起跳，同时持球上举。当身体腾空并接近最高点时，根据情况，采用高抛或平快投球手法将球投出。

（四）持拍防守

持拍防守技术是指持拍防守队员在封锁区内，利用封挡、夹接、按压、挑拨等技术拦截对方投、射向抄网的球的一项专门技术。

1. 双手持拍挡夹球技术

双手持拍挡夹球技术主要运用于防守高抛球。双手持拍伸出，两拍呈前宽后窄状。接触球瞬间，两拍迅速夹拢将球夹住。

2. 单手或双手持拍先挡后夹球技术

单手或双手持拍先挡后夹球技术主要运用于防守直线快球。其方法是单手或双手握拍伸出挡球，接触球瞬间稍回缩缓冲，同时下拉，球将随拍下落，落地后两拍将球夹稳。

（五）抄网

抄网技术是指珍珠球运动队员通过跑、跳、移动，以及和进攻队员默契配合，将球投入网内的一种得分技术。抄网技术的掌握和进攻队员之间的配合程度直接影响比赛的结果。

1. 抄高抛球

（1）抄落点在得分区内高抛球。两脚蹬地，垂直起跳，同时伸出抄网，当抄网到达最高点时将球抄入网内，落地时腰腹控制平衡，两脚在得分区内缓冲着地。

（2）抄落点在得分区后高抛球。两脚蹬地，后跨跳起，持网向后伸出，通过腰腹控制平衡，落地前将球抄入网内，同时两脚缓冲着地。

2. 抄直线快球

利用假动作（如急停急起、变向返跑等）摆脱持拍防守队员防守，形成移动错位和时差错位，同时给出网位，主动将球抄入网内。

3. 抄边界外空中球

同侧移动，两脚蹬地，向界外侧跨跳起，在空中给出网位，持网手腕控制抄网面与来球成垂直角度，将水区队员投射的直线快球抄入网内。

二、基本战术

珍珠球战术是指在珍珠球比赛中两三个队员之间有目的、有组织的简单攻守配合方法，是全队战术配合的基础。它包括进攻战术配合和防守战术配合两部分。

（一）进攻战术配合

1. 掩护配合

掩护配合是指掩护队员采用合理的行动，以自己身体挡住同伴的防守者的移动路线，使同伴得以摆脱防守的一种配合方法。

根据掩护者做掩护时的站位，有前掩护、侧掩护和后掩护三种形式；根据掩护者的移动路线、方法和变化，有反掩护、假掩护、运球掩护、定位掩护、行进间掩护和连续掩护等。掩护配合能否成功，关键是同伴之间能否配合，在一瞬间创造出位置差和时间差，争取空间与地面的优势，从而达到攻击的目的。

（1）前掩护配合。

配合方法：给无球队员做前掩护，如图 21-1 所示，⑥传球给⑦后，即向⑤的防守人身前跑动，做前掩护，当⑥跑到正面掩护到位时，⑤向后摆脱防守，接⑦的传球做投射动作。

配合要点：做前掩护配合时，动作要迅速，提前占据有位置，掩护队员和被掩护队员之间配合要默契。

（2）侧掩护配合。

配合方法：给无球队员做侧掩护（反掩护），如图 21-2 所示，⑥传球给⑦后，即向相反方向跑动给⑤做侧掩护，当⑥跑到△5侧面掩护到位时，⑤摆脱防守向得分区方向跑动，接⑦的传球做投射动作。

配合要点：同前掩护。

（3）后掩护配合。

配合方法：如图 21-3 所示，⑥传球给⑤后，⑦反跑站在防守△6的防守队员后做掩护，当后掩护到位时，⑥突然从右侧切入得分区方向接球做投射动作。

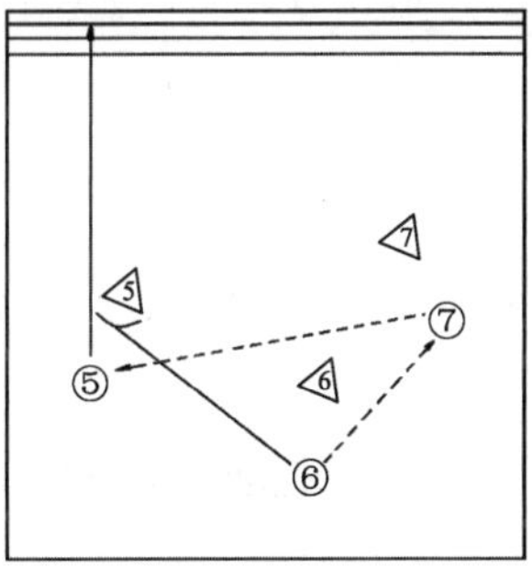

图 21-1

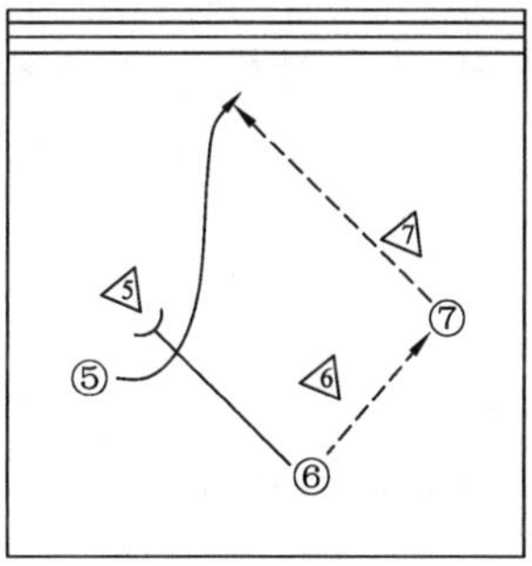

图 21-2

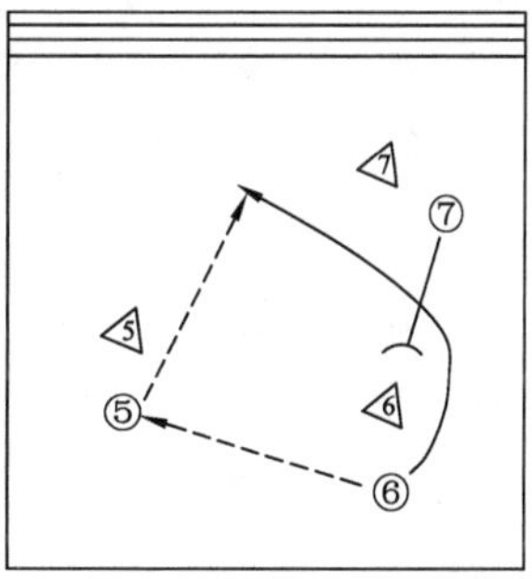

图 21-3

配合要点：做后掩护配合时，动作要隐蔽快速，掩护时不要有附加动作。当同伴到掩护位置时，摆脱防守要突然、快速。

2. 中路投抄配合

配合方法：如图 21-4 所示，⑤传球给⑥，以假动作摆脱△5，接⑥回传球跨步起跳做投射动作，同时，抄网手选择假摆脱，在中路起跳抄时差快球；或假起跳，双向摆脱抄中路错位球；也可假摆脱，侧身后跨跳抄高抛球。

配合要点：水区进攻队员摆脱要突然，抄网手要注意进攻队员状态，选择抄球动作和时机。

3. 边线界外腾空射抄配合

配合方法：如图 21-5 所示，⑤传球给⑥后横向移动、摆脱防守、反跑接⑥回传球，接球后向界外起跳做界外投射动作，同时抄网手⑦同侧移动向界外跳起抄球。

配合要点：反跑突然，起跳后注意平衡。

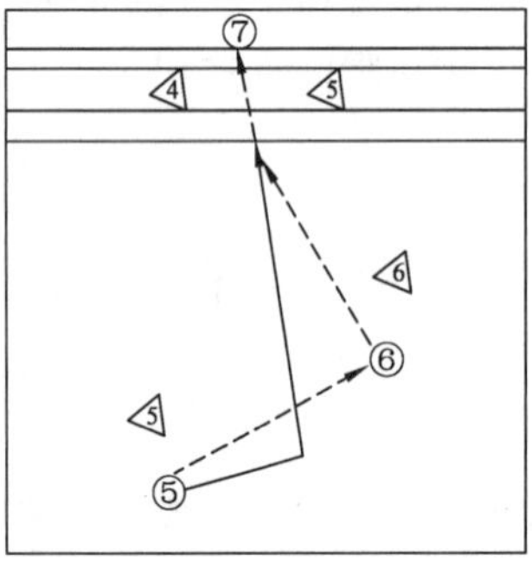

图 21-4

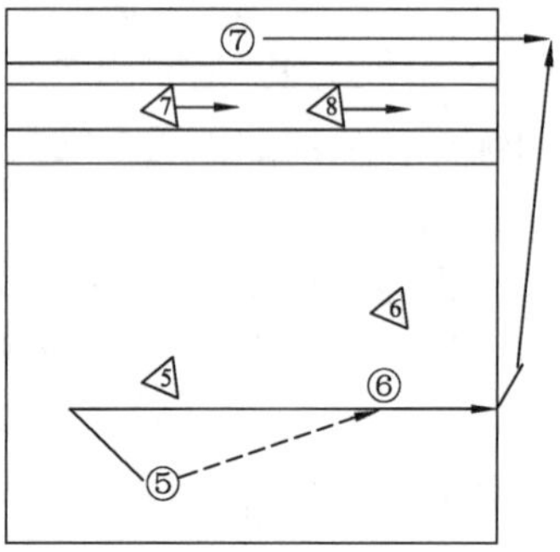

图 21-5

（二）防守战术配合

防守战术配合是指珍珠球比赛中两三人之间为了破坏对方进攻配合所做的简单配合。

1. 封锁区防守配合

配合方法：封锁区两名持拍队员分别站在抄网手两侧，以最大面积控制抄网手的移动范围。两人协调一致，分工明确。

配合要点：判断抄网手的真假动作，注意持球队员与抄网手的状态，协同配合。

2. 夹击配合

配合方法：如图 21-6 所示，当⑤接近边线时，△5封堵边线，迫使⑤停球，△6同时迅速向边线跑去与△5协同夹击⑤，封堵其传球路线，造成其失误。

配合要点：在进攻队员停球、靠近边线的时候迅速形成夹击。

3. 挤过配合

配合方法：如图 21-7 所示，④传球给⑤后跑去给⑥做掩护，△4发现后要及时地提醒同伴△6，△6在④临近的瞬间，迅速抢在④之前继续防守⑥。

配合要点：挤过时，要贴近进攻者，上前侧抢步的动作要及时，要主动说话联络。

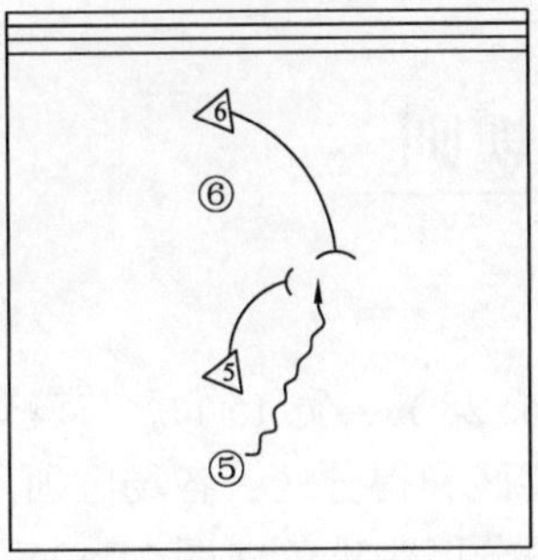

图 21-6

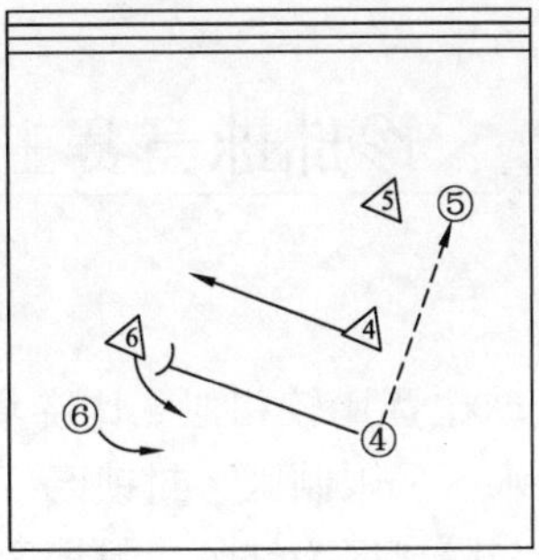

图 21-7

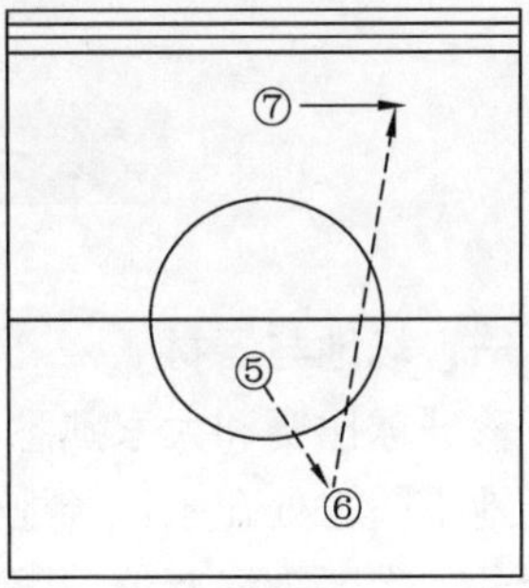

图 21-8

（三）组合技术练习

1. 发球快攻

配合方法：当比赛开始时，如图 21-8 所示，中圈中的⑤迅速将球传给⑥，⑥同时将球投射出去。

配合要点：投手和抄网手要约定投射方式。

2. 长传快攻

配合方法：如图 21-9 所示，⑤抢到球后，观察场上情况，⑦和⑥迅速快下，⑤根据情况将球传给⑥或⑦进行投射。

配合要点：抢球后观察场上情况，迅速将球传出。

3. 短快运球快攻

配合方法：如图 21-10 所示，⑤获得球后，⑥迅速插上接⑤传球，向进攻方向运球，同时，⑦和⑧迅速快下，⑥根据情况将球传给⑦或⑧进行投射。

配合要点：快下的速度要快，接球、运球时要注意观察。

4. 反跑传球快攻

配合方法：如图 21-11 所示，当⑤获得球后，⑥和⑦交叉反跑向进攻方向切入，同时⑤将球迅速传给⑥或⑦进行投射。

配合要点：交叉反跑要默契，传球要迅速。

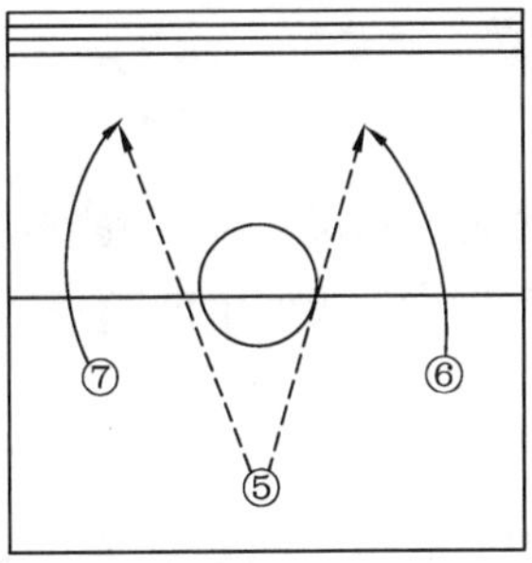

图 21-9

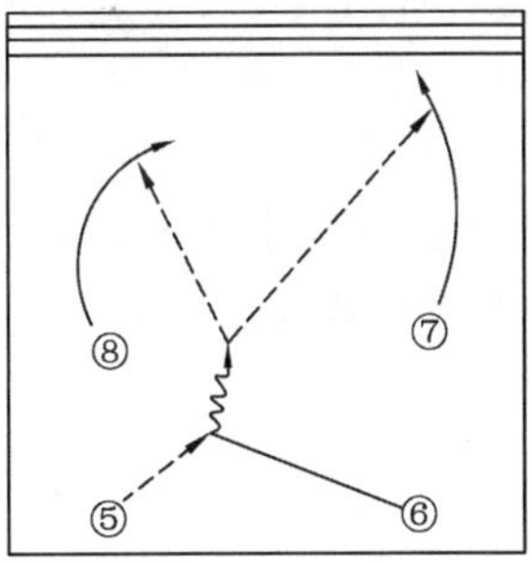

图 21-10

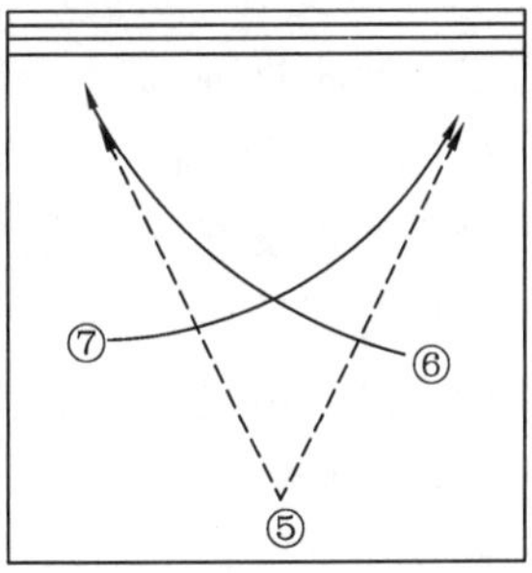

图 21-11

第三节 珍珠球竞赛主要规则

一、场地与器材

珍珠球比赛和大家熟悉的篮球比赛比较相似。比赛场地长 28 m、宽 15 m。与篮球比赛场地不同之处在于：场地分为水区、限制区、封锁区、隔离区和得分区；各场区须用颜色标示，水区为海蓝色，限制区与隔离区为红色，封锁区与得分区为黄色（图 21-12）。

珍珠球的比赛器材包括球、球拍和抄网。球的外壳用皮革或橡胶制成，周长为54～56 cm，质量为 300～325 g。抄网是队员为捞住珍珠球而使用的比赛器材（图 21-13）。球拍为蛤蚌壳形状，用具有韧性的树脂材料制成，颜色与蛤蚌壳颜色相仿（图 21-14）。

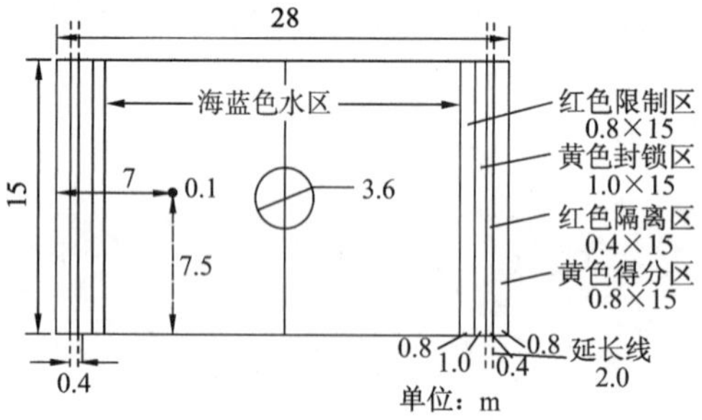

图 21-12

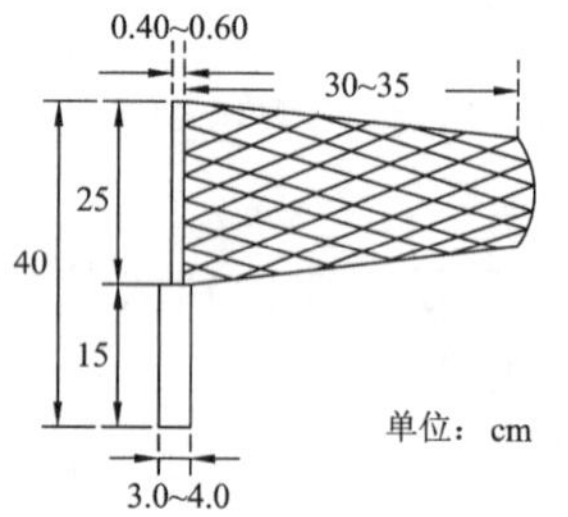

图 21-13

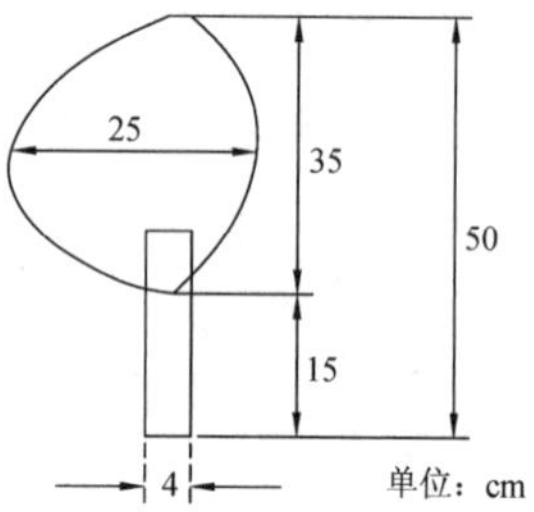

图 21-14

二、比赛

珍珠球比赛有两队参加，每队上场 7 名队员，由水区内的双方各自 4 名队员负责进攻或防守。进攻者可将球向任何方向传、拍、滚、运，目的是向抄网投射球并得分。在封锁区内双方各有 2 名持球拍（蛤蚌）的对方队员，用封、挡、夹、按等技术动作阻挡进攻队员向抄网内投球。每队有 1 名持抄网的队员在得分区内活动，用抄网试图抄中本方队员投来的球（珍珠）。比赛分上、下半时，每半时为 15 min，一个决胜期为 3 min。进攻队员必须在 25 s 内完成一次进攻。在规定的时间内得分多者为胜队。

三、比赛规则

（一）中圈出球

抛币获得发球权的队由 1 名水区队员持球站在中圈本方场区的半圆内，在主裁判员鸣哨示意比赛开始后，5 s 内将球传给中圈外的水区队员，球出手后，在球出中圈前或球触及其他水区队员之前不得触球。

（二）违例

珍珠球是综合手和器械（拍、网）进行比赛的运动。带球跑、故意踢球或用拳击球算违例。踢球就是用腿或脚去拦阻球。脚或腿偶然地接触或触及球不算违例。

（三）抄（投）球入网、得分及继续比赛

比赛中，持网队员在得分区内按规则的规定将水区投来的或防守队员未挡住的活球抄入网内，由裁判员进行得分认定。

（四）持网队员抄采的球必须符合下列限定

（1）整个球体越过得分线的垂直面而处在得分区的空间或地面上。

（2）整个球体在空中越过得分线及其延长虚线的垂直面，飞越得分区边、端线，落在得分区边、端线以外地面之前。

（3）抄（投）球入网内，必须是球入网后球在网中有一个相对稳定的停止时间，在裁判员认定为得分后，球才可出网。如果球虽然已经抄（投）入网内，但瞬间即被甩出或弹出，则不能算得分。

（4）抄球时，持网队员身体的任何部位（含器械）不得在球入网前或球入网的同时触及得分线、边线、端线及其以外的地面。即使在得分区内，将球抄入网中，但其后身体不能稳定在得分区内，在裁判员认定得分前身体的任何部位（含器械）触及了得分线、边线、端线及其以外的地面，均不能得分。

（5）持网队员可以在得分区内原地或运动中抄球，并在抄球入网后让身体停留在得分区内。在此种情况下，抄中不经拍、网、队员身体（含器械）挡碰的拍网区域地面反弹球得 2 分，抄中经拍、网、队员身体（含器械）挡碰的拍网区域地面反弹球和其他反弹球得 1 分。

（五）限制

进攻队员不得进入前场的限制区内进攻，防守队员不得进入后场的限制区内防守。站在原地或起跳前不得触及限制线及限制区内的地面。跳起投球或防投球落地时可以触及限制线及限制区的地面，但必须立即退到水区。不得穿越限制区、封锁区及得分区。

（六）水区队员通则

运球、带球规则，被严密防守的水区队员球出界的规则，可参考篮球规则。

（七）封锁区、得分区队员通则

（1）封锁区队员行为准则。封锁区队员为持拍队员，比赛双方各有 2 名。每名持拍队员双手各持一拍，可在封锁区内用球拍封挡、夹接、按压、挑拨由水区队员投来的球或其他形式的来球，以阻截球，达到防守的目的。持拍队员不得用手、臂及膝以下部位主动触球。

（2）得分区队员行为准则。得分区队员即持网队员，比赛双方各有 1 名。持网队员手持一个抄网，可在得分区内抄采从水区投来的或防守队员未挡住的球。将球合法抄入网后按规则规定可得 1 分或 2 分。持网队员不得用手（持网手除外）、臂及膝以下部位主动触球。

思考题

1. 简述珍珠球运动的起源。
2. 珍珠球的技术有哪几个方面？

第二十二章 休闲娱乐体育

第一节 体育舞蹈

体育舞蹈即国际竞技性舞蹈，全称“国际式的交谊舞”，是由属于娱乐范畴的舞厅舞发展起来的竞技项目。它包括现代舞（华尔兹、探戈、快步、狐步、维也纳华尔兹）、拉丁舞（伦巴、恰恰舞、桑巴、斗牛舞、牛仔舞）、团体舞三个竞赛项目，是融舞蹈美、音乐美、体态美、风度美于一体的具有自娱性、表演性和观赏性的竞技舞蹈。

一、体育舞蹈概述

（一）世界体育舞蹈的发展

体育舞蹈是随着人类社会的演变和文化进程的发展而发展的。其前身是社交舞，也称舞厅舞。14—15 世纪，社交舞出现在意大利，直到 16 世纪才传入法国。1768 年，巴黎开了第一家交际舞厅，由此跳社交舞成为西方社会一种普遍的社交方式。

20 世纪 20 年代，为了便于交流，英国皇家舞蹈教师协会对当时部分社交舞进行整理，将华尔兹、探戈、快步、狐步、维也纳华尔兹等舞的舞姿、舞步和跳法加以规范化，称作“国标舞”。20 世纪 50 年代以后，又整理了拉丁舞，并纳入国标舞范畴。此时，国标舞已有了现代舞、拉丁舞 2 个项目共 10 个舞种。

1959 年，国际交际舞理事会制定规则，举行了第 1 届交际舞世界锦标赛，此后每年举行一次。1960 年，拉丁舞被正式列为世界锦标赛比赛项目。1964 年，国际舞又增加了新的表演和比赛项目——团体舞（也称“队列舞”），使国标舞 10 个舞种的风格特点得到更为鲜明的体现。至此，交际舞已发展为现代舞、拉丁舞、团体舞三种，被称为现代国际标准舞，每年都有不同地区、各种级别、不同规模的多种比赛。它不仅成为人们建立友谊、陶冶情操、锻炼身体的极好形式，而且它的娱乐性和竞技性使许多国家从奥运会战略出发，将其纳入竞技项目范畴，并成立相应的竞技性舞蹈组织。

为了使这种竞技舞蹈进入奥运会，两大舞蹈组织相继改名。职业舞协改称世界舞蹈和竞技舞蹈总会，业余舞协改称国际体育舞蹈联合会。在两大舞蹈组织的联合努力下，1995 年 4 月，国际奥委会决定给予体育舞蹈以准承认资格。从此，体育舞蹈进入了奥运会的大家庭。

（二）我国体育舞蹈的发展

我国早在 20 世纪 30 年代就已引入交谊舞。交谊舞先在上海，后又在天津、广州等大城市流行，逐渐成为一种自娱性较强的普通交谊舞。

中国开展体育舞蹈是在 20 世纪 80 年代中期，随着改革开放的进一步深入，国际标准交谊舞在我国也进入了一个新的发展时期。1986 年，中国舞蹈家协会正式成立了中国国际标准舞总会，并于1987年举办了第1届全国国际标准舞锦标赛。

1991年，中国体育舞蹈运动协会成立，依照国际规则，制定了我国第一个《体育舞蹈竞赛规则草案》，举办了第1届舞蹈锦标赛，并相继加入了世界舞蹈和竞技舞蹈总会及国际体育舞蹈联合会。1993年年底，举办了中国上海、北京世界杯体育舞蹈锦标赛，这是我国首次举办世界舞蹈和竞技舞蹈总会及国际体育舞蹈联合会认可的世界公开赛。

与此同时，一些专业院校开设了相关舞蹈专业课程。随着体育舞蹈逐步纳入专业教学，其科研、训练、竞赛等水平得到了进一步提高。

二、体育舞蹈的特点

（一）律动性

律动性是体育舞蹈的显著特点。舞者在有特定节奏风格的舞曲音乐引导下翩翩起舞，时而端庄典雅，时而顿挫磊落，时而婀娜柔美，时而奔放激越……这种和着音乐节律舞动来表现各种风格是体育舞蹈的基本特征。

（二）规范性

体育舞蹈之所以能成为世界性的竞技项目，在很大程度上得益于自身舞蹈体系的完整与技术动作的清晰规范。这也是体育舞蹈的一个重要特征。

（三）娱乐性

体育舞蹈的本质属性是娱乐性。它使舞者身心愉悦，使观者赏心悦目。它是人们娱乐生活的产物，并在娱乐活动中得到丰富和发展，娱乐性是体育舞蹈的本质特征。

（四）体育性

体育舞蹈的体育性首先表现在它的可参与性。体育舞蹈老少皆宜，便于开展，适宜不同层次、不同兴趣爱好的人群，表现出了较好的可参与性。体育舞蹈的体育性其次表现在舞蹈作为现代体育手段而言，具有塑造形体、培养风度气质、怡情健体的体育价值上。有研究表明，华尔兹和探戈的能量消耗与网球、羽毛球相近。体育舞蹈的最高心率，男子为210次/分，女子为197次/分。可见，体育舞蹈引起的生理变化是明显的。

三、体育舞蹈的竞赛

体育舞蹈是一个年轻的体育项目，它的竞赛有很浓重的文艺色彩。

（一）竞赛特点

1. 主持人制

主持人指挥和控制体育舞蹈比赛的全部过程，既是司仪、广播员，又是场上气氛的调节员。

2. 比赛和表演结合

为使体育舞蹈比赛丰富多彩、气氛热烈，赛事举办方常在比赛之前、中间或结尾穿插优秀选手的表演。

3. “淘汰”与“顺位”结合的比赛方法

体育舞蹈比赛从预赛至半决赛采用淘汰制比赛方式，决赛采用顺位法决定体育舞蹈比赛单项和全能的名次。

（二）比赛组别

国际体育舞蹈比赛一般分职业组和业余组两大类。职业组分为职业A组、职业B组和职业新星组，业余组分为业余组、业余新星组和年龄组。

四、体育舞蹈的基本常识

（一）标准握持、体位的概念

1. 标准握持

标准握持是使共舞双方形成整体性结构的重要手段，在舞蹈中发挥着决定性作用。理想的标准握持应当产生这样一种效应：共舞双方是融为一体的。

（1）脚。双脚平行并拢，切不可张开呈“八”字形；右脚尖对准舞伴的两脚之间；重心集中于前脚掌，但脚跟不能抬起。

（2）手。男伴的右手掌心向里，扶在女伴左侧肩胛骨下缘。女伴左手轻放在男伴右上臂三角肌处；四指并拢，用虎口定位；整个手臂轻放在男伴手臂之上，不可脱离接触。男伴的左手和女伴的右手对握，掌根与地面垂直，并互相顶住，整个手臂呈圆弧状向斜上方展开。

（3）躯干。在保持双方肩横线平行的前提下，各自的头部向左侧转动 45°，双眼平视前方。女伴上体后展约 15°，表现出女性特有的曲线美。

2. 体位

体位是舞步变化的基础。下面介绍两种最基本的方法。

（1）关位（closed position，CP），又叫合对位、闭合位或者基本位。

（2）开位（promenade position，PP），又叫行步位、“V”字形位、半合对位等。

（二）体育舞蹈的舞程线、方位、角度、赛场

1. 舞程线

在跳舞时，为了防止互相碰撞，使全场舞蹈有序进行，舞者必须沿逆时针方向路线行进，这个路线叫作舞程线。

2. 方位和角度

舞者在每个舞步开始和结束时所站立的方向、运步及旋转过程中的方位、角度都有一定的规定。因此，舞者必须学会辨别这些方位、角度，才能进行各种舞的练习。

跳舞时，为了便于在舞蹈时正确地辨别方位和检查旋转的角度，根据国际上各种舞蹈的惯例，多以乐队演奏台的一面为规定方位的基点，定为“1 点”方位，每向顺时针方向移动 45°则变动一个方位，以此类推，共有 8 个点。

3. 赛场

场地面积为 23 m×15 m。赛场上长的两条边线称为 A 线，短的两条边线称为 B 线。

（三）舞姿

1. 闭式舞姿

男、女舞伴双足并合，脚尖正对前方，相对平行而立；男、女舞伴互相将自己的右脚尖对准对方的双脚中线，间距 6～9 cm，女伴偏向男伴右边约 1/3；男、女舞伴的头向左转过去，男士转 25°，女士转 45°，越过对方右肩上方向前看；肩平、背直、腰挺、膝松弛、气舒缓；女伴胸、腰微向后倾弯约 25°。

2. 散式舞姿

散式舞姿也称“PP 舞姿”。在闭式舞姿的基础上，男伴将头及上身略向左开，两人的头均向同一方向。

（四）男、女舞伴的不同要求及领舞、跟舞意识的培养

在现代舞中，男伴应始终居于主导地位。无论是在舞步结构的选择、运动方位的变化上，还是在舞种风格的展现上，男伴都必须在迅速、果断、主动而又准确的前提下，对女伴进行引导和暗示。

女伴的跟舞就是跟着男伴跳舞。跳什么舞步，向什么方向运动，旋转还是不旋转，都要积极服从男伴的引导和暗示。

男伴右手放松，左手前推，意味着男进女退；双手同时回拉，表示男退女进；右手指尖回压加左手回拉，表示向左转身；右手掌根用力加压加左手前推，表示向右转身。

五、华尔兹的基本舞步

华尔兹起源于德国民间舞蹈，风格可以用圆、柔、连、挺、降、升几个字来概括。华尔兹基本舞步有平步、方形步、交叉步和追步等。

1. 平步

平步基本舞步见表 22-1。

表 22-1　平步

音乐节拍	男步	女步
1	左脚向前进一步	右脚向后退一步
2	右脚向前进一步	左脚向后退一步
3	左脚向右脚并步	右脚向左脚并步
4	右脚向前进一步	左脚向后退一步
5	左脚向前进一步	右脚向后退一步
6	右脚向左脚并步	左脚向右脚并步

2. 方形步

方形步基本舞步见表 22-2。

表 22-2　方形步

音乐节拍	男步	女步
1	左脚向前迈一步，前脚掌着地	右脚向后退一步
2	右脚向右侧迈一步，前脚掌着地	左脚向左侧迈一步，前脚掌着地
3	左脚向右脚并拢，前脚掌着地	右脚向左脚并拢，前脚掌着地
4	右脚向后退一步	左脚向前迈一步
5	左脚向左侧迈一步	右脚向右侧迈一步
6	右脚向左脚靠拢	左脚向右脚靠拢

3. “之”字形交叉步

男、女双方按“之”字形做连续的进或退。

男向左侧进右、左、右三步，第一步大，第二、第三步小，在第二、第三步前脚掌着地的同时转动，身体移向右斜方。此时女随男做后斜方退左、右、左三步，第一步大，第二、第三步小，在第二、第三步前脚掌着地的同时转动，身体随男一起移向右斜方。然后男向右斜方进左、右、左三步，在第二、第三步时，身体斜向左斜方。女随男向右斜方退

右、左、右三步，在第二、第三步时身体随男一起移向左斜方。“之”字形交叉步的退法与进法相反，步法是男先退左、右、左三步，女进右、左、右三步，第二、第三步时，双方均转动改变方向。

第二节 健美运动

健美是一项在相对静态中自我塑造和美化人体的有益运动。它对发达肌肉和改造形体具有特殊功效，尤其适合青年大学生强健和美化自己的身体。

一、健美运动概述

（一）健美运动的发展历程

人类对身体美的认识可以追溯到古希腊和古罗马时代。为了炫耀力量和展示美的人体，在每四年举行一次的古代奥林匹克运动会上，凡参加比赛的青年都必须赤身裸体。最初的健美运动是以发展肌肉力量为主要目标的，其次才是塑造健美体格。后来法国大力士路易·杜拉邱在周游欧洲各国期间，不仅表演与众不同的健美特技，还宣传塑造健美体格的训练方法。德国著名体育家尤金·山道受其影响，开始悉心研究锻炼健美体格的理论与方法，并于 1901 年创办了世界健美体格比赛，被公认为现代健美运动的创始人。

1946 年，加拿大健美运动的创始人本·韦德和乔·韦德兄弟共同创建了国际健美联合会。此后一段时期，健美实际仍属举重运动（包括举重、健美、力量举）的一个分支。直至 1969 年，国际健美联合会从国际举重联合会分离出来。其宗旨是发展体育与健美运动，规定每年要在不同国家举行一次世界健美锦标赛，并在 1954 年来到中国进行健美事业的推广宣传，中国于 1985 年加入国际健美联合会。

现阶段，随着社会和经济的高速发展，新观念、新技术层出不穷，增强体质、改善体型的运动理念深入人心，全民健身热潮随之掀起，现代时尚的健美健身俱乐部不断涌现，健身健美锻炼已发展出众多功能齐全的现代化智能器械，人们强烈的健康意识和追求美好身材的愿望使越来越多的群体自觉加入健美锻炼中。同时，国内健身健美系列赛事火热进行，运动组织机构和竞赛规则也趋于健全和完善。

（二）健美运动的特点

健美运动是一项发展肌肉和增强体力的体育运动，兼备体育、艺术和教育所共有的综合特征。健美运动与其他体育活动的不同之处在于，它的动作简单易学，便于因地制宜开展，既可锻炼身体、增进健康，又可陶冶情操和美化身心。特别在表现人体美方面，由于其符合人类爱美之心，无论是用于竞技表演还是用于普及大众锻炼，都能有效地把健、力、美融为一体，因此健美运动深受青年们的欢迎。

（三）健美运动的功效

1. 增强体质和发达肌肉

健身健美运动具备体育运动的最基本功能和作用，即锻炼身体、增强体质的健身功能。它表现在：使运动系统机能水平提高，肌力增强；促进骨骼新陈代谢，提高骨骼抗拉、抗压、抗扭力等性能，对关节韧带的生长发育有着良好作用；改善和提高循环系统、呼吸系统等内脏器官机能的水平；提高中枢神经系统的机能水平；发展身体素质，特别是能全面地发展力量素质。同时，抗阻训练使骨骼肌在受到压力时，可以刺激肌纤维中不同的收缩成分及其结缔组织，使肌纤维增粗，肌肉的生理横断面不断增大，肌肉力量和收缩能力增加。

2. 矫正体型和改善体态

体型主要指全身各部位（从头到脚尖及左右两侧）的比例是否匀称、协调、平衡、和谐，整个身体及主要肌肉群是否具有曲线。体态主要指整个身体及各个主要部位的形态是否优美。通过科学、系统的健身健美训练，有目的地塑造和改善体型、体态，使男子身体肌肉发达、体格健壮英武，女子体态优美丰满、线条流畅、凹凸有致。通过健身健美训练能改善肩高低、溜肩、肩窄、臀下垂、“O”形腿、“X”形腿、含胸驼背、肌肉不平衡等问题。

3. 提高审美意识

健身健美运动通过展示健壮和谐的体魄、发达质感的肌肉、细腻润滑的皮肤、优美的身姿及其动态变化，给予人们美的享受。健身健美运动把健身、健心与健美更好地结合起来，促进个性的全面发展。它可通过形体美揭示人的精神风貌，使外在美与内在美达到和谐统一，对人们审美意识和观念的转变起到积极的促进作用。

4. 振奋民族精神

健身健美运动竞赛同其他体育运动竞赛一样，在竞赛过程中不仅能极大地鼓舞参与者，而且能激起人们的民族自豪感和爱国心，振奋民族精神，鼓舞国人斗志，为振兴中华注入巨大的精神力量。

二、健美锻炼须知

（一）锻炼目标

大学生参与健美运动首先必须要有明确的目标。若是为了满足生长发育的需要，应重在把瘦弱的身体练得肌肉发达，使肥胖的体型变得匀称；若是为了健美身心，则还必须领悟表现身体艺术的奥秘，只有这样才能达到自我美化身体的目的。

（二）锻炼要求

大学生参与健美运动要因人而异，既要体现健美本身的特点，又必须符合自身的实际水平，不可盲目追求“肌肉块”的效果。

1. 男子健美

按健美的总体要求，男子健美的效果在很大程度上取决于肌肉和脂肪附着于骨架的比例。人的体型有力量型、体能型、姿态型和适应型等多种不同类型，它们与身高和体重的比例直接有关。大学生正处于青春发育后期，受先天遗传和后天营养的影响，部分人身体纤瘦或过于肥胖，这就要求健美锻炼者有计划地弥补缺陷与不足。例如，身材瘦长者应以使肌肉发达为主，设法加大力量和增加体重；身材肥胖者则需结合其他有氧运动，消耗多余的脂肪；大腿粗壮臃肿者应多以自己肌肉最大力量的25%～50%进行健美锻炼，并配合中长跑、游泳、自行车、滑冰等锻炼方式；有驼背、“八”字脚、“X”或“O”形腿等轻微畸形者，应多利用健美锻炼中的矫形动作。总之，大学生要结合自身形体的特点，重点解决全身协调发展的问题，对发达肌肉的追求应切合实际。

2. 女子健美

按女性生理、解剖特点，健美对女子的要求与男子有所不同。尽管人们对现代女性何为健美的认识至今仍不统一，但国际健美联合会仍主张把保持健康、匀称、四肢比例适合的体型美放在最基本的位置，强调肌肉发达、线条清晰、举止优美、气质高雅对女性健美的重要意义。但仅就大学生而言，由于受年龄特征、基础水平、锻炼条件等的影响，尚不具备练就发达肌肉的内外环境（因为女性练就发达肌肉要比男性付出更大的代价）。女大学生进行健美锻炼必须符合自身对美的认识标准，且有助于身心的全面发展。因此，女大学生进行健美可采取中等负荷的力量练习，结合形体、姿态训练，在胸、腹、臀部肌肉线条方面着意修饰。这不仅有助于提高女性健康水平，而且有利于表现女性生理曲线美。至于总体锻炼模式，女大学生可更多采用拉长、伸展及动态表现肌肉力量的手段与方法，达到形体、姿态、神态美的和谐统一。

（三）健美锻炼的注意事项

健美锻炼既不同于举重练习，也有别于单纯发展力量素质，其特点主要表现在以下几个方面。

1. 明确目标

在思想上充分认识到健身健美训练的价值，目的明确。它的效果只能在通过多次健身健美训练后产生良性积累的情况下才能显现出来。如果没有明确的目的，健身健美运动的价值观念不强，思想上就会缺乏动力，导致行动上的不自觉，也就很难坚持下去。而一旦树立了明确的目标，就可依据这个目标，按照相应的训练方法，制订适当的训练计划。随着训练水平的提高，目标也要相应发生变化。

2. 注意动作控制，不借力

在做动作的全过程中，要求最大限度地集中主动肌的伸展和收缩，减少其他肌肉群参与用力。如果你不能采用准确的技术动作进行全过程用力，这就意味着试举重量太重，主动肌和肌腱始终处于拉紧的状态中，要注意预防肌腱和韧带的拉伤。为了掌握准确的技术动作，要求在做动作的全过程中，充分运用主动肌的收缩力量，只有在最后 1 ~ 2 次主动肌力量不能完成时，允许借助其他肌肉群助力完成。

3. 掌握正确的呼吸方法

正确的呼吸方法不仅能保证对机体的充分供氧，而且能协助动作的完成。在健身健美训练时，如果呼吸与动作配合不好，易导致机体过早疲劳，甚至产生胸闷、气短、恶心、呕吐、晕厥等一系列不良现象。在健身健美训练过程中，在一般情况下是发力时呼气，不憋气做动作，当呼吸急促时，可采用完成一次动作做两次以上呼吸的方法。在进行小强度训练时，多采用自由式的呼吸方法。为了保证血液和肌肉组织的氧气供应，在每组动作间歇可以走动或至户外换气呼吸，多呼吸新鲜空气，对消除肌肉疲劳能起到很好的作用。

4. 集中精力训练

在训练时集中精力，全神贯注地去想所练肌肉的用力过程。在做每一个动作之前，精神上要进入一种“强化”状态。也就是说，每次训练时意念和精神必须高度集中，使有关肌肉群更和谐、更有效地一起工作，从而能通过意念感知肌肉运动，恰当地控制身体姿势及用力顺序、方向、角度和速度。这样就能动员该部位肌肉中更多的肌纤维接受“动员令”而及时收缩，并能承受较大的训练负荷。

5. 多选练基本动作

基本动作是指能同时练几个部位或几块肌肉的动作，这种动作能使肌肉群协调、均衡地发展。比如杠铃仰卧推举动作练习可以使胸大肌、三角肌和肱三头肌都得到锻炼。

6. 遵循正确的训练程序

健身健美抗阻训练顺序虽无定式，但必须根据健身健美训练的特点，练习时按顺序进行。要注意身体各部位肌肉群的全面发展，遵循正确的练习程序，即先练大肌肉群，后练小肌肉群。这是因为大肌肉群力量潜力很大，在做完很多组的练习之后，肌肉群容易消除疲劳。相反地，小肌肉群不易消除疲劳，还会影响大肌肉群的动作练习。因此，从热身准备活动到正式开始训练再到最后的整理放松活动，都要遵循科学合理的训练程序。

三、健美锻炼指导

（一）锻炼阶段

锻炼者为了科学地安排训练，应遵循体育锻炼的基本原则，按发达肌肉的生理学规律，把整个锻炼过程划分为三个阶段。

1. 初级阶段

初级阶段的锻炼是为了给后续锻炼打好基础，主要任务是掌握健美锻炼的知识和基本动作，全面锻炼身体各部位肌肉，使人的体形、体态初步得到改善。锻炼者大约用 6 个月的时间，每周锻炼 3 次，每次 1～1.5 h。通常每次锻炼安排 6～8 个部位，针对每个部位肌肉各选 1～2 个动作，每个动作做 2～3 组，总组数为 18～20 组。根据体力的恢复情况，锻炼者可逐月适当增加重点肌肉的动作数量及每个动作的练习组数。

2. 中级阶段

中级阶段的锻炼在健美锻炼中极为关键，主要任务是巩固和进一步发达各部位肌肉，初步收到健美的效果。锻炼者用 1～1.5 年时间，每周锻炼 3～4 次，每次 1.5～2 h，通常每次锻炼 4～5 个部位，针对每个部位肌肉各选 2～3 个动作，每个动作做 3～4 组，对重点部位肌肉可酌情增加练习，但最多不超过 4 组，总组数为 30～35 组。

3. 高级阶段

高级阶段是高水平运动员为参加比赛，提高健美水平的锻炼阶段。这个阶段锻炼的主要任务是在保持原有健美体形的基础上，使各部位肌肉更加粗壮和结实，线条更加清晰。由于此阶段锻炼周期较长，每周训练次数需达 6～8 次甚至更多，对器材设备、负荷强度、营养都有很高的要求，普通大学生很难有条件达到要求。

（二）锻炼原则

健美作为一项塑造人体的艺术，主要通过各种力量锻炼肌肉，使体形变得匀称。为了获得上述效果，锻炼者必须遵循科学性、系统性和全面性原则。

1. 科学性原则

为了有效控制锻炼过程，锻炼者应遵循人体运动促使肌肉发达的生理解剖学原理，科学选择锻炼手段、方法与确定负荷，循序渐进地使动作由易到难、重量由轻至重、次数和组数由少到多、时间由短到长、密度和强度由小到大，有区别地根据自己的实际水平、体型现状、锻炼条件及学习时间安排，合理制订锻炼计划。

2. 系统性原则

在健美锻炼中，根据一般锻炼的普遍性规律，人体在接受运动负荷之后，都必须有个适应过程，才能产生良好的生理学反应，在积累中达到超量恢复的效果。因此，锻炼必须长期、持续、不间断地进行，既不能时断时续，也不能单凭一时兴趣突击，总之，要经初级、中级、高级这样一个不断发展的过程。

3. 全面性原则

健美锻炼不仅为了发达肌肉，而且要考虑体型和对机体的健康价值的问题。采用何种器械进行锻炼，怎样对不同动作进行选择与安排，都必须围绕一个中心，就是使身体各部位肌肉群全面协调发展，并有利于提高各器官系统的功能水平。

(三) 锻炼手段

用于健美锻炼的手段难以计数，但需根据不同部位肌肉的解剖学原理，按肌肉受力的基本特征进行设计。杠铃、哑铃、单杠和双杠等常见器械组合，可以发展不同部位的肌肉。这里将这些练习动作列出，供锻炼者选择，根据自身情况进行组合创编。

1. 发展胸部肌肉

胸部肌肉主要包括胸大肌和胸小肌。锻炼者在选编动作时应注意胸大肌上、下、内、外侧的全面发展，有时也涉及臂肌和肩带肌。锻炼胸部肌肉不仅可以使体型优美，而且对扩大胸廓，以及强化肋骨、胸骨和脊柱都有良好的作用。

(1) 仰卧杠铃推举。

方法：仰卧于凳上，两手间距比肩微宽，握住杠铃相距60 cm，手臂自然伸直，与地面垂直，推举后轻轻回落至胸部（图 22-1）。

效果：全面发展胸肌，头高脚低斜卧推举对发展胸肌上部有利，头低脚高斜卧推举则可发展胸大肌下部。

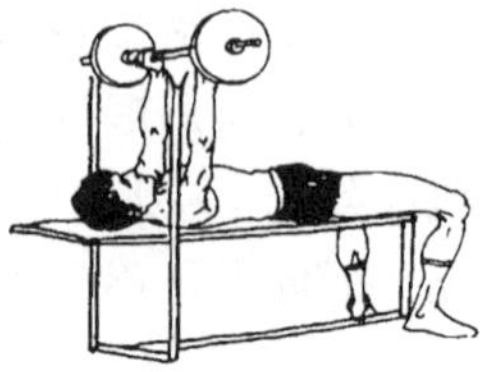

图 22-1

(2) 仰卧哑铃飞鸟。

方法：仰卧于凳上，双脚踏地，背部尽量伸直，手持轻哑铃上举，然后慢慢下放于体侧，肘部始终微屈（图 22-2）。

效果：上斜仰卧对发展胸肌上部有利，但超过 40°将使三角肌前部受压；下斜仰卧则可发展胸大肌下部，如果再与宽握卧推结合，效果更好。

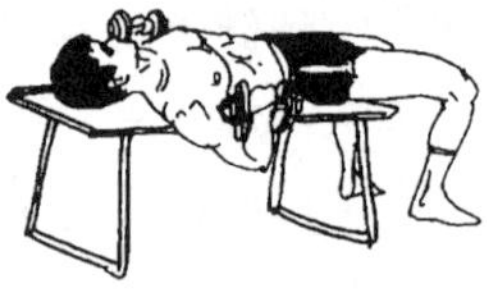

图 22-2

(3) 双杠臂屈伸。

方法：双肘外展下沉，身体尽量向下，大腿置于体前，撑起时双肘固定，保持抬头、伸下巴（图 22-3）。

效果：全面发展胸肌，以杠距宽55～77 cm 的效果为最好，窄距使肱三头肌活动增加，宽距对胸肌上部有效。

图 22-3

2. 发展背部肌肉

背部肌肉浅层有斜方肌、背阔肌、肩提肌和菱形肌，深层有背长肌和背短肌。发展背部肌肉可使上体挺拔，背部呈倒三角形，不致产生含胸、弓背等不良体姿。

(1) 单杠引体向上。

方法：两手正握单杠，两臂伸直，小腿交叉屈膝或自然伸直，用力时背部带动手臂拉起身体，下巴高于杠面（图 22-4）。

效果：加大两手握杠宽度，如要提升难度，可采取头部前探，尝试用后颈和斜方肌触碰单杠，或在腰、腿部负重，则练习效果更好。

图 22-4

（2）俯身T杆划船。

方法：两腿平行开立，与肩同宽，腿部微屈，屈肘将杠铃顺大腿方向提起至小腹位置，双手前后交错握杆（图22-5）。

图22-5

效果：主要发展背肌，也涉及腰肌。例如，若背部两边肌肉发展不对称，则可采取单手按椅俯身持哑铃划船，对薄弱一侧肌肉进行重点练习。

（3）俯卧直臂展体。

方法：俯卧于跳箱或高凳上，两脚固定，双手持哑铃或实心球，由身体前屈开始，两臂伸直，身体向后伸展（图22-6）。

图22-6

效果：主要发展背阔肌，对大腿前部伸肌和肩带肌也有影响。

3. 发展肩部、臂部肌肉

肩部肌肉主要包括三角肌前、中、后三个部分。臂部肌肉有肱二头肌、肱三头肌、肱肌和前臂肌群。发展肩部、臂部肌肉可以增加肌肉围度，增强上肢力量。

（1）杠铃颈后推举。

方法：持杠铃置于颈后，双手于肩侧正握横杠，肘外展与肩平，用力推至双手伸直（图22-7）。

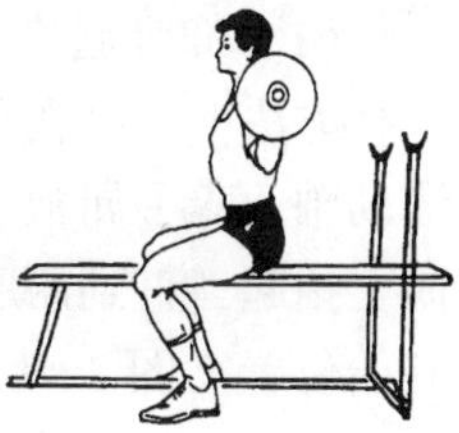

图22-7

效果：对发展三角肌有利，背靠在椅背上挺直上举效果更好。

（2）哑铃侧平举。

方法：两脚自然开立，双手各持哑铃，掌心相对置于大腿前或体侧，两臂自然伸直，屈肘120°侧举至上臂与肩平行，或略高于肩（图22-8）。

图22-8

效果：全面发展三角肌。也可俯卧于凳上，将哑铃举至齐耳高度，使三角肌后部也得到锻炼。

（3）直立推举。

方法：以适中握距将杠铃提至肩部，推举到头顶上方（图22-9）。

效果：对发展肩部和增强臂部肌肉的力量极有帮助。

图22-9

4. 发展腿部肌肉

腿部肌肉主要有股四头肌、缝匠肌、股二头肌、胫骨后肌、小腿三头肌等。发展腿部肌肉有利于增强下肢支撑力量，使人的行动更加自如和敏捷。

（1）深蹲。

方法：在杠铃架下，将杠铃置于颈后斜方肌及肩部，两手于肩侧握住横杠，然后向前跨出，将杠铃移出杠铃架。两脚与肩同宽，脚尖向前，身体直立，挺胸，紧腰，屈膝慢慢下蹲后站起（图22-10）。

效果：应以股四头肌的收缩力蹬地并匀速站起，使腿部的受力时间延长，则效果更好。

图22-10

（2）提踵。

方法：将杠铃放在颈后肩上，身体直立，用力将脚跟向上提起。

效果：当脚跟提至最高点时，静止 1～2 s，然后慢慢将脚跟降至开始位置，可增强锻炼效果（图 22-11）。

（3）坐姿腿屈伸。

方法：坐在一高度能使双脚离地的凳上，在前脚面系一重物，用力将踝关节屈起至极点（图 22-12）。

效果：静止 1～2 s，然后慢慢放松，将踝关节伸直，可增加末端关节的受力负荷。

图 22-11

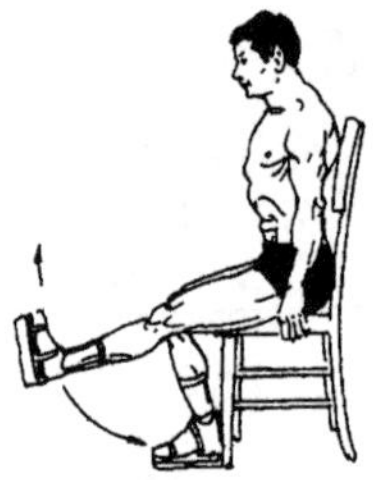

图 22-12

5. 发展腹部肌肉

腹部肌肉主要有腹直肌、腹外斜肌、腹内斜肌等。发展腹部肌肉，有利于加强脊柱的支撑能力，使上、下肢肌肉力量得以贯通。

（1）仰卧起坐。

方法：仰卧在平垫上，屈膝，大腿与小腿成 90°角，双脚勾住滚动轴，双手屈抱于头后。收缩腹部肌肉，以髋关节为轴，使上体向上抬起，直到两肘触及膝部，然后放松腹直肌，将上体逐渐回至开始位置（图 22-13）。

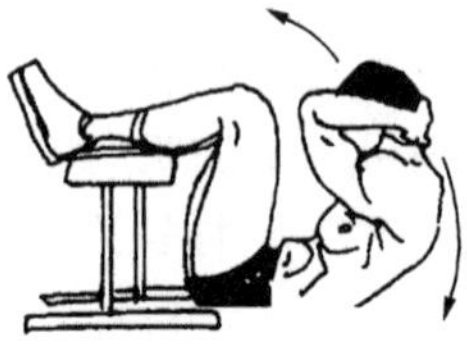

图 22-13

效果：如上体背部不触及地面（离地面大约 10 cm 高度），或采用斜板完成，脚部垫高，头后抱一重物，则效果更好。

（2）仰卧举腿。

方法：仰卧于斜板上，双手握住头顶固定物，身体伸直。收缩腹部肌肉，以髋关节为轴，将双腿并拢伸直向上举起，直到髋屈到最大程度，然后放松腹直肌，慢慢将腿放至开始位置（图 22-14）。

效果：腿放回时如不触及斜板，使脚部离板 10 cm 高，或采取悬重举腿，则效果更好。

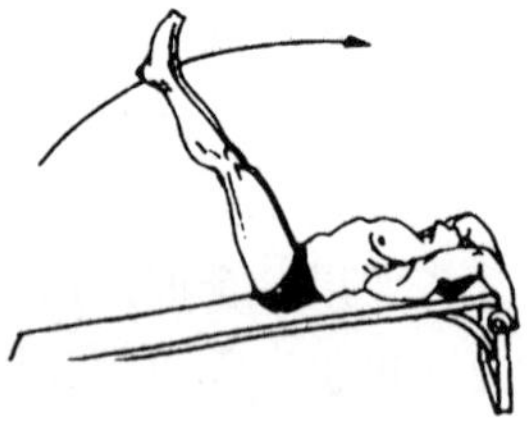

图 22-14

（四）锻炼安排

大学生的主要任务是学习，加之锻炼水平和条件有限，不可能像运动员那样进行全面、系统的锻炼，但只要做到持之以恒，根据实际情况，把握一些基本规律，灵活安排锻炼，仍能收到良好的效果。

1. 锻炼频率

负重练习是健美锻炼的主要手段。根据运动生理学实验，一次大运动负荷引起的肌肉疲劳，至少需 48 h 才能恢复；否则非但不能使肌肉发达，还极易造成肌肉过度疲劳。因此，初练者应隔天锻炼 1 次，即两周安排 7 次锻炼，力求提高每次锻炼的质量。

2. 分部锻炼

分部锻炼是指把全身肌肉分成几个部分，每次锻炼只集中精力锻炼其中一部分，在 1 周或 2 周时间内依次逐步轮换。对肌肉分部的方法很多，最简单的就是把全身各肌群分为上肢、下肢，交替进行锻炼，如第一次锻炼上肢，第二次锻炼下肢，第三次又锻炼上肢，以此类推。

3. 动作编排

动作编排要考虑大、小肌肉群的相互搭配，先练大肌肉群，后练小肌肉群，先练上肢，后练下肢。通常在一次锻炼中，大肌肉群安排 3～4 个动作，小肌肉群安排 2～3 个动作。每个动作练 3～5 组，几个动作的综合组数为大肌肉群 12～16 组、小肌肉群 8～10 组。锻炼者约在 1.5 h 内练完，可根据锻炼水平和具体情况灵活掌握。

4. 锻炼方法

健美锻炼的方法很多，其中最适合初练者的是循环负重锻炼法。锻炼时练习者可把相同性质或不同性质的动作编排在一个练习组内，按一定的顺序组成环状网络，依次轮换练习。每做完一个动作可稍事休息 30 s，在两个循环之间可休息 2～3 min。这种方法主要增加练习者的力量和耐力，为后续锻炼打好基础。当达到一定锻炼水平后，练习者可采取超负荷的其他锻炼方法，即让身体接受更高强度的刺激，以达到超补偿作用，使肌肉体积增大。

5. 确立运动负荷

健美锻炼的运动负荷是根据肌肉克服阻力同自身体力的关系来确定的。由于不同对象存在着个体差异，因此运动负荷并没有恒定的界限。一般把最大限度完成 1～5 次运动的重量称为大负荷，完成 6～10 次运动的重量称为中负荷，完成 11 次以上运动的重量称为小负荷。三种负荷各有不同作用，大负荷主要用于提高力量素质，中负荷侧重于增大肌肉体积，小负荷则对发展力量耐力有效。健美锻炼应搭配大、中、小负荷，但以中等负荷的锻炼为主。

6. 选择适宜的器械进行健美锻炼

健美锻炼主要通过克服器械重量和由它产生的阻力达到使肌肉发达的目的。因此，无论是杠铃、哑铃、壶铃、橡皮筋、弹簧拉力器、实心球等中小型器械，还是各种多功能大型联合力量器械，乃至单杠、双杠、倒立架、体操棍、沙袋、沙包、沙背心等简易器械，都可加以利用，供健美锻炼者所用。

（五）体力恢复与营养补充

根据“疲劳与恢复”“消耗与补充”均衡性原则，人体在承受锻炼负荷后，必须补充营养和恢复体力，即按“锻炼—补充营养—恢复—再锻炼”的规律循环，才能使力量锻炼卓有成效。

1. 体力恢复

就某种意义而言，初练者按自己的锻炼水平，把握好体力恢复这个环节，甚至比追求锻炼负荷更为重要，因为锻炼负荷即便稍有不足，只要体力恢复良好，力量水平仍有望得到稳步提高；反之，若在体力未恢复的情况下继续锻炼，就极易导致过度疲劳，使肌肉处于停止增长状态。

体力恢复最理想的办法是休息。锻炼后采取的各种伸展性整理活动、局部或全身按摩、沐浴、散步等措施都属于积极性休息，保证充足的睡眠则属于消极性休息，其目的都是放松肌肉和恢复体力。体力恢复的时间长短因负荷大小和个人承受能力而异，一般以下次锻炼处于精力充沛、肌肉稍有酸胀感的状态为宜。按通常规律，两次锻炼间隔 48～72 h，才能使体力得到恢复。因此，为了避免肌肉过度疲劳，隔天或隔两天练习一次比较合适。

2. 营养补充

力量锻炼中消耗大量能量，常需要动用体内的脂肪和蛋白质。如果能量总是入不敷出，非但力量无法增长，身体健康还要受到损害。因此，在力量锻炼期间，练习者除生活要有规律，养成有规律的进食习惯外，还应适当增加营养。根据力量锻炼自身消耗的需要，大学生应多吃富含动、植物蛋白和脂肪的食品，以便使构成肌肉和皮肤基础成分的营养物质及时得到补充。

四、健身健美运动竞赛

健身健美运动竞赛是健身健美运动的重要组成部分，它是以竞赛为主要特征，通过比较运动员经过科学训练而获得的健、力、美的身体形态，以夺取比赛优胜为主要目标的体育运动项目。健身健美运动竞赛，在国际健美联合会规则导向下，在发展中的各阶段显现出不同的阶段特征。竞赛项目分别从不同视角展现出难与美的特征，项目体系内容虽有增减，但整体朝着高质量、重优美的趋势发展。

（一）健身健美竞赛项目设置

（1）健身健美竞赛项目体系（男子）：健美、古典健美、形体、健体、健身先生、健身模特。

（2）健身健美竞赛项目体系（女子）：形体、健身比基尼、健身小姐、健身模特、健体。

（3）健美混合、健美健身集体造型。

（二）健身健美竞赛的规定动作组成

（1）健身先生、健身小姐、男女子健体、女子健身比基尼、男女子形体、男女子健身模特的四个向右转向动作：正向站立后，原地四次向右 90°转体，按照规定使身体左、后右侧依次展示给裁判，最后回到正向站立动作结束。

（2）男子健美的七个规定动作：前展肱二头肌、前展背阔肌、侧展胸部、后展肱二头肌、后展背阔肌、侧展肱三头肌、前展腹部和腿部。

（3）男子古典健美的四个规定动作：前展肱二头肌、侧展胸部、后展肱二头肌、前展腹部和腿部。

另外，健美混合和健美健身集体造型除规定动作外，还要看男女运动员肌群是否和谐、相配，整体感是否强，配合是否默契，等等。

第三节 台球运动

台球的娱乐性极强。根据各种球势衍生的许多高超击球技巧，变化万千，引人入胜，参与者可从中获得许多乐趣。

一、台球运动概述

（一）台球运动的起源

台球也叫桌球，或称打弹子，至于起源于何处，历史记载的资料甚少。15 世纪法国出现过“台球”这个名词，但据美国著名的《柯里尔氏百科全书》记载，英国詹姆斯一世执政期间，在他的宫廷曾有简单的台球游戏。最早的球台为木质，后改为青石台面，又用橡胶制成台沿。法国人米加发明了用皮革粘贴杆头。后来英国人首创用壳粉擦抹杆头。之后，美国人研制出用化学材料制成的球，现代台球开始基本定型。目前有英式、美式等几种台球的打法，但国际上仍以英式台球最为流行。

（二）台球运动的发展

现代台球随着器械的改革和技术水平的提高，开始由娱乐活动向竞技体育项目发展。台球按撞击方法的不同，有“三球落袋式”“四球撞击式”“斯诺克式”等打法，国际比赛仍以斯诺克式最受人欢迎。

1927 年，在戴维斯等人的努力下，第 1 届斯诺克台球世界职业锦标赛在伦敦成功举办，戴维斯获得冠军。1940 年，世界台球联盟成立。1948 年，美国台球协会成立。1986 年，中国台球协会成立，各省市也相继成立了地方的台球协会。1987 年，第 1 届“健牌杯”中国国际台球大赛在北京举办。

目前，随着我国著名的台球运动员丁俊晖在国际比赛中一次次的夺冠和中国一系列台球公开赛的组织，2020 年，首个“远东·星牌·康溪盛世”杯中式 107 巡回锦标赛于 10 月 11 日上午在长春开赛。2021 年 3 月 13 日，亚洲台球运动联合会发布消息，台球运动将成为 2030 年多哈亚运会的一部分。中国一批又一批台球运动员在国际赛场上的出色表现，正逐渐掀起我国台球运动的高潮。

（三）台球运动的特点

1. 高雅舒适

台球运动具有动中求静、静中求动、急中见稳的特点。由于球技中含有一定的力学、数学原理，练习者常需通过积极思考，才能提高技术水平，再加上周围环境安静、舒适，气氛祥和，台球一直被视为可以使身心备感舒适且文明高雅的体育娱乐项目。

2. 娱乐健身

台球技艺繁多，各种技击方法使球的态势变幻莫测。随着球技的不断提高，练习者可根据球理变化规律，自编自创许多花式击球的技巧与方法。台球运动并不激烈，在怡情之余，可以锻炼稳重的性格，使人保持健康、乐观，从而起到愉悦身心的效果。

二、器材

1. 球台

球台也叫台盘，或称球案、球桌，分为落袋球台和四球球台（也称开伦球台）两种。这里主要介绍落袋球台。球台一般为 350 cm×175 cm。四角和两边共设有 6 个直径约 85 mm的洞穴。洞口边缘做成圆形倒角，用网绳扎成落袋，或由铜棒托成斜梯状，分别称为角袋和腰袋。台面用大理石板或青石板镶拼而成，铺上绿色厚泥。台沿包有弹性橡皮，高出台面 38 mm。

2. 台球

台球通常用硬质高强度的热固性树脂制成，也有纸浆球、化学球、象牙球等。国际大赛普遍采用比利时和英国产的水晶球。落袋式台球直径为 40～42 mm，质量约为 200 g；撞击式台球直径为 65～68 mm，质量约为 325 g。

3. 球杆

球杆是以优质木材削成的圆锥棒状体，不能有任何弯曲。落袋式球杆细长，约有 160 cm，杆头直径为 8～10 mm，底把直径约为 28 mm；撞击式球杆粗短，长约为 140 cm，杆头直径为 10～12 cm，底把直径约为 32 mm。细端杆头或枪头端面粘贴牛皮革，用以增加弹性，缓冲击球对杆头的损坏。

4. 架杆

架杆是与球竿配合使用的辅助器械，前端可以转动，杆头装有“X”形托架，用金属制成，分长、中、短三种，有专门用于击主球后面目标球的高脚托架。

三、基本姿势

1. 站立姿势（以右手持杆为例）

左脚在前，腰部向前微屈，右腿在后自然伸直，身体前俯，重心约在两腿之间。

2. 瞄准姿势

左臂伸向台面，右臂约与肩平，右手握杆，身体前俯，使下颌接近球杆，以杆头为瞄准点，双目注意目标球，手腕放松，准备击球。

3. 击球姿势

拇指和食指、中指握紧球杆，其他两指虚握，手腕放松。根据台面球势变化，击球方法有以下几种。

（1）抖腕法。拇指和食指握球杆后端，余三指虚握，抖腕击球（图 22-15）。

（2）屈伸法。一手把稳架杆，持杆重心向前，用拇指、食指和中指握住球杆后端，无名指和小指自然翘起，利用小臂屈伸摆动，使球杆在架杆上直线推送（图 22-16）。

（3）冲击法。用拇指、中指和食指握住球杆后端，与胸成 30°～40°角，向内摆动击球（图 22-17）。

（4）戳杆法。以球杆与台面呈垂直或接近垂直的角度击球（图 22-18）。

图 22-15

图 22-16

图 22-17

图 22-18

四、技术练习

（一）架杆方法

架杆方法有稳定型架杆（主要通过食指内侧固定，图 22-19）和平衡型架杆（主要通过拇指内侧固定，图 22-20）两种。

图 22-19

（二）基本杆法

（1）拨球。击主球中心部位，使其直线运行。

（2）引球。击主球中下部，使球前冲略带逆向旋转，撞击目标球后，向反方向运行。

（3）冲球。击主球中上部，使球前冲略带顺向旋转，撞击目标球后，继续向前运行。

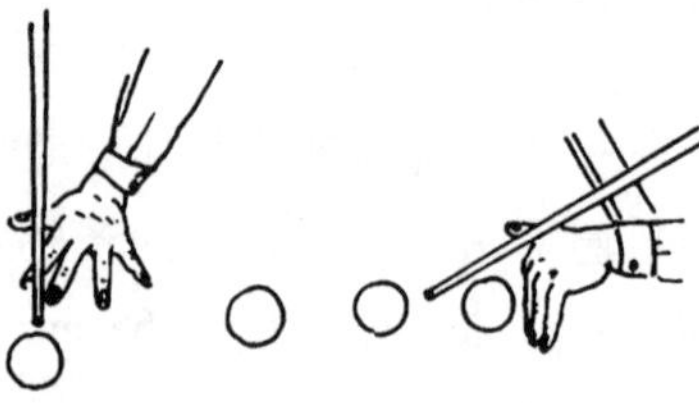
图 22-20

（4）点球。击主球中心点稍低部位，使球撞击目标球后，静止不动。

（5）戳球。让球杆与球面垂直或接近垂直，击主球后，使其弧线撞击目标球。

（6）弹球。使主球撞击第一目标球，按预定方向经台沿反弹，再撞击第二目标球。

（7）顶球。使主球撞击第一目标球后，停在原地或原定位置，让第一目标球撞击第二目标球，使第二目标球经台沿反弹再撞击主球。

（8）开司。用近似点球的杆法，使主球撞击第一目标球后，利用第一目标球撞击前方台沿，再反弹回撞主球，使主球二次受力后再撞击第二目标球。

（9）擦球。使主球撞击第一目标球后，再以极薄方式轻碰第二目标球，使第二目标球产生位移。

（10）抹球。利用主球旋转，先撞击台沿，借反射抹碰第一目标球，再向第二目标球运行。

（三）基本功练习

1. 直线空边练习

练习方法：把主球放在开球区顶端分区线上，杆头对准主球中心上部，沿分区横线把球击向台边，保持杆的位置不变，使反弹球能触及杆头；把主球放在开球区中央分区横线上，杆头对准台面中央点及红球基点击球，使球反弹能触及杆头。

2. 击球力度练习

练习方法：沿横线或纵线设几个反弹回球停止点，分别按重、中、轻、最轻四种力度进行击球练习。变化击球力度，使反弹球停在某一点上。

3. 旋转球练习

（1）左、右旋转球：杆头对准主球左上侧或右上侧击球，检验球碰台沿弹回时的旋转方向与力度。

（2）侧旋球：把主球放在开球区顶端横线上，沿横线向台沿用同等力量击主球左上侧、左中侧、左下侧、右上侧、右中侧、右下侧。练习者要注意观察不同旋转效果，及时调整击球方位。

（3）上旋力逆旋转球：对准主球中心上部（中高杆），使主球击中目标球后，随上旋力向前运行。

（4）逆旋力旋转球：把杆头对准主球中心下部（中低杆），使主球撞击目标球后，随逆旋力向后退回（缩球）。

4. 中杆撞击练习

将主球放于两台沿中心的连线上，对准前方距中心线两侧等距垂线上的两个目标球中间击球，使两个目标球呈等角度、等距离运行状态。

5. 定球练习

将主球任意摆放，击球撞击距正前方 30～40 cm 的相互间距为一球的两个目标球。先击打主球右下部碰撞左侧球，使其轻碰右侧球，主球应呈定球。第一被打目标球撞击前方台沿，再反弹回到靠近主球停留位置。

6. 引球撞沿练习

击打主球下中心点为击球点的位置，使主球碰撞靠近台沿的目标球后，再由前方台沿反弹到台面的一角。

7. “开司”球

击打主球下中心点为击球点的位置，使主球向停留在台沿的目标球撞击，呈“开司”

球势撞回原主球位置。

说明：准确掌握主球撞击点，熟悉跟进球、引球、贴边球、旋转球的厚、薄、轻、重和角度变化，可自行编排练习内容。

五、台球比赛

（一）三球落袋式台球

落袋台球也称“打弹子”，是由2个白球、1个红球组成的一种娱乐游戏。娱乐方式以主球自落袋为主，包括送球及双击中等。由于它几乎集中了台球的各种击球技巧，因此是学习台球的基础。

方法与规则：

（1）台面共有1个红球、2个白球，各人自选1个白球为主球，击球时不能换错主球。

（2）每局分数由双方预先约定，先打满约定分者获胜。

（3）开球时台面只有一个红球放在红球基点上，可把主球放在开球区内任何位置击打目标球。

（4）按以下规定计算得分：击红球自落袋得3分，击白球自落袋得2分，送红球落袋得3分，送白球落袋得2分，击中双球得2分，击红双落袋得6分，击白双落袋得4分。

（5）在一次击球中出现两次以上得分球势时，可累计得分。例如，主球将红球击入袋中得3分，又撞击白球算双击得2分，再自落袋中得3分，累加总计得8分。其余均照此法，按不同得分累计。

（6）遇下列情况之一时，除罚、扣分外，还将失去击球权：打空杆又未自落袋，扣1分；将目标球击出台外，扣2分；主球击中目标球后跳出台外，扣4分；打空杆后自落袋，扣3分；打空杆后主球又跳出台外，扣3分；打成双球出台外，扣2分。

（二）四球撞击式台球

四球撞击式台球也称“开伦球”，是由2个红球、2个白球组成的一种娱乐游戏。双方在不违背规则的条件下，用主球（白球）连续撞击2个目标球（红球），并按不同分值计算总分。

方法与规则：

（1）双方比赛前约定一个分值，一方先打满约定分即获胜。

（2）开球第一杆必须使球从台沿反弹撞击白球，再撞击红球，否则开球者被判失机。根据规则，开球者被判失机后，原得分有效，比赛改由对方开球。

（3）比赛双方各自以自己的主球连续击打目标球，击中一红一白得2分，击中双红得3分，击中双红一白得5分。

（4）主球未击中或击中一球时不得分，由对方击球。

（5）击球时必须符合以下规定，否则判为失机：击球时杆头不得与主球连续接触两次；台面球静止前不得提前击球；击球时除杆头外，其他任何附属物都不得接触球；主球必须同时或分别撞击2个目标球。

（6）凡主球与目标球相贴，应按如下方法处理：不能直接把相贴球作为第一目标球；采取间接打法撞击相贴目标球方能得分；凡主球三边相贴则成死球，此时一律将主球放回原开球位置，由对方开球继续比赛，原得分有效。

（7）如果出现球被击出台外的情况，应按如下方法处理：若一球被击出台外，不论得分与否，击球者均被判失败；若击中得分，成绩有效但击球者丧失击球权；若双球被击出台外成死球，击球者被判失败，由对方开球。

（三）九球花式台球

九球花式台球属美式台球，是由双方共用 1 只白色主球，击打 9 只标明 1～9 号彩色目标球的一种娱乐游戏。双方在不违背规则的条件下，用主球按顺序依次击球，不论击球入袋的数量和分值，而以谁先将 9 号球击入袋为胜。由于台面布光滑，因此球速较快。袋口大、台面小，关键之处在于击球入袋后的主球运动路线，其中尤以处理好 9 号球最为关键。

方法与规则：

（1）双方比赛前约定一个单数局（7 局或 11 局），一方先到规定局即获胜。

（2）开局前将九只彩球排成菱形，9 号球置于中心，双方各自击球撞击对面台沿反弹至本方台沿后，谁的主球离台沿近，谁即获开球权。

（3）开球击入任何顺序号目标球均为有效，可继续按余下球的顺序依次击球。如主球入袋则成自由球，由对方把主球放在任何位置开球，若开局一次，将 9 号球击入袋中，则获得该局比赛胜利。

（4）每次击球都有 30 s 的限制，最多可要求延时两次。凡一局获胜，则下局仍领先开球。

（5）每次击球都必须先触及规定序号球。允许通过规定序号球碰撞其他球入袋，若让 9 号球入袋，则获得该局比赛胜利。

（6）最后击 9 号球入袋，但同时主球也入袋，则被判犯规。击入 9 号球无效，由对方把主球和 9 号球放在任何位置击球，称为“免打”。

（四）彩弹式台球（斯诺克）

彩弹式台球也称“斯诺克”，使用的台球包括 15 个红球、6 个彩球（黄色、绿色、棕色、蓝色、粉色、黑色）及 1 个白球。比赛要求双方在不违反规则的条件下，用主球按规定顺序把不同分值目标球击入袋中，最后计算总分。

方法与规则：

（1）白球为主球。其他彩色目标球的规定分值为：红球1 分，黄球 2 分，绿球 3 分，棕球 4 分，蓝球 5 分，粉球 6 分，黑球 7 分。

（2）比赛开始时，先把 15 个红球紧贴排成三角形，其他 6 种颜色球分别按规定位置放好（图 22-21）。

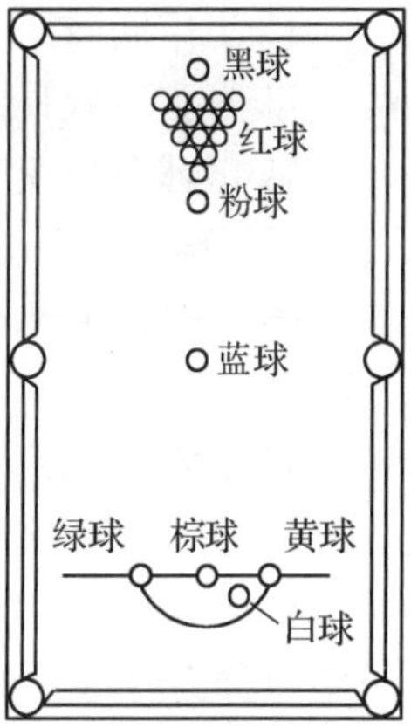

图 22-21

（3）开球时必须把主球放在开球区，并先用杆头触及白球，之后即在主球停留处继续击打目标球。

（4）在击球过程中，第一杆击红球，第二杆击彩球，第三杆再击红球，如此间隔。红球击入袋中不再取出，其他球落袋则仍须放回原固定位置，如原位置已被其他球占据，则应放于最高分值黑球点上。

（5）击红球入袋得 1 分，击其他球入袋则按球的实际分值计分。击红球时若同时击入多只红球，应按击中数累计得分。如红球被全部击入袋中，可按由小分值球到大分值球的顺序，分别再将其余球击入袋中（不再取出），直至把最后一个黑球击入，此局比赛告终。

说明：主球入袋，由对方在开球区任何一点向任何区击球。

（6）如遇下列情况，均应处以罚分（最少 4 分），被罚分一律作为对方得分计算。

① 未击中规定目标球，罚 4 分。

② 主球落入袋中，罚 4 分。

③ 击打红球时先触及其他彩球，罚 4 分；如被触及球分值超过 4 分，则按其规定分值罚分。

④ 击打红球时将彩球击入袋中，则按其分值罚分；若分值小于 4 分，罚 4 分。

⑤ 击打红球入袋时，也把彩球击入袋中，红球分不罚，按误击球分值罚分；若低于 4 分，罚 4 分。

⑥ 击打指定目标球时，误将红球击入袋中，则按指定目标球分值罚分；若低于4 分，罚 4 分。

⑦ 击打指定目标球时，先触及红球或其他彩球，按目标球分值罚分；若低于 4 分，罚 4 分。若误中彩球分值高于指定目标球，则按高分罚分。但若指定目标球为黑球，则应按黑球分值罚 7 分。

⑧ 击打彩色目标球入袋后，同时带入其他彩球，除得分无效外，还应按击入球中的一个最高分值球罚分。

⑨ 主球不管是否把目标球击入袋中，自己入袋都罚 4 分；若目标球分值超过 4 分，则按目标球分值罚分。

⑩ 击球时推杆或连击，均被判无效击球。击打目标球的分值若低于 4 分，罚 4 分；若超过 4 分，则按目标球分值罚分。

⑪ 红球全部被击入袋中后，若未按次序击球入袋，则按被错击入袋球的分值罚分，最少罚 4 分。

⑫ 主球同时撞击两个不同颜色球，按两球中分值高者罚分。

⑬ 将主球或目标球击出台外均判犯规，按目标球分值罚分，最少罚 4 分。

⑭ 击球时可使用架杆，但双脚不得离地，棒杆和其他任何物体均不得触及台球；否则按目标球分值罚分，最少罚 4 分。

第一杆把红球击入袋中后，第二杆应告知裁判，下面将击何彩球，否则按最高分值罚 7 分。

六、相关技术问题

1. 半球、厚球和薄球击法

把杆头对准主球中心，使主球撞击目标球半只称为半球；主球撞击目标球半只以上甚至整只称为厚球；主球撞击目标球少于半只甚至仅擦球的边缘称为薄球。

2. 判定自己击球力量大小的方法

要提高台球水平，必须控制好击球的力量。击球力量通常分为最轻力、轻力、中力和重力四个级别。练习时从开球区击球，主球运行至离底边不超过 20 cm 为最轻力级击球；使主球撞击底边后反弹至开球区内停止为轻力级击球；使主球撞击底边反弹至内边再反弹至底边附近 30 cm 处为中力级击球；使主球撞击底边反弹至内边再反弹撞击底边与内边共计 4 次以上为重力级击球。

第四节　瑜　伽

瑜伽一词家喻户晓，甚至在某种程度上成为养生与健身的同义词。从欧美到东南亚，年轻一辈都把它奉为都市生活的最佳减压之道。练习瑜伽，不仅可以消除紧张、缓解压力，使人的精神与身体进入纯净的境界，还能有效地塑造好的体型、体态，焕发生命潜能。

一、瑜伽的起源

瑜伽起源于印度，流行于世界。瑜伽是东方最古老的强身术之一，是人类智慧的结晶。瑜伽一词源于梵文音译，有结合、联系之意，这也是瑜伽的宗旨和目的，是为达到冥想而集中意识之义。修炼瑜伽能把散乱的精神集中并使之平静下来。瑜伽修炼首先着眼于身体的强健，然后要求身心融合为一。

二、现今健身瑜伽及其练习方法

瑜伽作为一种健身方法已在全世界广泛传播，是一项集健身、美容和健心于一体的时尚运动。瑜伽有多个门派。当今世界最盛行的是以呼吸与体位法为中心的健身瑜伽。健身瑜伽是由呼吸法、体位法、冥想法所构成的协调身心平衡的养生运动，通过深层的呼吸、筋骨的伸展及平静的心来探索及观看自己的身体，以达到身心平衡协调地发展。下面简要介绍两种常用的瑜伽练习方法。

1. 呼吸法

呼吸法是指有意识地延长吸气、屏气和呼气的时间。练习呼吸法的时候，要求心情平静，注意力集中，抛开所有的烦恼与疲劳，全身心地投入呼吸中。

2. 体位法

体位法是姿势锻炼，它能净化身心，保护身心，治疗身心。体位法种类不可胜数，它们分别对肌肉、消化器官、腺体、神经系统和身体的其他组织起良好的作用，不仅可以提高身体素质，而且可以提高精神素质，使肉体、精神达到平衡。瑜伽体位法的灵感来自大自然的动物及天象。古代印度的瑜伽修行者常常在大自然中作息、静坐、调息、冥想，借此学会控制身体的活动及情绪，进而将自我与大自然融合为一体。在修行过程中，他们观察各种动物在患病时医治自己的行为，从中领悟了大自然中动物的求生法则，更领悟了一套获得健康的健身方法。通过模仿动物活动、松弛、睡眠等本能的习性及动物生病时利用自然的方法治疗疾病的动作（如蛇式、兔式），修行者创造了瑜伽体位法，因此瑜伽中有很多用动物名称命名的动作。例如，修行者发现猫科动物经常会有耸动肩膀或将胸部平贴地面的姿势，仔细推敲后发现这样的动作可以让身体伸展开来，同时因为牵扯的关系，按摩了肺、胃等内脏器官，无形中实现了对腰部神经、骨骼、肌肉的刺激。

三、练习健身瑜伽的益处

瑜伽练习对一个人的肌肉系统、精神系统、内分泌系统、消化系统都非常有益。瑜伽练习可以让肌肉放松下来，帮助舒展肌肉线条；可以使人的身材变得更为匀称、线条更加优美；同时还有放松神经的功效，不少人练后都会消除疲劳。重在内修的瑜伽还可以平衡身体中的各种腺体，使练习者从生理到心理都得到舒缓；瑜伽动作中大量的前弯、后仰、扭动、斜腹、挤压等动作，可以按摩人的内脏器官，对消化是非常有益的。有些瑜伽姿势还有助于治疗胆结石、腰肌劳损等疾病。

虽然没有强拉韧带，但是瑜伽对身体的柔韧性很有帮助。不同年龄、性别的人只要常做瑜伽伸展动作，将它当成一种生活方式，几个星期后就会发现身体的变化。瑜伽除了可以修身之外，还讲究修心，对平和心境颇有帮助。

四、瑜伽练习时的注意事项

瑜伽是一门内外兼修的锻炼方法，对练习时的心情、呼吸的方法与节奏都有要求。要想通过练习瑜伽达到较好的锻炼效果，应该注意以下几点。

1. 认清目标，持之以恒

练习瑜伽的效果不是马上就能体现出来的，只有持之以恒地练习，才能收到预期的效果。每次练习的时间其实不在长，而在专一。每日进行一次，即使时间较短，也比每周进行一次较长时间的练习有效得多。

2. 不要勉强，不可急躁

练习瑜伽时，多数通过反关节姿势对腹部等身体部位起到按摩与刺激作用，所以做任何姿势都应该按部就班、顺其自然。特别是初练者，千万不要贪图快速进步而勉强达到某一种姿势，这样容易造成运动损伤。

3. 加强自信，不可灰心

练习瑜伽的目的是养生健体，只要自己感觉好，今天比昨天有进步，就是胜利。

初练者刚开始练习时，身体的柔软度绝对不如自己想象的好，应多给自己一些时间适应，不要轻易灰心。可以借助椅子、墙壁等外物支撑，经过一段时间的练习，待逐渐达到平衡后，再丢开辅助工具。

4. 感觉不舒服，立即停止练习并休息片刻

练习瑜伽时，一旦感觉不舒服，就应立即停止，并静躺几分钟。

静躺时，全身尽量放松，双目闭合，双足分开与肩同宽，双手掌心向上，配合缓慢的深呼吸（先将气体引至丹田，然后吐气，切记吐气应比吸气长），直到感觉恢复正常，才可以继续练习，或经专业老师指导再练习。

5. 练习场地不宜太硬或太软

瑜伽涉及许多柔软动作，练习时难免有挤压肢体、肌肉的状况，故应避免在坚硬的地板或太软的弹簧床上练习，否则容易造成擦伤或因身体失去重心而受伤。可根据需要，选择合适的瑜伽垫在平地上练习。

6. 不宜穿着太紧身的服饰练习瑜伽

练习瑜伽并没有固定的服装要求，较为宽松舒适、适合运动的衣服，如休闲服、运动装或韵律服等皆可。此外，练习瑜伽时不必穿鞋，且应避免穿戴紧束的饰物，如腰带、皮带、手表、项链及耳环等。

五、健身瑜伽的呼吸法

呼吸是人最重要的机能，人的身体状况在很大程度上依赖于呼吸的规律性，甚至呼吸方式可以高度反映出一个人的情绪、情感。当人心烦意乱，如沮丧、悲痛或抑郁时，呼吸就会变得很慢和没有规律。而人在狂怒、焦虑和紧张不安时，呼吸则变得迅速、浅短和混乱。连续不规律的呼吸，不仅损害神经系统，而且妨碍内分泌系统的固有功能，最终使体

质变得虚弱。在日常生活中，由于人为的因素，呼吸一般是任意和不规律的，大多数人呼吸浅短、缺乏规律，这样会使神经系统逐渐受损害，内分泌系统不能正常发挥作用，身体丧失力量和活力，从而产生经常性的疲劳和沮丧的感觉。

呼吸通常有三种方式：胸式呼吸、腹式呼吸、完全式呼吸。一般人都采用胸式呼吸（即浅短的呼吸）。下面介绍瑜伽的几种呼吸方法。

1. 胸式呼吸

以肺的中上部分进行呼吸，感觉是胸部在张缩鼓动，腹部相对不动。闭嘴，将手轻轻地放到肋骨上，吸气时胸部打开，肋骨向上，向外扩散，但不要让腹部扩张，腹部保持平坦。

2. 腹式呼吸

腹式呼吸也叫横膈膜呼吸。练习者可取随意的姿势，仰卧、静坐、站立均可。卧或站时，双脚适度分开，双眼紧闭，一手置于胸部，另一手置于腹部上方，以便感觉横膈膜及腹肌的活动。首先以鼻腔缓慢、细长地吸气和呼气，不可出声振动或停息，然后加大正常呼吸的幅度。呼气时，尽量把气吐尽，分多次吐，然后有意使腹肌向内瘪，并温和地收缩肺部，将气吐出。再吸满气，使腹部恢复原状。吸气时会发觉腹壁和肋骨下部向外推出，胸部只有些许移动。这种呼吸是借助横膈膜的收缩和下压进行的。

3. 完全式呼吸

完全式呼吸是胸式和腹式两种呼吸类型的结合，肺的上、中、下三部分都参与呼吸运动。腹部、胸部乃至全身都在起伏张缩。

六、身体不同部位的塑身瑜伽体位法

（一）解除眼部疲劳的瑜伽体位法

（1）两手手指弯曲，使手掌成碗状，扣在眼部。先吸气，然后把指尖放在颧骨和眉毛处，缓慢地吐气，反复做5次。

（2）用两手的食指、中指和无名指轻轻地揉眼部周围的骨边，可缓解眼部肌肉的紧张。轻揉眉毛周围，从内到外，从眼部下面到颧骨周围，反复做5次。

（3）眼睛注视食指中部，并追随手指运动。右手的食指放在眉间并缓慢地离开。渐渐地伸直右臂，静止5～10 s，再把手指缓慢地返回。再做动作（1），使眼部放松。

（4）右臂朝前水平伸直，竖起拇指。眼睛注视拇指中间，同时右臂缓慢地向右张开，眼睛追随拇指移动直到看不见为止，停留5～10 s，脸部不要动。再缓慢地把右臂返回到正面。重复上述动作，左、右两边交替练习。

（5）向前伸直右臂，食指伸向左边。一边注视食指的正中，一边使眼睛追随手指运动。手臂缓慢地放下，直到眼睛看不见胳膊为止。静止5～10 s，手臂上下运动。再做动作（1），使眼部放松。

（6）肘部放在桌上，用手掌支撑头部的重量，用手遮光，缓慢地呼吸。呼气可消除眼部紧张。

（二）消除颈部疲劳的瑜伽体位法

1. 猫式

（1）两脚不重叠正坐。两手放在膝盖前的地面上，用辞谢的姿势向前倾倒，额头着地。

（2）缓慢地翘起臀部，两手支撑头部，稍微使头部承受体重。

（3）稍微使臀部放低，缓慢地让头部朝不同的方向转动，自然呼吸。重复该动作，该体位法有按摩头皮的功效。

（4）返回原位时，两个握住的拳头上下重叠，额头放在上面，喘气放松。

注意：如果脖子有些僵硬，在做头部转动时，用双手支撑头部。

2. 开肩式

（1）正坐，两手在身后交叉，肩胛骨向后倾，挺胸。

（2）放松肩部和颈部。头部向前倾，并按照右、后、左的顺序旋转，接着按反方向旋转后恢复到原位。每次保持 8 s，左右两边各做 2 次。

（3）最后返回正面，放松手、头部。

（三）解除肩部酸痛的瑜伽体位法

1. 全弓式

（1）俯卧，额头着地，两手从外侧紧紧地抓住脚踝。

（2）一边缓慢地吸气，一边抬起腿。拉紧腿，随之抬起上体。一边呼气，一边返回到动作（1）。做 3 组。

（3）在做第 3 组时尽可能抬起腿和上体，保持 5 ~ 10 s 的自然呼吸。

（4）放下上体和两腿，俯卧，喘气放松。

注意：当腰部有异常状态时停止动作。肘部不要弯曲。

2. 肩立式

（1）仰卧，并拢两腿。两手放在身体两侧，手掌着地，吸气。

（2）一边缓慢地呼气，一边抬起腿部。接着抬起臀部，使腿与地面平行。如果能做到，可以试着让脚尖越过头顶着地。

（3）保持（2）的姿势，自然呼吸。

（4）一边吸气，一边使两腿与地面成 90°。接着把意识集中到腹部肌肉，一边呼气，一边放下腿。

（5）仰卧放松。

七、瑜伽保健

1. 锻炼面肌

（1）将两嘴角用力向两边牵拉，让嘴唇形成一条直线。

（2）保持数秒钟，自然呼吸，然后放松。反复做 3 次。

功效：使面部肌肉拉伸、不松懈、有弹性。

2. 使鼻梁高挺

（1）两手摩擦生热，两手食指按在两鼻周围，使其热量传到肌肤中去。

（2）呼气，两食指沿着鼻部两侧向上移动。

（3）吸气，手指在向下移动后，手指在鼻翼处停留数秒。同时呼气，呼气后松开手指放松。

功效：使矮鼻梁高挺，对鼻部周围的血管及肌肉有按摩的作用，增强鼻部周围的血液循环，预防感冒，对鼻炎的治疗有相应的辅助效果。

3. 祛除皱纹

(1) 两手摩擦生热。

(2) 起始时除拇指外其余四指放在嘴角处，手背朝前且两边相对，然后双手手指同时向上移动摩擦36次左右，呼气。同时向下摩擦36次左右，吸气。反复做6回。

(3) 用食指、中指、无名指三对手指按住眼尾处，呼气5～6 s，放开时吸气。反复做6次左右。

功效：促进面部血液循环，对面部肌肉有按摩的效果，使面部有弹性，活化面部肌肉，并有祛除面颊及眼角皱纹的效果。

4. 美颜除痘

(1) 正坐，两脚掌相对，吸气，挺胸伸直脊背。不要耸肩。长久练习后，两膝就可自然放在地上。

(2) 呼气，上身向前弯曲，下颚前伸并尽量与双脚靠拢，在自己所能承受的范围内即可。

(3) 吸气，身体恢复原态，两膝并拢，收回放松，接着继续练习。

功效：改善面部，促进面部血液循环，排除体内毒素，有祛痘养颜的效果。

5. 预防头痛

(1) 两腿跪在地上，双手着地。保持脊椎伸直。

(2) 吸气，大腿伸直，脚跟轻轻着地，收紧膝盖的肌肉，向上提大腿肌肉，胳膊伸直，臀部向上抬高。

功效：促进头部血液循环，治疗肩膀僵硬、酸痛。

八、瑜伽损伤的预防与处理

(一) 瑜伽练习时造成损伤的原因

瑜伽练习能刺激穴位、内脏，拉伸肌肉、韧带，有强身健体的功效，但是若练习方法不当，也容易造成一定的运动损伤。引起损伤的原因有以下几个方面：第一，练习者心理压力太大。瑜伽练习要求心平气和，动作缓慢，注意力集中。如果压力过大，易导致情绪波动，注意力无法集中。第二，练习负荷过大。瑜伽练习需要循序渐进，不可急于求成。要选择适合自己的负荷，才能达到事半功倍的效果。第三，没有做好准备活动。瑜伽练习前要做好热身运动，要有步骤地慢慢加大练习的运动幅度。只有在身体处于唤醒状态时练习瑜伽，才不易受伤。

(二) 损伤后处理的具体步骤

如果瑜伽练习时不小心受伤，可按照以下步骤处理：

(1) 马上停止练习，避免在受伤部位继续施加压力。

(2) 及时对受伤部位冷敷，以减慢血液循环速度，减轻疼痛。

(3) 在受伤24 h后，可以采用按摩和穴位刺激来进行治疗，以便加快受伤部位恢复运动能力的速度。如果条件允许，也可以用针灸进行治疗。

(三) 损伤后重新进行瑜伽练习的注意事项

瑜伽练习受到损伤后，练习者很容易产生畏惧感，从而放弃练习。正确的方法是：尽可能早地练习。这样既可以保证练习效果得以保持，又可以使受伤部位得到积极恢复。在恢复练习时要注意以下事项：选择不致患处疼痛的练习姿势，待损伤痊愈后再进行一些伸展动作并强化练习；避免练习动作太多、太快，否则很容易造成再次损伤。要慢慢地重建受伤部位的力量及肌肉弹性，在此基础上逐步增加练习技巧及静坐练习。特别要提醒的一点是，在短期内要避免同一部位重复受伤，否则对恢复相当不利。

九、健身瑜伽的食物观

饮食在瑜伽体系中占有十分重要的地位，它会影响练习的效果。练习者如果将正确的进食方式与持之以恒的练习相结合，练习效果就会很快地显现出来。为何饮食对练习瑜伽有如此大的影响呢？因为食品的种类和质量直接影响人的肌体和精神状况。从瑜伽的角度，食物可分为惰性食物、变性食物和悦性食物三类。

（一）惰性食物

惰性食物是指容易引起疾病和心灵迟钝的食物。此类食物对身体无益，而且容易使人体产生惰性。惰性食物对瑜伽练习者是极不合适的，因为这类食物易使身体发胖，增加额外的体重，进食后的较长一段时间内，身体会有积滞感，而且长期食用还会导致性情易激动、暴躁。惰性食物包括肉类、蛋类和具有刺激性气味的蔬菜如洋葱、葱蒜等，还包括一些腌制食物和麻醉型饮料、烟草等不健康食品。

（二）变性食物

变性食物是指能够给身体提供能量，但同时会刺激身心的食物，如浓茶、可可、汽水、巧克力、强烈调味品、辣椒等。若摄入过多的变性食物，将刺激内分泌系统和神经系统，使大脑激动，这与瑜伽追求的平静、知足状态背道而驰。

（三）悦性食物

悦性食物色美味香，营养丰富，烹饪方法简单，很少选用香料和调料。这些食物可以使身体变得健康、轻松、精力充沛，又可以使心灵宁静而愉快。这类食物包括一切水果、大部分的蔬菜、一切的豆制品、牛奶和乳类制品、坚果、适量的绿茶和全部的谷类制品等。

除了在种类上区分食物属性外，我们还应该依据烹饪的方法来分析食物属性。例如，属于悦性食物的蔬菜由于烹饪方式不当，也可能变成惰性食物，如薯片等。所以，我们在选择健康食品的同时，还要选择健康的烹饪方式。总之，要按照瑜伽饮食观来安排自己的生活。瑜伽练习者要多吃悦性食物，少吃变性食物，尽量不吃惰性食物，这样才能使自己身体健康、心灵平静。

第五节 板鞋竞速运动

一、板鞋竞速运动概述

板鞋竞速运动起源于明嘉靖年间，至今已有500多年的历史。2005年，国家民族事务委员会、国家体育总局批准将板鞋竞速项目列为全国少数民族传统体育运动会的正式比赛项目。

板鞋竞速运动历史悠久，器材简单，因地制宜，不受年龄、性别、条件的限制，深受壮族人民的喜爱。每逢喜庆节日、假日，壮族体育爱好者、学校学生就会开展板鞋竞速健身活动，并且吸引各族的群众参与，它对民族团结、民族体育的发展起了巨大的促进作用。

板鞋竞速运动是一项集群众性、娱乐性、竞技性于一体的民族传统体育运动项目，同时也是一项非常独特的健身娱乐活动。

二、板鞋竞速运动基本技术

板鞋竞速运动基本技术由预备式、原地踏步、向前走、弯道走、快速跑和终点冲刺几个部分组成。原地踏步、向前走决定板鞋竞技步伐的稳定性，弯道走、快速跑和终点冲刺的幅度决定板鞋竞速的速度。

（一）预备式

以右边上板鞋为例。练习者站立在板鞋右边，两眼平视前方，双手扶在同伴的腰部或者肩上。先上右脚后上左脚，准备踏步。

（二）原地踏步—向前走—快速跑

当同伴都穿好板鞋后，为达到步调整齐一致，一人或一起喊口令"一、二、一"或"左、右、左"并原地踏步，声音押韵，步调一致。熟练后，两手不攀扶其他人，自然摆臂向前走，再慢慢过渡到自然跑、快速跑，提高竞技速度。

（三）弯道跑

以左转为例。保持身体重心不变，克服转弯时的倾斜问题，走动时整个身体稍向内倾斜，右肩高于左肩，右臂摆动幅度稍大且稍向外，左臂摆幅稍小，右脚前抬时稍向内扣，用前脚掌的内侧扣紧板鞋，左脚稍向外，左脚外侧稍用力。在转弯后整个身体逐渐过渡到正常姿势，快速向前跑。

（四）终点冲刺

穿板鞋协调地向前走，接近终点时目视前方，上体要稍前倾，两小腿惯性前摆，积极带动两脚前抬，并加大幅度，快速向前摆动，冲过终点线。

三、板鞋竞速运动主要竞赛规则

板鞋竞速是由多名运动员一起将脚套在同一双板鞋上在田径场上进行的比赛，以在相等的距离内所用的时间长短决定名次。

（一）竞赛项目

竞赛项目有男子 60 m、100 m，女子 60 m、100 m，以及 2×100 m 混合接力。

（二）场地与器材

比赛可在标准的田径场地上进行。场地线宽均为 5 cm，跑道分道宽 2. 44 ~ 2. 50 m。

比赛板鞋用长度为 100 cm、宽度为 9 cm、厚度为 3 cm 的木料制成。每只板鞋配有三块宽度为 5 cm 护足面皮，分别固定在板鞋规定的距离上，护皮以套紧脚面为宜。第一块护皮前沿距板鞋前端 7 cm，第二块护皮在第一块护皮与第三块护皮的中间，第三块护皮后沿距板鞋末端 15 cm（图 22-22）。

图 22-22

（三）竞赛办法

根据参赛人数，具体确定赛次设置。

预赛抽签分组，决赛按预赛成绩抽签排定道次。

接力比赛第一棒为女子，第二棒为男子。

比赛前，运动员将板鞋置于跑道起跑线前，共同套好板鞋，任何一支的板鞋不得触及或超过起跑线。枪响后，运动员方可起动跑进。比赛中，运动员应自始至终在各自道次内进行。运动员在比赛过程中，如果出现某一队员脚脱离板鞋脚触地或摔倒，须在触地（落地）处重新套好板鞋继续比赛。以第一名运动员身体躯干任何部位抵达终点线后沿垂直面瞬间为止，运动员的身体和板鞋须全部超过终点线后才能分离。接力赛时，第一棒和第二棒必须在接力区完成比赛，每队的服装要统一。

在接力赛中每个接力区长度为 10 m，在中心线前后各 5 m，交接的开始与结束均从接力区分界线的后沿算起。

（四）犯规

以下情况则被判犯规：鸣枪前跑进起跑线；运动员在比赛过程中窜离本跑道；比赛中运动员脚脱离板鞋触地，未在原地穿好板鞋；运动员抵达终点时，两只板鞋的一部分仍未过线，脚与板鞋分离；运动员在比赛过程中，有阻挡或妨碍其他运动员跑进的行为。

在接力赛中，队员在接力区外交接接力棒；在退出接力区时，阻挡或妨碍其他运动员跑进。

（五）罚则

抢跑犯规，第一次给予警告，第二次取消犯规者该项目的比赛资格。

发生上述犯规之一者，取消犯规者该项目的比赛资格。

（六）名次排定

板鞋竞速的名次排定以比赛中的决赛成绩决定，时间少者名次列前。

（七）弃权与申诉

弃权：在规定检录时间内三次点名未到场为弃权；中途退出比赛为弃权，无成绩。

申诉：对运动员参加比赛资格提出异议，应在大会开始前向仲裁委员会或资格审查委员会提出，在未有结果前，应允许该队员参加比赛。参赛运动员若对比赛结果有异议，可在比赛结果宣告后 30 min 内，向仲裁委员会提出书面申诉，同时交纳申诉费。仲裁委员会对申诉做出最终裁决。

第六节　高脚竞速运动

一、高脚竞速运动概述

高脚竞速运动俗称“踩高跷”“博脚”“踹跷”和“拐子”，是京族、彝族、侗族、土家族、基诺族等盛行的一项集健身、娱乐、庆典为一体的民间传统体育活动，一直为各族人民所喜好。

高脚竞速运动分为民间表演和正式比赛。民间表演是一种欢庆节日的娱乐活动方式，表演者涂脂抹粉，身穿各种戏服，脚踩高跷，在锣、鼓、钗的伴奏下做背剑、抱剑、朝天蹬、骑象等各种动作，场面热闹非凡；正式比赛则以高脚竞速为主要形式，分个人赛和接力赛两种。个人赛时，运动员双手各持一杆，同时脚踩杆上的踏板，在田径场上进行，以在相等的距离内所用时间的长短决定名次；接力赛时，运动员采用一副高脚杆交接进行，队员必须在接力区（宽 2 m）内完成交接，以最先到达终点者为胜方。要求参赛队员两脚踩在高跷上跑完全程，允许掉下高跷，但必须在原地上跷后才能继续前进。

高脚竞速是一项比速度、拼耐力的激烈运动，经常参加这项运动，能增强中枢神经系统的功能，提高人体基本活动的能力，特别是对改善维持身体平衡的前庭器官的稳定性和提高速度、力量、耐力、协调等身体素质起着积极的作用，同时还能培养人们勇敢的品质、顽强的意志和坚韧不拔的斗志，有助于身心全面发展，是一项具备很高锻炼价值和艺术价值的传统体育活动。

二、高脚竞速运动基本技术

高脚竞速运动中运动员要做到“人杆合一”。所谓“人杆合一”，是指运动员踏上马镫仍能技巧娴熟、动作自如、步履轻盈，充分发挥其体能，利用马杆的弹性，上下肢协调配合，跑出较大的步幅和较高的步频。由于高脚竞速运动是手脚与高脚杆协同配合的同顺运动，运动员开始时不太习惯，甚至经常摔倒，只有经过长时间的反复训练，运用各种练习方法和手段，坚持不懈，才能达到“人杆合一”的效果。

（一）持握高脚杆

1. 下握式

两脚开立，与肩同宽，两腋夹紧高脚杆，双手虎口向下，大拇指与其他四指分开，紧握高脚杆，双手与肋骨下端同高，两眼平视前方。

2. 上握式

站立，将高跷立于体前（两高跷宽度为 0.5 m 左右），两手虎口朝上，握紧高脚杆的上端。

（二）上高脚杆

（以下握式为例）持握好高脚杆后，一只脚先踏上高脚杆的踏板，另一只脚稍蹬地，迅速踏上踏板，同时两臂微内夹，控制好高脚杆。

（三）踩高脚杆

身体平衡地站在高脚杆上，两眼平视前方，然后重心左右移动，左右手臂上提，将高脚杆提离地面，向前迈步，落地的同时重心左右移动，保持身体平稳（这是高脚竞速运动技术的关键）。

（四）下高脚杆

当练习者在行进间或到达终点时，双脚下高脚杆时手、脚协调用力，保持身体平衡，左脚左手、右脚右手同时提蹬，双脚向前跳下落地。单脚下高脚杆时应保持蹬跷一侧的重心稳定，另一侧脚先下高脚杆，后脚同时跟着落地。

（五）起跑

起跑的任务是获得向前的冲力，使身体尽快摆脱静止状态，为起跑后的加速跑创造有利条件。

（六）起跑后的加速跑

起跑后的加速跑是从触地脚蹬离地面到进入途中跑姿势前的一个跑段。起跑后的加速跑应尽快接近或达到最高速度，其任务是充分利用起跑获得的初速度，在较短距离内获得更高的速度。从第一步过渡到途中跑，步长应逐渐加大，上体逐渐抬起。

（七）途中跑

途中跑的任务是继续发展和保持较长距离的最高速度。高脚竞速运动途中跑的每一单步结构由支撑期和腾空期组成。支撑期支撑腿的动作可分为着地、垂直缓冲和后蹬；腾空期的腿部动作分为提杆随势动作、拉杆向前摆动和主动下放动作。

（八）弯道跑

在高脚竞速运动比赛中，学生参加 200 m、200 m 双人接力及 4×100 m 混合接力时，都有弯道跑，因此学习和掌握弯道跑技术，对提高运动成绩是非常重要的。

进入弯道后，为了克服人体向前做直线运动的惯性，整个身体应向内倾斜，右肩稍高于左肩，右手持杆的动作幅度要大于左手持杆的动作幅度，右步应大于左步。

（九）终点跑

终点跑是全程跑的最后一段，应尽力保持途中跑的高速度跑过终点。高脚竞速运动的终点跑技术，要求运动员在离终点线 15～20 m 处时，尽力加快持杆摆动的速度，以较大的力量促使高脚杆或运动员身体任意部位撞向终点线，在跑过终点线后逐渐减速，此时运动员身体和高脚杆才能分离。

三、高脚竞速运动主要竞赛规则

高脚竞速是一项技术性较强的比赛项目。比赛中运动员要双手握住马杆，双脚踏在马镫上，同侧手脚配合运动。因为受马杆的限制，运动形式为同顺运动，即左手左脚同时向前摆动，右脚右手同时向后蹬地。这对提高运动员的同侧运动的灵活性与协调性具有重要作用。

（一）场地与器材

高脚竞速在标准的田径场上进行。场地线宽为 5 cm，跑道分道宽为 2.44～2.50 m。接力比赛的接力区：接力线宽为 5 cm（虚线），前后 5 m 处各画一条直线（实线）。

高脚杆由竹、木或其他硬质材料制成；高脚杆高度不限，从杆底部向上 30～40 cm 处加制踏镫（图 22-23）。

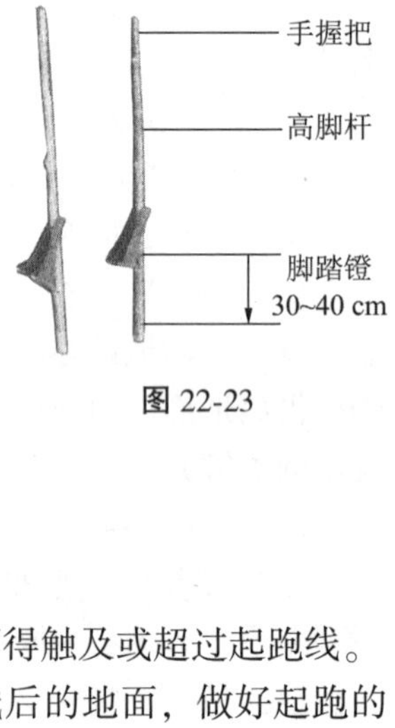

图 22-23

（二）竞赛办法

1. 竞赛形式

竞赛分个人赛和接力赛两大类。

2. 竞赛方法

比赛中，运动员应自始至终在各自分道内跑动。

各就位：运动员上跑道将两根高脚杆立于起跑线后，杆底部不得触及或超过起跑线。

预备：运动员以任何一只脚上踏镫，另一只脚必须立于起跑线后的地面，做好起跑的最后准备。

鸣枪：运动员听到枪声后，另一只踏地的脚方可踏上踏镫向前跑动。

途中跑：运动员在比赛过程中，如果出现脚触地，须在落地处重新上踏镫继续比赛。

终止撞线：以高脚或运动员身体任何部位抵达终点线后沿垂直面瞬间为止，运动员的身体和高脚杆须全部过终点线后才能分离。

接力区：每个接力区长度为 10 m，在中心线前后各 5 m，交接的开始与结束均从接力区分界线的后沿算起。

3. 比赛要求

（1）接力赛采用一副高脚杆进行比赛，运动员交接高脚杆后继续跑进。

（2）混合接力赛的1、4棒为男队员，2、3棒为女队员。

（3）队员必须在接力区内完成交接。

（4）完成交接的队员应停留在各自的分道或接力区内，待跑道畅通再离开。

（5）参加接力赛的运动队须在上一赛次前上报运动员接力顺序。

（6）每队服装必须统一。

（7）出现下列情况之一，取消犯规者的比赛资格。

① 抢跑：鸣枪前立于地面的脚离地。

② 窜道：运动员在比赛过程中跑离本跑道。

③ 掉杆：比赛运动员脚触地，未在原地上踏镫。

④ 人杆分离：运动员抵达终点线时，身体或高脚杆的一部分未过线，脚与踏镫即分离。

⑤ 接力赛中：运动员在接力区外交接高脚杆，在退出接力区时阻挡或妨碍其他运动员跑进接力区。

第七节 极限飞盘运动

一、极限飞盘运动概述

（一）极限飞盘运动的起源与发展

极限飞盘运动是一项以传递飞盘为内容、无身体接触、自我裁判、攻防对抗的团队性竞技休闲运动，因它极具时代性、新颖性、趣味性、健身性、竞技性、文化性、经济性、实用性、教育性和易学性，自20世纪中叶兴起，就风靡于欧美，流行于世界。

极限飞盘运动起源于美国，是飞盘运动众多竞赛项目中最流行、参与人数最多的一项运动项目，备受年轻人的喜爱。据统计，极限飞盘运动参与者约占整个飞盘运动参与者的80%。

据世界飞盘联合会统计，至2018年年底，全球已有超过1 000万名极限飞盘玩家。2016年，在伦敦举行的世界极限飞盘锦标赛中共有来自全球50多个国家的3 964名运动员参赛，规模达到历史新高。极限飞盘运动也被《时代》周刊评为21世纪发展最快的团队运动项目之一。

20世纪七八十年代，极限飞盘运动传入我国。出现得最早的极限飞盘赛事则是2000年的上海公开赛。随后，北京、天津、深圳、香港等城市迅速出现了飞盘俱乐部，也陆续举办了中国大学生极限飞盘联赛和地区公开赛。

极限飞盘运动，新潮时尚，融合多项传统项目元素，传盘方式多样，轨迹变化多，战术灵活，蕴含着自由、平等、开放、尊重、合作的飞盘精神，因而深受当代大学生的喜爱。早在21世纪初，极限飞盘运动就在中国的大学校园内自发传播，飞盘社团相继成立。近年来，部分体育教师将极限飞盘运动引入大学体育课堂，备受大学生的欢迎。

（二）极限飞盘运动的特点与价值

1. 极限飞盘运动的特点

（1）它是纯粹的团队运动。极限飞盘运动融合了多项运动的特点，有篮球的轴转和传切、橄榄球的摆脱和得分、足球的跑位和配合等，是一项融合多种运动项目元素的七对七团队运动项目。极限飞盘运动以飞盘传递为竞技内容，通过队友与队友之间在场地上传递飞盘至得分区，队友在得分区成功接住飞盘而得分。这样的规则决定着极限飞盘运动的得分必须是两人或两人以上合作才能完成，所以说它是一项纯粹的团队运动。

（2）无身体接触。在比赛过程中，场上队员之间不允许有身体故意接触，如果故意发生身体接触，则为犯规。这条规则在有效降低运动风险的同时，能够使运动员将更多的精力放到比赛中，能够使更多人参与到此项运动中来，也是保证男女同场竞技安全的重要因素。

2. 极限飞盘运动的价值

（1）健身价值。极限飞盘运动需要运用跑、跳、投、接等基本的身体动作，能锻炼力量、耐力、速度等基本身体素质，还可以发展灵敏、弹跳、反应等专项身体素质。同时，无氧运动与有氧运动的结合，使得运动员既可以锻炼心肺功能，又能增强肌肉力量，塑造体形。

（2）益智价值。极限飞盘运动中蕴含了很多智慧和哲学思维。飞盘在飞行中的旋转、不同角度产生的飞行弧线包含了很多数学和物理学原理，可以激发青少年的好奇心，促进青少年思考。

（3）德育价值。极限飞盘运动提倡的公平、公正、自由、开放、诚信、合作等意识，与新时代中国特色社会主义核心价值观相契合，蕴含着丰富的思政育人元素，不论是在运动场上还是在平时的生活、学习中，这一精神都是为人处世的基础。

（4）娱乐价值。极限飞盘运动具有上手容易、安全性高、参与成本低、玩法多样的特点，男女老少都可以参加。不论是日常的休闲娱乐、家庭的亲子游戏、老年人的健身活动，还是年轻人喜欢的高强度、快节奏的激烈竞技，极限飞盘运动都可以提供相应的玩法，满足不同人群的需求，非常符合全民健身的潮流。

二、极限飞盘运动基本技术

极限飞盘运动是一项通过传接配合、推进得分的运动，比赛场地及空间相对宽阔，飞行轨迹和投掷方式变化多样，飞盘技术是决定比赛结果的关键因素，因此学会和掌握飞盘技术相当重要。本节重点介绍极限飞盘的握盘方法、接盘技术、掷盘技术及跑位等内容。

（一）握盘法

1. 反手强力型握盘法

大拇指按压在盘顶面海德瑞克线上，手掌紧贴飞盘外沿 3 点钟位置处，其余四指自然弯曲并紧扣飞盘内沿，也有人将食指伸直贴于盘外沿，以维持盘面稳定。其尤其适合中远距离掷盘，如比赛中的长传及比赛开始时的大力发盘。

2. 反手温柔型握盘法

大拇指按在防滑线上，在食指根部到小鱼际之间，用手掌紧贴盘外沿，其余四指自然弯曲如扇形，指向盘心并撑住盘底面。此法适合于中近距离传盘。

3. 正手“持枪”握盘法

手指、手掌呈持枪状，夹紧盘外沿 9 点钟处，盘顶面朝上，大拇指按压在盘顶面海德瑞克线上，中指、食指并拢，中指指腹压紧盘内沿沟处，无名指与小指并拢顶住盘外沿，四指平行排列，依托中指与无名指夹紧飞盘内外沿以维持飞盘稳定。

（二）接盘

1. 上下式双手夹接法

当来盘高度在腰颈之间时，接盘人两只手掌上下张开，如鳄鱼嘴，垂直夹住来盘，形如三明治，又名“三明治”法。此法优点是接盘稳定，不易掉盘；其缺点是接盘后再掷盘时，需转换手型，影响出盘时机。

2. 上手式单手或双手钳接法

当来盘高于肩膀时，通常采用上手式单手或双手钳接法接盘。大拇指和四指张开，四指平行在上，大拇指在下，利用虎口及手指夹住来盘。此法适宜于接高盘或高跃后单手接盘。缺点是虎口空隙狭窄，容易错过飞盘导致接不准。当双手高位接盘时，宜双手平行放置，虎口张开对准来盘。

3. 下手式单手或双手钳接法

当来盘低于膝关节时，采用下手式单手或双手钳接法接盘。大拇指和四指张开，四指平行在下，大拇指在上，利用虎口和手指夹住来盘。此法适宜于接低盘。如果采用双手低位接盘，注意双手平行放置，两手虎口同时张开对准来盘。

（三）掷盘

1. 反手掷盘

反手掷盘是极限飞盘运动最重要的基本技术，也是比赛中最容易掌握、运用最广的技术动作。在进行反手传盘时，要始终保持飞盘和前臂在一个水平面上。握盘手同侧的腿向反方向斜前方迈出，身体略微侧向迈腿方向。重心放低，保持在身体中轴线上，身体稳定，看向传盘方向。手臂自然弯曲，不要将飞盘抱在怀里。准备传盘时持盘手的肩膀对着传盘目标，传盘过程中当胸口正对目标时将飞盘掷出。掷出飞盘时，手腕旋转发力，随即产生制动，使飞盘旋转起来。旋转速度越快，飞盘的飞行越稳定。整个传盘动作要连贯，腿、核心、手臂要协调发力，同时整个传盘过程中保持视线在传盘目标上。可以运用臀部的力量来使飞盘掷得更远。

2. 正手掷盘

正手掷盘时，握盘手同侧的腿向身体侧面迈出，成侧弓步，同时保持身体平衡，重心降低，控制在身体中轴线上。手臂既不要完全伸直也不要贴住身体，肘部靠近身体但不要碰到身体，肩膀略微下沉。运用手腕和小臂的甩动来发力，出手时飞盘外侧可以略微向下倾斜，以保持飞盘平稳飞行。在发力过程中，尽可能减少手臂动作，用身体的核心力量提升手腕甩动的力度，从而增强传盘的力度。正手传盘比较难掌握，建议从短距离的传盘开始练习，逐渐熟练后再拉长距离。

（四）跑位

1. 下底跑位

跑位前不要看盘，全力跑动拉开防守距离。然后瞧一眼盘的位置，注意不要一边扭头转肩一边跑位，这样会严重影响跑速。当跑离竖排和防守队员后，就可以开始追着盘跑，尽量让盘在你的前方，避免折回去接盘，这样能将防守队员甩在身后，并能稳妥接住盘。

2. 回传跑位

回传跑位是指跑位者甩开防守人后跑到后场空位并接住传盘人的短传。传盘时机是回传跑位的关键点，由传盘人指明跑位方向和时机，跑位者应迅速摆脱防守回切到合适位置接盘。同时可以配合假动作。

3. 无盘跑动

极限飞盘比赛中，除持盘运动员不能走动外，其他队员均是无盘队员，按照规则都可以跑动。无盘跑动是所有队员必备的重要技术之一，但容易被忽视。无盘跑动包括跑位失败后的及时清场、提前为队友跑位清场、应对换防及协防、跟上进攻节奏等方面。

4. 人盯人跑位

人盯人跑位是指跑位者在合适时机变向摆脱防守并冲刺到空位。面对人盯人防守时，如何利用假动作来完成进攻，是场上飞盘选手必须掌握的一种重要技巧。

对防守队员的反应进行正确判断和解读，是人盯人跑位技术的重要组成部分，一旦发现防守者停不下来或者变向缓慢，就该立刻利用好当下的优势进行跑位。防守队员启动跑位往往有肩部及髋部动作，平时可以通过肩、髋的位置方向来判断。

三、极限飞盘运动主要竞赛规则

（一）场地

正式比赛需要在草地上进行，真草最佳，质量较高的人工草地也可。场地长 100 m，宽 37 m，得分区位于场地的两端，深 18 m（或 23 m）。标准的赛事外围需要添加缓冲区，距离边线 3 m 和 5 m 设置两条缓冲线。在场地中间线，距离得分线 18 m 处有一个砖标志。按照国际赛事标准，一个标准足球场可以布置一个飞盘场地，日常活动可以布置两个。初学者，场地可以成比例缩小，建议不要小于 30 m×15 m 或一个五人制足球场。除草地之外，木地板或者其他平整的无危险空旷场地也可以作为活动场地。

（二）开盘

比赛开始前，双方选手在各自防守的得分区排成一排，先防守的队伍将飞盘投掷给进攻的队伍，进攻队伍以合规的方式将飞盘接住或者捡起即可开始比赛。防守队伍将飞盘掷出的动作叫作开盘。在开盘前，防守队伍中持盘的队员必须先举手示意，等待进攻方有队员举手示意准备就绪后才可以开盘。在开盘队员将飞盘掷出前，进攻方队员必须单脚踩在得分线上，不可以移动；防守方队员在飞盘掷出前不可以越过得分线，有队伍违反规定即为越位违例。每支队伍只允许有 7 位队员上场。

（三）得分

国际比赛中，比赛的目标分是 15 分，在比赛规定时间内首先获得目标分的队伍获胜。进攻方队员需要在对方防守的得分区内完全控制住飞盘才算得分。如果在得分线外的场地接盘之后惯性跑入得分区则不能得分。另一种情况是第一次接触飞盘在得分区内，但由于没有完全控制，如在手上持续颠簸几次，最终控制时与场地的接触点在得分区外，也不能得分。

（四）传盘

场上对飞盘拥有控制权的队员叫作持盘人，他可以向场上任意方向进行传盘。持盘人不允许持盘移动，必须有一个轴心点与赛场保持持续的接触，这个轴心点一般是传盘手异侧的脚，也可以是其他身体部位。如果在持盘期间，轴心点有移动，如轴心脚抬起或在场地上挪动，视为走步，需要回到轴心点才能传盘。防守持盘人的防守人称为防盘者。防盘者可以读秒，每数两个数之间的间隔时间必须至少大于 1 s，从 1 数到 10。防盘者数到 10，持盘人如果没有将飞盘投掷出去，即为违例，需要进行攻防转换。需要注意的是，防盘者必须在持盘人 3 m 范围内才可以进行读秒，同时，读秒的声音必须让持盘人听到，不可以默数。如果读秒的速度过快，或者跳过了其中某个数字，属于读秒违例，需要在已经完成的读秒数字上减 1 再继续读秒。防盘者的站位需要符合要求：第一，要和持盘人保持一个飞盘以上的距离；第二，防盘者的双手手掌连接线不可以穿越持盘人的核心部位；第三，防盘者的双脚连接线不可以越过持盘人的轴心点；第四，防盘者不可以故意遮挡持盘人的视线。一旦违反站位要求，持盘人可以示意防盘违例。

（五）失误

当进攻方的传盘没有成功时，防守方将获得盘权，攻守双方转换，这个过程中不需要停顿，防守方在获得盘权后可以立即转换成进攻方组织进攻。进攻方传盘没有成功有以下几种情况：飞盘出界、飞盘落地、飞盘被对方截获和被对方断下。

（六）换人

在团队飞盘比赛中，只有在一次得分后或有队员受伤的情况下才可以换人。一次得分后，在举手示意开盘之前，一支队伍可以无限制地进行换人调整，混合组比赛在换人时要符合男女性别比例。在比赛过程中不可以进行换人，除非场上有队员受伤。这里需要注意的是，如果受伤是由对方造成的，如空中的碰撞、绊倒等，可以选择不进行换人；而如果受伤是自己造成的，如跑动中崴脚，则必须换人。

（七）不允许身体接触

场上选手所有的动作都必须避免与其他人的身体接触，这既是为了场上选手的安全考虑，也是为了保证团队比赛的观赏性和独特性。

（八）犯规

当一方选手与另一方选手发生身体接触时，视为犯规。被犯规的选手需要大声喊出“犯规”示意。此时场上所有选手要停在自己所在的位置，不可以移动，直到比赛重新开始。发生身体接触的双方队员进行自我裁判：如果犯规没有影响盘权，比赛继续。这里的没有影响盘权包括进攻方继续保有盘权或者防守方获得盘权。如果犯规影响了进攻方的盘权，飞盘要交给进攻方队员继续比赛。如果防守方选手不同意犯规，飞盘交还给上一位持盘人，比赛通过验盘重新开始。

（九）自我裁判

自我裁判是极限飞盘比赛区别于其他运动项目的最大特点。团队飞盘比赛不设置裁判员，场上所有的违例、犯规、出界、得分等情况都需要选手自己根据规则去处理。

第八节 毽球运动

一、毽球运动概述

毽球运动，俗称“踢毽子”，又叫“打鸡”“攒花”等，是流传于湘、鄂、渝、黔等地区的民间传统体育娱乐项目之一，至今已有 2 000 多年的历史，它具有全面性、灵敏性、融合性、普及性、群众性等特点且有健身与娱乐的作用。

1984 年，国家体委经考察将以往的网毽活动定名为毽球运动，并发布了《关于把毽球列为全国正式比赛项目的决定》。此时，古老的毽球跨入了一个新的发展阶段。1988 年 2 月，正式成立了中国毽球协会。1999年，国际毽球联合会成立。2000年，第1届毽球锦标赛在匈牙利举行。由于各新闻媒体的报道，毽球运动引起不少国家的关注，尤其是改革开放以后，我国与世界各国朋友的体育文化交流加深，为毽球运动走向世界创造了有利条件。

毽球运动是我国宝贵的体育文化遗产，通过开展踢毽子活动，我们更加了解民族体育文化，更加热爱民族体育运动，更有意愿弘扬民族体育精神。同时，经常参加踢毽子活动，不仅对增强下肢肌肉力量、提高身体柔韧性具有良好的效果，而且对提高灵巧度，增强反应、协调、平衡能力等都有积极的作用，尤其是青少年经常参加这项活动，有利于身体的全面发展。

二、毽球运动基本技术

毽球运动技术是指运动员在参加毽球比赛中所采用的合理动作。为了适应比赛中不断变化的复杂情况，运动员必须熟练掌握毽球运动的各种技术。

毽球运动基本技术动作包括六大类，即准备姿势与移动、起球、发球、踢传球、进攻、防守。

（一）准备姿势与移动

1. 准备姿势

准备姿势是指运动员在场上未接球时身体的一种等待状态。比赛中，来球千变万化，运动员随时要准备做不同的动作，保持良好的姿势，以便合理应用各项技术，及时发挥各种攻防技术。

（1）左右开立准备姿势：两脚左右平行开立，间距与肩同宽，脚跟提起，脚掌内扣，两膝稍弯曲内扣，重心在两脚中间，上体放松，稍前倾，两臂放松并自然弯曲置于体侧，两脚保持待动状态，全身肌肉适度紧张，注视来球。

（2）前后开立准备姿势：两脚前后开立，间距与肩同宽，脚内侧着地，两脚尖正对前方，后脚跟稍提起，膝关节保持一定的弯曲内扣，身体重心前倾，两臂放松并自然置于体侧，两脚保持微动，注视来球，身体适当放松，保持待动状态。

2. 移动

移动是指根据来球的距离远近和球速的快慢，采用各种不同的步法，使身体接近球的落点，以便准确及时地触击球。移动必须快速准确，使用最多的是两三步的短距离移动。步法移动主要有前上步、后撤步、并步、滑步、交叉步、跨步、转体上步、跑动步。

（二）起球

起球是指根据来球线路和落点，利用脚、腿、胸、头等身体有效部位把对方击过网的攻球及突破拦网后的球接起来的一种组织进攻的击球动作。起球的基本动作主要分为脚内侧起球、脚外侧起球、脚背起球，除此之外，还有腿部起球、腹部起球、胸部起球和头部起球等。下面介绍前三种起球。

1. 脚内侧起球（以下均以右脚为例）

起球前，两脚前后自然分立，两腿微屈，击球脚在后，两臂放松垂于体侧，目视来球。起球时，身体重心前移到支撑脚上，击球腿大腿带动小腿由后向前上方摆动。在向上摆腿的过程中，髋关节外张，膝关节弯曲外展，腿踝关节内翻击球。击球瞬间足弓击球面应端平，用脚内侧足弓中部击球，击球点一般在支撑腿膝关节高度和体前40 cm处。起球全过程中动作柔和、协调，用力适当，大腿、小腿应顺用力方向完成送球动作。此技术多用于传接球方面，因此想成为一名出色的球员，无论是一传手、二传手还是攻球手，都必须熟练稳定地掌握好脚内侧起球技术。

2. 脚外侧起球

两脚自然分立，呈准备姿势，目视来球。当来球在自己身体的侧面时，重心移到支撑脚上，起球腿的髋、膝内扣，屈踝，屈膝，踝关节外翻，触球脚外翻端平。击球是利用小腿内翻快速上抬的动作完成的，触球部位一般在脚外侧的中部和后部，击球点的高度一般不超过膝关节。当来球较高并快速向体侧后方飞行时，击球腿快速从下向后摆，踝关节自然勾起、外翻，脚趾向外，使脚的外侧基本成平面，上体呈前俯姿势。击球时大腿后摆，小腿屈膝，用迅速向上摆动的动作向身体前上方击球，触球部位在脚外侧的中部或中后部。注意：要想获得较低的托球点，必须使支撑脚做适当的弯曲，还要将身体重心放在支撑脚上。

3. 脚背起球

击球前做好准备姿势，目视前方。正面来球时，先移动和调整体位，前脚为支撑脚，后脚从后向前摆起，脚背与地面基本水平，利用适度的伸膝和踝关节背屈的协调用力的勾踢动作，把球向上踢起。击球部位应在脚的趾骨关节处，击球点应在离地面 10～15 cm 的高度为好。起球的方向、弧度和落点可以通过脚背的变化、踝关节背屈勾踢的幅度来调整。此技术相对其他基本技术难度较大，它不但快，还有一定的难度，抖动脚腕、发力击球的节奏过快或过慢都会影响起球的质量。

(三) 发球

发球是进攻的开始，掌握良好的发球技术，发出的球可直接得分，也可以破坏对方一传和战术的配合，为防守反击创造有利条件。发球技术可分为正脚背发球、脚内侧发球和脚外侧发球。

1. 正脚背发球（以下均以右脚为例）

正对球网，两脚前后分立，左脚在前，持球抛于右脚前，右腿由后向前摆动，伸腿绷脚面，抖动加力击球过网。发球队员发球时重心要跟进，踝关节要绷紧、绷直，大腿带动小腿，在离地约 25 cm 的高度将球击出，击球部位在脚背正面食趾的趾关节处，其特点是平、快、准。

2. 脚内侧发球

两脚前后开立，左脚在前，持球抛于右脚前，右腿抬腿加转髋，内踝加力送推球，右腿膝关节外展，由后向前摆动，发球者重心前移，髋、膝关节外翻，屈膝向前摆动。当身体重心超过身体垂直面后，支撑脚向后蹬地，加速重心前移，髋、膝关节加力外翻，发球脚踝关节背屈，用腿弓内侧中部把球发入对方场区。其特点是既稳又准，破坏性强。

3. 脚外侧发球

两脚前后分立，稍侧身站位，左脚在前，持球抛于右脚前，右腿由后向前摆动，抬腿，脚踝内转，用脚外侧加力击球过网。其特点是既快又狠，攻击力强。

(四) 踢传球（以下均以右脚为例）

踢传球技术在接发球、二传组织进攻及防守组织反击中起到串联和纽带作用，是组织进攻战术的基础。

1. 踢球

一般踢球方法有脚内侧踢球、脚外侧踢球、正脚背踢球等。

(1) 脚内侧踢球（又称盘踢）。脚内侧踢球是踢毽子最基本的技术。两腿自然分立，左手持毽子于胸前，然后将毽子垂直向上抛起、下落至膝部时，右腿屈膝外展并正摆，用脚内侧中上部向上踢毽子，等毽子下落后，再重复用右脚内侧向上踢毽子。踢毽子高度可在肩以上，熟练后可两脚交替踢。在比赛中，可踢上飞高球和斜飞高球，这种踢法主要用来传球。也可踢往对方场区，但攻击力不强。

(2) 脚外侧踢球（又称拐踢）。两腿稍分开，左手自然下垂，右手持毽子于身体右侧，上体微向右转，右手将毽子向上抛起，当毽子下落到膝部外侧时，右腿屈膝、屈踝，小腿向右侧上摆，用脚外侧将毽子向上踢起，等毽子下落至膝外侧时再重复踢毽。在比赛中，可踢上飞高球和斜飞高球。

(3) 正脚背踢球（又称绷踢）又分为脚背屈踢、脚背绷踢和脚背直踢三种。

① 脚背屈踢。屈踝，右大腿带动小腿屈膝上摆，脚背与地面平行，以大腿带动小腿屈踝上摆的力量把球向上踢起。

② 脚背绷踢。绷脚背，右膝微屈，脚面微直，自然放松，当球下落到离地面 10～15 cm时，脚插进球底部，小腿用力，同时屈踝绷脚，把球向上踢起。

③ 脚背直踢。准备踢球时，右腿屈膝前摆，脚背绷直，扣脚趾，击球瞬间，大腿带动小腿加速前摆，将球用力踢出。

2. 传球

传球一般有正面传球、背向传球和侧面传球。

(1) 正面传球。传球时，找好支撑点，当球落于脚前时，大腿带动小腿，用脚内侧将球托送出去。

(2) 背向传球。从身前向背后传球。一般球飞得远而无法用正面传球时采用，第三次击球过网时也可采用。背向传球时，要判断好球的飞行方向，迅速移动到球的落点处，背对出球方向，找好支撑点，大腿带动小腿用力上摆，用脚背将球向后上方抬送。

(3) 侧面传球。向侧面传球时，找好支撑点，把球让于体前，如向右侧传球，用右脚外侧或左脚内侧击球，用大腿带动小腿的侧摆力量将球传出。

(五) 进攻

进攻技术是将高于网上沿的球直接攻入对方场区的一种击球动作。有效的进攻让对方难以防守，是获得发球权和得分的重要手段。攻球一般有头部攻球、脚部攻球和肩压攻球。

1. 头部攻球

头球进攻时，判断来球，积极起位，面向来球用单脚或双脚在限制线外起跳，在空中身体成反弓，当球离头部 10 cm 左右时，突然用力收腹甩头，将球攻入对方场区。根据不同击球部位，头部攻球又可分为正面头攻球和侧面头攻球。

2. 脚部攻球

脚部攻球是进攻得分的主要手段，也是比赛中使用最为广泛的攻球方式。根据攻球所用的脚部位的不同，脚部攻球可分为脚掌攻球和脚背攻球。

3. 肩压攻球

肩压攻球是一项辅助性的进攻手段，如果使用得当，往往也能获得意想不到的进攻效果。

当来球在近网上空，而进攻队员的站位又无法采用其他进攻方法时，可看准来球，迅速起跳，在空中用肩部前侧压击球。

（六）防守

防守技术有拦网、踢防、触防和跑防四种。

1. 拦网

拦网是防守的第一道防线，是得分、得权的重要手段，是破坏对方进攻并组织反击的重要手段，有效的拦网能使我方化被动为主动，削弱对方的进攻威力，给对方造成心理压力，这一技术在比赛中占有重要地位。

面向球网，距网 20 ~ 25 cm，双脚平行开立，与肩同宽，双膝微屈，重心下降，自然收腹，上体稍前倾，两臂自然下垂，置于体侧，目视来球。起跳后，提腰、收腹、挺胸击球。击球后自然下落，缓冲落地。为及时对准对方击球点，应采用并步、交叉步等技术移动取位，准备起跳拦网。

2. 踢防

踢防是当对方将球攻击过网后防守队员利用脚的各部位将球击起以便调整进攻。

3. 触防

触防是根据对方攻球的情况，在单人拦网的同时，另外两名防守队员判断击球路线，用膝关节以上的身体部位挡球。

4. 跑防

跑防就是在对方的攻球将落于较大的空当区域，而球速又不是太快的情况下，快速跑动接近球，使用恰当的防守技术“起球”。

三、毽球运动主要竞赛规则

（一）场地

团体、双人和混合双人赛的赛场场地长 11. 88 m，宽 6. 10 m，单人比赛场地长 11. 88 m，宽 5. 18 m，场地上空 6 m 以内（由地面计算）和场地四周 2 m 以内不得有障碍物。

（二）毽球

毽球由毽毛、毽垫等构成，毽毛为四支白色或彩色鹅翎，呈十字形插在毛管内，每支羽毛宽 3. 20 ~ 3. 50 cm，毽垫直径为 3. 80 ~ 4. 00 cm，厚 1. 30 ~ 1. 50 cm，毽球的高度为 13 ~ 15 cm，质量为 13（±0. 5）g。

（三）主要竞赛规则

1. 比赛队员

比赛队由 6 人组成，上场队员 3 人，其中队长 1 人（左臂应佩带明显标志）。比赛前，各队应将参赛队员（包括替补队员）的姓名、号码登记在记分表上。未登记的队员不得参加比赛。也可因时、因地、因人制宜，增加单人、双人毽球赛，规则与 3 人制大体相同，记分可采取直接得分法。教练员和替补队员应坐在指定的位置上。

2. 队员的场上位置

双方队员必须站在本方场区内。靠近球网的两名队员从左至右分别为 3 号位和 2 号位队员，靠近端线的队员为 1 号队员。场上队员的位置必须与登记的轮转顺序相符合。

3. 教练员和队长

比赛成死球时，教练员和队长有权要求暂停或换人。在暂停时间内，教练员可以进行场外指导，但不得进入场区。比赛进行中，场上队长有权向裁判员质询或要求解释，但必须服从裁判员的最终判决。

4. 服装

比赛队员应穿着整齐划一的运动服和毽球鞋或运动鞋。场上队员上衣的前后须有明显的号码，号码颜色须一致，并与上衣颜色有明显的区别。队员不得穿戴任何危及其他队员的服饰。

5. 比赛赛制

比赛采用三局两胜制，第三局采取每球得分制。比赛前选择场区或发球权。第一局结束后双方交换场地和发球权。决胜局开始前，正裁判员召集双方队长重新选择场区或发球权。决胜局比赛中，任何一队先得 8 分时两队应交换场地。交换时，不得进行场外指导。交换场区后，双方队员的轮转位置不得变换。经记录员查对后，由原发球队员继续发球。如未及时交换场区，一旦裁判员或一方队长发现时，应立即交换。比分不变。

6. 暂停

比赛成死球时，教练员或队长可以向裁判员要求暂停。暂停时，教练员可以在场外进行指导，但场上队员不得出场，也不得与场外其他任何人讲话，场外人员不得进入场内。每局比赛中，每队可以要求两次暂停，每次暂停时间不得超过 30 s。若某队在一局中请求第三次暂停，应判该队失发球权或对方得 1 分。

7. 换人

比赛成死球时，教练员或队长可以向裁判员要求换人。换人时，场外人员不得对场上队员进行指导，场上队员不得离开场地。每一局比赛中换人不得超过三人次。替补队员在上场前，应在记录台附近做好准备，换人时间不得超过 15 s，否则判该队一次暂停。教练员或队长要求换人时，应向裁判员报告下场和上场队员的号码。比赛中因故被取消比赛资格的队员，不能继续参加该场比赛，可由替补队员替换。

8. 局间间隙

一局比赛结束，下局比赛开始前，中间最多可有 2 min 时间，供两队交换场地、换人和记录员登记号码，双方教练员在不影响上述工作的情况下，可以进行场外指导。

9. 发球

发球队员须站在本方发球区内，用手持球，将球抛起，用脚踢向对方场区，使比赛进行下去。发球队员必须在发球区内发球，在球发出后才能进入场区。发球时 2、3 号队员不得有任何掩护动作；否则，判由对方发球。发生下列情况之一时，即判为发球失误：① 队员发球时，踏及端线或发球区线及其延长线；② 球未过网、触网或触及标志杆；③ 球从网下穿过；④ 球从标志及其延长高度以外过网；⑤ 球触及任何障碍物，或在进入对方场区前触及本队队员；⑥ 球落在界外；⑦ 发球延误时间超过 5 s；⑧ 裁判员鸣哨后球落在地上。当发球队失误时，应判失发球权，由对方发球。发生下列情况之一时，须重发球：① 在比赛进行中，球挂在网上（最后一次击球挂网除外）；② 在比赛进行中，毽毛和毽垫在飞行时脱离；③ 在裁判员鸣哨之前发球；④ 在比赛进行中，其他人或物品进入场区。⑤ 当球发出后，裁判员发现发球次序错误，则判该队失发球权，并恢复正确次序。如犯规队已得分，应取消该队因该次发球次序错误所得的分数。

10. 轮转顺序

某队取得发球权时，应先按顺时针方向轮转一个位置，然后由轮转到的 1 号位队员发球。新的一局开始前，可以变换本队队员的轮转顺序，并填好位置表交给记录员。

11. 比赛进行中的击球与附加动作

每队在将球踢入对方场区前，在本方场区最多只能有三人次共击球四次。每个队员可以连续击球两次。不得用手、臂触球。但防守队员在手臂下垂不离开躯干的前提下，拦网时手球不判违例。球不得明显地停留在队员身体的任何部位。违反上述条款均为违例，判由对方发球或对方得 1 分。

12. 网上球

在比赛进行中，球触及两标志杆以内的球网为好球，球触标志杆为失误。

13. 触网

在比赛进行中，队员身体任何部位触及两标志杆以内的球网，均为触网违例。队员击球后，触及标志杆或标志杆以外的球网、网柱、网绳或其他物体，不算违例。

14. 进入对方场区和空间

过网击球为犯规。在比赛进行中，身体任何部位都不得进入对方场区的空间。队员若用头攻球，头必须在限制线以外，但落地时两脚可落在限制线以内。防守队员在限制区内，头部无意识触球过网不判违例。在比赛进行中，除脚以外，身体任何部位都不得触及中线。脚不得完全越过中线。

15. 死球与中断比赛

球触地及违例为死球。中断比赛：其他人或物品进入比赛场区；更换损坏的器材；运动员发生意外事故；等等。发生以上情况，裁判员应鸣哨，中断比赛。

16. 计胜方法

接发球队失误，应判对方得 1 分；发球队失误，则判由对方发球。某队得 15 分并至少比对方队多得 2 分时，则为胜一局。如比分是 14∶14，比赛应继续进行，直至某队领先 2 分，方为胜一局。

17. 判定和申诉

一场比赛中，正裁判员的判定是最终判决。只有场上队长可以对裁判员的判罚当场质询或要求解释，正裁判员应及时予以解释。若对裁判员的判罚有异议，比赛时必须服从裁判员的裁判，比赛后可向仲裁委员会提出书面申诉。正裁判员亦应向仲裁委员会提供书面报告。

思考题

1. 简述体育舞蹈的分类。
2. 简述健美运动的原则。
3. 试从瑜伽角度对食物进行分类。
4. 简述板鞋竞速运动的动作技术。
5. 板鞋竞速运动的竞赛项目有哪些？
6. 试述高脚竞速运动的运动特点和健身作用。
7. 极限飞盘运动主要由哪些基本技术组成？简述反手掷盘的技术动作要领。
8. 简述毽球运动的竞赛方法与规则。

参考文献

1. 孙麒麟，顾圣益. 大学体育与健康教程［M］. 北京：高等教育出版社，2012.
2. 张宏成. 大学体育新教程［M］. 苏州：苏州大学出版社，2003.
3. 郑厚成. 现代体育与健康文化导论［M］. 北京：高等教育出版社，2006.
4. 毛振明，甄志平. 大学生体育与健康教程［M］. 北京：北京师范大学出版社，2009.
5. 张珍，陈滨. 新编大学体育［M］. 北京：清华大学出版社，2009.
6. 李丰祥. 新编大学体育教程［M］. 北京：高等教育出版社，2010.
7. 周健生. 大学体育［M］. 北京：中国人民大学出版社，2009.
8. 季浏. 体育与健康［M］. 上海：华东师范大学出版社，2004.
9. 孙民治. 篮球运动教程［M］. 北京：人民体育出版社，2007.
10. 刘建和. 乒乓球［M］. 北京：人民体育出版社，2006.
11. 全国体育学院教材委员会. 体操［M］. 2 版. 北京：人民体育出版社，2007.
12. 高风华. 保健体育教程［M］. 南京：南京大学出版社，2002.
13. 邓树勋，王健，乔德才，等. 运动生理学［M］. 3 版. 北京：高等教育出版社，2015.
14. 刘建和. 乒乓球教学与训练［M］. 北京：人民体育出版社，2004.
15. 黄益苏，张东宇，蔡开明. 传统体育运动［M］. 北京：高等教育出版社，2007.
16. 张建军，易锋，高嵩. 大学体育教程［M］. 武汉：华中科技大学出版社，2004.
17. 徐勤儿. 大学体育［M］. 苏州：苏州大学出版社，2019.
18. 肖丽琴，张玉芹. 新编大学体育教程［M］. 北京：清华大学出版社，2012.
19. 蔡志坚. 大学体育［M］. 北京：高等教育出版社，2010.
20. 金海燕，杨国森，杨毅，等. 大学体育［M］. 武汉：武汉大学出版社，2014.
21. 易锋，曾红卒. 大学体育教程［M］. 苏州：苏州大学出版社，2011.
22. 董刚，冯聪 . 毽球教程［M］. 北京：化学工业出版社，2017.
23. 易锋，刘德华 . 大学体育教程［M］. 苏州：苏州大学出版社，2019.
24. 郑淳 . 飞盘运动［M］. 北京：北京体育大学出版社，2024.
25. 谢飞飞，夏春风，刘武军 . 大学体育与健康教育教程［M］. 上海：上海交通大学出版社，2018.
26. 吴咏梅，徐素华，王涛 . 新编大学体育与健康教程［M］. 天津：南开大学出版社，2018.